ONEYDA ALVARENGA
da poesia ao mosaico das audições

ONEYDA ALVARENGA
da poesia ao mosaico das audições

Valquíria Maroti Carozze

Copyright © 2014 Valquíria Maroti Carozze

Grafia atualizada segundo o Acordo Ortográfico da Língua Portuguesa de 1990, que entrou em vigor no Brasil em 2009.

Edição: Joana Monteleone/Haroldo Ceravolo Sereza
Editor assistente: João Paulo Putini
Projeto gráfico, capa e diagramação: Ana Lígia Martins
Assistente acadêmica: Danuza Vallim
Revisão: Ana Lígia Martins
Assistente de produção: Gabriel Patez Silva

Este livro foi publicado com o apoio da Fapesp

CIP-BRASIL. CATALOGAÇÃO NA PUBLICAÇÃO
SINDICATO NACIONAL DOS EDITORES DE LIVROS, RJ

C2960

Carozze, Valquíria Maroti
ONEYDA ALVARENGA: DA POESIA AO MOSAICO DAS AUDIÇÕES
Valquíria Maroti Carozze - 1. ed.
São Paulo : Alameda, 2014
452p. ; 21 cm

Inclui bibliografia
ISBN 978-85-7939-259-7

1. Alvarenga, Oneyda, 1911-1984. 2. Musicóloga - Brasil - Biografia. 3. Música - Brasil. I. Título.

| 14-10723 | CDD: 920,5 |
| | CDU: 929:070 |

ALAMEDA CASA EDITORIAL
Rua Treze de Maio, 353 – Bela Vista
CEP: 01327-000 – São Paulo, SP
Tel.: (11) 3012-2403
www.alamedaeditorial.com.br

Para Victor

Sumário

Prefácio 09

Introdução 15

CAPÍTULO 1. Oneyda 23

ONEYDA ALVARENGA 25

Oneyda Alvarenga diretora da Discoteca 31
Pública Municipal de São Paulo

Menina boba 33

Musicóloga, etnóloga, folclorista e Diretora 53
da Discoteca Pública Municipal

CAPÍTULO 2. Primórdios e perfis 59

PRIMÓRDIOS: PANORAMA 61

Planos por água abaixo: e o rio seguiu seu curso 73

Perfis (Os mandarins, os ilustrados, os missionários de uma utopia 91
nacional-popular, os intelectuais cooptados pelo Estado, os
estúpidos de serem culturais nesta Loanda)

CAPÍTULO 3. Nacionalismo e... nacionalismo 97

NACIONALISMOS 99

Americanismo e Nacionalismo na Música 108

Americanismo musical 109

Nacionalismo musical 117

Organização dos saberes 124

Criação de Rádio-Escolas e Discotecas no período entreguerras, 127
na Europa e na América

Rádios educativas 127

Discotecas: Função social e ideologia 150

Discotecas/Documentação musical na década de 1930: 153
"um disco é um documento"

Documentação musical: fonte de pesquisa 156

Embasamento teórico na Biblioteca de Mario de Andrade 158

Discoteca do Uruguai, por Francisco Curt Lange 176

Carleton Sprague Smith: a visão de mais um musicólogo 181
estrangeiro sobre acervos musicais

Discotecas no Brasil 204

Novamente na biblioteca de Mario de Andrade: 219
o caminho trilhado por Oneyda Alvarenga

CAPÍTULO 4. Concertos de discos 253

Concertos de Discos: a reconstrução da História Social 255
da Música no mosaico das audições

Palestras e concertos de discos a serem oferecidos pela 267
Discoteca Pública Municipal

Frequência do público ao longo do tempo 269
e instalações dos auditórios

Programas da Discoteca – Anos 1930 e 1940 274

Programas da Discoteca – Anos 1950 312

Índice de compositores e estatísticas 343

Análises e observações sobre alguns Concertos de Discos 351

O gosto do público? 373

Conclusões 387

Referências 397

Anexos 411

Agradecimentos 449

prefácio

Em 2010 estreou nos cinemas o filme *O discurso do rei* (*The King`s speech*), roteiro de David Seidler, direção de Tom Hooper. Baseado na história de amizade entre o Rei Jorge VI e Lionel Logue, ficou famoso pelas atuações de vários artistas e pela originalidade do enredo.

Uma das cenas marcantes do início do filme mostra o Estádio de Wembley, Inglaterra, abarrotado de pessoas e a tensão crescente à medida que o príncipe Albert – Duque de York – aproxima-se de um gigantesco microfone da BBC. O ano era 1925 e a história, que mostra de que forma Jorge VI superou a gagueira graças aos cuidados do "fonoaudiólogo" Lionel Logue, afirmará, ao longo do filme, a importância de uma segunda parceria que se estreita à medida que as cenas avançam e, na realidade, o mundo entra na segunda Guerra: a parceria entre o império britânico e o rádio.

De fato, a partir da década de 1920, as principais potências do Ocidente preparavam-se para implantar e desenvolver as modernas formas de comunicação onde o rádio ocupava espaço estratégico. A importância do veículo de comunicação foi prontamente percebida também no Brasil onde a primeira transmissão oficial ocorreu em 7 de setembro de 1922, irradiando a voz do então presidente da República, Epitácio Pessoa.

Após a estabilização dos serviços de rádio em nosso país, as pessoas passaram a acompanhar as notícias locais e internacionais, a escutar os pronunciamentos do Estado, mas também passaram a escutar uma programação que foi aos poucos tornando-se variada, de novelas a apresentações de orquestras. Também aos poucos, à medida que as emissoras foram sendo implantadas, os espaços foram loteados, o tempo passou a ser disputado entre os programas de entretenimento e aqueles que pretendiam ajudar a formar o cidadão mais capacitado para seu tempo. Rapidamente percebeu-se a importância dos registros sonoros para auxiliarem a variar a programação, uma vez que a contratação de artistas e grupos musicais fixos implicava em gastos elevados para as empresas que arcavam com os custos de instrumentistas e arranjadores para a realização de música ao vivo. Logo, a instalação de uma rádio com programação rica presumia a existência de uma Discoteca.

O disco já era cultivado antes da disseminação das emissoras de rádio, independentemente de seu emprego como entretenimento. Na França, no início do século xx, houve um florescimento dos estudos no campo do folclore musical, onde os experimentos de Ferdinand Brunot sobre os dialetos e cantigas do interior de seu país frutificaram graças à parceria com o empresário e fabricante de discos Pathé. Os resultados eram anunciados como promissores e foram bem aceitos em várias partes do mundo. Entre nós, clamava-se por iniciativas para o registro dos cantos populares do interior do país, acompanhando o que se observava dos ensinamentos franceses e outros países europeus, como os apelos feitos por Mário de Andrade e Luciano Gallet. Eram eles os mais empolgados com as possibilidades de se explorar os discos e as discotecas em prol da pesquisa musical.

Outra iniciativa francesa corroboraria o empenho de cada país que enviasse esforços para o levantamento de seus repertórios tradicionais, desta vez tendo à frente Julien Tiersot, que falava em nome do Instituto Internacional de Cooperação Intelectual, de 1934, planejando um Centro Internacional da Canção e da Música Popular. Mário de Andrade e os músicos que acompanhavam os avanços da musicologia – como o já mencionado Luciano Gallet ou Antonio Leal de Sá Pereira e Luiz Heitor Correa de Azevedo, para acrescentarmos outros dois – sabiam a respeito através da leitura de revistas especializadas, como *Le Monde de la Musique*, *Le monde Musicale* e a *Rivista Musicale Italiana*, por exemplo.

Nossos estudiosos acompanhavam tão de perto o que se passava em outros locais de cultivo mais acelerado da pesquisa musical que, em 1931, na reforma do Instituto Nacional de Música, Mário, Gallet e Sá Pereira propuseram a criação de uma cadeira de Folclore Musical. O posto veio a ser ocupado em 1939, mediante concurso público, por Luiz Heitor Correa de Azevedo, que em sua primeira pesquisa de campo gravou música ao vivo em coleta realizada nos estados do sul do Brasil. O projeto de Luiz Heitor seguia também a *expertise* da Discoteca do Departamento de Cultura de São Paulo, no projeto Missão de Pesquisas Folclóricas, de 1938, embora o trabalho dele tenha contado com o apoio e prática adquiridos junto a Alan Lomax, nos Estados Unidos.

A Missão foi uma das realizações da Discoteca Pública, entre 1935 e 1938, este impressionante triênio que viu nascer e implantar uma sistemática de trabalho das mais competentes e ambiciosas entre os projetos culturais do Brasil.

Pela Discoteca transitavam todas as iniciativas que tivessem afinidade com a criação e a pesquisa musicais, como os quatro concursos para a criação de obras sinfônicas, para quarteto de cordas, uma suíte para banda ou peças coreográficas de Carnaval; a compra de partituras para os repertórios dos novos conjuntos criados, ou seja, Quarteto e Trio de Cordas, Coral Popular, Madrigal e Coral Paulistano; os registros de gravações de compositores paulistas, iniciados com os discos de Artur Pereira, Francisco Mignone, Carlos Gomes, Clorinda Rosato, Dinorah de Carvalho, Sousa Lima, Francisco Casabona, João Gomes de Araújo, Martin Braunwieser e Camargo Guarnieri; além do registro das pronúncias regionais do Brasil (iniciado com a gravação das vozes de 21 pessoas e a fala dos homens ilustres do Brasil – registro de seis personalidades, ambos para o Arquivo da Palavra). Isto sem contar o acolhimento da Sociedade de Etnografia e Folclore, criada em 1936, a organização do Congresso da Língua Nacional Cantada, de 1937, a já mencionada Missão de Pesquisas Folclóricas, de 1938, e a tarefa rotineira para a alimentação dos catálogos de livros de discos. A Discoteca também era um lugar onde se estudava teoria e história da música.

Não se tratava de uma questão numérica, como o fazer muito, mas o de se fazer muito e bem feito. Alguns destes dados são eloquentes, tendo sido bem estudados, como as atividades que implicaram as realizações nas quais Dina

Lévy Strauss estabeleceu parcerias importantes de cooperação intelectual, caso da Sociedade mencionada, ou a realização da Missão de Pesquisas Folclóricas. A etnóloga estava também à frente das pesquisas de folclore aplicados à vida social, como as que resultaram nos mapas de usos e costumes do interior do Estado de São Paulo, publicados juntamente com os anais do Congresso da Língua Nacional Cantada e apresentados na Exposição Universal de 1937, durante o I Congresso Internacional de Folclore, na Escola do Louvre.

Pela lei que criou o Departamento de Cultura, o Diretor dele deveria acumular a chefia de uma das divisões. Logo, quando Mário de Andrade e Paulo Duarte desenharam o quadro de funcionamento do órgão, tinham em mente que a Discoteca era uma peça chave dos projetos que o Diretor queria acompanhar de perto. O modelo da Discoteca não surgiu do nada, acompanhava projeto bem recebido pela intelectualidade, como o da cidade de Montevidéo, no Uruguai, que criara o Servicio Oficial de Difusión Radio Electrica – SODRE – fundado em 1929. Ali trabalhava o musicólogo Francisco Curt Lange fundador, aliás, de algumas das Discotecas de cidades importantes do Brasil, como a de Belo Horizonte e a do Recife.

Sendo uma Discoteca implantada em projeto de tal envergadura – quer situada no coração de um Departamento de Cultura ou de uma Rádio –, imagina-se que um administrador que deposite tantas expectativas no setor que operará grande massa de atividades, como a seleção de discos a serem comprados, o repertório que será gravado, as pesquisas que serão feitas para alimentar um arquivo de consultas, escolha para a Direção um profissional versátil, dinâmico e dono de *curriculum invejável*. Como então explicar a eleição de Oneyda Alvarenga, uma jovem de 25 anos, nascida e crescida no interior de Minas Gerais, que teve por formação musical principalmente o Curso do Conservatório de São Paulo?

Esta foi uma das questões que Valquíria Maroti Carozze respondeu durante a pesquisa realizada nos arquivos do Instituto de Estudos Brasileiros da Universidade de São Paulo (IEB/USP), no do Departamento de Pesquisa Histórica do Município de São Paulo (DPH) e no Centro Cultural São Paulo (CCSP). Neste último estão documentos que narram os primeiros passos da construção da Discoteca e foram disponibilizados para a consulta com a cordialidade costumeira dos funcionários atuais.

A Oneyda Alvarenga que a pesquisa de Valquíria quis trazer a público é ainda próxima da Oneyda Alvarenga que fazia versos, autora de *A menina boba*, poema que amalgamou professor e aluna na poesia, no piano e na história da música, como se lê na correspondência da moça mineira com Mário de Andrade. Mas Valquíria também gosta de fazer literatura e disto se valeu não só para escrever a dissertação – formato original deste livro que o leitor tem em mãos – como também para escrutinar a alma da moça que veio estudar e viver em São Paulo.

Valquíria, a estudiosa, ancorada em documentação volumosa, conduz a escrita da Valquíria que até parafraseia mestre Mário de Andrade com o intuito de explicar de que forma firme e competente Oneyda Alvarenga "calafetava" a "formação musical dos consulentes da Discoteca". Para aqueles que tiveram a oportunidade de trabalhar no serviço público ou nele encontram o seu ganha pão, a imagem que a autora colore é muito vívida, fica mais fácil imaginar o trabalho lento e "paxorrento" de Oneyda Alvarenga.

Mas o livro de Valquíria tem muitos outros méritos, como a bibliografia eleita para analisar e interpretar a documentação localizada naqueles acervos. Os diálogos alimentados durante o Mestrado, com o parecerista da Fapesp, com a banca do exame de qualificação – as professoras Telê Porto Ancona Lopez e Dorotéa Machado Kerr – reforçaram a interdisciplinaridade buscada pela autora no Programa de Pós-Graduação Culturas e Identidades Brasileiras do IEB/USP.

Se para o Programa do IEB, iniciado em 2009, o trabalho de Valquíria está entre uma de suas grandes estreias acadêmicas – a se conferir outros trabalhos igualmente bons e elogiosos – para a própria escritora este livro anuncia um trajeto promissor de outras pesquisas.

Professora Doutora Flávia Camargo Toni
Livre-Docente e Pesquisadora em Música da Universidade de São Paulo

introdução

A proposta deste trabalho de pesquisa foi, a princípio, fazer jus à criação da Discoteca Pública Municipal, bem como à atuação da diretora da instituição, a musicóloga Oneyda Alvarenga.

Num primeiro momento, houve necessidade de se analisar o contexto histórico, social, econômico e cultural. A fim de se delinear a criação da Discoteca Pública Municipal, dentro do Departamento de Cultura de São Paulo, em 1935, foram levados em conta o Americanismo musical; a questão do Nacionalismo e todas as suas vertentes; questão de relação de poder e ideologias; relações entrecruzadas de interesses e noções de cultura.

Oneyda Alvarenga, como ex-aluna de piano de Mario de Andrade, pertencente à geração que se forma nos anos 1930, traz consigo um legado feliz: o passado recente de mulheres pianistas notáveis, como Guiomar Novaes, Antonietta Rudge e Magdalena Tagliaferro. E não apenas notáveis, mas reconhecidas – fato que, no século anterior (xix) seria impossível. No cenário entreguerras, em que se valorizavam a pesquisa e o conhecimento, Oneyda Alvarenga desponta como poeta e como musicóloga; como dona de pensamento científico pioneiro, na área de folclore musical. A profissional que foi tomada a sério por especialistas da América e da Europa, conforme se atesta no Anexo A, deste livro, como profissional, etnóloga (o que se chama hoje "etnomusicóloga" – que seria o caso), cujas obras são fontes de referência no panorama internacional.

Este trabalho está dividido em quatro capítulos, seguidos de cinco Anexos, conforme resumidamente descritos abaixo:

No Capítulo 1 – Oneyda, se vê como Mario de Andrade explica a escolha de Oneyda Alvarenga para ocupar o cargo de direção da Discoteca Pública Municipal de São Paulo. Ao longo de todo o capítulo, as fontes primárias pesquisadas no Centro Cultural São Paulo (constantes do Anexo A) descortinaram opiniões críticas – publicadas em periódicos da época – sobre o trabalho de Oneyda Alvarenga. E confirmam, assim, o reconhecimento que obteve a musicóloga. Até hoje, esse conjunto de documentos presentes nos Anexos deste livro e no capítulo 4 (programas dos Concertos de Discos) não havia sido analisado em bloco. Sua importância é grande, na revelação de relações de áreas de conhecimento (musicologia, folclore, documentação musical, divulgação de conteúdos musicais presentes em gravações, partituras, fonogramas, livros), que se deram a partir de escritos e tarefas realizadas por Oneyda Alvarenga, naquele contexto do Departamento de Cultura, nas décadas de 1930 e 1940. Importância que faz fundamental a divulgação da informação dessas fontes primárias.

Também é traçado esboço do perfil literário de Oneyda Alvarenga e a opinião que críticos e escritores tinham de suas poesias, bem como se vê o panorama das várias faces artísticas e científicas de Oneyda Alvarenga e observações críticas elogiosas a seu respeito, fazendo ver que Oneyda foi reconhecida como séria profissional, nas décadas de 1930 e 1940.

No Capítulo 2 – Primórdios e perfis, dentro da esfera histórica, social e política, se vê o início da configuração de instituições com metas educativas e culturais no Brasil. O capítulo gira em torno da criação do Departamento de Cultura do Município de São Paulo sob o ideal de "realizar cultura liberta da influência política", e são esboçados os passos de tentativas de criação de um Instituto Brasileiro de Cultura, federal, que geraria depois um Instituto Paulista. Este, por sua vez, absorveria o Departamento de Cultura do município, dentro do qual seria criada uma Rádio-Escola, ao mesmo tempo que incorporaria o Departamento do Patrimônio Histórico e Artístico de São Paulo. Mostrando-se, enfim, que nada disso, com exceção do Departamento de Cultura, se efetivou, revela-se como a Discoteca Pública Municipal, já estabelecida com a função de apoio à Rádio (que não aconteceu), toma para si funções extras.

No capítulo 2, se trata ainda da questão dos intelectuais que ocuparam os cargos públicos, na década de 1930, no Departamento de Cultura do Município de São Paulo, discutindo seus objetivos ligados a ideais e seus perfis profissionais.

No Capítulo 3 – Nacionalismo e… nacionalismo, passando por conjecturas sobre *nacional, popular, nacionalismo* pelos autores mencionados no texto e nas referências bibliográficas, situa-se a posição de Mario de Andrade no panorama cultural da época.

Como introdução ao que se vai desenvolver em *Americanismo musical*, faz-se uma breve explicação de como Mario de Andrade considerava o pan--americanismo e os latino-americanismos, com seus distanciamentos da realidade de cada país: como impedimentos da verdadeira expressão nacional (e universal) na Arte. Aborda-se o desempenho do musicólogo teuto-uruguaio Curt Lange, na luta pela valorização da música do continente americano e, em publicações de autoria de Flávia Toni, o que significaram as pesquisas musicais de Mario de Andrade, dando relevo à audição de discos ("música mecânica".)

Com base na leitura de Jorge Coli, analisa-se a posição de Mario de Andrade a respeito de como este via o nacionalismo musical: dentro do conceito do nacionalismo como "representação político-cultural", a produção musical é uma das criações artísticas que, expressando *o simbólico, o imaginário*, constitui parte relevante da formação do processo social e ideológico dos países americanos, contribuindo para caracterizar a identidade emergente das novas nações.

Estudando autores como Jorge Coli, José Maria Neves e Elizabeth Travassos se busca esboçar os caminhos da evolução da música nacional no período das primeiras décadas do século xx – e mesmo nas épocas anteriores a ele. O texto do trabalho também dialoga em muitos pontos, embora nem sempre de maneira expressa, com a teoria de filósofos como García Canclini,

Gramsci, Ortega y Gasset, Hannah Arendt, Mannheim; com o pensamento de Alfredo Bosi e também com o do musicólogo Nicholas Cook.

Para introduzir a importância da organização dos saberes, aborda-se o momento posterior, após o declínio dos anos 1920, quando acontece o despertar da consciência para a necessidade de apoiar cientificamente cada ação, isso atendo-se apenas à área da cultura (a preocupação era geral.)

A respeito da criação de Rádio-Escolas e Discotecas no período entreguerras, na Europa e na América e Rádios educativas, o capítulo 3 ainda trata da preocupação comum dos governos da Europa e da América no período entreguerras com a educação do povo – o que incluía a musical. Serão apontados o interesse de Mario de Andrade no assunto das rádio-escolas, assim como as leituras contempladas pelo musicólogo, desde a década de 1920. Discute-se também ideologia na proposta de uma Discoteca Pública Municipal e a função social dos serviços da organização de um acervo musical com o perfil peculiar a esta Discoteca. Ainda se destaca a preocupação de Mario de Andrade com a preservação das manifestações artísticas relacionadas à música, dentro do Brasil, assim como da linguagem falada – e a consequente consciência da necessidade de criação de acervos de registros sonoros, pelo Departamento de Cultura, a fim de que se fizessem estudos sobre o material coletado e organizado.

É também mostrada a responsabilidade da Discoteca Pública Municipal pela preservação de suportes musicais (fonogramas, gravações, ícones, fotografias, textos) como fontes de pesquisa para musicólogos e também para usuários leigos, contribuindo para a memória e compreensão da música e cultura nacionais. São enfocados aspectos: da Missão de Pesquisas Folclóricas que percorreu o Norte e o Nordeste do Brasil, em 1938, na tarefa de coletar cantos e danças folclóricos da região, trazendo registros sonoros, os *fonogramas* que, como fontes de estudo, compuseram o acervo da Discoteca Municipal; da guarda e organização (catalogação) desses fonogramas, possibilitando a pesquisa dos documentos sonoros como modo de resguardar o patrimônio artístico e cultural; da preservação da memória folclórica musical, em decorrência da preocupação com as mudanças ocorrentes no cantar dos povos brasileiros.

A fim de fundamentar o pensamento e as ações dos que estavam à frente do Departamento de Cultura e da Discoteca Pública Municipal de São Paulo, são observadas, ainda no capítulo 3, as fontes bibliográficas estudadas por Mario de Andrade em sua biblioteca, que também foram lidas, mais tarde, pelos alunos de História da Música que frequentavam a casa do escritor, semanalmente – entre eles, Oneyda Alvarenga. Aqui, o trabalho se debruça sobre as leituras específicas sobre discos e discotecas, no mundo ocidental.

Mencionam-se também ações de dois musicólogos estrangeiros, ligados ao americanismo musical: a criação da Discoteca do Uruguai, por Francisco Curt Lange (mostrando-se o papel do musicólogo alemão naturalizado uruguaio, seus ideais pedagógicos no campo da música e suas ligações com a organização da Discoteca Pública Municipal de São Paulo) e a visão de Carleton Sprague Smith sobre acervos musicais da América Latina, via política da boa-vizinhança na área musical. Não se deixa de observar também o recíproco interesse no estudo da música norte-americana, por parte de Mario de Andrade.

No capítulo 3, também se mapeia a vasta bibliografia sobre História da Música lida por Mario de Andrade e por José Bento Faria Ferraz, Sonia Stermann, Climène de Carvalho, Suzy Piedade Chagas, Carlos Ostronoff, Ignez Corazza, Oneyda Alvarenga etc. Enfim, por aqueles alunos que receberam de perto a orientação do musicólogo. Trata-se da formação teórica, não só de Mario de Andrade autor do *Compêndio de História da Musica*, mas também dos alunos que depois estiveram ligados à Discoteca Pública Municipal de São Paulo.

Ainda são rastreadas as leituras de três dentre os muitos periódicos estrangeiros da área musical assinados e lidos na biblioteca de Mario de Andrade (*Revue Musicale, Le Ménestrel* e *The Musical Quarterly*) verificando o enfoque que essas publicações davam, cada vez mais à música mecânica, análise de gravações de discos, uso didático da audição de discos no aprendizado musical, crítica de antigos e novos compositores etc. – principalmente a *Revue*

Musicale, já que *Le Ménestrel* tratava mais de programações educativas e culturais de estações de rádio governamentais.

E, no final do capítulo 3, se delinearam alguns aspectos do *Compêndio de História da Música,* de Mario de Andrade, a fim de entrar depois, no próximo capítulo, nas análises e comparações entre essa obra de referência e a concretização do ensino de História *Social* da Música por Oneyda Alvarenga, quando da elaboração e apresentação dos Concertos de Discos e textos didáticos na Discoteca Pública Municipal de São Paulo.

O Capítulo 4 vai se concentrar nos Concertos de Discos. São mostrados os programas de Concertos de Discos que Oneyda Alvarenga efetuou nas diversas sedes ocupadas pela Discoteca Pública Municipal, ao longo de 1930, início de 1940 e 1950, em relação ao *Compêndio de História da Música,* de Mario de Andrade. Detalham-se ações pedagógicas da musicóloga Oneyda Alvarenga, ao efetuar programas para as audições de discos; escrever textos sobre compositores e períodos – textos lidos pela autora, em público; ao se empenhar na divulgação do gosto pela música contemporânea etc.

O estudo desses Concertos de audições públicas passa por vários pontos importantes pertinentes às audições públicas, como os repertórios em si; frequência do público ao longo do tempo e instalações dos auditórios; índices estatísticos de obras, compositores e séculos; algumas análises dos Concertos de Discos e comparações entre seus repertórios e a Discografia do *Compêndio de História da Música* de Mario de Andrade. O estudo desses Concertos de audições públicas revela a concretização, na prática, dos esforços da Discoteca Pública Municipal no sentido de formar, senão músicos, ao menos pessoas musicalizadas. Tudo aquilo que Oneyda Alvarenga pesquisou, desde 1934, no grupo de estudos, na casa de Mario de Andrade, a respeito de História Social da Música, era disseminado em planos didáticos, nesses Concertos de Discos, levando o ouvinte leigo a concluir o conjunto da evolução musical, relacionando dados como: compositores, nações e períodos, entre outras informações.

Finalmente, se procura mostrar o empenho, a urgência que sentiam as pessoas ligadas à Discoteca Municipal do Departamento de Cultura em divulgar a música contemporânea – principalmente aos ouvintes leigos. E também reflete as conclusões de Oneyda Alvarenga, quando esta já possuía dados estatísticos concretos o suficiente para averiguar as condições de trabalho e função da Discoteca diante de seu público consulente.

Nos anexos serão transcritos documentos inéditos, pesquisados em fontes primárias. Tais transcrições são fundamentais para que se vislumbrem por inteiro aspectos importantes em relação a Oneyda Alvarenga e à Discoteca Pública Municipal de São Paulo, no contexto da época estudada, como se verá abaixo:

Anexo A: Oneyda Alvarenga – Referências Críticas (Transcrição de Coletânea de críticas publicadas, elaborada pela própria Oneyda Alvarenga, a respeito de seu desempenho em várias áreas). Anexo B: (Transcrição de texto integral da entrevista de Oneyda Alvarenga concedida ao *Diário da Noite* – 17/08/1938) Discoteca Pública Municipal de São Paulo e documentação musical. Anexo C: (Transcrição do texto integral da entrevista de Oneyda Alvarenga para o periódico *Hoje*, de 14 de fevereiro de 1947) Opinião crítica de Oneyda Alvarenga sobre Castro Alves, no centenário de nascimento do poeta. Anexo D: (Transcrição integral dos textos de carta e entrevista concedida a Jorge Andrade, da revista *Visão*, aos 06 de agosto de 1960) Oneyda Alvarenga como estudiosa de Folclore. Anexo E: (Transcrição do texto integral da entrevista de Oneyda Alvarenga para o *Estado de Minas*, aos 26 de janeiro de 1962.) Oneyda escritora de *A Menina Boba* e Literatura.

Na redação desta pesquisa será respeitada a grafia nas transcrições de textos das primeiras décadas do século XX – quando for o caso de transcrição, tais textos não serão trazidos para a norma culta vigente. Assim, será conservada a grafia das poesias de Oneyda Alvarenga, textos e transcrição dos repertórios de Concertos de Discos; citações de autores; textos dos Anexos – encontrados nos documentos originais consultados no Arquivo Histórico do Centro Cultural São Paulo e em livros da Biblioteca do Instituto de Estudos Brasileiros da Universidade de São Paulo; como das notas e comentários de Mario de Andrade em fontes encontradas no Arquivo do Instituto de Estudos Brasileiros e nos livros da Biblioteca Mario de Andrade, do mesmo Instituto.

Os documentos pesquisados no Arquivo Histórico Municipal de São Paulo estão relacionados à administração de Mario de Andrade, quando foi diretor do Departamento de Cultura. Os documentos observados possuem teor de ordem burocrática e permitiram o mapeamento de trâmites legais, como contratação de funcionários (Oneyda Alvarenga; músicos para a Rádio-Escola – entre outros); financiamento de viagens de profissionais nomeados, como Rubens Borba de Moraes e Sérgio Milliet, a trabalho, quando atuaram no Departamento de Cultura; até detalhes ínfimos (como compra de pó de café, por exemplo...) – mostrando que Mario de Andrade prestava contas à prefeitura de movimentos mínimos, em sua gestão. Porque sua função foi descortinar uma realidade de bastidores ao que constitui objeto de real interesse para este trabalho, esses documentos não serão descritos ou citados aqui, com exceção da solicitação de alto-falantes para a Rádio Escola, que Mario de Andrade dirigiu a Fábio Prado, prefeito de São Paulo na década de 1930.

Traços biográficos de Oneyda Alvarenga

Oneyda Paoliello Alvarenga nasceu em Varginha, Minas Gerais, aos 06 de dezembro de 1911. Oneyda tinha muitas irmãs: Odete, Olívia, Olga, Otília, Oleta.... e irmãos: Ney, Nilo, Nobel... – este último, o único a ter filhos[1]. Porque foi uma aluna de piano além dos padrões provincianos, os professores de Oneyda lhe recomendaram que procurasse estudar em uma cidade maior.

E lá se foi a moça, morar num porão habitável da casa dos parentes de São Paulo, onde conheceu Mario de Andrade, seu futuro professor de música.

Em 1935, logo depois de se formar no Conservatório Dramático e Musical de São Paulo, Oneyda Alvarenga veio a ser nomeada diretora da Discoteca Pública Municipal de São Paulo, até maio de 1968, quando se aposentou. A musicóloga faleceu em São Paulo, aos 24 de fevereiro de 1984.

---

[1] Nobel teve dois filhos: Ieve Evei Alvarenga e Gamelin Nilo Alvarenga, pai da sobrinha--neta de Oneyda Alvarenga, Juliana Alvarenga, a quem se devem estas informações mais detalhadas sobre a família.

capítulo 1

Oneyda

Oneyda Alvarenga

Muitas são as peculiaridades dessa mocinha de dezenove anos, que, em 1931, aportou na casa de Mario de Andrade a fim de ser testada no piano de armário, naquela salinha à direita de quem entra no sobrado da Lopes Chaves. O piano de teclas amareladas, encimado por muitos objetos, dentre eles uma gravura de Beethoven, que secretamente Oneyda sempre cobiçou, era encravado na única parede que não estava tomada pelas bonitas estantes com livros, projetadas pelo próprio modernista. Oneyda jamais viu aquele piano fechado, durante o tempo que frequentou a casa do professor. Deste, a primeira impressão que teve foi de um homem muito feio, pele terrosa, e que falava como quem tivesse uma batata quente na boca.[1] Porém, a varginhense sossegou seus temores em relação àquele poeta "com fama de doido"[2] e de quem tudo o que Oneyda Paoliello sabia a respeito, no ano de 1931, é que era autor da *Pauliceia Desvairada*, além de professor do Conservatório Dramático e Musical de São Paulo: foi quando suas primas, que a hospedaram em São

---

1 ANDRADE, Mario de. *Cartas*: Mario de Andrade, Oneyda Alvarenga. São Paulo: Duas Cidades, 1983, p. 7.

2 *Ibidem*, p. 6.

Paulo e também alunas de Mario de Andrade, contaram à moça mineira que o professor tinha um bondoso coração e que todas as meninas o adoravam. Oneyda pôde confirmar tudo isso, ao se deparar com a inusitada pergunta: se Oneyda sabia o que era polifonia. E eis a questão do professor, ao pôr na frente da aluna uma partitura, talvez de Bach – Oneyda Alvarenga já não se lembrava mais, em 1983.[3] Oneyda respondeu muito segura "que nunca tinha visto a palavra [polifonia], mas podia saber o significado dela pelos seus elemento formadores." – o que fez Mario de Andrade dar aquele sorriso de orelha a orelha, de rachar o crânio.

A partir daí, Oneyda Alvarenga estudou com aplicação – como diria Mario a respeito de Macunaíma, quando este estudou bacororô e outras danças da *tribu*, ensinadas pelos mais velhos – no Conservatório Dramático e Musical de São Paulo. Oneyda fez parte de um grupo de estudos de História da Música, na casa do poeta, à Rua Lopes Chaves, conforme narra em *Cartas:*[4]

> Em 1934, Mário recebia em sua casa, todas as quartas-feiras à tarde, um grupo de alunos que apresentaram teses de história da música merecedoras de se transformarem em livros: Climène de Carvalho, Suzy Piedade Chagas, Ignez Corazza, eu, Carlos Ostronoff, Sonia Stermann e talvez, não me lembro bem, Joana Doll. Cada um de nós trabalhava com a bibliografia que o mestre nos dava, sentados nas poltronas e no divã, enquanto também ele trabalhava na sua escrivaninha.[5]

---

3   Ano da edição do livro ANDRADE, Mario de. *Cartas*: Mario de Andrade, Oneyda Alvarenga. São Paulo: Duas Cidades, 1983.

4   ANDRADE, *op. cit.*

5   *Ibidem*, p. 65.

Figura 1. Fotografia do Grupo de estudos de História da Música no escritório da casa de Mario de Andrade, à Rua Lopes Chaves. Da esquerda para a direita: Carlos Ostronoff, Sonia Stermann, Oneyda Alvarenga, Mario de Andrade e Climène de Carvalho. Data – 1934. Fundo Mario de Andrade, Série Fotografias, Código MA – F – 1484. Arquivo do Instituto de Estudos Brasileiros da Universidade de São Paulo.

Oneyda nunca dissociou essas quartas-feiras do ritual do chá, no final da tarde, quando Mario fechava as venezianas e acendia as luzes elétricas. Então, Dona Mariquinha, mãe do modernista, fazia subir o chá (caríssimo) e os doces feitos pela cozinheira Sebastiana, muito querida pela família – a mesma Sebastiana para quem Mario de Andrade pediu que jogasse a chave na rua, quando ele chegasse do Rio de Janeiro para ver a família, na época em que saiu do Departamento de Cultura; a mesma Sebastiana que abrirá a porta do sobrado da Rua Lopes Chaves para Paulo Duarte e o jornalista Múcio Borges, em 1970. Esse chá era a alegria da vida de estudante de Oneyda.

Mas, relembraria Oneyda Alvarenga anos depois, num balanço que faz de sua vida como diretora da Discoteca Municipal, o fato que mais – senão o único – a fez subir aos voos altos da liberdade foi o veredicto de Mario de Andrade, ao afirmar que ela *era poeta*.

Acontece que Oneyda Alvarenga, além de estudar piano, já havia se aventurado pela poesia com um ímpeto vital bem daquela geração – nos cinco primeiros anos da década de 1930. Como seria natural, a moça tinha muita

28 VALQUÍRIA MAROTI CAROZZE

vergonha de mostrar seus versos ao grande modernista. Quem resolveu a situação foi a mãe dela, ao entregar o caderno ao professor da filha, pedindo sua opinião sincera.

Talvez nem tanto provincianismo tivesse, afinal, Oneyda Alvarenga aos dezenove anos, apesar do tom muitas vezes indiscutivelmente engraçado com que dirigia as primeiras cartas revestidas de certo "desenxabimento"[6] para o Seu Mario. Quando em período de férias, numa das cartas, Oneyda diz que há um assunto que não poderia ser revelado naquele momento, por escrito, que seria inconveniente. Depois, fica-se sabendo que o assunto era seu noivado secreto com o primo, Sylvio Alvarenga, com quem Oneyda iria se casar, logo depois.[7]

Mas Oneyda Alvarenga abandonaria no futuro o tom epistolar do começo: "Mesmo de longe eu o amolo, seu Mario. Isso é pro senhor não se esquecer de mim e continuar na sua caminhada pra Glória Eterna, caminhada em que eu represento os espinhos mais agudos".;[8] "meu espírito iluminado a lamparina[9]" etc. Oneyda Alvarenga, nesse princípio desajeitado de amizade com a qual Mario de Andrade lhe acenava francamente, deixa entrever nas cartas, ora sua auto-crítica muito severa, depreciando seus próprios versos; ora seu medo de perder tempo em Varginha, ao mesmo tempo que se parabenizava por não ter abandonado o estudo de piano em tempo de férias; ora sua inclinação para a vida simples no interior de Minas Gerais, longe do meio urbano. Mas depois, ela enveredará por um caminho sem volta.

Em Varginha, Oneyda Alvarenga tinha cultivado leituras sobre Filosofia, curioseando apaixonadamente sobre história das religiões, desde que lera o

---

6   *Ibidem*, p. 12.

7   No Arquivo do Instituto de Estudos Brasileiros da Universidade de São Paulo, há uma fotografia do casamento, pertencente ao Acervo Mario de Andrade; Código de Referência MA-F-1554 – Descrição: Oneyda e Sílvio Alvarenga com Mario de Andrade, seu padrinho de casamento. [1937] No verso, a dedicatória: "Rio, 6-X-1937/ Para dindinho Mário, como lembrança do enforcamento da discotecária".

8   *Ibidem*, p. 67.

9   *Ibidem*, p. 21.

Orpheus, de Salomon Reinach,[10] o que certamente já era suficiente para criar um abismo *malestarento* (como diria Mario de Andrade) entre a futura musicóloga e seus pares, no interior de Minas... Aí se pode entender a mocinha vislumbrando, meio familiarizada e bastante interessada, aquilo que Mario de Andrade lhe apressava com urgência: Freud e História da Filosofia. Então, se pode entender também a afirmação de Mario de Andrade, ao escrever a Murilo Miranda, referindo-se a ele mesmo, ter sido o responsável pela "educação musical e outras educações" de Oneyda. Aliás, Oneyda Alvarenga não só sobressaía em relação às meninas interioranas: em carta a Manuel Bandeira, de 26 de outubro de 1931, Mario de Andrade escreve sobre a precária mentalidade das moças que eram aceitas no Conservatório Dramático e Musical de São Paulo, como um "simples curso primário",[11] causando até vergonha no professor – basta dizer que elas não compreendiam o próprio *Compêndio de História da Música*, de autoria do musicólogo. E Oneyda, reafirmando a opinião do ex-professor a respeito delas serem "lindinhas": "Eram lindinhas e ignorantíssimas (...)".[12]

Acresce-se a esse panorama desigual que a menina boba era poeta.

Oneyda se forma em 1934. Mario de Andrade incentivara a aluna a escrever seu trabalho final de curso de Música: *A linguagem musical*. Partindo para Varginha e vivendo numa difícil situação no interior mineiro, recebe a proposta de Mario para ocupar o cargo de diretora da Discoteca Pública Municipal, que seria criada em 1935, dentro do Departamento de Cultura de São Paulo – cujo diretor seria o próprio Mario de Andrade. Em carta a Murilo Miranda, Mario escreveria:

> S. Paulo 9-5-36 (p.28)
> Só uma vez resolvi fazer um pedido ao Capanema, violentando todas as normas do meu ser. Toda minha compreensão da vida e meu infernal orgulho de mim. Se tratava duma moça mineira [grifo do autor] de 21 anos, extraordinariamente inteligente, Oneyda Alvarenga, cuja educação

---

10   *Ibidem*, 1921.

11   *Ibidem*, p. 9.

12   *Ibidem*.

musical e outras educações eu que fizera. Pela penúria da família, morto o pai se viu jogada em Varginha. Como eu dizia pra me dar coragem pra pedir: si ela estivesse em São Paulo, no Rio, que comesse paralelepípedo e chorasse sangue, eu não pedia. Estava em ambiente onde poderia expandir o espírito e se desenvolver. Mas jogada em Varginha! E resolvi pedir. (...) Ainda fui me fortificar com o Manuel Bandeira, mais frio (...), capaz de raciocinar sem paixão pra me certificar bem que não estava enganado sobre os valores da Oneida. Ele me deu inteiro apoio. Eu tinha razão.[13]

Para se entender totalmente o grau de dificuldade que tinha Mario de Andrade para pedir favores pessoais, é preciso ler a carta toda, onde o modernista conta ao amigo Murilo Miranda a educação recebida pelo pai, decepcionado ao ver recusados alguns pedidos; a atmosfera emocional que envolvia sua família. E Mario continua:

(...) Almoço acabou, fomos indo a pé pro Ministério, de repente meu desespero foi tamanho que ajuntei todas as minhas forças e me joguei no abismo, tem uma moça mineira positivamente excepcional, um valor, mas que carece se desenvolver, e por causa da miséria está jogada em Varginha... E não pedi! (...) Pouco tempo depois era nomeado diretor do Departamento. Oneida tinha o tempo constitucional de moradia aqui, chamei ela, está aqui.[14]

Deste jeito é que o diretor do Departamento de Cultura conta como Oneyda foi realmente inserida no contexto da Discoteca Pública Municipal. Depois disso, segue-se a longa e profícua trajetória da musicóloga, com seu rápido amadurecimento intelectual no campo das pesquisas e música folclórica. Todo seu desempenho no âmbito da Discoteca Pública Municipal de São Paulo.

---

13   ANDRADE, Mário de. Miranda, Murilo. *Cartas a Murilo Miranda (1934-1945)*. Rio de Janeiro: Nova Fronteira, 1981, p. 30.

14   *Ibidem*, p. 30.

Oneyda Alvarenga diretora da Discoteca Pública Municipal de São Paulo

Conforme se viu, Mario de Andrade explicou em carta a Murilo Miranda porque Oneyda seria a escolhida para a diretoria da Discoteca Pública Municipal de São Paulo. Dessa forma, com todas as dificuldades que teve nos meandros da contratação da moça, foi que o diretor do Departamento de Cultura conta como Oneyda foi realmente inserida no contexto da Discoteca Pública Municipal. Ora, a vista de Mario de Andrade alcançava longe e, como Vicente T. Mendoza,[15] especialista que escreveria crítica a Oneyda na *Revista de História de América,* em 1948, no México, entendeu que Oneyda Alvarenga tinha critérios bastante minuciosos e rigor científico para atuar com pioneirismo no campo da musicologia da América. Saltava mais aos olhos, então, não o gênero, mas o perfil da estudiosa; seu caráter independente, quando da necessidade de se abrir caminhos, principalmente na seara do estudo e ensino da assustadora, temível música contemporânea.

Oneyda Alvarenga seria, então, a diretora da Discoteca do município, independentemente da orientação de Mario de Andrade. E assim calculara ele: primeiramente, pelas adversidades do panorama do poder político, em 1938, teve de se afastar do Departamento de Cultura; pela segunda vez, em 1945, desta vez, quando teve de se ausentar da vida. Oneyda Alvarenga há muito não dependia mais do mentor e, depois de descortinado o universo da criação da música contemporânea e das técnicas de composições de vanguarda, a partir do que se estudava no grupo de alunos que frequentava a casa de Mario, naquelas quartas-feiras, abria caminho sozinha. No *Compêndio de História da Música,* Mario de Andrade, ao fechar o livro com o capítulo *Atualidade,* naquela que foi a 2ª edição, de 1933, além de se mostrar escandalosamente aberto à

---

15   Esse especialista, entre outros, figura no Anexo A deste livro: ALVARENGA, Oneyda. Oneyda Alvarenga: referências críticas. [Trechos de críticas escritas em correspondências e de artigos publicados em periódicos, sem assinatura.] Datiloscrito, [1938/68], cópia carbono, 10 p. Doc. 8069 – (da mesma forma) Consultada cópia xerográfica. – com trechos das respectivas críticas, coletadas por Oneyda Alvarenga, ao redigir "Referências Críticas."

técnica revolucionária – como, por exemplo, sua plena aceitação do aparelho eletromagnético, um "instrumento de ondas etéreas", moderníssimo (veja--se a época), inventado pelo russo Theremin –, ainda fazia referência a uma discografia de ponta. Ora, pelos estudos realizados para esta pesquisa, é fácil deduzir que o autor só não mencionou o que ainda não havia sido gravado. Mais abaixo se verá que Oneyda Alvarenga não apenas utilizou gravações não citadas por Mario de Andrade em seus Concertos de Discos, na Discoteca Pública Municipal, como, por si, descobriu compositores (e respectivas obras) que constituíam novidades de difícil deglutição, pelo público leigo.

Aliás, a senda aberta por Mario de Andrade era trilhada também por Murilo Mendes. Este escreveu, entre 1946 e 1947, uma série de artigos sobre música.[16] Já no primeiro deles, que dá o título à coletânea publicada anos depois pela Edusp, *Formação de Discoteca*, percebemos no rol que traz de compositores os mesmos nomes que Mario de Andrade indicara em seu *Compêndio*, mais de uma década antes. Dentro do contexto crítico de Murilo Mendes há tamanha sofisticação, que suas sugestões ao leitor ao mesmo tempo têm amplitude e síntese. Ainda hoje, o ouvinte, tanto leigo quanto músico (mas principalmente o leigo), pode voltar a essa fonte como válida.

Oneyda Alvarenga, como não podia deixar de ser, com todo seu cabedal de conhecimento sobre música erudita contemporânea, pelos caminhos que a função da Discoteca Pública Municipal tomava então, na formação do ouvinte leigo (mais adiante será mostrado como isso se deu), se empenhou durante anos na tentativa de calafetagem da formação musical dos consulentes da Discoteca. O mais difícil, não é preciso repisar, era despertar o gosto do leigo refratário à composição contemporânea... Então, pra animá-lo Oneyda empregava o estratagema sublime. Buscava no acervo da Discoteca e em seus recursos didáticos o arsenal de fogo da música contemporânea, abrasivo aos ouvidos como a folha da urtiga e sapecava com ele um concerto de música mecânica no pé do ouvido do público. Isso o ouvinte ficava em silêncio, pra

---

16 MENDES, Murilo. *Formação de discoteca e outros artigos sobre música*: matéria publicada originalmente no suplemento "Letras e Artes", do jornal carioca *A Manhã*, entre 1946 e 1947. São Paulo: Edusp, 1993. 166p.

Oneyda Alvarenga 33

depois, muitas vezes, pedir repetição. Oneyda lendo textos.[17] (Abaixo, esses concertos de discos serão esmiuçados, quando se fizer abordagem dos serviços da Discoteca Pública Municipal de São Paulo.)

Quando se trata de Oneyda Alvarenga, há que se atentar aos reflexos múltiplos de alguém que se desdobrava, ao mesmo tempo que agregava em seu perfil características que, se podem ser analisadas em separado, são indissociáveis no resultado do desempenho da diretora da Discoteca Pública Municipal.

MENINA BOBA

Manuel Bandeira descrevia Oneyda Alvarenga:

> Porque ela se embasbacava diante de uma flor, porque às vezes tinha vontade de beijar passarinho, porque tudo o que é belo lhe punha os olhos cheios de água, porque não podia sentir pena de ninguém sem que lhe desse o desejo maternal de acalentá-lo, de lhe passar as mãos pelos cabelos, de lhe dizer uma porção de coisas sem sentido – estou alinhando em feitio de prosa os versos livres do poema XI – chamavam-lhe boba... [18]

Assim explica, nesse alinhamento, ou nesse "alinhavo", se for o caso, o poeta Manuel Bandeira, antes de realizar abordagem de alguns poemas de Oneyda Alvarenga, o porquê do epíteto *Menina Boba*, com que Oneyda Alvarenga finalizava um verso: "Mas falam que sou boba".[19]

Mas parece que o caráter científico das pesquisas de Oneyda Alvarenga já relampejava de longe, querendo se impor, falando mais forte que a poesia. Esse artigo escrito por Bandeira, no periódico *Para Todos*, de abril de 1939, começa esclarecedor. A primeira informação que o autor dá é sobre o nome de Oneyda Alvarenga já ser conhecido do público, devido à publicação de seu

---

17 Parafraseando ANDRADE, Mario de. *Macunaíma*. Rio de Janeiro: Agir, 2007, p. 33.

18 BANDEIRA, Manuel. Nota sobre a Menina Boba. In: *Para todos*, n. 3, abril, 1939, n. p.

19 ALVARENGA, Oneyda. *A menina boba*. São Paulo: Revista dos Tribunais, 1938, p.21. – Último verso do poema *XI Me embasbaco diante de uma flor*.

ensaio musical *Cateretês do Sul de Minas,* na separata da *Revista do Arquivo Municipal de São Paulo,* v. xxx, em 1937. O que aconteceu depois? Muitos anos depois, Oneyda Alvarenga escreverá um texto para Mario de Andrade, *in memoriam,* intitulado *Ai, saudades!,* no qual questiona a interferência do amigo em sua vida:

> ...o piano de estreia, em que eu pensei que ia ser mesmo pianista. Doce ilusão! Você me arrancou do caminho que me traçara e, em vez de sons musicais e poéticos, me atirou num papelório que não sei como, não me sufocou. Foi bom? Foi ruim? Estou no fim da vida e ainda não sei; (...) não sei se terá valido a troca.(...) o sonho substituído. Sonhos não se trocam (...) às vezes a gente tem dessas sapitucas contra o passado (...)[20]

Ainda mais tarde, em 1983, ano da edição do livro *Cartas,*[21] Oneyda Alvarenga afirmaria, num texto introdutório à edição, que a vida interior dela mesma e a do seu ex-professor do Conservatório Dramático e Musical de São Paulo se misturaram sempre ao trabalho, às suas dúvidas e respostas, acrescentando que: "Seria monstruoso de inumanidade se assim não fosse".

Mario de Andrade, que aos 24 de maio de 1934,[22] envia uma carta a Manuel Bandeira, apresentando: "É uma Oneida Alvarenga, de Varginha, inteligentíssima (...)", naquele mesmo ano, escreve outra carta ao poeta, aos 16 de dezembro[23], preocupado com os destino da ex-aluna, depois de formada:

> A Oneida lá se partiu (...) para Varginha, com uma carta de pianista meio malmerecida ainda (...) Vai se encafuar numa cidade falsa (...) Me desgosta pensar nela, eu quero muito

---

20 ALVARENGA, Oneyda. *Ai, saudades!* [Encarte] São Paulo: s.c.p., 198-. Acompanha 1 disco sonoro.

21 ANDRADE, Mario de. *Cartas*: Mario de Andrade, Oneyda Alvarenga. São Paulo: Duas Cidades, 1983, p. 11. Texto introdutório à edição.

22 MORAES, Marcos Antonio de. *Correspondência Mário de Andrade & Manuel Bandeira.* 2. ed. São Paulo: Edusp, 2001, p. 578-9.

23 *Ibidem,* p. 604.

bem ela (...) Bem de bem (...) Só de longe em longíssimo algum convívio mais prolongado dava um calorzinho diferente que passava com a menor reflexão, ficava só o bem querer de amigo outra vez.

Além da preocupação expressa, Mario de Andrade explica o que nem precisaria explicar, dada a relação que se estabeleceu depois, com o convívio profissional com Oneyda Alvarenga – e que por si só falou mais alto do que os esclarecimentos que o musicólogo prestou a Bandeira. Sempre foi verdadeira sua avaliação sobre a obra poética da moça – como sempre ficou claro que o caminho de pianista não seria o de Oneyda. Mas o piano parece ter sido uma constante na vida da musicóloga. Na carta de 4 de julho de 1939,[24] endereçada a Mario de Andrade, então residente no Rio de Janeiro, após ter saído do Departamento de Cultura de São Paulo, Oneyda Alvarenga descontraidamente conta ao amigo da noite de uma bebedeira geral de cerveja, vinho e muito *whisky*, em seu apartamento, à Avenida São João, da qual participaram (provavelmente entre outras pessoas) ela mesma; seu marido, Sylvio Alvarenga; o secretário e ex-aluno de Mario de Andrade, José Bento Ferraz; Luiz Saia e Otacílio Pousa Sene. Este último havia pedido a Oneyda que tocasse Beethoven, às duas da madrugada – o que levou todos a ouvirem com "respeito e lágrimas". E os vizinhos, com "ódio". Se requisitaram a Oneyda Alvarenga que tocasse Beethoven, em 1939, quando já se distanciara daqueles tempos de aluna de piano por anos e torrentes de trabalho (e consequente amadurecimento), na Discoteca Pública, seria porque ela não parara de tocar. Os amigos deviam saber e, de alguma forma, apreciar.

Alguns motivos muito fortes afastaram a *Menina Boba* de sua criação artística. Mas antes, é preciso olhar de perto a poeta nascente, dentro da aluna de piano de Mario de Andrade. Uma vez tomando conhecimento de seu caderno de versos, o escritor acreditou que valia a pena tecer análise crítica do que viria a ser o primeiro e único livro – de poemas, obra literária – publicado, de autoria de Oneyda Alvarenga, três anos depois da carta que Mario de Andrade

---

24 ANDRADE, Mario de. *Cartas*: Mario de Andrade, Oneyda Alvarenga. São Paulo: Duas Cidades, 1983, p. 190.

36   VALQUÍRIA MAROTI CAROZZE

envia a Murilo Miranda e cujo trecho, abaixo, mostra bem o pensamento de
Mario de Andrade crítico:

> [? 1935]
> Murilo,
> mando-lhe três poemas que considero absolutamente admiráveis. Não sei
> se tua opinião será a mesma, porém me esforcei por escolher da Oneyda coi-
> sas das mais profundas e que mais competissem com o espírito da Revista
> Acadêmica. Está claro que nem de longe estes versos serão esquerdistas.
> Nem a Oneyda que eu saiba é propriamente esquerdista. Tem uma vaga
> tendência apenas, e mesmo esta pouco se entremostra nos versos dela, ge-
> ralmente falando de amor e sempre demasiado individualistas ainda. Estes
> são justo os que considero como uma primeira angústia de indivíduo dela se
> sentindo demasiado insolúvel no seu solitaríssimo individualismo.[25]

São os poemas: *I Não há mais pássaros nos galhos quietos, II Vidas longínquas passando na minha..., III As gentes estranhas caminham no escuro.*

Porém, em crítica manuscrita de Mario de Andrade às margens do texto
no exemplar de trabalho[26] d'*A Menina Boba*, publicado em 1938 e trazendo da
dedicatória: "A Mario de Andrade e Manuel Bandeira", podemos ter acesso às
observações que o crítico fez, na época.

Dois são os exemplares da obra que fizeram parte da Biblioteca de Mario
de Andrade. No caso, Oneyda Alvarenga presenteou o ex-professor com o
que hoje, na classificação do acervo da Biblioteca do Instituto de Estudos
Brasileiros da Universidade de São Paulo, foi considerado o "exemplar 2".
Na página que antecede a folha de rosto, as seguintes informações: "Nº 1",

---

25 No n. 15 (nov. 1935) a *Revista Acadêmica* publica *Três poemas de Oneyda Alvarenga e Foi
    Sonho*, de Mario de Andrade. São os poemas: *Não há mais pássaros nos galhos quietos,
    Vidas longínquas passando na minha..., As gentes estranhas caminham no escuro.*

26 Mario de Andrade costumava receber livros publicados dos próprios autores, a fim
    de escrever seus pareceres críticos sobre as obras. Geralmente esse exemplar era
    mantido fechado – os vários cadernos que compunham o miolo do livro, naquela
    época, vinham com as páginas fechadas e era necessário o uso do abridor cortante,
    como os de cartas. O crítico preferia adquirir um segundo exemplar, em cujas pá-
    ginas fazia seus manuscritos que, depois, se transformariam no texto crítico: era o
    chamado "exemplar de trabalho".

anotação manual de Oneyda Alvarenga, com tinta azul. Abaixo, o impresso da gráfica: "Esta edição é de duzentos exemplares, numerados de 1 a 200, e assinados pela autora." Abaixo, vem a assinatura de Oneyda Alvarenga, também com tinta azul. Sobre a dedicatória (impressa) a Mario de Andrade e Manuel Bandeira, há dedicatória manuscrita de Oneyda Alvarenga: "Mario, com a minha mais perfeita amizade e minha imensa gratidão, guarde este livro que é teu. Oneyda 18-V-1938." Este traz os cadernos fechados do começo ao fim. O outro, foi classificado pela Biblioteca do Instituto de Estudos Brasileiros como "exemplar 1". Este, anotado por Mario de Andrade, traz na página que antecede a folha de rosto as seguintes informações: "Nº 35", anotado manualmente por Oneyda Alvarenga, com tinta azul. Abaixo, o mesmo texto impresso da gráfica: "Esta edição é de duzentos etc." Abaixo, vem a assinatura de Oneyda Alvarenga. É esse "exemplar 1" anotado por Mario de Andrade, para posterior redação de texto crítico sobre a obra de Oneyda, que traz, na folha de guarda, observações valiosas do escritor:"Início da crítica: citar todo o poema da p. 11 e continuar com o comentário que lhe pus".

Mario de Andrade remete, então, um lembrete para si mesmo, indicando o poema da p. 11: Queimada pelo sol (...)

À margem direita do poema, à p.11, Mario de Andrade anota a lápis, para depois usar o texto como crítica:

> Obra-prima como técnica. O movimento vai levado pelo ritmo elástico do verso livre até chegar à galopada da 2ª estrofe em que quase todos os acentos caem de três em três "pacapam, pacapam". E de novo o ritmo se alarga incerto, elástico na 3ª estrofe. Espiritualmente a ideia faz também o mesmo giro. As três estrofes ligadas pela noção "correr", estribilho habilmente disfarçado, ora no fim da estrofe, ora no começo, indo a imagem inicial, que explica o primeiro impulso, fechar o poema e explicar a exaustão da corrida. É uma jóia rara de fatura, perfeita sem o menor preciosismo, em que está embutida a ideia síntese da adolescência rápida, uma obra-prima. E como esta, são numerosas as obras primas neste livro que se coloca sob o signo da Arte.

Ainda na folha de guarda, encontramos uma indicação de Mario de Andrade, a fim de se lembrar de intercalar um texto:

"Depois" (...)
"Fusão do eu e do não-eu 14 – 26 – 39 -82 – 86"

E um traço unindo a palavra "Depois" ao número 39. Na p. 39, acima do poema I – *Eu queria cair na tua vida* – o crítico intercala o texto:

> Mas é que quando o ímpeto inicial, ainda demasiadamente áspero se quebra no primeiro sossego de "Asa Ferida" que Oneida entra com segurança no domínio da grande arte. Faz coisas de um zahar asiaticamente clássico. Citar este.

Voltando ainda ao texto da folha de guarda do livro, se vê a continuação das anotações de Mario de Andrade: "Fusão do eu e do não-eu 14 – 26 – 39 -82- 86. Desta fusão um panteísmo vago que lhe dá invenções admiráveis de sensibilidade como 52 – 53 – 55"

Nas páginas 52 e 53 não há nenhum vestígio do crítico. Já na p. 55, Mario de Andrade traceja a lápis um arco, à direita dos versos do poema IX do livro *A Menina Boba*:

> És como um sossego de fim de tarde.
> É por isso que junto de ti eu sou tão boa,
> Tenho a leveza de um sino que cantasse no ar.

E mais uma vez, retornando à folha de guarda, continua a apreciação crítica:

> Não há livro mais feminino. Esplêndido de feminilidade, não só como sentimento. Mas em principal como caráter. A incaracterística. Moldável a todos os ventos dos sentidos, das coisas, dos ideais. (ver atrás)

Abaixo, sempre na folha de guarda, existe anotação de páginas:

"45 – 51 – 50 – 57 – 75"

As páginas 45, 51, 50 e 57 contêm poemas de *A Menina Exhausta* e o poema da p. 75 faz parte de *Noturnos*. Apenas à p. 50 – poema IV, *Havia só (...)*, há uma anotação de Mario de Andrade:

> "Quem já não sofreu esta suave imperfeição!..."

Os números das páginas da folha de guarda citados acima estão à margem esquerda do seguinte texto manuscrito a lápis:

> Pequenos momentos de poesia. Nada de sintético. Mas, pela perfeição técnica, nada de improvisado, de analítico, de impressionista. Oneida fixa aumentos de sensibilidade, de ternura, de anseio, de mal sem nome, como ninguém. Neste sentido, Oneida é de uma originalidade essencial, incomparável. Não sei de quem o faça como ela. 84, 85, Menina Insolúvel, a parte mais profunda do livro (vire)

No verso da folha de rosto, Mario de Andrade segue escrevendo a lápis:

> Feminilidade: Volúpia do espedaçar-se, de um martírio agradavelmente masoquista, bem feminino 18-12-20-23-29-43-58-59-73-77

Os poemas das páginas 18 (VIII, *Vontade de me diluir, de me fluidificar...*), 12 (II, *Amor novo da vida que desperta em mim...*), 20 (X, *Doçura...*) e 23 (XIII, *Olho os meus braços brancos...*) pertencem ao livro *A Menina Boba*; o poema da página 29 (sem número, *Você não pode ser na minha vida*) pertence à *Brusca Andorinha*; o poema das página 43 (V, *Há tantas vozes que me CHAMAM...*) pertence à *Asa Ferida*; os poemas XII (*Eu agora não queria ser eu.*) e XIII (*Quietude impregnante da sombra...*), respectivamente das páginas 58 e 59, fazem parte de *A Menina Exhausta*; os das páginas 73 (I, *Oh! noite pasmada como um olho cego!*) e 77 (V, *Minha alma se feriu nas pontas agudíssimas da sombra.*), são de *Noturnos*.[27]

Dentre eles, os que trazem anotações de Mario de Andrade são:

---

27 O livro *A menina boba* está dividido nas partes: *A menina boba; Asa ferida; A menina exhausta; Domaram-te, andorinha!; Noturnos; A menina insolúvel; Canto voluntarioso.*

O poema VIII (*Vontade de me diluir, de me fluidificar...*): uma chave a lápis, abarcando os quatro primeiros versos:

> Vontade de me diluir, de me fluidificar,
> De entrar na essência de todas as coisas,
> De me perder aos pedaços por todos os caminhos,
> Pelos caminhos que vão dar a todas as vidas.

O poema da p. 20 (x, *Doçura...*), também com uma chave a lápis, abrangendo os quatro últimos versos da primeira estrofe:

> Vivendo em tudo, e tudo
> Vivendo dentro em mim,
> Una, indivisível, conjugada
> Ao ritmo do mundo.

Na margem inferior do poema da p. 23, (xiii, *Olho os meus braços brancos...*), um texto de Mario de Andrade:

> Reparar como isto é maternal e feminino este amar humano resultante de um apesar primeiro, de um prazer indestinado. Para Oneida a humanidade é como um filho que ela teve de seus amores com a vida.

Mario de Andrade também assinala com uma chave a lápis os versos 6º, 7º e 8º da segunda estrofe do poema da p. 29 (sem número, *Você não pode ser na minha vida):*

> Como si me esquecesse
> De que as lutas, os cansaços, as tormentas
> São o meu bem na vida.

E os dois últimos versos do poema XIII (*Quietude impregnante da sombra...*), da p.59:

> Me apago
> Feito uma árvore esguia que se afunda na noite...

Mario de Andrade assinala ainda o poema inteiro da p. 77, (V, *Minha alma se feriu nas pontas agudíssimas da sombra*):

> Minha alma se feriu nas pontas agudíssimas da sombra.
> Perdi a sensação do universal.
>
> Onde o amor que me dispersava no mundo?
>
> Não sou mais que cansaço
> E desejo absurdo de desintegração.

Voltando ainda ao verso da folha de guarda, encontramos mais escritos de Mario de Andrade: "Raro o amar feminino unir em nossa língua tais acentos 63 – 64 – e enfim toda a série 'Domaram-te, andorinha.'"

Verificando essas páginas no exemplar de trabalho de Mario de Andrade, não se encontra nenhuma anotação no poema II, da p. 64 (*Só tu és o consolo e a quietude.*) No poema I, da p. 63 (*Me livras do mundo e das coisas*), Mario de Andrade assinala apenas os dois últimos versos:

> Na calma dissolvente da tua presença
> Não sou mais que uma palpitação branda de amor.

Ainda no esboço de sua crítica, no verso da folha de guarda, Mario de Andrade continua:

> O sentimento da solidão sem amar é toda a "Menina Insolúvel"
> – citar 87 – e ânsia de femininamente terminar com a solidão
> virginal – citar 89 – que culmina naquele momento de desejo
> de sofrer ao menos uma absoluta, total solidão.

O poema VII, da p. 87, que se intitula *Vão-se compridas procissões...*; o poema IX, da p. 89, *Brotam do cáos mãos enormes...* e o da p. 93, XIII, *Todas as coisas poderiam cessar um instante...* não trazem nenhuma anotação de Mario de Andrade. E, no final das anotações críticas do verso da folha de guarda do exemplar de trabalho e na parte inferior da falsa página de rosto, o texto sobre o último poema de *A Menina Boba* – o *Canto Voluntarioso*:

Até que enfim, cansada desses roxos poemas de sua Insolubilidade, a Menina Boba, numa boa bobice, canto alacre de deliciosa feminilidade, promete mudar de rumo, buscar outros tons de sensibilidade, terminando este livro que é quase historiado, com o Canto Voluntarioso. Mas femininamente, a imagem que surge é a de mudar de vestido (Citar a última estrofe).

Mas um leitor fascinado e divulgador – entre seus discípulos – da teoria de Freud, como se poderia esperar, caindo na tentação do óbvio, não apontou nenhuma sublimação de caráter egoísta, na poesia de Oneyda Alvarenga. Seria fácil apontar no sentimento da poesia da moça, que, afinal, lera os simbolistas, uma dor de fragilidade. Porém Mario de Andrade identifica claramente o amor da poeta como direcionado à humanidade: Oneyda queria ser mãe da humanidade e tomá-la em seus braços – e por seus arrojos de fraternidade geral era chamada de *menina boba*. (Em 1936, Oneyda Alvarenga tinha uma informante sobre cateretês do sul de Minas Gerais, época em que começava a estudar música folclórica. Não deixa de ser cômica a observação carinhosa dessa pessoa, a respeito da "bobice" da musicóloga – vide entrevista concedida a Jorge Andrade, da revista *Visão*, aos 06 de agosto de 1960, no Anexo D deste livro.)

Essa nuance que Mario de Andrade atribui ao amor de Oneyda Alvarenga, como sendo mais amplo do que um sentimento auto-centrado, eivado de romantismo, se pode confirmar no discurso[28] da própria poeta, ao ponderar que "hoje os problemas essenciais a resolver já são outros. Entretanto, são da mesma essência do problema que mereceu o amor de Castro Alves: liberdade, liberdade para todos, respeito a todos, vida digna para todos, indivíduos e povos". E que seria necessária a "leitura de suas obras [de Castro Alves] e de comentários sobre elas e as atividades do poeta, a fim de incentivar-se na

---

28 Vide texto integral no Anexo C, p. 430-4 deste livro: ALVARENGA, Oneyda. [Como encara Castro Alves na literatura brasileira]: Entrevista de Oneyda Alvarenga para o Jornal *Hoje*, sem indicação de entrevistador. Entrevista. Datiloscrito, 14 fev. 1947, cópia carbono, p. 4, Doc. 8089 – (da mesma forma) Consultada cópia xerográfica.

infância e na mocidade o amor à liberdade e o desprezo aos preconceitos de raça". E ainda, anos mais tarde, quando mais uma vez a imprensa requisita o juízo crítico de Oneyda Alvarenga, com relação à literatura (juízo, aliás, que a poeta não se considerava à altura para emitir), ela confirma sua opinião acerca da supremacia do coletivo sobre o individual, na criação literária: "Ao lado da busca renovada de caminhos artísticos, há de haver sempre lugar para o calor humano". (...) "Há alguma coisa que precisa ir além disso e se explica com um lugar-comum: é preciso haver o homem com seus múltiplos dramas, a simpatia calorosa por eles, a vontade real de se comunicar com os outros".[29]

Caminhos no mundo das letras e da música já vinham sendo desbravados por algumas mulheres. No Brasil, o ano mesmo em que nasceu Oneyda Alvarenga, 1911, foi data de lançamento de obras que tinham mulheres como protagonistas. Maria de Lourdes Eleutério[30] aponta essas obras cotadas pelo crítico Wilson Martins como marcantes, no que tange ao tratamento de "heroínas enigmáticas". Oneyda Alvarenga desfrutou de um período, ao começar a escrever seus versos, em que já podia se deixar arrastar pelo seu turbilhão de sentimentos. De fato, quando lemos seus poemas, vemos que Oneyda Alvarenga, ou não queria esconder, ou não se importava em revelar esse ímpeto a que se entregava. A crítica literária, pelo que se vê na imprensa das primeiras décadas do século XX, já tentava impor aos céticos o valor da mulher escritora. E já lutava para afirmar poetas e prosadoras brasileiras como autoras relevantes, pertencentes ao país, ou ao estado natal das escritoras. Na carta de 03 de outubro de 1939,[31] p. 201, há um escrito de Sylvio Alvarenga (marido de Oneyda Alvarenga) para Mario de Andrade, chamando Oneyda Alvarenga de "nosso poeta" – citando Osório de Oliveira, crítico português de literatura.

---

29 Vide texto integral das respostas concedidas a Laís Corrêa de Araujo, no Anexo E: Texto integral da entrevista de Oneyda Alvarenga para o "Estado de Minas", entrevistadora: Laís Corrêa de Araujo. Entrevista. Datiloscrito, 26 jan. 1962, cópia carbono, p. 5, Doc. 8150 – (da mesma forma) Consultada cópia xerográfica.

30 ELEUTÉRIO, Maria de Lourdes. Vidas de romance: as mulheres e o exercício de ler e escrever no entresséculos 1890-1930. Rio de Janeiro: Topbooks, 2005, p.65.

31 ANDRADE, Mario de. Cartas: Mario de Andrade, Oneyda Alvarenga. São Paulo: Duas Cidades, 1983, p. 201.

(...) a origem das relações assimétricas de gênero foi sempre uma questão presente nas mais diversas áreas do conhecimento. Tome-se como exemplo a literatura, área na qual várias autoras, em tempos e espaços diferentes, indagaram sobre o caráter da superioridade atribuído ao homem e sobre o de submissão relacionado à figura da mulher. Algumas delas, extrapolando suas obras literárias, buscaram em outros campos um entendimento maior da complexidade existente nas relações de gênero, o que se traduziu em uma enorme contribuição para o avanço teórico da discussão.[32]

Também quanto à condição da mulher como trabalhadora, os caminhos se abriam. No caso de Oneyda Alvarenga, quando se encaminhou como profissional, em 1935, à direção da Discoteca Pública Municipal, de São Paulo, ninguém sequer cogitou questionar o fato de tal cargo ser atribuído a uma mulher. Nem se discutiu sobre o que concernia ao desempenho de sua função. Oneyda Alvarenga precisava trabalhar em um centro urbano mais desenvolvido do que o interior de Minas Gerais, e era tudo – isso se entrevê nitidamente pelo teor de cartas trocadas entre a musicóloga e Mario de Andrade, ou deste com Manuel Bandeira ou Murilo Miranda. Mas é bom lembrar que existiam influências cruzadas (universo profissional/universo da criação artística/almejos de paz/curiosidade científica/vida ideal) na formação daquela menina de Varginha. Oneyda Alvarenga teria declarado à sua amiga Climène de Carvalho (também aluna do Conservatório e participante do grupo de estudo de História da Música) que gostaria de se retirar para o interior de seu Estado natal e "criar galinhas" (naturalmente, continuaria escrevendo poesias...). Esse contexto também é abordado por Maria de Lourdes Eleutério,[33] quando menciona a obra de Júlia Lopes de Almeida, *Correio da Roça*. Ora, sendo a autora conceituada no panorama literário do Brasil e séria pesquisadora na área agrícola (era colaboradora das revistas *Chácaras e Quintais* e *Almanaque Agrícola*

---

32 TOFFANO, Jaci. *As pianistas dos anos 1920 e a geração* jet-lag: o paradoxo feminista. Brasília: EdUnB, 2007, p. 28. E Jaci Toffano ilustra seu texto, citando, de Simone de Beauvoir, *O Segundo Sexo*: "Nós não nascemos mulheres, mas nos tornamos mulheres".

33 ELEUTÉRIO, *Op. cit.*, p. 85.

Brasileiro), sua obra *Correio da Roça* atribui às suas personagens – mulheres que viram-se entregues à própria sorte na esfera de sua propriedade rural – a decisão de mudar o destino de uma situação econômica em derrocada por meio de seu desempenho enquanto trabalhadoras. Mas todo esse enredo está circunscrito num mundo de paz ideal, longe da cidade, em que as mulheres requisitam leituras "para espantar o tédio". Enfim, se essa obra foi publicada em 1913 e ecos desse mundo de paz entre plantas e animais chegam até o ano de formação de Oneyda Alvarenga, no Conservatório Dramático e Musical de São Paulo, a poeta que dirigiu a Discoteca Pública estava inserida num contexto realmente complexo. Apesar da pureza da *Menina Boba*, Oneyda Alvarenga não conseguiria mais resistir à tentação de sua própria curiosidade intelectual. E a poeta penderia muito mais para a Etnologia e Musicologia, escolhendo trabalhar menos como criadora literária e intérprete do piano.

Sobre o livro *A Menina Boba* escreveram em jornais autores como Manuel Bandeira, Rosário Fusco, Sergio Milliet, elogiando o trabalho poético[34]. A crítica de Rosário Fusco foi de altíssima importância para o esboço de Oneyda Alvarenga escritora. Somente ali é que alguém desvela os nomes de autores lidos por Oneyda, a origem das influências simbolistas sobre sua poesia: "Oneyda Alvarenga pertence à linhagem espiritual de um Emílio Moura e deixa, como Cruz e Sousa (...) 'que tudo em derredor oscile'". De fato, os versos de *Brusca Andorinha* remetem a essas origens literárias:

> Você não pode ser na minha vida (...)
>
> (...)
> Como essas casas grandes,
> Silenciosas, luminosas,
> Rescendendo sossego e acolhimento,
> Em que a gente entra e vai ficando

---

34 Ver Anexo A, p. 411-24 deste livro: ALVARENGA, Oneyda. Oneyda Alvarenga: referências críticas. [Trechos de críticas escritas em correspondências e de artigos publicados em periódicos, sem assinatura.] Datiloscrito, [1938/68], cópia carbono, p. 10, Doc. 8069 – (da mesma forma) Consultada cópia xerográfica.

Adormecida na paz de umas paredes brancas.[35]

E também nos versos d' *A menina exhausta:*

VI *O vento levanta de leve a cortina* (...)
... A tua lembrança é como a harmonia leve
Dos gestos brancos da cortina ...[36]

Conforme se vê na seguinte tabela abaixo, compositores brasileiros contemporâneos de Oneyda Alvarenga atentaram para o ritmo e sensibilidade de sua poesia e musicaram versos expressivos d'*A Menina Boba:*[37]

Tabela 1.1 Compositores e composições sobre poemas
de Oneyda Alvarenga/Data

Compositor	Poemas de Oneyda Alvarenga
Camargo Guarnieri (Brasil, 1907-1993)	*"Dois Poemas"* – *Vieste enrolado no perfume dos manacás* e *Eu te esperei na hora silenciosa* (1942)
Claudio Santoro (Brasil, 1919-1989)	*A menina exausta* (n°1 e n°2, 1945; n° 3, 1946; n° 12, 1944) e *Asa ferida* (1945)
Francisco Mignone (Brasil, 1897-1986)	*A Menina Boba* (1939) e Sete líricas *"Moreninha do sertão!"* – *Eu queria cair na tua vida; Eu te esperei na hora silenciosa; Nunca sinto inveja de ninguém que rola no pó; Asas! Oh! loucura dos vôos; Vento que corrupia; Queimada pelo sol desvairada; Doçura de manhãzinha fresca* (1966)
Hans Joachin Koellreuter (Alemanha/Brasil, 1915 - 2005)	*Poema* (1943) e *Noturnos* (1945)

Quando da publicação do livro *A Menina Boba*, em 1938, Manuel Bandeira escreve a Mario de Andrade, aos 27 de maio.[38] Elogiando o livro de Oneyda

---

35   ALVARENGA, Oneyda. *A menina boba*. São Paulo: Revista dos Tribunais, 1938, p. 29.

36   *Ibidem*, p. 52.

37   Os dados da tabela acima foram obtidos a partir de informações constantes em pesquisas para o trabalho apresentado por Luciana Barongeno no Seminário Oneyda Alvarenga, um pouco, aos 30 de junho de 2011, no Instituto de Estudos Brasileiros da Universidade de São Paulo.

38   MORAES, *op. cit.*, p. 395.

Alvarenga, aponta influências de *Poemas da Amiga*[39] n'*A Menina Boba*. Mas ele não quis mencionar essas influências em sua crônica literária, que seria publicada no *Diário da Noite*, a fim de não parecer que sugeria imitação, por parte da poeta jovem. Na verdade, Manuel Bandeira já havia feito essa observação anteriormente, na carta a Mario de Andrade de 01 de julho de 1934,[40] acrescentando também a influência dos *Poemas da Negra*[41] sobre a poesia de Oneyda Alvarenga. E, como crítico, Manuel Bandeira faz, na carta de 1934, uma sugestão/correção aos versos de "Deixa que caiam as espigas maduras da tua ternura...", do poema III, d'*A Menina Boba*.

Mario de Andrade, uma vez tendo tomado conhecimento dos poemas de Onyeda Alvarenga e estabelecido correspondência com a ainda aluna, em 1934, pontua seus versos um a um, criticando o todo da obra poética do que viria a constituir o livro *A Menina Boba*. Mario de Andrade também teve relação epistolar semelhante – mas não igual – com Henriqueta Lisboa[42] e Sergio Milliet[43], por exemplo, avaliando a obra dos poetas, de quando em quando, ao mesmo tempo que estreitava laços de amizade.

As leituras de poesia realizadas por Oneyda Alvarenga para além das origens simbolistas, das influências, encontramos, na carta de 01 de julho de 1932,[44] uma auto-avaliação crítica madura daquela poeta de dezenove anos de idade. Tendo lido, por orientação de Mario de Andrade, *A Escrava que não era Isaura*, para a iniciar nas letras modernistas, a aluna projeta uma luz tão violenta quanto desconcertante em seu próprio arcabouço de poeta – como

---

39   Do livro de Mario de Andrade, *Remate de males*. In: ANDRADE, Mario de. *De pauliceia desvairada a café*: poesias completas. São Paulo: Círculo do Livro, 1982.

40   MORAES, p. 580-1 (Correspondência de Mario de Andrade, 1).

41   Do livro de Mario de Andrade, *Remate de males*. In: ANDRADE, Mario de. *De pauliceia desvairada a café*: poesias completas. São Paulo: Círculo do Livro, 1982.

42   ANDRADE, Mario de. *Querida Henriqueta*: cartas de Mario de Andrade a Henriqueta Lisboa. 2ª. ed. Rio de Janeiro: José Olympio, 1991.

43   DUARTE, Paulo. *Mario de Andrade por ele mesmo*. São Paulo: Edart, 1971, p. 306-9.

44   ANDRADE, Mario de. *Cartas*: Mario de Andrade, Oneyda Alvarenga. São Paulo: Duas Cidades, 1983, p. 28-9.

quem dissese: minha obra não poderia ser diferente. Oneyda Alvarenga compreendeu muito bem a imagem poética da obra de Mario de Andrade, mas admite que sua criação não poderia ser assim, como a dele e de outros modernistas. A poesia que Oneyda identifica como "louca" é alcançada pelo seu julgamento crítico e é também alvo de sua admiração – mas ela não mente jamais, para agradar ao mestre, quando afirma que sua sensibilidade poética é de outra natureza (as origens de sua inspiração se enraízam em outros campos). Não para por aí a análise atilada da moça. Ela consegue tranquilamente enxergar a necessidade de equilíbrio entre sensibilidade e inteligência, na feitura da poesia moderna, segundo as propostas d'*A Escrava*, de Mario. Mas Oneyda questiona o processo de "desintelectualizar" a poesia, opondo a essa ideia a intervenção do próprio intelecto no decifrar da linguagem, da imagem poética. Na visão de Oneyda Alvarenga, tão jovem, somente com sua sensibilidade silenciada (alijada para seu devido lugar) e se valendo dos conhecimentos teóricos por ela adquiridos a respeito de associação de imagens é que foi possível a ela, leitora, não classificar os modernistas como "loucos". Ao final de suas conjecturas, Oneyda permite a Mario de Andrade "rir à vontade de suas tolices". Mas por trás dessas tolices falava a voz racional da pesquisadora que vai resultar na maior projeção de Oneyda Alvarenga como folclorista do que como poeta. Mario de Andrade parabeniza o progresso da aluna,[45] ao ganhar desenvoltura poética, depois de outras leituras. Mas atribui esse avanço à "inteligência" e à "veia poética" da moça. Discute largamente a obra incipiente de Oneyda Alvarenga na carta de 10 de julho de 1932,[46] analisando versos em separado, dispensando à aluna tratamento de poeta. Mario de Andrade critica verso por verso; cada ideia de Oneyda ele questiona, nesse princípio de abertura, por onde envereda a influência do modernista. Mas o tecido começa a se esgarçar e se entrevê uma recalcitrante racionalidade predominante

---

45 ANDRADE, Mario de. *Cartas*: Mario de Andrade, Oneyda Alvarenga. São Paulo: Duas Cidades, 1983, p. 31.

46 Até a publicação do livro *A Menina Boba*, em 1938, são frequentes as exaustivas e detalhadas orientações críticas de Mario de Andrade, por carta, aos versos de Oneyda Alvarenga.

em Oneyda, quando, na carta de 02 de janeiro de 1933,[47] Mario de Andrade, criticando profissionalmente os versos enviados pela moça – por essa época, ainda estava em férias, em Varginha, Minas Gerais –, denuncia claramente a invasão do *prosaico* na poesia da aluna. Ele acusa seus versos de "prosaicos principalmente porque parecem prosa e se confundem muito com ela." Assim, muitas vezes a obra de Oneyda Alvarenga não consegue prescindir da explicação. Muitas vezes, o advérbio de modo se incorpora naturalmente no poderoso ritmo da poesia de Oneyda Alvarenga: "E te acolheria suavemente" poema VI de *Domaram-te, andorinha!*[48] e "(...) de viver tudo,/De viver completamente",[49] de *A menina boba*; noutras, mais raras, parecem vir explicar formalmente algum pensamento ao leitor: por exemplo, no verso "Um ponto final colocado bruscamente",[50] de *Brusca Andorinha* e os versos "Aumentam miraculosamente,/ Gesticulam incompreensivelmente (...)",[51] do poema IX de *A menina insolúvel* – o que revela um peso grande da razão; da interferência do pensamento lógico que escapa à percepção (falta de traquejo no manejar de recursos poéticos, ou escolha deliberada?) de Oneyda, no concernente ao que ela queria transpirar para a vida como poesia. O poema sem nome, dentro de *Verso e prosa* (como o título já indica...), cujo primeiro verso é "Ontem tentaram me amolar não sei porque.",[52] é mais prosa poética do que poesia. Também apresenta versos como: "Com ímpetos de dizer a todo o mundo uma porção de desaforos,"[53] e "O Cantico dos Canticos tem para mim, aliás,/Um defeito gravíssimo (...)" e "Qualquer Salomão mascate deste mundo compra-e-venda,/Menos o Salomão que fez aquele livro cheirando a santidade.../ Ora bolas! (...)".[54] Ainda como se verá mais adiante, quando da parte das

---

47 ANDRADE, *op. cit.*, p. 38-41.

48 ALVARENGA, *op. cit.*, p. 68.

49 *Ibidem*, p. 18.

50 *Ibidem*, p. 29.

51 *Ibidem*, p. 89.

52 *Ibidem*, p. 35.

53 *Ibidem*.

54 *Ibidem*, p. 36.

conferências sobre História da Música e concertos de discos acompanhados de textos apresentados na Discoteca Pública Municipal de São Paulo, Mario de Andrade não deixa, por várias vezes, de lembrar a Oneyda que faça seus comentários críticos mais palatáveis ao público leigo, incluindo traços anedóticos ou curiosos da biografia dos compositores contemplados em suas explicações e audições. Na verdade, Mario de Andrade tentava suavizar a "secura"[55] do texto de Oneyda Alvarenga. No texto introdutório do livro *Cartas*, ela se lembra da acusação feita pelo crítico: "Você e o Sergio Milliet são as pessoas mais secas que eu conheço!".[56]

Ao que tudo indicava, o torvelinho da rotina de numerosos trabalhos da Discoteca Pública Municipal de São Paulo levava Oneyda ao campo da escrita de cunho didático, sobre música. Ainda no mesmo texto introdutório do livro *Cartas*,[57] a musicóloga revela uma manifestação do pensamento de Mario de Andrade, entre amigos, que pode ter sido (ou não) ato-falho do modernista; uma opinião fugitiva da sua consciência – e até mesmo de Oneyda Alvarenga, que não dá mostras, pelo menos por escrito, de ter se ressentido com o fato. Aconteceu que, segundo relato de Oneyda Alvarenga, numa noite boêmia, n'*O Franciscano*,[58] Mario de Andrade teria comentado com os demais: "Tudo errado. Eu não devia ter aceito o Departamento de Cultura e a Oneida devia ter tido seis filhos." Se Mario de Andrade não tivesse aceito o cargo tão insistentemente oferecido por Paulo Duarte, provavelmente teria escrito mais, era lógico. Mas e Oneyda Alvarenga? Teria filhos e não escreveria poemas? Em contrapartida, em carta a Paulo Duarte,[59] escrita no Rio de Janeiro, no dia 01 de maio de 1939, Mario de Andrade tece comentários significativos, quando afirma que, se o Norte (do Brasil) está à frente do Sul na produção da prosa, "nós" (do Sul – e isso se levando em conta alguém de peso como Manuel Bandeira), na poesia, "ganhamos na maciota com o genial Murilo Mendes, e

---

55   ANDRADE, p. 150.

56   *Ibidem*, p. 14.

57   *Ibidem*, p. 16.

58   Bar do Rio de Janeiro.

59   DUARTE, *op. cit.*.

Vinicius, e Carlos Drummond, e Oneida, e Cecília Meireles, e Guilherme, e Adalgisa, e Augusto Meyer." Se elencada entre tais poetas Oneyda Alvarenga não foi devidamente valorizada por Mario de Andrade, então não o seria em mais nenhuma condição.

Quando Oneyda Alvarenga, assoberbada com o trabalho da Discoteca, há muitos anos não publica mais nada, Manuel Bandeira escreve artigo no *Diário da Noite*, indagando se ela não escreverá mais.

Escreverá. Mas escreverá muito mais como pesquisadora na área de musicologia e folclore. E escreverá também como crítica literária, apesar de isso ser raro – como o questionário que Oneyda Alvarenga respondeu ao periódico *Hoje*, de 14 de fevereiro de 1947. O assunto em questão era o poeta Castro Alves. Oneyda respondeu perguntas como: Como encara Castro Alves na literatura brasileira? Foi um poeta revolucionário? Por quê? Qual foi a sua influência na luta pela abolição? É ele o poeta do presente? Por quê?[60]

O motivo da publicação de tal matéria: centenário de nascimento do poeta. Mas não era apenas por isso. Basta atentar para a resposta que a escritora dá à última pergunta: ela afirma que devem-se divulgar edições populares da obra do poeta, "especialmente das que apresentam conteúdo político-social". A "difusão entre o povo", que recomenda Oneyda Alvarenga, tem caráter de propaganda: ela parte do ponto de vista da validade da luta contra a escravidão (o caráter de luta social, segundo ela, não tirou o brilho da poesia de Castro Alves; pelo contrário: "...a parte artisticamente melhor da obra de Castro Alves é composta pelos seus poemas contra a escravidão").

Aqui não é possível dissociar o crivo crítico de Oneyda Alvarenga daquela carta que Mario de Andrade escreve em setembro de 1940, organizando para si mesmo o pensamento sobre os critérios de quem julga obras de arte. Sete anos antes desse questionário sobre Castro Alves, havia-se chegado a um ponto em que Oneyda Alvarenga crescera tanto como musicóloga que, deparando-se

---

60   Vide texto integral no Anexo B, p. 425-30: ALVARENGA, Oneyda. [Como encara Castro Alves na literatura brasileira]: Entrevista de Oneyda Alvarenga para o Jornal *Hoje*, sem indicação de entrevistador. Entrevista. Datiloscrito, 14 fev. 1947, cópia carbono, p. 4, Doc. 8089 – (da mesma forma) Consultada cópia xerográfica.

com dúvidas em relação à apreciação crítica da música, questionou Mario de Andrade, em correspondência de 1940, a respeito dos critérios para se julgar as obras. Mario de Andrade escreve então, em setembro de 1940, a carta mais longa de sua vida – 60 páginas datilografadas, justamente à discípula. O próprio escritor deixa claro que aquele longo texto, suscitado por Oneyda Alvarenga, serve mais para avaliar seu próprio discernimento, do que o de qualquer interlocutor, a respeito do assunto levantado.

E Oneyda Alvarenga realmente não pode julgar o poeta em questão sem se apoiar na função social da arte, de que falava Mario de Andrade. As últimas palavras que escreveu para o periódico foram:

> ...incentivar-se na infância e na mocidade (...) o desprezo aos preconceitos de raça.
>
> Não só Franco e Morinigo, mas muitos outros fascistas ainda em atividade no mundo, precisam ser banidos de postos de direção e responsabilidade, porque entravam a marcha firme para a paz.

O ano era 1947 e era clara a posição crítica do periódico e da escritora, num momento em que o mundo se ressentia da vivência da realidade em que grassaram nazismo e fascismo; quase não havia sutileza no questionário, na esfera histórica e política em que se moviam – até onde podiam. Há ainda uma anotação manuscrita de Oneyda Alvarenga, na última página da entrevista: "'Hoje'. Publicada com cortes."[61]

Mas, a despeito de um começo aparentemente promissor como poeta, aos 29 de novembro de 1938, Oneyda Alvarenga, escrevendo a Mario de Andrade[62], sobre a redação das palestras de História da Música, comenta a queda de público nas palestras e nos concertos de discos. E na terceira

---

61 Ver texto integral do documento, no Anexo C: ALVARENGA, Oneyda. [Como encara Castro Alves na literatura brasileira]: Entrevista de Oneyda Alvarenga para o Jornal *Hoje*, sem indicação de entrevistador. Entrevista. Datiloscrito, 14 de fevereiro de 1947, cópia carbono, p. 4, Doc. 8089 – (da mesma forma) Consultada cópia xerográfica.

62 ANDRADE, p. 154-6.

página[63] da mesma carta, Oneyda Alvarenga fala que só trabalhou e que sua poesia morreu, embora continue se achando a mesma "menina boba". E, transcorrido o tempo, Oneyda Alvarenga fará um balanço do que *não* aconteceu em relação ao seu piano e à sua criação artística, no texto *Ai, saudades!* – já mencionado acima.

MUSICÓLOGA, ETNÓLOGA, FOLCLORISTA E DIRETORA DA DISCOTECA PÚBLICA MUNICIPAL

... as "mulheres" do Departamento são muito "francas e exigentes".[64]

Em carta de 27 de outubro de 1939, Mario de Andrade aconselha a Oneyda Alvarenga que seja "suave e gentil" com Francisco Pati, o novo diretor do Departamento de Cultura, que se "irritava" com aquelas que Oneyda concluiu serem Maria Aparecida Duarte, chefe da seção de Parques Infantis; Lenira Fracarolli, chefe da Biblioteca Infantil; e a própria Oneyda Alvarenga – porque, conforme esta última se lembrava, à época da publicação das *Cartas,* em 1983, não havia outras mulheres *em cargos de chefia.*

As mulheres que ocupavam tais posições dentro do Departamento de Cultura da cidade de São Paulo, de qualquer modo, tinham formação para tanto... muitas mulheres, na década de 1930, se moviam confortavelmente na esfera dos saberes – no caso, especificamente musical.

Desde os meus onze anos, me destinaram e me destinei à música como profissão, e a ela juntei logo, por amor igual mas sem pensar em meio de vida, a literatura.[65]

Mario de Andrade dirigiu seu foco de atenção à aluna Oneyda Alvarenga, não como intérprete – mas como musicóloga, dada a trajetória dessa aluna que frequentava as aulas de História da Música e depois redigiu, como trabalho

---

63   *Ibidem*, p. 156.

64   *Ibidem*, p. 205.

65   *Ibidem*, p. 5. Texto introdutório escrito por Oneyda Alvarenga para a edição do livro *Cartas.*

de conclusão de curso do Conservatório Dramático e Musical de São Paulo, *A linguagem Musical* (inédito).[66] Em *Evolução Social da Música no Brasil*, texto de 1939, dedicado a Oneyda Alvarenga e publicado em *Aspectos da Música Brasileira*,[67] Mario de Andrade escreve sobre a readaptação pela qual passou o próprio Conservatório Dramático e Musical de São Paulo. A despeito do culto à *pianolatria*, tão deplorada por Mario de Andrade, o Conservatório acabou assumindo sua função pedagógica e cultural, quando passou a emitir literatura musical, pelas mãos de pessoas como Samuel Arcanjo dos Santos, Savino de Benedictis, Caldeira Filho, Nestor Ribeiro e, "especialmente os primeiros estudos de folclore musical, verdadeiramente científicos, com Oneyda Alvarenga e seus companheiros da Discoteca Pública, todos formados no Conservatório".[68] E isso, num contexto que, em texto de sua *Oração de Paraninfo*,[69] de 1935, anterior, portanto, ao texto *Evolução Social da Música no Brasil*, reunido no mesmo livro, Mario de Andrade revela a carência de subsídios teóricos na formação dos alunos do Conservatório – de modo geral. Claro que o grupo de alunos que Mario de Andrade destacou a fim de estudar semanalmente em sua casa era formado por aqueles cujo perfil se volta mais para a intelectualidade musical.

Mario de Andrade se empenhava na formação de seus discípulos no sentido de estes serem o mais conscientes possível quanto à responsabilidade de

---

66   *Ibidem*, p. 56. Oneyda Alvarenga, na carta de 30 de julho de 1933, fala a respeito desse trabalho – à época, chamado de "tese". Na carta de 19 de agosto de 1933, falando do andamento desse trabalho que estava sendo finalizado em Varginha, Oneyda Alvarenga escreve: "(...) se posso lhe mandar hoje pelo correio a bela droga que a minha tese ficou". Acontece que "a bela droga" foi encarada depois, por Mario de Andrade, como livro totalmente sério, *A Linguagem Musical*, digno de ser divulgado, conforme se vê pela carta dele, de 26 de dezembro de 1934. In: ANDRADE, Mario de. *Cartas*: Mario de Andrade, Oneyda Alvarenga. São Paulo: Duas Cidades, 1983, p. 71.

     (O último capítulo d'*A linguagem musical*, redigido por Oneyda Alvarenga, quando estudou Copland, terá grande peso na prática dos concertos de discos, analisados no último capítulo deste livro.)

67   ANDRADE, Mario de. *Aspectos da música brasileira*. 2ª ed. São Paulo: Martins, 1975..

68   *Ibidem*, p. 17.

69   *Ibidem*, p. 233-47.

educadores – e, do ponto de vista da iniciativa do musicólogo reunir em sua casa um determinado grupo de alunos, a preocupação dele era mais ampla, formando pesquisadores na área de música.

Em seu texto *Na sombra das moças brasileiras*,[70] Mario de Andrade satiriza os pais que, ao enviar as filhas ao Conservatório, visavam apenas o exibicionismo: "Nossa filha há de ser uma Guiomar Novaes". Uma de suas "Marias" chegou a afirmar que "estudava 'pra tocar pras visitas'". Na *Oração de paraninfo* dos formandos do Conservatório Dramático e Musical de São Paulo, vemos que o caminho do virtuosismo era desaconselhado por Mario de Andrade. O *virtuose*, com sua trajetória individualista, facilmente se inclinava à vaidade. Mario escreve: "O que me orgulha é a professorinha anônima do Bexiga ou da Moóca, a mulher de Taquaritinga ou Sorocaba, que ensina seu Beethoven ou, dormidos os filhos, inda soletra aos ouvidos da rua algum noturno de Chopin".[71] Deve-se atentar ao ano em que é proferido esse discurso: 1935 (publicado em 1936) – ano da criação da Discoteca Pública Municipal. Oneyda, que se formara no mesmo Conservatório, no ano anterior, era nada menos que a diretora da instituição. Mario de Andrade, ao final de seu discurso, menciona o interesse que se nota em grande número de jovens por concertos; de proletários por bibliotecas circulantes; de crianças por bibliotecas; de mais e mais pessoas por cursos de Etnografia.

Finalizando, Mario de Andrade explica que "não despreza o indivíduo e sabe glorificar as criações".[72] O que acontece é que o tempo era de "luta por uma realidade mais de todos". O músico que o paraninfo via como ideal teria papel voltado mais para o coletivo. Uma educação consistente no início de uma carreira musical poderia formar *virtuoses* também – afinal, quem interpretaria Debussy, Beethoven etc., se não soubesse interpretar bem? Quem

---

70 ANDRADE, Mario. Na sombra das moças brasileiras. In: *Revista do Instituto de Estudos Brasileiros*. São Paulo: IEB, 1994, n.36,p. 172.

71 ANDRADE, Mario de. *Cultura musical*: (Oração de paraninfo dos formandos de 1935, do Conservatório Dramático e Musical de São Paulo). São Paulo: Departamento Municipal de Cultura, 1936, p. 13.

72 *Ibidem*, p. 7.

poderia fazer parte de uma orquestra? –, mas antes de tudo, importava formar músicos. Músicos conscientes, como queria Mario de Andrade, da História Social da Música. Por assim dizer, essa formação de *músicos* conscientes já não era aquela, do século XIX, principalmente, ou do início do século XX, voltada a moças "casadoiras", que soubessem tocar alguma coisa ao piano (este, parte do dote, do mobiliário da casa que se habitaria ao constituir família), do mesmo modo que saberiam bordar. A essa geração formada nos anos 1930 é que pertenceu Oneyda Alvarenga.

Aliás, já despontavam na década anterior situações que favoreceram o surgimento de mulheres pianistas, cuja carreira era levada a sério, antes de qualquer outro aspecto da vida. Em seu livro *As pianistas dos anos 1920 e a geração jet-lag*, Jacy Toffano escreve sobre a trajetória de Antonietta Rudge (1885-1974), Guiomar Novaes (1894-1979) e Magdalena Tagliaferro (1893-1986), mostrando por meio das peculiaridades de cada uma que a questão da jovem que se dedicava ao estudo de piano começava a levar a carreira de intérprete a terrenos inusitados, até então.[73] Mesmo o perfil dessas pianistas já avançava sobre o campo de estudos e se manifestavam ações na área da cultura. Jacy Toffano[74] escreve sobre a fundação da Sociedade de Cultura Artística, fala do papel de Antonietta Rudge: "Para se ter uma ideia de como era premente a criação, em São Paulo, de entidades que se encarregassem de promover o progresso cultural e educacional a exemplo do Rio de Janeiro", criou-se a Sociedade de Cultura Artística, que "pretendia organizar palestras e concertos numa mesma noite".

---

73 TOFFANO, p. 35. "Até que a gravação se tornasse rotina na carreira musical dos intérpretes modernos, a crítica especializada representava a maior credencial para o artista." A ligação do intérprete com a mídia, nos anos 1920, era, na verdade, com a imprensa (jornais) À época de Oneyda Alvarenga já se podiam calcar os programas de concertos sobre gravações – e a relação era outra. O concerto, como se conformou depois da passagem da ópera para a pianolatria, enfocava o intérprete, sua performance. O pianista deixara de ser acompanhante do canto e passava a ser estrela, um ser quase mágico – o que Jaci Toffano vai mostrar é que a realidade estava longe disso, dados os processos de disciplina, durante os anos de formação de cada pianista.

74 *Ibidem*, p. 84.

Acresce que Dalila Vasconcellos de Carvalho, também escrevendo sobre mulheres que tiveram início da formação pianística no anos 1920, escolhe os exemplos de Helza Camêu (1903-1995) e Joanídia Sodré (1903-1975) que, por vários motivos se afastaram da carreira de pianista, justamente quando esta era, no início do século XX, um espaço de consagração entre as mulheres. Dalila questiona o tema do ponto de vista das configurações sociais que levaram estas pianistas a desempenhar funções tidas, à época, como "masculinas"[75] (Joanídia Sodré foi pianista, regente e diretora da Escola Nacional de Música e Helza Camêu pianista, musicóloga e compositora) Vale lembrar que Helza Camêu, mais velha do que Oneyda Alvarenga, também veio a ser musicóloga, escrevendo sobre música e realizando palestras. No Anexo A deste livro, se encontra um texto publicado no *Jornal do Comércio*, do Rio de Janeiro, aos 28 de maio de 1961, referenciando Oneyda Alvarenga e Helza Camêu como "acatadíssimas autoridades" no assunto folclore.

A partir da década de 1940, o trabalho científico de Oneyda Alvarenga sobre Folclore e Etnologia, áreas em que ela estabelecia conceitos como uma das autoridades pioneiras na América Latina, já era sólido o bastante para angariar apreciações positivas de críticos, escritores, musicólogos e jornalistas da América e da Europa, como Carlos Drummond de Andrade, Sever Pop, Alcântara Silveira, Edemundo Lys, Luís Ellmerich, Laís Correia de Araujo, Jorge Andrade, Luiz Heitor Corrêa de Azevedo, Roger Bastide (em várias cartas), Sergio Buarque de Hollanda, Antonio Alatorre (mexicano), Vicente T. Mendoza (mexicano), Otavio Bevilacqua, Fernando Mendes de Almeida, Andrade Muricy, Lauro Ayestarán (musicólogo uruguaio), Knut Brodin (musicólogo norueguês), O. C. Cabot (musicólogo inglês), Luís da Câmara Cascudo, Melville J. Herskovits (antropólogo norte-americano). Todos eles elogiaram o caráter excepcionalmente sério, científico das pesquisas de Oneyda Alvarenga, principalmente no que se refere ao livro *Música Popular*

---

75 CARVALHO, Dalila Vasconcellos de. *Renome, vocação e gênero*: duas musicistas brasileiras. São Paulo, 2010. Tese - FFLCH, p. 7.

Brasileira, com o qual a autora recebeu o prêmio "Fábio Prado" – inclusive o livro foi publicado no México, em 1947, antes da edição brasileira.[76]

Os perfis de Oneyda Alvarenga foram delineados no primeiro capítulo – e não no segundo, denominado justamente *Primórdios e Perfis* – para que se destaque a trajetória da jovem que queria ser reconhecida como poeta e pianista e que, afinal de contas, amadureceu e atuou profissionalmente de outras formas. Muito diferente e distante agora era a Menina Boba, apesar de a manipulação da linguagem escrita e de sua formação pianística terem projeção (e utilidade, para si e para os outros) em todo seu desempenho, vida afora. Aliás, esse amadurecimento aconteceu bem cedo, já que a poeta ocupou o cargo de diretora da Discoteca Pública Municipal em 1935, antes de completar vinte e quatro anos de idade. E, amadurecendo como estudiosa (musicóloga, folclorista, etnóloga...), foi integrar o quadro de intelectuais que fizeram parte do Departamento de Cultura do município de São Paulo, conforme será mostrado no capítulo 2.

---

76   Ver Anexo A: ALVARENGA, Oneyda. Oneyda Alvarenga: referências críticas. [Trechos de críticas escritas em correspondências e de artigos publicados em periódicos, sem assinatura.] Datiloscrito, [1938/68], cópia carbono, 10 p. Doc. 8069 – (da mesma forma) Consultada cópia xerográfica. Ver também Anexo D: ALVARENGA, Oneyda. [Carta e entrevista cedida a Jorge Andrade sobre estudos folclóricos.]: Entrevista de Oneyda Alvarenga para a revista *Visão*. Transcrição do texto integral, entrevistador: Jorge Andrade. Carta e entrevista. Datiloscrito, 06 de agosto de 1960, p. 6, Doc. 8150 – (da mesma forma) Consultada cópia xerográfica.

capítulo 2

Primórdios e perfis

Primórdios: panorama

Lutar por uma nova arte significava lutar para criar novos artistas individuais, o que é um absurdo, porque não se podem criar artificialmente os artistas. Deve-se falar de luta por uma nova cultura, ou seja, por uma nova vida moral, que não pode deixar de ser intimamente ligada a uma nova percepção da vida, até se tornar uma nova maneira de sentir e de ver a realidade, e tão intimamente entranhada com o mundo, com "artistas possíveis" e com as "obras de arte possíveis".[1]

Como se verá, desde o movimento modernista até o envolvimento dos intelectuais com o poder,[2] no Brasil, na década de 1930, as relações com

---

1   GRAMSCI, Antonio. *Letteratura e vita nazionale*. 3ª ed. Torino: Einaudi, 1953, p. 9.

2   Ao se referir ao mundo da produção, Gramsci utiliza o conceito econômico-social, entendendo que o econômico engloba não só a produção de bens materiais, mas também as relações sociais que se criam a partir das relações de produção; do mesmo modo, o ético-político, conceito que aponta para a relação entre política e cultura, expressa na constatação de que a luta política supõe um certo grau de homogeneidade, uma concepção de mundo coerente e unitária. In: SCHLESENER, Anita Helena. *Hegemonia e cultura*: Gramsci. 3ª ed. Curitiba: Editora UFPR, 2007, p. 63.

a arte e com a cultura em geral tomam rumos nuançados e a questão da organização e difusão dos saberes transcende fronteiras físicas, sociais, históricas, ora entrecruzando os fios que compõem a trama, ora esgarçando o tecido... e o observador se vê sobre um posto em movimento contínuo.

É consenso entre os estudiosos do assunto que o Movimento Modernista brasileiro, eclodindo com a Semana de fevereiro de 1922, teve desdobramentos na década de 1930, caracterizada pela preocupação dos intelectuais com a questão do nacionalismo.

Assim, Mário da Silva Brito,[3] quando delineia detidamente todos os passos da geração modernista em 1922, descortina um panorama esclarecedor, no que tange a um período de ruptura com a arte e literatura feitas até então. Desde a exposição de Anita Malfatti, em 1917, – o marco do início da arregimentação de forças de artistas e intelectuais é frequentemente identificado nesta exposição[4] –, passando por pontos de relevo, como o Manifesto do Trianon (aproveitando o ensejo da homenagem a Menotti del Picchia, em banquete, Oswald de Andrade proferiu discurso em que declarou, com o apoio de outros modernistas ali presentes, que a nova geração de escritores estava disposta a fazer frente aos passadismos na literatura e na arte); o artigo *Na maré das reformas*, de Menotti del Picchia, onde o escritor fixa bases do programa de ação renovadora a ser desenvolvido; polêmicas e embates, durante o ano de 1921, em torno do que se combatia (passadismo, parnasianismo, romantismo e outras correntes que já se consideravam antiquadas); a divulgação de poemas e trechos de prosa da nova escola, pela imprensa; e a posição dos jovens artistas frente ao futurismo: a adesão, em alguns momentos, mais forte; em outros, a rejeição. De qualquer forma, eles se deixavam chamar de *futuristas*, mesmo os que não o fossem, porque o momento exigia uma tomada

---

3 BRITO, Mário da Silva. *História do modernismo brasileiro*: I – antecedentes da semana de arte moderna. 5.ed. Rio de Janeiro: Civilização Brasileira, 1978.

4 *Ibidem*, p. 47-51. Ainda que o autor tenha colocado a questão permanente da divergência de opiniões: há quem considere esse marco a exposição da pintora, (que resultou no episódio do artigo *Paranóia ou Mistificação*, com todas as polêmicas decorrentes); há quem o considere a exposição de Segall, em 1913.

Oneyda Alvarenga 63

de posição, ainda que provisória, para que se desencadeasse a reação modernista. Fato é que Oswald de Andrade lança a poesia de Mario de Andrade, atribuindo-lhe características de futurista, o que leva este último, mesmo sob protestos, a sair de sua postura tímida e assumir a liderança dos modernistas.

Essa pontuação de Brito vem situar a atuação daquelas pessoas que frequentavam a Vila Kyrial, na década de 1920 e que não podiam ser outras, ao ocuparem cargos administrativos na década de 1930, na gestão da cultura brasileira. Sergio Miceli chama-as de *intelectuais cooptados pelo Estado:*

> Diante dos dilemas de toda ordem com que se debatiam por força de sua filiação ao regime autoritário que remunerava seus serviços, buscaram minimizar os favores da cooptação lhes contrapondo uma produção intelectual fundada em álibis nacionalistas. Pelo que diziam, o fato de serem servidores do Estado lhes concedia melhores condições para a feitura de obras que tomassem o pulso da nação e cuja validez se embebia dos anseios de expressão da coletividade e não das demandas feitas por qualquer grupo dirigente. Dando sequência à postura inaugurada pelos modernistas, esses intelectuais cooptados se autodefinem como porta-vozes do conjunto da sociedade, passando a empregar como crivos de avaliação de suas obras os indicadores capazes de atestar a voltagem de seus laços com as primícias da nacionalidade. Vendo-se a si próprios como responsáveis pela gestão do espólio cultural da nação, dispõem-se a assumir o trabalho de conservação, difusão e manipulação dessa herança, aferrando-se à celebração de autores e obras que possam ser de alguma utilidade para o êxito dessa empreitada.[5]

Em *A missão de Pesquisas Folclóricas,*[6] Flávia Toni apresenta o panorama social e histórico do contexto em que cria-se o Departamento de Cultura de São Paulo, e também o avesso desse panorama: a situação econômica do

---

5   MICELI, Sergio. *Intelectuais à brasileira.* São Paulo: Companhia das Letras, 2001, p. 216.

6   TONI, Flávia Camargo. *A missão de pesquisas folclóricas do Departamento de Cultura.* São Paulo: Centro Cultural São Paulo, 1983, p. 9-11.

Estado nos anos 1920. A hegemonia política de São Paulo emanava, por assim dizer, do poder econômico alicerçado na produção agrícola: o cultivo do café. Com a crise de 1929 e a queda da importação de produtos manufaturados da Europa que, antes, o Brasil não produzia, São Paulo industrializou-se. Com a perda do poder econômico, a oligarquia cafeeira desestabilizou-se politicamente também.

Além disso, em 1926, a criação do Partido Democrático que, ao mesmo tempo em que era constituído por pessoas da classe média tradicional e ligadas aos cafeicultores, era representativo de ideais de uma nova geração progressista. Entre essas pessoas, estava Paulo Duarte, que teve papel decisivo na articulação de um órgão público responsável pela cultura. Assim como foi ele também o responsável pela nomeação de Mario de Andrade como diretor do Departamento de Cultura do município. Dos anos 1920 aos 1930, aconteciam também levantes militares no Brasil, como a Revolução de 1924, a Coluna Prestes, a Revolução de 30, tudo levando de roldão o poder da política do café com leite, a independência de São Paulo. Com a chegada de Getúlio Vargas ao poder central, São Paulo viu-se em mãos de interventores e a Revolução, que antes o povo aclamara como moralizadora, apresentou outra vertente.

A posição de Mario de Andrade, diante da Revolução teve um avanço e, depois, um recuo, do que se infere do texto de Telê Ancona Lopez, *Mario de Andrade*: ramais e caminho.[7] O entusiasmo inicial de Mario de Andrade pela Revolução de 1930 diminui, pouco depois da eclosão dos acontecimentos: suas crônicas mostram ambivalência e críticas à oligarquia paulista. Em 1931 começa a aderir à Revolução Paulista; defende o caráter democrático do movimento; passa por uma posição separatista em relação a outros estados do Brasil e, depois da derrota dos constitucionalistas, mostra seu bairrismo transmudado em ideal paulista, quase repugnado com a ideia de país/pátria/Brasil.[8] Na crônica *Peneirando*, publicada no momento posterior à vitória da Revolução de

---

7   LOPEZ, Telê Porto Ancona. *Mário de Andrade:* ramais e caminho. São Paulo: Duas Cidades, 1972, p. 61-2.

8   *Ibidem*, p. 62-3.

1930, ele escreve que "o nós vencemos"[9] já começava a ser dolorido, uma vez que começavam as atitudes oportunistas por parte daqueles que mostravam suas reais intenções no âmbito político, ao apoiar o movimento, ganhando cartas de recomendação, dentro do que se chama "empreguismo". Agora, se percebia, resultava em prejuízos na esfera da independência do Estado. Telê Ancona Lopez analisa a mudança de ideias de um Mario de Andrade que, desiludido com a Revolução, começa a exaltar São Paulo. Em 1931, já totalmente bairrista, não chega a perceber sua atitude. Já em 1933 critica a revolução Paulista; como "intelectual engajado", se dá conta da "importância social e política do nacionalismo e do internacionalismo".[10]

Mas São Paulo permanecia pólo da cultura nacional, embora não o fosse pelo movimento modernista, em si. E era justamente a liderança cultural que desejavam, na década de 1930, pessoas como Paulo Prado, Mario de Andrade, Antônio de Alcântara Machado, Henrique da Rocha Lima, Randolfo Homem de Mello, Nino Gallo, Rubens Borba de Moraes, Sérgio Milliet, Elsie Houston,[11] entre muitos outros; vários ligados ao Partido Democrático, todos eles à intelectualidade.

O papel que tinha o Departamento de Cultura, já em 1936, ano seguinte ao de sua criação, quando se responsabilizou pela programação faustosa[12] – três récitas em dezembro de 1936, com apresentação de Noite de São Paulo, escrita por Alfredo Mesquita, musicado e regido por Dinorá de Carvalho –, com a finalidade de angariar fundos em benefício do Preventório Santa Clara de Campos do Jordão. Sendo que, apenas a verba da primeira noite é destinada ao Sanatório – a renda das outras duas foram para o Departamento de Cultura.

---

9   *Ibidem*, p. 222.

10   *Ibidem*, p. 223-5.

11   TONI, Flávia Camargo. *A missão de pesquisas folclóricas do Departamento de Cultura.* São Paulo: Centro Cultural São Paulo, 1983, p. 13.

12   TONI, Flávia. Noite de São Paulo: a despedida de Armando de Salles Oliveira. In: MATOS, Edilene; CAVALCANTE, Neuma; LOPEZ, Telê Ancona; LIMA, Yêdda Dias (orgs.) *A presença de Castello.* São Paulo, Humanitas/FFLCH/USP, Instituto de Estudos Brasileiros, 2003, p. 235-40. Cronologia.

Tratava-se da despedida de Armando Salles de Oliveira do governo do Estado e o público do espetáculo da noite de estreia, assim como os organizadores (intelectuais e artistas) também faziam parte da elite cultural e/ou econômica da cidade. Flávia Toni faz alusão aos "tempos de paz", ainda em 1936, após a tumultuada época das Revoluções de 1930 e 1932, quando lembra que havia tolerância à incoerência – visto que a métrica e a rima eram incoerentes, naquele ano – dentro da esfera política em que atuavam esses intelectuais.

Há dupla mão, na relação entre os intelectuais que formavam o germe do Departamento de Cultura e os propósitos políticos, na década de 1930. Por um lado, o poder político lançava mão do patrimônio cultural de que dispunha – bibliotecas, discotecas etc. –, usando-o como recurso para a formação do povo, o mais depressa possível, eliminando, assim, "o perigo das ideias comunistas". Ou seja, havia a intenção de reforçar o sentimento "paulista", forjar rapidamente o sentimento nacional. De outro lado, os intelectuais, segundo Barbato Junior,[13] "prescindiam da política e se apoiavam" por sua vez, no "Estado, expressando a ambiguidade de suas posições".

Assim, embora as ações do Departamento de Cultura não fossem, de maneira alguma, desprovidas de caráter político e alguns dos membros do Departamento de Cultura tivessem sido filiados ao Partido Democrático, não tinham a crença, nem o propósito de projetar interesses ligados ao poder político por ele mesmo. Se algum poder seduzia o grupo derivado das reuniões no apartamento de Paulo Duarte, entre 1926 e 1931, esse poder era a possibilidade de "fazer". Pela primeira vez podiam-se por em prática projetos idealizados fora, por assim dizer, do âmbito do poder institucionalizado, sob o respaldo de uma instituição pública.

Os intelectuais ligados ao Departamento de Cultura, ou instituição paulistana, conforme denominação empregada por Barbato Junior,[14] não acreditavam na política partidária, mas na política da cultura.

---

13 JUNIOR, Roberto Barbato. *Missionários de uma utopia nacional-popular*: os intelectuais e o Departamento de Cultura de São Paulo. São Paulo, Annablume, 2004, p. 187.

14 *Ibidem*, p. 190.

Assim também pensa Barbato Júnior,[15] quando confirma essa posição daqueles intelectuais que rodeavam Paulo Duarte: Mario de Andrade, apesar de filiado ao Partido Democrático, acreditava ser melhor permanecer à distância da política, nas questões culturais. Em seu discurso de paraninfo,[16] de 1935, no Conservatório Dramático e Musical de São Paulo, Mario de Andrade fala que, ainda que ocupando um cargo público, não era político e, se os resultados de suas decisões moviam-se dentro dessa esfera, apenas seriam políticos enquanto reversão dessas decisões em serviços públicos, justificando a decisão daqueles que o permitiram que o fossem. Mario de Andrade chega a afirmar – isso em 1935, quando Oneyda Alvarenga, recém-formada, na turma anterior do Conservatório, seria convidada a aceitar o cargo de diretora da Discoteca Pública, momento em que Mario de Andrade não supunha a reviravolta próxima, de 1937, com a instauração do Estado Novo – que seu trabalho *não* era político. Segundo Barbato Júnior,[17] essa posição de Mario de Andrade se coadunava até certo ponto com o discurso de Fábio Prado, quando este, afirmando não haver nenhuma relação entre nomeação dos intelectuais que compunham os quadros do Departamento de Cultura e seus credos religiosos ou suas filiações políticas, ressaltava a existência de uma condição puramente cultural, na ação dessas pessoas. A movimentação entre decisões na área da cultura e a política eram sutis: o poder central, emanando dum Estado forte, viabilizava a concretização de objetivos coletivos. Por um lado, refazia, às pressas, o conceito de nação, do ponto de vista tradicionalista; por outro, coletivizando o saber, ia ao encontro dos ideais de setores intelectuais, para os quais a visão nacionalista era outra.

Apesar de tudo isso, num segundo momento, Mario de Andrade reconheceria que era impossível seu desempenho administrativo, ocupando um cargo público, desvinculado da política; da ação política. Com o golpe do Estado Novo, em novembro de 1937, quando Mario de Andrade se viu obrigado a

---

15 *Ibidem*, p. 95.

16 Oração de paraninfo – 1935. In: ANDRADE, Mario de. *Aspectos da música brasileira*. 2ª. ed. São Paulo: Martins, 1975, p. 245.

17 *Ibidem*, p. 96.

deixar o Departamento de Cultura, a realidade mostrava que essa política da cultura não era independente do poder político – embora este, com interesses de construir a ideia de nação, tivesse dado margem de liberdade aos intelectuais que não compartilhavam da ideologia antidemocrática (vide os objetivos da utopia nacional-popular, que encontrava caminhos de aproximação entre intelectualidade e povo, pela primeira vez, no Brasil). Em sua palestra "O Movimento Modernista", de 1942, Mario de Andrade, de certa forma, lamentava-se por algumas posturas assumidas anteriormente, quando declarava que, mesmo sem abandonar valores eternos (porque, para ele, isso seria impossível; nem seria honesto), o homem público não estaria em condições livres de se furtar ao seu dever para com os outros; o intelectual não deveria "esconder-se", ainda que fosse na aparente neutralidade da elaboração dum texto literário, ou mesmo técnico. Então, chamava a isso covardia e afirmava se estar numa idade política que não permitia individualismos. Ou seja, era uma declaração onde reconhecia a necessidade do comprometimento político, em detrimento de uma posição mais cômoda.

Retomando os primórdios da situação geradora do futuro Departamento de Cultura, Barbato Júnior[18] localiza, no tempo da Primeira República, uma demanda cultural. Mas, dada a falta de mercado de bens simbólicos, havia impossibilidade de iniciativa estatal, então. Ele fala sobre dois momentos distintos, na esfera da difusão cultural: a década de 1920 e seus salões, como o da Vila Kyrial e, com a queda destas reuniões – devido a situações desconfortáveis de desencontros de interesses políticos, sociais, artísticos e intelectuais, no mesmo espaço, o que refletia o panorama geral, que mudava a cada dia, em São Paulo –, fala do segundo momento. Daquele em que se redefiniam as relações sociais e políticas: só haveria condições de realização no circuito público via mediação do Estado. Falando desta passagem dos círculos particulares/privados para os governamentais, em que o Estado vinha a ser mecenas da cultura, fala também da outra face. Os intelectuais que se articulavam, ao

---

18 JUNIOR, Roberto Barbato. *Missionários de uma utopia nacional-popular*: os intelectuais e o Departamento de Cultura de São Paulo. São Paulo, Annablume, 2004, p. 144.

mesmo tempo vinculados ao poder central e portando à cultura, bem imaterial da elite, para as massas.

Elizabeth França Abdanur,[19] relendo fontes pertinentes, aborda muito diretamente certas questões, o que vem esclarecer sobre os propósitos dos que ela denomina homens "ilustrados", daquele momento político.

Em linhas gerais, pode-se concluir que, segundo Abdanur, tanto a criação da Escola Livre de Sociologia e Política, quanto a da própria Universidade de São Paulo, em 1934, visavam encontrar soluções para o problema da "democracia" no Brasil. Nessa época, logo após a Revolução de 32, (no período entre 1935 e 1936), Armando Salles de Oliveira era governador do estado – e também genro de Júlio de Mesquita Filho, dono do jornal *O Estado de São Paulo*. Ora, o projeto da fundação da Universidade era do próprio Júlio de Mesquita Filho e do educador Fernando de Azevedo. Após um inquérito, realizado pelo jornal *O Estado de São Paulo*, em 1926, concluiu-se que o ensino público "estava desorganizado". Sendo assim, urgia a formação de uma "elite orientadora" para organizar "um ensino secundário destinado às camadas médias da população e do ensino primário para as massas".[20]

Em seu livro *Dialética da colonização*,[21] Bosi fala do caráter positivista de que se revestia a educação popular e gratuita implantada no Brasil.

---

19 ABDANUR, Elizabeth França. *Os "ilustrados" e a política cultural em São Paulo*: o departamento de cultura na gestão Mário de Andrade (1935-1938). São Paulo: s.n., 1992, p. 29-52.

20 *Ibidem*, p. 6-28.
    Sobre isso, Mannheim escrevera: "(...) não houve nunca um liberalismo absoluto, que simultaneamente com a ação não-dirigida das forças sociais houve sempre, por exemplo, a regulamentação na educação. O Estado liberal também regulamentou instituições inteiras, para as quais determinou não só o tipo de conhecimento a ser ministrado às várias classes, mas até mesmo cultivou padrões modelares de conduta necessários à existência continuada dessa sociedade e ajudou as elites a adquiri-los." In: MANNHEIM, Karl. *O homem e a sociedade*: estudos sobre a estrutura social moderna. Rio de Janeiro: Zahar, 1962 (Biblioteca de ciências sociais), p.125-6.

21 BOSI, Alfredo. *Dialética da colonização*. 2ª. ed. São Paulo: Companhia das Letras, 1994, p. 300-7.

O positivismo social valorizava muito, em seu discurso, o projeto de um ensino fundamental gratuito e leigo, porque acreditavam comtianos e spencerianos que a ciência era fautora do progresso e a educação era sua via real. Bosi lembra o estudo feito sobre o pensamento comtiano, que estabelecia relação direta entre o ensino básico universalizado e a formação do *bom proletário*.[22]

A escola primária gratuita está dentro do plano mais geral da educação popular, que Comte chama de "proletária" – a única com a qual o governo (o Estado) deveria arcar, não se encarregando de ensino universitário.[23]

O Rio Grande do Sul castilhista e borgista foi o estado que mais atenção voltou à escola primária e ao ensino técnico-profissional, ao mesmo tempo que a política republicana dispensava a exigência de títulos aos cidadãos que pleiteassem o exercício de qualquer profissão liberal – o que retardou a criação de instituições estatais de ensino superior.

Borges de Medeiros enviou, em 1913, uma comissão de professores primários a Montevidéu, para que conhecessem a metodologia da educação uruguaia – estimada, então, como a mais eficiente da América Latina. Nessa época da República Velha, Borges de Medeiros adiantou-se com relação aos demais estados do Brasil, no emprego dos recursos públicos na educação gratuita. (Só com a Constituição de 1934 seria destinada uma verba percentual específica para o ensino primário.)

Ao invés de cursos universitários, dava-se ênfase ao ensino técnico para as classes pobres. Numa época em que a industrialização desenvolvia-se de modo irreversível, os cursos técnicos visavam formação de profissionais que produzissem mais e melhor, buscando, com isso e com créditos públicos, alcance de maior mercado consumidor. O positivismo gaúcho, procurando sempre desenvolver ensino técnico profissionalizante a fim de formar operários especializados desembocou, no entanto, em 1934, na fundação da Universidade de

---

22 *Bon proletaire*, expressão cunhada por Paul Arbousse-Bastide, análoga ao *bon sauvage*.

23 Segundo Bosi, as reformas educacionais do México e do Uruguai, no final do século XIX, tiveram bases positivistas. Bosi faz ainda referência a filósofos que estudaram a influência do positivismo não apenas nas políticas públicas, mas também nas doutrinas pedagógicas daqueles projetos nacionais.

Porto Alegre, depois Universidade Federal do Rio Grande do Sul, elencando, no início, cursos de caráter científico. A produção de material que veiculava informação científica refletia os adiantamentos da modernização científica da República Velha.

Segundo Bosi, o positivismo veio ocupar o poder nacional nos anos 1930, quando a coalizão tática de repúblicos sulinos e tenentes arredou das decisões o liberalismo oligárquico já declinante.[24]

Então, os homens de Estado receberam e adaptaram tendências modernas como o reformismo social de esquerda e autoritarismo de direita.

> Quando Getúlio Vargas pediu a Lindolfo Collor que constituísse uma comissão de consultores do novo Ministério do Trabalho, Indústria e Comércio, o líder castilhista gaúcho não hesitou em convocar militantes socialistas, industriais avançados e cultores do nacionalismo centralizador. Evaristo de Morais sentou-se então ao lado de Jorge Street e de Oliveira Viana; e todos, sob a batuta de uma ideologia estatizante, que se dizia "acima das classes", elaboraram o nosso Direito Social, ao mesmo tempo progressista e autoritário, moderno e conservador, numa palavra: positivista.[25]

Uma observação a ser feita é que, em seu texto, Alfredo Bosi menciona o modelo de educação em que o Brasil espelhava-se, então: a do Uruguai. Não só a educação em São Paulo preparava-se para uma reestruturação, a partir de meados da década de 1920, com parâmetros neste modelo educacional, como o programa de ensino de música, no Uruguai, recebia direcionamento altamente didático de Francisco Curt Lange, alemão naturalizado uruguaio. Este musicólogo ajudou a implantar o Serviço Nacional de Radiodifusão do Uruguai (SODRE), em 1929, onde também organizou uma discoteca. Sobre isso se discorrerá, nesta pesquisa, quando se tratar de Discotecas na Europa e na América.

---

24   BOSI, Alfredo. *Dialética da colonização*. 2ª. ed. São Paulo: Companhia das Letras, 1994, p. 304.

25   *Ibidem*, p. 304-5.

72 VALQUÍRIA MAROTI CAROZZE

Assim, seria restabelecida a "disciplina na mentalidade do povo".
Escreve Abdanur:

> Depois do movimento de 32, quando "democráticos" e "per-repistas" deixavam de lado antigas divergências em nome da "unidade paulista", o aperfeiçoamento das "elites dirigentes" como solução para os problemas políticos passou a ser o centro das preocupações dos "ilustrados". Quando criticou a "política militante" de São Paulo em seus artigos de 1922, Júlio de Mesquita Filho havia apontado a "reserva"desses políticos em relação à Ciência Social como um indicador de sua desorientação e incapacidade para governar. A escola Livre de Sociologia e Política, que seria criada dez anos depois dessa declaração, teria por finalidade superar, através do conhecimento científico da realidade proporcionado pelas Ciências Sociais, a ação dos partidos na solidificação e governos mais estáveis e mais habilitados para manter a ordem social.[26]

Concordava-se que a educação seria uma boa aliada à política, desde que ela funcionasse como instrumento capaz de forjar uma elite dirigente. Com a criação da Faculdade de Filosofia, Ciências e Letras, como núcleo da Universidade de São Paulo, buscava-se, ao mesmo tempo, estruturar elites culturais que recuperassem o prestígio perdido de São Paulo, e formar "consciência" política de "luta contra o comunismo" que "deveria se dar principalmente no campo ideológico e cultural".[27]

Em 1936, Rubens Borba de Moraes fora nomeado diretor da Biblioteca Pública Municipal e se defrontara com a dificuldade de constituir um corpo de biblioteconomistas qualificados – o único curso de Biblioteconomia existente até então era o da Biblioteca Nacional, no Rio de Janeiro, voltado para uma formação de caráter erudito. Para atender à urgência de equipe técnica, Rubens Borba de Moraes organizou um curso de Biblioteconomia, que, de

---

26 ABDANUR, Elizabeth França. *Os "ilustrados" e a política cultural em São Paulo*: o departamento de cultura na gestão Mário de Andrade (1935-1938). São Paulo: s.n. 1992, p. 29-52.

27 *Ibidem*, p. 29-52.

1936 a 1939, funcionou com o apoio do Departamento de Cultura da Prefeitura de São Paulo e, em março de 1940, ficou sob responsabilidade da Escola Livre de Sociologia e Política de São Paulo. Entre os primeiros professores, estavam o próprio Rubens Borba de Moraes e Adelpha Rodrigues de Figueiredo.[28]

É muito importante, aqui, mencionar-se a inclusão do curso de Biblioteconomia, em 1940, justamente na Escola Livre de Sociologia e Política, – o curso já havia sido criado e mantido pela Prefeitura de São Paulo, desde 1936, visando a organização das informações, dos saberes, portanto. (Por isso "A formação de técnicos e administradores especializados...") Essa, a formação que Oneyda Alvarenga não teve, devido ao momento em que se formou em Música, que coincidiu com sua entrada quase que imediata para o Departamento de Cultura, em 1935. No entanto, ela sanou essa ausência de preparo bibliotecário, não só ao catalogar o material audio visual e bibliográfico, como também ao dirigir a Discoteca Pública Municipal, buscando quase todos os recursos em sua formação de musicóloga, além de trocas de informação com o próprio Mario de Andrade, que já organizava seu acervo pessoal, e com Francisco Curt Lange, como se verá adiante.

PLANOS POR ÁGUA ABAIXO: E O RIO SEGUIU SEU CURSO

Tendo sido criado o Departamento de Cultura de São Paulo, pelo Ato nº 861, de 30 de maio de 1935, estruturado como apresenta-se abaixo, segundo Flávia Toni,[29] em sua reprodução do folheto comemorativo do primeiro aniversário da instituição, feito por Mario de Andrade:

> Divisão de Expansão Cultural
> Que incluía:
> 1)Teatros, Cinemas e Salas de Concertos
> 2)Discoteca Pública

---

28 http://www.fespsp.org.br/_bib.htm. Acessado em: 03/09/2010.

29 TONI, Flávia Camargo. *A missão de pesquisas folclóricas do Departamento de Cultura.* São Paulo: Centro Cultural São Paulo, 1983, p. 16. O quadro do Departamento de Cultura está reproduzido sumariamente, enfocando apenas as *Divisões* e atendo-se somente à de *Expansão Cultural*.

Haveria uma terceira subdivisão:

Rádio-escola, que não chegou a funcionar
Divisão das Bibliotecas
Divisão de Educação e Recreio
Divisão de Documentação Histórica

Naturalmente, manifestava-se o entusiasmo da parte dos envolvidos, como escreve Paulo Duarte:

> Nós sabíamos que o Departamento era o germe do Instituto Brasileiro de Cultura. Primeiro, um Instituto Paulista, que Armando Sales no Governo já nos garantira. Para isso o projeto do Departamento do Patrimônio Histórico e Artístico de São Paulo, lá estava na Assembléia Legislativa, ladrado embora pela cachorrada solta do despeito e da incompreensão. Depois, com Armando Sales na Presidência da República, seria o Instituto Brasileiro, uma grande fundação libertada da influência política, com sede no Rio, inicialmente instalados, além do de São Paulo, paradigma, outros núcleos em Minas, no Rio Grande do Sul, na Bahia, em Pernambuco e no Ceará. Tivéramos uma ideia genial que Armando Sales aprovou: os Institutos de Cultura assistiriam com assiduidade todas as grandes cidades, com a colaboração da Universidade, porque, não comportando evidentemente essas cidades uma Faculdade, teriam contato íntimo com esta, através de conferências, cursos, teatro, concertos etc.[30]

Paulo Duarte escreve sobre a condição que os intelectuais de seu grupo visavam como ideal: uma *"fundação liberta da influência política"*. E se esse desejo manifestava-se antes da ditadura do Estado Novo, (que ocasionou, entre outras muitas coisas, o desmonte do Departamento de Cultura), quando ainda teriam liberdade de ação na área da expansão da cultura, isso quer dizer que tal grupo só estava junto ao poder político a fim de fazer real a socialização da cultura e da arte. E não por outros motivos.

---

30   DUARTE, *op. cit.*, p. 55.

Aliás, desde os primeiros contatos de Paulo Duarte com Fábio Prado, então prefeito de São Paulo, o texto[31] daquele deixa clara essa intenção de aproximar-se do núcleo administrativo do poder municipal como meio de pôr em prática os "sonhos" do grupo que se reunia em seu apartamento, como já foi mencionado acima. Quando Paulo Prado, em 1935, indicou o nome de Mario de Andrade para o cargo de diretor do Departamento de Cultura, não como um dos mais aptos para exercê-lo, mas como o "único" capaz disso, o prefeito ainda não conhecia Mario de Andrade – tudo o que ouvira sobre ele é que era "um futurista", além de cabotino... Paulo Duarte apresentou, então, Mario de Andrade a Fábio Prado e, graças à sua articulação, conseguiu convencer o primeiro a aceitar o cargo (depois de muitas renitências do escritor), e o segundo a aprovar os planos do Departamento de Cultura, de autoria do próprio Paulo Duarte, bem como a nomeação de Mario para a diretoria.

Que *Instituto* era esse, a que Paulo Duarte se referia? Nas mencionadas reuniões informais de Paulo Prado, anos antes, alguém, que ele não pôde precisar quem, falou sobre:

> a perpetuação daquela roda numa organização brasileira de estudos de coisas brasileiras e de sonhos brasileiros. Mas cadê dinheiro? (...) ficou decidido que um dia seríamos governo. Só para fazer tudo aquilo com dinheiro do governo.[32]

Mas o Departamento de Cultura do município era apenas um início... Armando Salles de Oliveira, que tentava ir à presidência, interessou-se o bastante por esse Departamento para encaminhá-lo como proposta de seu programa. O Departamento passaria, primeiramente, a Instituto Paulista de Cultura, para que este, por sua vez, fosse germe do Instituto Brasileiro de Cultura, que encamparia o Brasil todo. Este Instituto, uma vez estando Armando Salles Oliveira no governo federal, teria sua sede no Rio de Janeiro. Depois, outros estados teriam seus próprios Institutos, nos moldes do Instituto Paulista.

---

31   *Ibidem*, p. 50.

32   *Ibidem*, p. 50.

Em etapas anteriores, o Instituto Paulista de Cultura absorveria o Departamento de Cultura do município. No departamento municipal estaria incorporado o Departamento do Patrimônio Histórico e Artístico de São Paulo. Isto foi encaminhado e posto em discussão na Assembleia Legislativa do Estado.[33] Esta lei fora elaborada principalmente por Mario de Andrade e, graças à influências exercidas por Rodrigo de Melo Franco, com alterações, convertida em lei federal – e criou-se o Serviço do Patrimônio Histórico e Artístico Nacional (SPHAN).

Na edição de 1981, de *Cartas de trabalho*, Lélia Coelho Frota[34] afirma que a criação do Departamento de Cultura e do SPHAN deu-se "em linha reta" a partir da "reavaliação modernista". Porque a preocupação com a integração de todo o universo da produção cultural viria a ser a visão renovada da geração modernista, em relação à geração dos românticos, no que tangia à observação da terra (país).

Mario de Andrade e Rodrigo M. F. de Andrade, ambos com perfil intelectual, ambos escritores no exercício de cargos públicos, procuravam coletivizar o saber, até então separado em saber "culto" e saber "popular", conforme situa Lélia Coelho Frota, na apresentação do livro.

Mario de Andrade pensava no SPHAN com visão abrangente, valorizando o conhecimento "culto" *ao lado* do "popular". Segundo explica Antônio Cândido, isso se deve ao momento de

> (...) rotinização do Modernismo (...) superada a estética tradicional, surge a tentativa consciente de arrancar a cultura dos grupos privilegiados para transformá-la em fator de humanização da maioria, através de instituições planejadas.[35]

---

33   *Ibidem*, p. 154-5. E permaneceria nesta situação, até o golpe fascista de 10 de novembro de 1937.

34   ANDRADE, Mario de. *Cartas de trabalho:* correspondência com Rodrigo Mello Franco de Andrade (1936-1945). Brasília: Ministério da Educação e Cultura, 1981, (Publicações da Secretaria do Patrimônio Histórico e Artístico Nacional, n.33) p. 25.

35   *Ibidem*, p. 23.

Já em pleno funcionamento do Departamento de Cultura, em 1936, Mario de Andrade foi chamado a colaborar no SPHAN.

Mario de Andrade redigiu, então, um anteprojeto do Serviço do Patrimônio Histórico e Artístico Nacional. N'*A música popular brasileira na vitrola de Mario de Andrade,* Flávia Toni escreve que:

> Imaginando que tal tarefa deveria caber a um órgão ministerial, ele talvez se espelhasse no exemplo italiano de criação de uma Discoteca do Governo, como noticiara aos leitores de sua coluna do Diário Nacional, em 1928. No anteprojeto, ele vai além: propõe que as músicas que nosso povo cantava e dançava fossem elevadas à categoria de um bem da cultura imaterial, uma vez que seriam gravadas, filmadas e inclusive catalogadas em livros de tombo.[36]

No final de 1935, a Discoteca havia adquirido um equipamento para a gravação em campo, passando a fazer experimentos. Isso motivou o planejamento de tarefa ampla para o mapeamento musical do país em duas instâncias: uma nacional e outra paulista. A nacional, Mario de Andrade formaliza em 1936, ao ser indicado por Gustavo Capanema – então Ministro da Educação e Saúde – e por Rodrigo de Mello Franco de Andrade para redigir o anteprojeto.

Mas esse anteprojeto não obtém aprovação e Mario de Andrade transfere para a Discoteca a incumbência do mapeamento musical do Brasil. Sergio Miceli relaciona a decisão governamental a interesses de reforçar o poder de uma classe dirigente, afirmando:

> (...) o Serviço do Patrimônio Histórico e Artístico Nacional (SPHAN) é um capítulo da história intelectual e institucional da geração modernista, um passo decisivo da intervenção governamental no âmbito da cultura e o lance acertado de um regime autoritário empenhado em construir uma "identidade nacional" iluminista no trópico dependente.[37]

---

36   TONI, Flávia Camargo. *A música popular brasileira na vitrola de Mario de Andrade.* São Paulo: SENAC, 2004, p. 44-5.

37   MICELI, *op. cit.,* p. 360.

Para Miceli, a preservação de imóveis e monumentos tombados pelo SPHAN fornece amostra de representações dessa classe dirigente em seus aspectos múltiplos, aspectos contraditórios que, em sua dupla face, trazem opostos que determinam seu todo.

E acontece que a proposta de Mario de Andrade falava de preservação de bens imateriais que corresponderiam ao reverso de tudo isso: "(...) a amnésia da experiência dos grupos populares, das populações negras e dos povos indígenas".[38]

Daí a reprovação de sua proposta: não era momento propício para rememorar o universo da cultura popular; de acusar a perda de elementos dessa cultura desprezada, seu sumiço; de preservar o bem imaterial artístico, antes que seu deslocamento do lugar de origem o corrompesse, ou o fizesse sofrer influências que o descaracterizassem. O que fosse "pequeno", de origem "singela", não oficializaria uma versão da grandiosidade da nação. Sem se levar em consideração a proposta de preservação de materiais sonoros, por exemplo, que também estava incluída, seria mais fácil preservar documentos impressos[39] cuja base fosse o papel, em arquivos e bibliotecas, do que bens imóveis. Mas naquele contexto, interessava à intelectualidade e políticos de Minas Gerais a preservação do que era erigido com "pedra e cal", o monumental, o ornamental. O que por eles foi definido como política de revalorização da memória nacional, seccionava o conjunto de símbolos dessa memória: selecionava-se o que poderia contar uma História de grandes feitos. Numa carta de setembro de 1937, para Paulo Duarte, Mario de Andrade escreve, a respeito dos planos para o SPHAN: "Defender o nosso patrimônio histórico e artístico é alfabetização. Não disseminados organismos outros que salientem no povo o valor e a glória do que se defendeu, tudo será letra morta, gozo sentimental e egoístico de uma elite".[40]

O que importava, então, ao grupo de intelectuais que vinham do movimento modernista era a ideia de preservar o conhecimento residente nos bens imateriais, para disseminá-lo. A situação era delicada. Paulo Duarte escreve

---

38 *Ibidem.*

39 *Ibidem*, p. 360-361.

40 DUARTE, *op. cit.*

Oneyda Alvarenga 79

que, enquanto o projeto de lei (de Mario de Andrade) que criava o SPHAN era discutido na Câmara dos Deputados, o projeto de sua autoria (de Paulo Duarte), para criação do Departamento do Patrimônio Histórico e Artístico de São Paulo, que resultaria no Instituto de Cultura (primeiramente, só no estado de São Paulo e, ocasionalmente, com a entrada de Armando de Salles na presidência – o que não aconteceu – estendido para todo o país, depois), esperava apenas cópia do projeto de lei da Câmara. Mario de Andrade recomendara que Paulo Duarte tivesse tato e esperasse a aprovação do projeto do SPHAN, cuja redação fora o ministro Capanema quem pedira – e Mario de Andrade não queria melindrá-lo, caso o projeto de Paulo Duarte fosse aprovado *antes* da resolução dos destinos do projeto de Mario de Andrade para o SPHAN. Por fim, o ante-projeto redigido por Paulo Duarte transformou-se em projeto-lei Getúlio Vargas, graças ao intermédio de Alcântara Machado. Rodrigo Melo Franco de Andrade ficou encarregado da execução do ante--projeto e Mario de Andrade, seu representante em São Paulo.[41]

Portanto, naquele momento, Mario de Andrade viu a responsabilidade pela recuperação e pela guarda desses bens restrita à esfera administrativa do município de São Paulo.

N'*Os mandarins milagrosos*,[42] Elizabeth Travassos enfatiza profissionais que, como Mario de Andrade e Béla Bartók, surgem em determinados momentos da História para recuperar valores artísticos, como patrimônio da humanidade.

> O que a gente carece é distinguir tradição e tradição. Tem tradições móveis e tradições imóveis. Aquelas são úteis, têm importância enorme, a gente as deve conservar talqualmente são porque elas se transformam pelo simples fato da mobilidade que têm. Assim por exemplo a cantiga, a poesia, a dança populares.[43]

---

41 *Ibidem*, p. 154-155.

42 TRAVASSOS, Elizabeth. *Os mandarins milagrosos*: arte e etnografia em Mário de Andrade e Béla Bartók. Rio de Janeiro: Zahar, 1997.

43 *Ibidem*, p. 8.

80 VALQUÍRIA MAROTI CAROZZE

A respeito desta anotação no diário de viagem de Mario de Andrade ao Nordeste, entre dezembro de 1928 e março de 1929, Travassos pontua algumas relações: "(...) há dois pólos criativos – elites artístico-culturais e povo –, entre os quais se passam as trocas decisivas para a fertilidade cultural".[44] Essa ideia pode se complementar com o pensamento de Alfredo Bosi, quando fala a respeito da transição que a cultura faz entre os níveis popular, erudito, universitário, de meios de comunicação de massa.[45]

Elizabeth Travassos acrescenta a isso que Béla Bartók e Mário de Andrade entendiam "por cultura o complexo de atividades do espírito, filosofia, ciência, moral, religião, mas sobretudo literatura e arte". Distanciavam-se "tanto do 'intelectualismo' dos antropólogos evolucionistas ingleses quanto da visão 'jurídica' da cultura como corpo de regras que caracterizaram matrizes importantes da antropologia". Ela explica que a cultura à qual se referiam não se relacionava com a prática inerente à realidade. Mas à cultura desinteressada, próxima do termo alemão *Kultur*, formando "uma antítese com a ideia de civilização".[46]

Travassos escreve que Bartók, uma vez que não aprovava a concorrência das formas da cultura popular para a interação entre grupos sociais, ressentia-se da semicultura (rejeitava a semicultura) de poetas urbanos na formação das danças dramáticas.[47] Analisando as críticas de Adorno[48] à cultura popular nas sociedades capitalistas, Travassos lembra a convicção que tinha o filósofo de que somente reduzidíssimas parcelas da população poderiam produzir

---

44 *Ibidem*, p. 17.

45 BOSI, Alfredo. *Dialética da colonização*. 2ª. ed. São Paulo: Companhia das Letras, 1994, 308-45.

46 TRAVASSOS, *op. cit.*, p. 18.

47 *Ibidem*, p. 21.

48 Elizabeth Travassos se refere a duas fontes por ela pesquisadas: ADORNO, Theodor. *Philosophie de la nouvelle musique*. Paris: Gallimard, 1962, [1948] e ADORNO, Theodor. *Impromptus. Serie de artículos musicales impresos de nuevo*. Trad. e notas de Andrés Sánchez Pascual. Barcelona: Laia, 1985, [1922-68] (Papeles, 451).

música que expressasse consciência crítica – ideia que se firmou nas décadas de 1930 e 1940, durante os regimes totalitários na Europa.[49]

Conforme escreve Elizabeth Travassos, vários cientistas sociais julgaram o *pensamento* e o *nacionalismo* como verdadeiros malefícios do século xx. Havia heterogeneidade social e cultural que, para eles, tiveram consequências devastadoras – e os projetos de fundações de músicas artísticas nacionais que despontaram nas décadas de 1930 e 1940 existiram ao lado dessa realidade serenamente.

> Mário e Bártok não eram cientistas políticos tratando de relações interétnicas, formas de organização de estados, disputas de fronteiras e lutas por soberania. Seria inútil ler estudos de música como se fossem trabalhos de ciência social ou programas de governo, mas sua dimensão política é clara: os estudos tanto visavam ao progresso do conhecimento e busca da verdade quanto integravam projetos de modernização artística que pretendiam ter eficácia transformadora.[50]

Aqui, Travassos alerta para a maneira como se deve abordar a visão nacionalista, dentro do aspecto da preservação de um patrimônio artístico – no caso, o musical: de um lado, a política de governo; de outro, a divulgação do conhecimento.

O nacionalismo em relação à música nem chegava a ser compreendido. Por exemplo, o que queriam Bártok e Kodály era a evolução (continuação) da música magiar – da "tradição magiar" – para a música moderna. Esta seria feita com estudo da música folclórica. Os dois compositores em questão entendiam isso como nacionalismo na música. A imprensa acusava os dois de quererem acabar com a música magiar e substituí-la pela moderna, como se eles se posicionassem contra o nacionalismo.[51]

---

49 *Ibidem*, p. 91.

50 *Ibidem*, p. 118.

51 *Ibidem*, p. 122.

Quanto à Rádio Escola, seria criada dentro da Divisão de Expansão Cultural, sob direção de Mario de Andrade, como seção paralela às seções de Teatro, Cinemas e Salas de Concertos.

É pertinente lembrar que, antes da Rádio Escola ser projetada, dentro do Departamento de Cultura, Mario de Andrade já havia feito intercâmbio de informações sobre o assunto de difusão cultural por meio de gravações e rádio com Roquette Pinto:

> Mario de Andrade e Roquette Pinto chegaram a se corresponder com regularidade[52] desde 1928 e até os anos 1940. Talvez um dos dados significativos do intercâmbio de ideias entre ambos esteja numa carta de Mario de Andrade: "Mando três dos livros meus e me parece que dos mais característicos. Você verá, se tiver tempo pra ler alguma coisa deles, que no *Clã do Jaboti* (lenda do Pai-do-Mato) e no *Macunaíma* bem que me aproveitei de pesquisas de você".[53]

Renato de Sousa Porto Gilioli aproxima *pesquisa* e *produção artística* no âmbito dos interesses de Mario de Andrade e de Roquette Pinto nas raízes indígenas da memória nacional (e, antes disso, americana, visto que *Macunaíma* era personagem do folcore venezuelano.) Graças a pesquisas do etnólogo

---

52   No Arquivo Mario de Andrade, do Instituto de Estudos Brasileiros da Universidade de São Paulo, encontra-se correspondência passiva de Mario de Andrade. Das cartas de Roquette Pinto ao musicólogo, do final dos anos 1920 e início dos anos 1930, de fato há conteúdos referentes à leitura que Roquete realizou de escritos de Mario de Andrade sobre música, baseados em pesquisa folclórica. Além disso, Mario de Andrade trocou informações com Roquette Pinto sobre vocábulos e traduções da língua da tribo Terena, como se vê em carta de Roquete, de 29 de maio de 1929. Roquette Pinto indica-lhe como fonte de pesquisa vocabulários de Castelneu e de Visconde de Taunay. In: PINTO, Edgar Roquete. [Carta] 29 maio 1929, Rio de Janeiro, Brasil. [para] Mario de Andrade. São Paulo. Datiloscrito, autógrafo; 2 folhas. Informações sobre tribos indígenas. Acervo: Mario de Andrade. Código de Referência: MA-C-CPMMA, nº5823. Série: Correspondência de Mário de Andrade. Sub-série: Correspondência passiva.

53   GILIOLI, Renato de Sousa Porto. Catani, Afranio Mendes (orient). *Educação e cultura no rádio brasileiro concepções de radioescola em Roquette-Pinto*. São Paulo, 2008. Tese (Doutorado), p. 54.

alemão Koch-Grünberg, a principal fonte pesquisada por Mario de Andrade para escrever *Macunaíma* é o livro de mitos indígenas arekunás e taulipangs, venezuelanos, coletados por Koch-Grünberg, *Vom Roroima zum Orinoco*. Theodor Koch-Grünberg realizara, já em 1911/12, fonogramas de cantos e filmes de danças tribais, denunciando as condições indígenas na América. Essas gravações e as que foram feitas por Roquette Pinto no Mato Grosso constituem um grupo de documentos de valor para a época, na área da pesquisa musicológica e etnográfica.

No caso da preocupação com a qualidade/conteúdo da programação de rádios educativas, Gilioli também estabelece ao longo de seu trabalho o paralelo entre a atuação de Roquette Pinto e de Mario de Andrade, que ora convergem, ora enveredam por ramos específicos de suas áreas de conhecimento (o primeiro, dando à programação educativa peso científico; o segundo, artístico). Ele escreve:

> (...) o processo vivido pela radiodifusão educativa no Rio de Janeiro em 1928 teve similaridades significativas com a tentativa frustrada de constituição da Rádio-Escola de Mario de Andrade em sua gestão como diretor do Departamento de Cultura (...)[54]
> A radioescola de Roquette Pinto, bem como (...) a de Mario de Andrade, representou uma intervenção da intelectualidade brasileira no alvorecer da indústria cultural no país, em um contexto no qual ela acreditava poder intervir nos rumos do rádio através do Estado e, com isso, contribuir para desenvolver e "civilizar" a nação (...)[55]

Além de "constituir um mercado para os bens simbólicos produzidos pelos eruditos e estimular o patriotismo".

> Observa-se (...) a ligação direta entre Roquette Pinto e Mario de Andrade, que embora tivessem trajetórias distintas, tinham similar interesse de construção da identidade nacional

---

54   *Ibidem*, p. 209.

55   *Ibidem*, p. 18.

através do estabelecimento de determinados parâmetros culturais, sendo que ambos compreendiam os intelectuais – portanto, eles mesmos – como vanguarda desse processo. O fenômeno revelava-se não apenas brasileiro: tratava-se da apropriação do folclore (tradição *rural* transmitida oralmente) pelo gênero erudito.[56]

Vejamos as características da Rádio Escola paulistana, à qual competiria: "(...) por ao alcance do público, por uma estação rádio-difusora, palestras e cursos, tanto universitários como de espírito popular, e tudo o que pudesse contribuir para o aperfeiçoamento cultural da população".[57]

Em seguida, vêm as discriminações da organização da discoteca, das orquestras e bandas municipais, enfim, de tudo o que estivesse ligado à Rádio Escola. E pelos objetivos descritos acima, nota-se a total semelhança com as rádios-escola estrangeiras que Mario de Andrade já estudava. Mas isto será mostrado com detalhes, mais adiante.

É pertinente deter a atenção no Processo 23.937, de 17 de fevereiro de 1936, encaminhado por Mario de Andrade ao então prefeito, Fábio Prado, em que o diretor do Departamento de Cultura solicita a instalação "definitiva, e não provisória" dum sistema irradiador público do que seria a Rádio Escola. Mario de Andrade esclarece que, no Ato 861, que criou o Departamento de Cultura, havia o artigo 24, que determinava que:

> ... a estação da Rádio-Escola estará ligada por linhas telefônicas apropriadas às rádio-transmissoras, ao Paço Municipal, à sede da Universidade de São Paulo, ao Teatro Municipal, e *a outros locais indicados pelas necessidades de seu funcionamento.*[58]

---

56   *Ibidem*, p. 158.

57   *Ibidem*, p. 62.

58   SÃO PAULO (CIDADE). *Processo 23.937, de 17 de fevereiro de 1936*. Dispõe sobre pedido de instalação de alto-falantes e linha telefônica para transmissão da programação da Rádio Escola em logradouros públicos, feito pelo diretor do Departamento de Cultura, Mario de Andrade, ao prefeito Fábio Prado... São Paulo, p. 3, 1936.

O diretor do Departamento de Cultura explicava que era necessária a criação de um organismo para tomada de programas e divulgação deles à população:

> A Municipalidade, criou sabiamente, uma Rádio Escola, que pelas (...) condições de funcionamento, é o mais formidável processo contemporâneo de propaganda. O livro, só lê quem quer ler, numa biblioteca, num concerto, (...) só entra quem quer entrar. Ao passo que um rádio falando, é escutado por quem quer, e insensivelmente por quem não quer (...) Mas para que essa obrigação seja real, (...) não devemos (...) contar com o rádio das casas de família nem das vendas de esquina. Poderá se afirmar (...) que noventa por cento destes rádios não se ligarão com a Rádio Escola.[59]

Então, Mario de Andrade alerta para a desconfiança com que a burguesia vê as iniciativas oficias, dadas as tristes experiências anteriores que levaram as pessoas a não confiar no Governo: "...temos ainda que verificar a detestável experiência viva de todos os dias, da 'Hora do Brasil', essa espécie de Rádio Escola federal, tão abusiva da propaganda política e tão desorientada e péssima, na parte artística (...)".[60] Ora, Mario considerava que não se podia descuidar, nem depois de conquistada a confiança do povo, devido a uma programação muito superior à que era oferecida, então. Havia a questão da obrigatoriedade dessa Rádio de ser, antes de mais, educativa. Portanto, por mais atraente que fosse a programação, nunca deveria deixar de ser instrutiva.

"Assim, o inimigo mais terrível com que a Rádio Escola, terá que lutar, são justamente as outras estações rádio-transmissoras, com seus programas

---

Cópia de documento constante do Fundo Prefeitura Municipal de São Paulo, Grupo Departamento de Cultura, Arquivo Histórico de São Paulo (Arquivo Histórico Municipal), cedida por Vera Cardim. Grifos de Mario de Andrade.

59 *Ibidem*, p. 1. Ver no capítulo 3 a crítica que Mario de Andrade faz à programação da Rádio Educadora paulistana.

60 *Ibidem*.

de tango, de sambas, de fadinhos, canções brejeiras e comicidades Álvares".[61]
Seria preciso ter consciência de que:

> ... as vendas de esquina, reunidoras do pessoal vago do quarteirão, a cuja porta muitas vezes param oito, dez transeuntes (...), à escutar um tenor gostoso, temos que contar (...) com a contra-educação das vendas, botequins, restaurantes (...) os quais nunca ligarão seus aparelhos, com a Rádio Escola.[62]

Sendo assim, a única maneira de se irradiar a programação da Rádio Escola para "as populações proletárias e de pequena burguesia, que dispõem de poucos meios para se divertir",[63] seria instalar uma rede de alto-falantes em jardins públicos. O trecho transcrito abaixo faz pensar numa aproximação e num distanciamento entre o discurso de Mario de Andrade e aquilo que Antonio Candido[64] escreve em *O direito à literatura*. Para Candido, nas sociedades que mantêm a desigualdade, é também injusto o acesso à literatura (embora haja esforço por parte de governos mais esclarecidos, como na época do Departamento de Cultura). Fato é que, a despeito do que se pode julgar erroneamente, muitas vezes, representantes das camadas mais pobres desejaram ter acesso ao que se chama cultura erudita. Na verdade, as culturas erudita e popular se tocam e uma sociedade justa garantiria os direitos humanos, o que inclui a fruição da arte e da cultura em todas as modalidades e em todos os níveis. Mario de Andrade argumenta na continuação de sua solicitação:

> É justamente a essas classes [proletárias] que a ação cultural da Rádio Escola terá de se dirigir com preferência, não só para [por?] serem as demais, passível de educação e sugestão, como por serem as menos providas de meios para se cultivar. (...)

---

61   *Ibidem*. Cópia de documento constante do Fundo Prefeitura Municipal de São Paulo, Grupo Departamento de Cultura, Arquivo Histórico de São Paulo (Arquivo Histórico Municipal), cedida por Vera Cardim.

62   *Ibidem*.

63   *Ibidem*, p. 2.

64   CANDIDO, Antonio. *O direito à literatura e outros ensaios*. Coimbra [Portugal]: Angelus Novus Editora, 2004.

Oneyda Alvarenga   87

julga esta Diretoria (...) imprescindível a organização dum sistema irradiador público, que *obrigue* o povo a escutar a Rádio Escola, e permita ouvi-la aos que não tem rádios em casa.[65]

O serviço poderia se iniciar, por sugestão de Mario de Andrade, apenas no Jardim da Luz, por exemplo, para aparelhos de grande alcance, e na Praça da Concórdia – para alto-falantes de pequeno alcance. Sugere ainda que se utilizem os coretos como ponto para a aparelhagem. Em seguida Mario informa o preço das instalações ao prefeito – "cincoenta e sete contos e cem mil réis"[66]-, ajuntando que essa quantia poderia ser obtida dos "mil contos de 'Reserva'"[67] de que dispunha o Departamento de Cultura. Acrescentou ainda que, se pudesse fazer do Teatro Municipal um ampliador central, teriam de estender duas linhas telefônicas mencionadas no artigo 24 – teriam, então, mais um gasto orçamentário de duzentos mil réis mensais. Mario de Andrade oferece opções de duplicar a linha telefônica, barateando o serviço, apesar das desvantagens técnicas. Além disso, requisitou ao prefeito dois funcionários, fornecendo as informações do total das despesas e finaliza: "... esta Diretoria ousa sugerir seja aceita a proposta e determinado o serviço. Sem ele, a Rádio Escola ficará certamente muitíssimo diminuída de sua eficiência e raio de ação."[68] – não sem antes explicar que deixara passar o carnaval, para poder melhor informar a possibilidade das despesas planejadas: "... por desgraça, a verba da Reserva acha-se agora por tal forma alcançada, que apesar da utilidade enorme deste empreendimento (...) já não pode mais ser despendida."[69]

---

65   SÃO PAULO (CIDADE), *op. cit.*, p. 2. Grifo de Mario de Andrade.

66   SÃO PAULO (CIDADE). *Processo 23.937, de 17 de fevereiro de 1936*. Dispõe sobre pedido de instalação de alto-falantes e linha telefônica para transmissão da programação da Rádio Escola em logradouros públicos, feito pelo diretor do Departamento de Cultura, Mario e Andrade, ao prefeito Fábio Prado... São Paulo, 3 p., 1936. p. 2.
      Cópia de documento constante do Fundo Prefeitura Municipal de São Paulo, Grupo Departamento de Cultura, Arquivo Histórico de São Paulo (Arquivo Histórico Municipal), cedida por Vera Cardim.

67   *Ibidem.*

68   *Ibidem.*

69   *Ibidem.*

A resposta do prefeito veio datada de 19 de março de 1936: "De acordo. Fábio Prado".[70]

Mas até 1938, ainda segundo Paulo Duarte, a Rádio Escola todavia não se tinha efetivado e não se cogitava das instalações necessárias, devido ao custo alto. Esperava-se também a consolidação dos serviços já instalados em pleno desenvolvimento. Pensou-se em trabalhar em parceria com emissoras existentes, a fim de irradiar as programações do Departamento de Cultura, de modo que a Discoteca tivesse contribuição decisiva, com seus discos e gravações – isso estava previsto em lei.

Mas Fábio Prado, por esta época, deixou a Prefeitura, devido à pressão do Estado Novo – e o mesmo aconteceu a Mario de Andrade, em relação ao Departamento de Cultura. O projeto da Rádio Escola desfazia-se, em consequência do desmonte de toda a estrutura de formação dos conjuntos musicais e programações eruditas começaram a ser esvaziadas, seguindo política contrária à do Departamento, até então. Em 1939, já no Rio de Janeiro, Mario de Andrade escreve a Paulo Duarte, então exilado, a carta "mais violenta" que este possuía do companheiro, acusando o vandalismo aos bens culturais: "Os nossos agrupamentos musicais estão no momento de rodar por água abaixo!"

No entanto, havia mais uma polêmica em torno do caso da "nunca criada" Rádio Escola, ao que indica um trecho de carta enviada a Paulo Duarte, em 03 de abril de 1938, do Rio de Janeiro, num tom dos mais melancólicos que Mario de Andrade poucas vezes usou: "Falhei até contra você, deixe que eu lhe diga esta queixa, tanto no caso da Rádio Escola a que me opus, as razões que dei diante do seu anteprojeto, como no caso do Turismo". A este comentário, Paulo Duarte adiciona uma nota de rodapé, onde explica apenas que: "Mario foi contra o incentivo ao Turismo e contra a Rádio Escola que eu teimava em estruturar de acordo com o Ato 1 146".[71]

---

70 *Ibidem.*

71 ABDANUR, Elizabeth França. *Os "ilustrados" e a política cultural em São Paulo*: o departamento de cultura na gestão Mário de Andrade (1935-1938) São Paulo, s.n., 1992. Dissertação (Mestrado), p. 178.

Os impedimentos ao funcionamento da Rádio Escola do município estavam diretamente ligados à falta de recursos e à saída de Fábio Prado. Mas pesaram, talvez, as razões do próprio Mario de Andrade, que argumentara com Paulo Duarte sobre isso, provavelmente apontando motivos de ordem burocrática – e não do ponto de vista educativo da Rádio Escola. Viu-se que Mario de Andrade, ao encaminhar a Fábio Prado a solicitação de 1936, acreditava que a Rádio Escola já estava seguramente instituída e engatilhada, e lutava pela irradiação dos serviços de programação em logradouros públicos, visando fazer cumprir a tarefa instrutiva, mesmo àqueles que não tinham escolhido ouvir a Rádio. De qualquer forma, a decisão de Prestes Maia, em 1938, extinguiria a Divisão de Turismo e Divertimento Públicos – com uma penada. Portanto, se a Rádio Escola funcionaria um dia dentro da Divisão de Turismo, a despeito das objeções de Mario de Andrade e da falta de recursos financeiros, após a decisão de Prestes Maia, perdeu-se a esperança de que ela viesse a existir.

Barbato Júnior verifica que, para Mario de Andrade, o não funcionamento da Rádio Escola era motivo de indignação, conforme cita em trechos de cartas:

> A não concretização da Rádio-Escola fora motivo de grande insatisfação para Mario de Andrade. É o que se pode notar quando, em carta a Murilo Miranda, se refere a ela como "o maior tropeço, a caguira do Departamento, cruz credo!, não há meios de resolver". (ANDRADE, 1981a: 33). Também ao escrever a Prudente de Moraes, neto, menciona ironicamente a situação da Rádio-Escola: "A Rádio-Escola não irradia, o que é uma particularidade particular" (ANDRADE, 1985:300).[72]

Foram, portanto, três derrocadas o que, enfim – e não gratuitamente –, configuraram o lugar e a função da Discoteca Pública Municipal de São Paulo: o Instituto de Cultura, o plano de Mario de Andrade para o SPHAN e o projeto da Rádio Escola (mais do que três, se contarmos a Revolução de 1930, a de 1932 e o Estado Novo como fatores indiretos).

---

72 BARBATO JUNIOR, Roberto. *Missionários de uma utopia nacional-popular*: os intelectuais e o Departamento de Cultura de São Paulo. São Paulo: Annablume, 2004, p. 148.

A Discoteca, que se caracterizaria por ser um órgão de apoio à Rádio Escola, tornou-se detentora de atividades em si mesma. Por isso, com finalidades para além do planejado e, diante de todas as limitações que foram impostas ao seu funcionamento, com a entrada de Prestes Maia na prefeitura, com significação ainda mais relevante, como mostrou a própria resistência de sua diretora, Oneyda Alvarenga, no período de 1938, quando Mario de Andrade sai do Departamento de Cultura, até a data de sua aposentadoria, em 1968.

Foi, como num *rondó*[73] totalmente imprevisto, se tomarmos como tema principal a Discoteca Pública Municipal, que fora criada dentro do Departamento de Cultura da cidade de São Paulo, para dar apoio à Rádio Escola – que não acontece. Desde logo, este Departamento inspira a criação de um Instituto de Cultura Paulista, que iria projetar-se no grande Instituto Nacional. Mas o golpe de 1937 liquidava com esses projetos, resultando na criação do SPHAN. Então, Mario de Andrade redigindo projeto para o SPHAN, sugere que a guarda de documentos sonoros fique a encargo do governo federal. Mas o projeto não é aprovado e a Discoteca de São Paulo permanece com suas atribuições iniciais, num círculo que começa e se conclui em si mesmo. Porém, esse mesmo concluir atribui à Discoteca significados mais importantes do que se esperava.

---

73 Segundo Mario de Andrade, definições de Rondó – 1. Canção profana da Idade Média com alternância de coro e solista (...) – 2. Forma instrumental do século XVII construída de três maneiras principais: a) uma série de ritornelos iguais, de tonalidades iguais ou próximas, intercalados com episódios que modulam; b) forma ABA, em que B é contrastante; c) forma combinada com a sonata onde a tonalidade principal é intercalada a trechos executados sobre a dominante e tonalidades distantes. Neste caso há um segundo tema e um desenvolvimento, como na sonata. In: ANDRADE, Mario de. *Dicionário musical brasileiro.* Belo Horizonte: Itatiaia, 1989, (Reconquista do Brasil. 2ª série; v.162) p. 446.

Perfis (*Os mandarins, os ilustrados, os missionários de uma utopia nacional-popular, os intelectuais cooptados pelo Estado, os estúpidos de serem culturais nesta Loanda*)

> Em todos os países, o estrato dos intelectuais foi radicalmente modificado pelo desenvolvimento do capitalismo. O velho tipo de intelectual era o elemento organizador de uma sociedade de base predominantemente camponesa e artesã; para organizar o Estado e o comércio, a classe dominante treinava um tipo específico de intelectual. A indústria introduziu um novo tipo de intelectual: o organizador técnico, o especialista da ciência aplicada. Nas sociedades em que as forças econômicas se desenvolveram em sentido capitalista, até absorver a maior parte da atividade nacional, predominou este segundo tipo de intelectual, com todas as suas características de ordem e disciplina intelectual. Ao contrário, nos países em que a agricultura exerce ainda um papel muito importante ou mesmo predominante, continua a prevalecer o velho tipo, que fornece a maior parte dos funcionários estatais; mesmo na esfera local, na vila e na cidadezinha rural, este tipo exerce a função de intermediário entre o camponês e a administração em geral.[74]

Os remanescentes da luta modernista da década anterior e que foram representar a intelectualidade dirigente na década de 1930 receberam, posteriormente, várias designações: Elizabeth Abdanur[75] olha para trás, lá para a fase da constatação da urgência de se criar uma elite do saber em São Paulo e nomeia *ilustrados* os que entram para a organização da política cultural. Elizabeth Travassos[76] descortina estudiosos da música que, dando um grande passo à frente, desenterram o folclore do primitivo chão nacional, para trazer à baila uma cultura e uma arte que sempre existiram e que precisam ser conhecidas,

---

74 GRAMSCI, A. *Escritos políticos*. Rio de Janeiro: Civilização Brasileira, 2004, v. 2, p. 424.

75 ABDANUR, Elizabeth França. *Os "ilustrados" e a política cultural em São Paulo*: o departamento de cultura na gestão Mário de Andrade (1935-1938) São Paulo, s.n., 1992. Dissertação (Mestrado), p. 178.

76 TRAVASSOS, *op. cit.*, p. 236.

92 VALQUÍRIA MAROTI CAROZZE

para que essas mesmas cultura e arte cresçam; ela os chama *mandarins milagrosos*. Sergio Miceli,[77] mostrando o interesse das elites dirigentes em alcançar representações de uma realidade por meio da organização dos bens culturais, mostra também o processo de oficialização das intenções intelectuais daqueles cujos interesses eram mais democráticos do que o poder vigente: são os *cooptados*. Escritores como Mario de Andrade – e Carlos Drummond de Andrade, este a seu tempo –; intelectuais e artistas invariavelmente egressos de famílias pequeno-burguesas, aristocratas decaídos, muitas vezes: os cooptados pelos órgãos públicos, para assumir cargos e funções. Roberto Barbato Júnior, apontando esses intelectuais agrupados no Departamento de Cultura da cidade, sob perspectiva idealista, explica o que era o *nacional-popular*. De uma maneira ou de outra, todos esses títulos foram atribuídos a quem incrementou as formas de difundir o conhecimento; daqueles que tinham por base o viso de coletivizar o saber.

Num rasgo mais desaforado, Mario de Andrade chama de *estupidez*, o desejo de ser cultural de um Departamento, *"nesta Loanda"*,[78] numa carta a Paulo Duarte. E o próprio Paulo Duarte desvela nomes que vieram à tona, quando da nomeação dos envolvidos no Departamento de Cultura:

> (...) Mario de Andrade era um futurista pernóstico, Rudolfer, um estrangeiro atôa (sic), Sérgio Milliet ganhara o lugar por ser meu parente, Rubens Borba, um empregadinho da Recebedoria de Rendas, Nicanor Miranda, sobre ele, ao contrário dos outros, caiu mais a oposição do que os amigos, pois este tinha o crime gravíssimo de ter, como jornalista, acompanhado o sr. Getúlio Vargas em sua viagem ao nordeste, e isso era uma afronta à honra de São Paulo, que não esquecia (...). Para os amigos, havia outras faltas irremissíveis: duas ou três

---

77 MICELI, *op. cit.*

78 DUARTE, *op. cit.*, p. 37.
    "Isso foi num tempo antidiluviano em que se falava na existência de um Departamento de Cultura que teve a estupidez de ser cultural nesta Loanda." Carta de Mario de Andrade a Paulo Duarte, de 1941.

Oneyda Alvarenga   93

funcionárias eram filhas de perrepistas!, e perrepismo devia ser hereditário...

Mas resistiu-se como leões. E por isso (...) o Departamento foi adiante. O futurista, o engenheiro atôa, o parente, o empregadinho público, o mau paulista, todo o bando o que queria era trabalhar (...) sem nem ler aquilo que escreviam (...) os impugnáveis defensores da honra bandeirante, os quais só descobriram o equívoco dos brios de São Paulo, quando o Estado Novo lhes abriu a porta da despensa.[79]

Quando Fábio Prado, então prefeito e Armando Salles de Oliveira, governador do Estado de São Paulo, no início de 1935, aprovaram o plano da fundação de um Departamento Municipal de Cultura sugerido por Paulo Duarte, este havia proposto uma condição, no caso de aprovação:

(...) os funcionários superiores – chefes de Divisão e de Secção – (...) seriam por ele [Paulo Duarte] indicados, os especializados, por concurso. Os burocráticos, escriturários, datilógrafos, serventes, (...), a sua indicação caberia ao Partido Constitucionalista ou ao Prefeito e ao Governador do Estado.[80]

Para delinear os perfis mais destacados do Departamento de Cultura, é em *Mario de Andrade por ele mesmo* que se encontram as informações mais vivas. Segundo Paulo Duarte,[81] Rubens Borba de Moraes, para ir ocupar o cargo de chefe da Divisão de Bibliotecas (foi diretor da Biblioteca Pública Municipal de São Paulo de 1935 a 1943), abandonou seu antigo emprego na Recebedoria de Rendas, onde seu salário era maior. Sérgio Milliet deixou uma situação semelhante, na Faculdade de Direito, onde era bibliotecário, para assumir a chefia da Divisão de Documentação Histórica e Social (ele seria transferido para a Divisão de Bibliotecas, em 1943). Para ajudá-lo, foi chamado Bruno Rudolfer, professor de Geografia Humana da Universidade de São

---

79   *Ibidem*, p. 71.

80   *Ibidem*, p. 32.

81   *Ibidem*.

Paulo. A Divisão das Bibliotecas comportava a Biblioteca Pública Municipal; Biblioteca Infantil, para a qual foi designada Alice Meireles Reis; Bibliotecas Circulantes; Bibliotecas Populares e outras, que fossem criadas.

Segundo Paulo Duarte,[82] a política de seleção de acervos, até então, era tacanha. A Biblioteca Pública Municipal norteava suas aquisições pelo gosto do público e não oferecia obras de boa qualidade. Sérgio Milliet e Rubens Borba de Moraes trouxeram ideias avançadas da Europa, novos conceitos de Biblioteca e formação biblioteconômica – formação até então inexistente no Brasil, sendo já uma espécie de tradição intelectuais decadentes ficarem responsáveis por bibliotecas.

> Rubens Borba de Morais, criado na Europa, aí se dedicara ao estudo da biblioteconomia, (...) e, uma vez vindo para São Paulo, entregou-se a colecionar livros raros principalmente sobre o Brasil e tornara-se (...) a maior autoridade no assunto, dono dos mais modernos conhecimentos técnicos, um estudioso com qualidade de bibliotecário como ainda não existia no país.[83]

Tanto Rubens Borba de Morais, quanto Sérgio Milliet, haviam se formado em Genebra e foram poetas, colaborando na Revista *Klaxon*. O primeiro, graduado em Letras, era ensaísta e bibliotecário e foi um dos organizadores da Semana de 1922. Colaborou ainda com *Revista de Antropofagia*, de 1928.

Rubens Borba de Morais conseguiu estabelecer uma rede de bibliotecas na cidade de São Paulo. Participou da fundação do Departamento de Cultura de São Paulo, atual Secretaria Municipal e foi professor e organizador, em 1936, do curso de biblioteconomia, na Escola de Sociologia e Política, a fim de oferecer respaldo para organização e documentação do acervo do Departamento de Cultura da Prefeitura de São Paulo. Foi ainda fundador da Associação Paulista de Bibliotecários. Em 1939, foi estudar biblioteconomia nos Estados Unidos.

---

82   *Ibidem*, p. 72.

83   *Ibidem*, p. 73.

Sérgio Milliet, além de escritor, era pintor, tradutor e crítico de arte. Ele também lecionou na Escola de Sociologia e Política e participou da Semana de Arte Moderna. Voltou à Europa e viveu em Paris, acompanhando as vanguardas artísticas. De volta ao Brasil, foi gerente do jornal *Diário Nacional*, ligado ao Partido Democrático e no qual Mario de Andrade escrevia. Teve contato com Claude Lévy-Strauss e escreveu críticas literárias e de arte n'*O Estado de S. Paulo*, a partir de 1938.

Uma seção nova de teatros estava sendo preparada para a direção de Antônio de Alcântara Machado e Paulo Magalhães responsável pelo Teatro Municipal.

Oneyda Alvarenga dirigiria a Discoteca, devido à certeza que Mario de Andrade tinha da formação da ex-aluna.

E o próprio Paulo Duarte, que sendo chefe de gabinete do prefeito Fábio Prado e tendo atendida sua condição pelo prefeito e pelo governador, pôde indicar Mario de Andrade para a diretoria da Divisão de Expansão Cultural e do Departamento, além de articular a formação dos quadros das Divisões criadas. A inquieta trajetória política de Paulo Duarte acabou reforçando nele o estudioso que se refinava. Formado pela Faculdade de Direito do Largo de São Francisco, trabalhou como jornalista n'*O Estado de São Paulo*, onde ligou-se a Júlio de Mesquita filiado ao Partido Democrático (e, posteriormente, ao Partido Constitucionalista, sucessor do primeiro), aderiu à Revolução de 1930. Logo depois, descontente com os rumos que Getúlio Vargas dava ao governo federal e à situação de São Paulo, foi um dos líderes da Revolução de 1932. Por sua atuação inconformada no governo Vargas, esteve preso e, mais tarde, em 1938, foi também exilado. Em Paris, teve contato com Paul Rivet e especializou-se em Pré-História.

Confirma-se, de maneira geral, no quadro de intelectuais cooptados, como os denomina Sergio Miceli, a predominância da ligação forte com o movimento Modernista brasileiro; a formação europeia (dos que viveram e estudaram na Europa, ou que, como Mario de Andrade, sem sair do Brasil, tiveram educação arraigada na cultura – principalmente – francesa); a origem aristocrática ou pequeno-burguesa. O traço mais forte e que os unia por afinidade, eram seus ideais, seu objetivo de fazer valer uma política cultural democrática.

capítulo 3

Nacionalismo e... nacionalismo

Nacionalismos

Segundo Gramsci, o termo corrente "nacional", no caso específico da Itália, estaria ligado à tradição intelectual e livresca.[1] Um elemento só seria realmente nacional, à medida que traduzisse os anseios das classes populares e imprimisse às suas ações um feitio democrático. Nacionais são os movimentos de vida intensamente coletiva (aqui, Gramsci está se referindo ao povo italiano, especificamente, não só à época do Ressurgimento, com todas as manifestações de desaponto político, como ao longo período de evolução artística, do *duecento* até o Renascimento): "...em que o povo manifesta sua vontade ou seu descontentamento (...)".

E, ainda antes de prosseguir relacionando política cultural ao poder, vale a pena atentar para o pensamento de García Canclini:

> (...) optar de forma excludente entre dependência ou nacionalismo, entre modernização ou tradicionalidade local, é uma simplificação insustentável. (...) Desde os anos 30 começa a organizar-se nos países latino-americanos um sistema mais autônomo de produção cultural. As camadas médias surgidas

---

1 GRAMSCI, Antonio. *Letteratura e vita nazionale*. 3ª. ed. Torino: Einaudi, 1953, p.105.

no México a partir da revolução, as que têm acesso à expressão política com o radicalismo argentino, ou em processos sociais semelhantes no Brasil e no Chile, constituem um mercado cultural com dinâmica própria. Sergio Miceli, que estudou o processo brasileiro, fala do início da "substituição de importações" no setor editorial. Em todos esses países, migrantes com experiência na área e produtores nacionais emergentes vão gerando uma indústria da cultura com redes de comercialização nos centros urbanos. Junto com a ampliação dos circuitos culturais que a alfabetização crescente produz, escritores, empresários e partidos políticos estimulam uma importante produção nacional.

Na Argentina, as bibliotecas dos trabalhadores, os centros e ateneus populares de estudo, iniciados por anarquistas e socialistas desde o início do século, expandem-se nas décadas de [19]20 e [19]30.[2]

O mercado de bens culturais começava a se ampliar. Pode-se ilustrar o fato mencionando que a ausência ou presença de gravações na discografia que Mario de Andrade indica na segunda edição de seu *Compêndio de História da Música*, de 1933, dependia de um único fator – de ordem material, diga-se de passagem: a existência ou não de tais gravações no mercado. Por isso, quando se analisa o paralelo entre o que Mario de Andrade indica, ao final de cada capítulo da obra, no que concerne à discografia, e o material que Oneyda Alvarenga usava nos seus Concertos de Discos, percebe-se claramente que obras de Vivaldi, Schultz e outros não constam do rol sugerido pelo musicólogo – embora este tivesse desenvolvido texto sobre esses autores. Da mesma forma, vê-se que Oneyda Alvarenga usou gravações que não aparecem na obra de Mario – basta verificar a data de composição de algumas músicas, para concluir que as gravações eram posteriores a 1933 –, ou mesmo a diretora da Discoteca apresentou ao público ouvinte compositores contemporâneos que Mario de Andrade sequer havia mencionado no livro – logicamente tais

---

2   GARCÍA CANCLINI, Néstor. *Culturas híbridas*: estratégias para entrar e sair da modernidade. São Paulo: Edusp, 1997, p. 84.

Oneyda Alvarenga 101

autores ficaram conhecidos depois da edição. Voltando ao panorama geral da política cultural na América, García Canclini escreve:

> Vejo o sintoma inicial da primeira tendência nas transformações da política cultural mexicana durante a década de 40. O Estado que tinha promovido uma integração do tradicional e do moderno, do popular e do culto, impulsiona a partir do alemanismo um projeto no qual a utopia popular cede à modernização, a utopia revolucionária à planificação do desenvolvimento industrial. Nesse período, o Estado diferencia suas políticas culturais em relação às classes sociais.[3]

São criados museus e institutos, instituições estatais para reunir, guardar, classificar, catalogar e exibir arte culta e arte popular, inclusive indígena, – em instituições separadas. Era, por assim dizer, uma iniciativa no sentido de domar a produção artística, pretendendo sua cristalização no tempo e no espaço, ao mesmo tempo decidindo o destino de sua produção, quando expunha-a ao público – e daquele modo organizado. "A organização separada dos aparelhos burocráticos expressa institucionalmente uma mudança de rumo." Com a intervenção dessas instituições ligadas ao Estado, Canclini vê a cisão irremediável, porém, entre os universos simbólicos da produção culta e da expressão popular. Assim como no exemplo do México, outros países da América Latina lançaram mão dessa forte política estatal, resultando numa segmentação das produções culturais. Mas foi com a industrialização, a necessidade de produção de bens culturais – a obra de arte como objeto de consumo, no caso deste estudo, as gravações, em seu suporte, os discos ou fonogramas; as partituras, os livros de música – que decidiu o afastamento dos mercados "de elite e de massa", "do culto e do popular". À época da criação da Discoteca Pública Municipal de São Paulo, o mercado ainda estava no princípio de sua ampliação. No caso, ainda havia uma outra fronteira, tão larga quanto minada de nuances, que separava os gostos, determinados pelo grau de instrução: as próprias classes sociais, já que as elites tinham acesso à educação e as classes desfavorecidas começavam a vencer o analfabetismo, ou semi analfabetismo.

---

3 GARCÍA CANCLINI, *op. cit.*, p. 87-8.

102   VALQUÍRIA MAROTI CAROZZE

A respeito da cumplicidade social do "recurso menos suspeito", que seria o patrimônio cultural, geralmente "alheio aos debates sobre a modernidade", García Canclini escreve ainda:

> Esse conjunto de bens e práticas tradicionais que nos identificam como nação ou como povo é apreciado como um dom, algo que recebemos do passado com tal prestígio simbólico que não cabe discuti-lo. As únicas operações possíveis – preservá-lo, restaurá-lo, difundi-lo – são a base mais secreta da simulação social que nos mantém juntos.[4]

Perdidas na contemplação da grandiosidade das diversas obras arquitetônicas e artísticas de um país, as pessoas se esquecem de questionar as contradições sociais que traduzem os componentes do patrimônio cultural.

> A perenidade desses bens leva a imaginar que seu valor é inquestionável e torna-os fontes do consenso coletivo, para além das divisões entre classes, etnias e grupos que cindem a sociedade e diferenciam os modos de apropriar-se do patrimônio. Por isso mesmo, o patrimônio é o lugar onde melhor sobrevive hoje a ideologia dos setores oligárquicos (...) Foram esses grupos – hegemônicos na América Latina desde as independências nacionais até os anos 30 deste século, donos "naturais" da terra e da força de trabalho das outras classes – os que fixaram o alto valor de certos bens culturais: os centros históricos das grandes cidades, a música clássica, o saber humanístico. Incorporaram também alguns bens populares sob o nome de "folclore", marca que indicava tanto suas diferenças com respeito à arte quanto a sutileza do olhar culto, capaz de reconhecer até nos objetos dos "outros" o valor genericamente humano.[5]

Os objetos culturais que vão incorporar o todo do patrimônio, a dita memória de um país, perdem parte de sua pertinência à realidade passada e, no

---

4   GARCÍA CANCLINI, *op. cit.*, p. 160.

5   *Ibidem*, p. 160-1.

Oneyda Alvarenga   103

contexto da contradição entre ideologia dominante e modernidade, passando pelos processos derivados da industrialização, vistos assim, alijados de seu lugar de origem, cria o que García Canclini[6] chama de "ser nacional". Este, agora, já "aistórico", cuja origem "mítica" sobreviveria, no caso, num museu, ou numa coleção qualquer que seja, apenas como parte remanescente; o objeto visto como modelo estético e simbólico. Ele está, então, fora de seu universo primeiro, onde seu significado provavelmente poderia ser outro.

Canclini ajunta que: "Sua conservação inalterada testemunharia que a essência desse passado glorioso sobrevive às mudanças". E que: "O interesse contemporâneo do patrimônio tradicional residiria em benefícios 'espirituais' difíceis de ponderar, mas de cuja permanência dependeria a saúde presente dos povos".[7]

A exemplo do que analisa Elizabeth Travassos,[8] a respeito das pesquisas de recuperação de músicas folclóricas do solo de países europeus (como foi o caso do húngaro Béla Bartók), estudiosos da América Latina também realizaram esse tipo de investigação, com fito na formação do que seria nacional. García Canclini afirma que o trabalho de folcloristas e antropólogos relacionado com os movimentos nacionalistas fez com que estudiosos das culturas populares viessem a ser intelectuais reconhecidos nas primeiras décadas do século xx, designados a desempenhar funções oficiais, na área da cultura dita popular.

> Desde os anos 40 e 50, frente ao avanço de tendências modernizadoras nas políticas culturais e na investigação social, o interesse pelas culturas tradicionais torna-se um recurso daqueles que necessitam redimensionar sua atuação no campo acadêmico. Renato Ortiz constata que o desenvolvimento dos estudos folclóricos brasileiros deve muito a objetivos tão pouco científicos como os de fixar o terreno da nacionalidade em que se fundem o negro, o branco e

---

6   GARCÍA CANCLINI, *op. cit.*, p. 161.

7   *Ibidem*, p. 161.

8   TRAVASSOS, *op. cit.*

104 VALQUÍRIA MAROTI CAROZZE

> o índio; dar aos intelectuais que se dedicam à cultura popular um recurso simbólico através do qual possam tomar consciência e expressar a situação periférica de seu país; e possibilitar a esses intelectuais afirmar-se profissionalmente frente a um sistema moderno de produção cultural, do qual se sentem excluídos (no Brasil, o estudo de folclore se faz principalmente fora das universidades).[9]

Então, García Canclini criticará a falta de critérios com que se estudou e que se colecionou folclore e arte popular, na América Latina, ponto que não cabe aqui desenvolver, tampouco entrar em detalhes. Mas vale lembrar que essa crítica acusa uma catalogação superficial desses materiais, causa que levou a se exaltarem os produtos populares, sem, contudo, situarem-nos em seu contexto social, dissociando-os da relação com as práticas cotidianas em que foram feitos. À época do Departamento de Cultura de São Paulo, no entanto, a justificativa para que se recuperassem e catalogassem o material sonoro – e é muito importante que se reforce que o material musical folclórico, nas décadas de 1930 e 1940, era denominado *popular* (e não folclórico) –, com sentido etnológico, foi recuperar e preservar valores artísticos primitivos, como patrimônio da humanidade, conforme se viu acima, pela análise de Elizabeth Travassos, a respeito das pesquisas de Bártok e Mario de Andrade.

Qual a bandeira que Mario de Andrade levantava, quando referia-se ao nacionalismo? Segundo Telê Porto Ancona Lopez:

> Numa direção, o interesse pela experiência soviética, pela aplicação do Marxismo e a reivindicação do nacionalismo como primeiro passo para o internacionalismo, que pode ser acusado em Mário, Oswald de Andrade, Tarsila do Amaral. Noutra, a negação do Marxismo, a valorização da nacionalidade fora de uma internacionalidade futura, o aplauso às concepções estéticas e políticas do futurismo italiano, em Plínio Salgado e Cassiano Ricardo na corrente da Anta e no Verdeamarelismo que se opuseram a Pau-Brasil e à Antropofagia. Finalmente, a reunião da intelectualidade católica, seguindo

---

9 GARCÍA CANCLINI, *op. cit.*, p. 211-2.

Oneyda Alvarenga   105

através do grupo de Festa e logo depois de Tristão de Athayde o pensamento de Jackson de Figueiredo, preocupada com os destinos espirituais do homem.[10]

Segundo Ionta,[11] ao aceitar o cargo de diretor do Departamento de Cultura de São Paulo, Mario de Andrade poderia sistematizar seu "credo modernista"; trabalhar no sentido de modernizar o Brasil. Um viés era a valorização das tradições culturais do país "sem cair no ufanismo nacionalista e sem comprometer a crítica e o espírito modernos".

Em plena Era Vargas, não era com o nacionalismo fascista que Mario de Andrade e o Departamento de Cultura comungavam, evidentemente. Era sim, a busca pela difusão do conhecimento, que sempre norteou o andamento de todo o processo de montagem das Seções do Departamento de Cultura: Biblioteca, Discoteca, etc. Desde suas pesquisas sobre folclore brasileiro, que desembocaram no *Clã do Jaboti*,[12] passando pelas viagens etnográficas que Mario de Andrade empreendeu pelo Norte e Nordeste do país, na observação e recuperação de material folclórico, que seria incorporado e desgeograficado em *Macunaíma*, na década de 1920, até a instituição do Departamento de Cultura, órgão público, já em 1935, com a organização dos saberes nacionais, a preocupação era socializar o conhecimento. Essa disseminação do conhecimento musical folclórico, disposto em fonogramas numa discoteca pública é

---

10   LOPEZ, *op. cit.*, p. 196.

11   IONTA, Maria Aparecida. *As cores da amizade na escrita epistolar de Anita Malfatti, Oneyda Alvarenga, Henriquetta Lisboa e Mario de Andrade*. Tese (Doutorado) – Universidade Estadual de Campinas, Instituto de Filosofia e Ciências Humanas, Campinas, 2004.

12   "(...) a maioria dos poemas de *Clã do Jaboti*, já se pode ver que domina uma razoável informação sobre tradições brasileiras (...) Rastreando suas leituras etnográficas e folclóricas, pelas datas das edições, encontra-se um dado precioso no caso de *Rã-txa-hu-ní-ku-i*: Gramática, textos e vocabulário caxinauás, obra especializada de Capistrano de Abreu, oferecida por Luís Aranha [a Mario de Andrade]. A edição é de 1914, mas, a dedicatória datada de 1925 mostra que, exatamente nesse momento, Mario se interessava por Folclore." LOPEZ, *op. cit.*, p.77-8.
Tanto *Clã do Jaboti*, quanto *Macunaíma* foram publicados na década de 1920. Mas as pesquisas já vinham de antes.

o primeiro passo para a materialização da função da Discoteca Pública de São Paulo; função de alcançar a própria produção da música erudita, caracterizando-a como nacional:

> O Folclore é a fonte de conhecimento do povo, para Mario de Andrade. Seu isolamento nas zonas de permanência e seu enfraquecimento nas metrópoles industrializadas é mais um testemunho da perda iminente da personalidade do povo, a que chama "personalidade racial".[13]

Telê Porto Ancona Lopez, em *Mário de Andrade:* ramais e caminho, explica ainda que, já em 1925, Mario de Andrade encarava o nacionalismo como etapa necessária para se chegar, futuramente, no universalismo: o auto-conhecimento nacional ocasionando a integração da arte brasileira na universalidade.

Mario de Andrade, porém, nunca perdia o olhar crítico, em relação ao nacionalismo. Ainda segundo Telê Ancona Lopez,[14] Mario de Andrade, por dimensionar o Brasil em seu próprio conceito de pátria, isto é, vinculada à internacionalidade, negava ser nacionalista, afirmando ser brasileiro, antes de mais. Em sua crônica *O castigo de ser,*[15] afirma repugnar-se à ideia de artificialismos no nacionalismo artístico, quando restringiam o conceito de país a chavões ultrapassados, sem, no entanto, recriar-se uma nova arte nacional. Considerando-se o que ocorria na década de 1920, Mario de Andrade avaliava o panorama para além do país, para o avanço do Modernismo pela América – sua deglutição e integração de elementos díspares, como "discriminação racial, ignorâncias, pobreza, preguiça" (de todos esses traços, Mario de Andrade acreditava poderem-se extrair criações positivas).

Barbato Júnior[16], ao estudar o plano geral das cogitações dos intelectuais da época de Mario de Andrade, a este respeito, fala da utopia nacional-popular,

---

13   LOPEZ, *op. cit.*, p. 199.

14   *Ibidem*, p. 196.

15   In: ANDRADE, Mario de. *Taxi e crônicas no Diário Nacional*. São Paulo, Livraria Duas Cidades, Secretaria da Cultura, Ciência e Tecnologia, 1976. p. 461-72.

16   BARBATO JUNIOR, *op. cit.*, p. 128-9.

Oneyda Alvarenga   107

entendendo por isso a tentativa de arrancar a cultura, muitas vezes, ornamental, da exclusividade das mãos da elite e aproximá-la do povo. Seria o ideal socializante na esfera das coisas culturais; a construção da nacionalidade por meio da difusão da cultura. Em síntese, a cultura "contrabandeada" numa relação direta intelectuais-povo, como se a História estivesse sendo apressada, abreviando-se o longo caminho pelo qual teria de passar a cultura encastelada, até popularizar-se – num país como o Brasil. Neste sentido, o Departamento de Cultura estruturava-se totalmente sob o ideal nacional-popular: os intelectuais engajados usando a oficialização do poder central, para passar por cima das instâncias deste mesmo poder; da própria política da qual se serviam; das convenções sociais – embora presos à burocracia e hierarquias –, para chegar ao povo. Ou melhor: fazer chegar ao povo o conhecimento.

Este nacional-popular de que fala Barbato Júnior não se trata, no entanto, de algo restrito ao "patriotismo", à alienação do entorno cultural: pelo contrário, ele liga-se necessariamente ao universal, que seria o ponto máximo da expressão artística, mesmo para Mario de Andrade, no que tange ao nacional e universal como complementares.

A ação propriamente dita da difusão cultural habitava exatamente naquilo que se oferecia ao povo. Ou seja, nos casos específicos da Discoteca Pública Municipal, ou da Biblioteca Pública Municipal, era a formação dos acervos que, no caso da primeira se criava e se organizava; no da segunda, se aprimorava e se transformava. Os concertos públicos gratuitos, por exemplo, cuja programação era norteada por critérios educativos do Departamento de Cultura, eram a tentativa de pôr ao alcance do povo tudo o que pudesse elevar sua cultura. Porém, como se verá mais adiante, pelas estatísticas que Oneyda Alvarenga nunca deixou de realizar, muito, muito pouco mudava a procura dos consulentes da Discoteca pelos mesmos compositores, ou gêneros musicais, num intervalo de mais de uma década – entre 1936 e final dos anos 1950.[17] Os bens imateriais têm grande potencial em si. O que ocorre é que o alcance

---

17 ALVARENGA, Oneyda. A discoteca pública municipal. São Paulo: Departamento de Cultura, 1942. Separata da Revista do Arquivo, n. LXXXVII, p. 98.
Vale lembrar que a maioria do público da Discoteca era composta por leigos.

108 VALQUÍRIA MAROTI CAROZZE

pode permanecer limitado, enquanto as iniciativas de expansão cultural não estiverem acompanhadas por um forte programa educativo paralelo, conforme se verá nas conclusões da diretora da Discoteca Pública Municipal. Mas este é um assunto que, pelas dimensões das discussões, talvez seja tema para outro trabalho.[18]

E é dentro desses parâmetros de nacionalismo e de todas as circunstâncias históricas que se entende o americanismo e o nacionalismo musical, na América.

AMERICANISMO E NACIONALISMO NA MÚSICA

Tenho horror a Pan-americanismos (...) Não existe unidade psicológica ou étnica continental.[19]

E Telê Ancona Lopez explica:

> A negação de pan-americanismo não é contradição para o internacionalismo esposado pelo escritor, da mesma forma que a busca do nacionalismo também não o é. A internacionalidade supõe a caracterização do específico social, ético e estético em seu conjunto político unitário, mas não entende a dissolução de um todo em prol de alguns conjuntos mais amplos geograficamente que as nacionalidades isoladas.[20]

Mario de Andrade considerava o pan-americanismo e os latino-americanismos, com seus distanciamentos da realidade de cada país, como impedimentos da verdadeira expressão nacional (e universal) na Arte. Além disso, Mario de Andrade, em seus últimos anos de vida, estava atento à relação que se estabelecia entre o pan-americanismo e o que pregava a doutrina Monroe.

Sobre essa questão, Elizabeth Travassos escreve:

---

18 Mais abaixo se verá, pelas avaliações de caráter didático do musicólogo Curt Lange, a perene preocupação com a formação musical das crianças do Uruguai, cujos desempenho e desenvolvimento, este professor vinculava à esfera educativa e, principalmente, da formação familiar.

19 LOPEZ, *op. cit.*, p. 227.

20 *Ibidem*, p. 228.

Bartók entendia que internacionalismo é fenômeno negativo, exatamente como Mario de Andrade, para quem a palavra podia ser usada como acusação. Internacional é aquilo que está em muitas ou em todas as nações porque não pertence (mais) a nenhuma delas, o que representa um grave desvio. Falar de internacionalismo, no seu caso, esclarece pouca coisa.[21]

AMERICANISMO MUSICAL

O movimento cultural chamado Americanismo Musical iniciou-se em 1933 e teve Francisco Curt Lange como seu idealizador. Segundo Cesar Maia Buscacio, em sua tese de doutorado, *Americanismo e nacionalismo musicais na correspondência de Curt Lange e Camargo Guarnieri* (1934-1056), "o movimento do americanismo musical foi considerado, por Luiz Heitor Correa de Azevedo, um fator a '[...] favor do desenvolvimento, afirmação consciente e divulgação das produções e recursos artísticos de um grupo de nações'; mais ainda," continua Buscacio, "o musicólogo afirmou que: 'Assim, em todas essas músicas, há algo que as assemelha umas às outras e umas e outras, à música italiana ou à música francesa. Isso é o espírito de latinidade, vivo e prodigioso em toda a América do Sul'".[22]

Curt Lange veio para a América Latina em 1923; professor universitário e musicólogo alemão, radicou-se no Uruguai, onde organizou, em 1929, o SODRE (Serviço Oficial de Difusão Rádio-Elétrica), que tinha como uma de suas principais funções a propagação, por radiodifusão, das manifestações de cultura e da arte à população de todo o país. O musicólogo empenhou sua vida em pesquisas musicais na América, fazendo tudo o que estivesse ao seu alcance, no sentido de tornar definitiva a união dos países americanos quanto à produção musical do continente. Se por um lado Francisco Curt Lange, um alemão naturalizado uruguaio – inclusive latinizara seu nome, que era Franz Kurt Lange –, lutava pela estruturação e organização da música na América,

---

21 TRAVASSOS, *op. cit.*, p. 122.

22 BUSCACIO, Cesar Maia. *Americanismo e nacionalismo musicais na correspondência de Curt Lange e Camargo Guarnieri* (1934-1956). Tese (Doutorado em História Social) – UFRJ/PPGHIS, Rio de Janeiro, 2009, p. 16-7.

acreditando em um Estado forte que tomasse a seu cargo a educação do povo, a posição dos Estados Unidos da América, nesta mesma fase histórica, também era de luta pelo ideal – entre outros – do conhecimento da música do continente americano. A política de boa vizinhança dos Estados Unidos deste preciso momento fazia a necessidade de conhecimento e aproximação dos países vizinhos via cultura como estratégia para manter a paz.

Ao esclarecer sobre o papel de C. Lange na divulgação do Americanismo Musical, Buscacio[23] destaca a base cultural-ideológica deste musicólogo: o pensamento dos filósofos alemães Herder (século XVIII/XIX) e Fichte (século XIX), "a simbologia do nacionalismo orgânico", "o ideário integrador, recorrente na literatura romântica germânica", o espírito fraterno a partir da fonte poderosa que seria o idioma comum a determinados povos.

O que Curt Lange[24] propunha era "uma fusão absoluta de sentimentos raciais distintos, para o desaparecimento gradativo de preconceitos estreitos, fomentados em cada uma de nossas Repúblicas por núcleos estrangeiros, para a eliminação de diferenças nacionais de diversos caracteres, rumo à estruturação inseparável de um pensamento orgânico e disciplinado". Para Buscacio,[25] "O americanismo de Curt Lange embasava-se, portanto, na valorização dos fatores etnológicos e sociológicos dos povos, os quais deveriam ser estudados em estreita relação com sua história". Uma vez estudados esses aspectos, seria entendida a relação entre passado e futuro das sociedades latino-americanas, garantindo, assim, a partir do fortalecimento da identidade de cada país, a identidade coletiva. Naquele contexto histórico, a formação cultural foi considerada muito importante, uma vez que, permitindo que as nações alcançassem a consciência de sua própria identidade, os interesses do coletivo seriam sobrepostos aos interesses das elites locais.

---

23   *Ibidem*, p. 20.

24   *Ibidem*, p. 19.

25   *Ibidem*, p. 20.

Oneyda Alvarenga   111

No documento *Americanismo musical*, escrito pelo próprio C. Lange,[26] em 1934, o autor procura chamar a atenção dos músicos e musicólogos latino--americanos para a importância da obtenção e do intercâmbio de informações acerca das origens e da produção da música nacional dos países do continente, como fator fundamental para a formação do novo artista latino-americano e de sua expressão.

Dentro dos propósitos do americanismo, Curt Lange defende a necessi-dade de se firmarem as feições da criação musical latino-americana por meio do conhecimento e da pesquisa da evolução da música no continente. C. Lange chama a atenção para a urgência de se resgatar o conhecimento dos "motivos nacionais", (a "raiz folclórica"), a fim de evitar a mera repetição de padrões europeus de composição, o que não contribuiria para que os novos compositores encontrassem os traços que caracterizariam a música nacional nascente. Ele escreve: "Nunca chegou nação alguma a seu ponto máximo, imi-tando culturas que o houvessem alcançado em outras nações".[27]

Alegando que poucos músicos do continente conhecem as manifestações musicais de países vizinhos, ou até mesmo de seu próprio país, C. Lange co-menta esse desconhecimento sobre a evolução histórico-cultural da América e assinala a obrigação dos musicólogos e músicos latino-americanos no sentido de se fazerem conhecer obras musicais, antes que estas caiam no esquecimen-to. Ou seja, a ação nesse sentido seria justamente recuperação e organização dessas obras em centros de documentação musical.

A catalogação desse registro sonoro é vital dentro dos propósitos do ame-ricanismo musical, numa concepção de difusão cultural que engloba objeti-vos de grande alcance dentro da realidade nacional. Segundo Flávia Toni, a política cultural adotada então pautava-se pelo triplo objetivo de Constantin Brailoiu, em seu *Esquisse d'une méthode de folklore musical*:

1 – Salvar documentos musicais preciosos.

---

26 LANGE, Francisco Curt. *Americanismo musical*: la sección de investigaciones musica-les, su creación, propósitos y finalidades. Montevideo: Inst. de Estudios Superiores, 1934, p. 5-15.

27 *Ibidem*, p. 11.

112 VALQUÍRIA MAROTI CAROZZE

2 – Pôr em circulação científica internacional os materiais necessários a um estudo comparativo extenso.

3 – Facilitar o contato entre países por meio da música popular.[28]

Curt Lange[29] considerava a criação de Bibliotecas, Museus e Discotecas procedimento imprescindível para que se realizassem estudos posteriores da música como manifestação da cultura nacional, como patrimônio da humanidade.

Na segunda parte do documento *Americanismo musical*, encontram-se os objetivos principais e meios de efetivar essa troca de informações. A fim de justificar a criação da Seção de Pesquisas Musicais, Curt Lange aponta três principais motivos: desamparo da maioria das forças vivas; desconhecimento, em muitos casos absoluto, em outros considerável, dos esforços de professores e compositores nos países irmãos do continente latino-americano; desalento e indiferença manifestos na base das causas citadas.[30]

O autor aponta, de maneira didática, a finalidade e os objetivos principais da Seção de Pesquisas Musicais:

> Finalidade da Seção de Pesquisas Musicais
>
> Estudo e publicação de problemas científico-musicais, com atenção especial à revisão, ampliação e pesquisa completa, de problemas latino-americanos. Aparece, em segundo, lugar, a aplicação igualmente necessária de problemas científico-musicais europeus e latino-americanos.

Em 1934, C. Lange[31] fala do espaço de 4 ou 5 anos – ou seja, 1929 ou 1930 – que separa uma época em que famílias medianamente cultas e bem posicionadas socialmente adquiriam um "bom disco" para ouvir em família ou a sós.

---

28 TONI, Flávia Camargo. *Missão*: as pesquisas folclóricas. Disponível em: <http://www.sescsp.org.br/sesc/hotsites/missao/textos2.html>. Acesso em: 10 mar. 2009.

29 LANGE, *op. cit.*, p. 18.

30 *Ibidem*, p. 16.

31 *Idem. Fonografía pedagógica*. Separata de Anales de Instrución Primaria. Montevideo, abril e junho de 1934, e tomo I de 1935, p. 153.

Oneyda Alvarenga 113

Agora, em 1934, C. Lange critica violentamente o que fazem as vinte estações rádio-difusoras.

O autor informa que, no Segundo Congresso de Rádio, realizado em Munique, em 1931, foram abordados os temas:

- Las bases psicológicas y sociológicas para escuchar radio;
- Los instrumentos eléctrico-acústicos y la música;
- La música em la radio.[32]

Curt Lange menciona também a "Novena Semana Musical del Reich", onde o doutor Eugenio Bieder falou sobre "Música y técnica", subdividindo suas exposições em dois temas:

a) a rádio escolar;

b) o disco como meio da pedagogia musical aplicada.[33]

Paralelamente, Mario de Andrade, atento, já tinha tirado suas conclusões sobre o uso do disco como instrumento didático de pesquisa, para a compreensão do estudo sério e mais efetivo da música. No prefácio de *A música popular brasileira na vitrola de Mario de Andrade,*[34] José Ramos Tinhorão sucintamente faz jus ao caráter científico das pesquisas sonoras de Mario de Andrade: "(…) trabalho de um pioneiro no uso de produtos da indústria do lazer internacional como documento para o estudo do processo cultural brasileiro".

Flávia Camargo Toni, no capítulo "Eu victrolo, tu victrolas, ele victrola", do livro *A música popular brasileira na vitrola de Mario de Andrade,* destaca que o autor de *Macunaíma* sempre serviu-se do estudo da música popular brasileira por meio de audição de discos.[35] Em *O disco popular no Brasil*, esboço para um ensaio que não chegou a publicar, Mario de Andrade propõe questões baseadas no estudo de sua discoteca. Como, por exemplo, indicando o valor dos discos populares sul-americanos para a pesquisa. Ele cita: "Certos gêneros

---

32   *Ibidem*, p. 182.

33   *Ibidem*, p. 185.

34   TONI, Flávia Camargo. *A música popular brasileira na vitrola de Mario de Andrade*. São Paulo: Editora Senac, 2004. p. 9.

35   *Ibidem*, p. 323.

114 VALQUÍRIA MAROTI CAROZZE

populares infensos à influência universalista das cidades (A Moda caipira) (Certos discos de feitiçaria carioca) (O disco africano que possuo)".[36]

A importância do fonógrafo como instrumento de apoio às pesquisas em documentos sonoros, por Mario de Andrade, fica clara, quando se lê o apêndice do livro *A música popular brasileira na vitrola de Mario de Andrade*, intitulado *Discos e fonógrafos*. Nesse artigo, Mario de Andrade comenta nada menos do que a novidade que era, então, a audição de discos como recurso didático:

> Hoje em dia [1928] já é possível a gente falar que gosta de fonógrafos e discos sem que os professores de música se riam. Não é mais possível que eles debiquem uma produção musical pelas perfeições, sem abrir concorrência com os concertos e com a música individual, é manifestação musical perfeitamente legítima e agradável de arte.[37]

Em nossos dias, pode até parecer disparatado. Mas, naquele momento, a qualidade das gravações começava a melhorar e ainda não era prática corriqueira utilizar meios sonoros (Mario de Andrade empregava o termo "música mecânica") para ilustrar aulas no Conservatório Musical.

Flávia Camargo Toni trata especialmente dessa audição rotineira de Mario de Andrade, como estudo e lazer, ao mesmo tempo. Além da possibilidade de conhecer manifestações da música (principalmente nacional), ele podia acompanhar de perto novas produções e ainda catalogar informações sobre o material ouvido. Era trabalho de estudo – e as fontes, documentos.

Em 18 de maio de 1944, Mario de Andrade escreveria o artigo *Número Especial*, publicado em *Mundo Musical*, coluna assinada pelo crítico, na *Folha da Manhã*, no qual trata da divulgação do *Boletín Americano de Música* cuja abordagem seria a música brasileira e que, segundo observações de Jorge

---

36 TONI, Flávia Camargo. *A música popular brasileira na vitrola de Mario de Andrade*. São Paulo: SENAC, 2004, p. 287-8. Vê-se que a longa e constante pesquisa do autor desembocaria em seus textos, como em *Macunaíma*, ou, mais tarde, no texto da ópera bufa brasileira *Malazarte*.

37 *Ibidem*, p. 267.

Coli,[38] só seria publicado em 1946, depois da morte de Mario. Ainda nas palavras de Jorge Coli: "Francisco Curt Lange iria ali lhe dedicar [a Mario] uma comovida e lúcida homenagem: nele [no *Boletim* de 1946] sairiam 'As danças dramáticas do Brasil'".[39]

Nesse artigo, além de ressaltar o "ilustre musicólogo" teuto-uruguaio, afirmando que quem se interessasse pela música em São Paulo, não podia ignorar quem fosse Curt Lange, Mario de Andrade explica que Capanema obtivera verba de auxílio para tal publicação, uma vez que o organizador da discoteca do SODRE, no Uruguai, pedira ajuda, por intermédio de Mario de Andrade. E, para acompanhar os trabalhos do musicólogo estrangeiro, no preparo do próximo número do Boletim em questão, foi nomeada uma comissão formada pelos músicos Villa-Lobos, Manuel Bandeira, Renato Almeida, Andrade Murici, Luíz Heitor Corrêa de Azevedo, Lourenço Fernandez e Brasílio Itiberê. Mario de Andrade ajuntava que as dificuldades a serem superadas não dependeriam nem de Curt Lange – cujo maior mérito, para o musicólogo brasileiro, era justamente a autoria da criação do *Boletin* –, nem da comissão nomeada por Capanema. Mario de Andrade apontava as lacunas no estudo de musicologia brasileira como as reais dificuldades a serem suplantadas, escrevendo que hoje teríamos musicólogos "legítimos, mais exercitados nos métodos da musicologia moderna, como um Luiz Heitor Corrêia de Azevedo, uma Oneida Alvarenga, um Caldeira Filho".[40] Mais abaixo, ao se analisar leituras de Mario de Andrade sobre História da Música, se voltará a mencionar os estudos de Caldeira Filho sobre musicologia crítica.

Mario ainda chama a atenção para pontos tão importantes, que faria falta mencionar aqui sua alusão à nossa musicologia ainda iniciante (em 1944, está claro), diante desses espaços vazios do conhecimento da música brasileira em seus períodos divididos e nomeados de acordo com nossas necessidades classificatórias: colonial, imperial, republicano... ou como escreve o próprio

---

38 COLI, Jorge. *Música final*: Mario de Andrade e sua coluna jornalística *Mundo musical*. Campinas: Editora da Unicamp, 1998, p. 361.

39 *Ibidem*, p. 361.

40 *Ibidem*, p. 150.

116   VALQUÍRIA MAROTI CAROZZE

Mario de Andrade: nosso "filológico amor das nomenclaturas. Eu creio que ainda não é tempo de se conseguir um conhecimento mais profundo e profuso da nossa evolução musical. Só muito por alto e, assim mesmo só no sentido sociológico e não no tecnicamente musical, é que a podemos conhecer." E Mario ainda "prevê" que, com a evolução dos estudos monográficos, no futuro serão possíveis generalizações idôneas. Estas observações acerca desse artigo parecem convergir para a abordagem que Oneyda Alvarenga fazia em seus Concertos de Discos, visando, a partir de seus inúmeros, salteados recortes da História da Música, na composição de seus repertórios voltados ao público leigo, nada mais do que a possível reconstituição da História Social da Música.

Nesse artigo, Mario de Andrade discrimina quais seriam as seções que os músicos brasileiros acharam por bem desenvolver: "1ª – Etnografia e Folclore; 2ª – História; 3ª – Ensino; e 4ª – Vida musical".[41]

Aliás, partindo da leitura desse artigo da Folha da Manhã, de 1944, Remião[42] observa que Mario de Andrade recusou-se a fazer parte da equipe

---

41   Ibidem, p. 147-8. A saber, as seções se desenvolveriam assim: "1ª – Etnografia e Folclore, atribuída a Luiz Heitor e Basílio Itiberê: A música dos indígenas brasileiros; Os instrumentos de música dos índios brasileiros; A música do negro brasileiro; Os instrumentos de música do negro brasileiro; A música popular brasileira; Instrumentos de música populares no Brasil; Estudos sobre os diversos gêneros de música popular brasileira. 2ª – História, ao cargo de Renato Almeida: Música colonial: A ópera no Brasil; A música sinfônica brasileira; A música de câmara no Brasil; A música para piano no Brasil; O canto em português no Brasil; O advento do nacionalismo na música brasileira; O período contemporâneo; Estudos sobre os principais compositores brasileiros. 3ª – Ensino, ao cargo de Vila Lobos e Lourenço Fernandez: História do ensino musical no Brasil; O ensino profissional de música no Brasil; A música nas escolas brasileiras; Estudos sobre os grandes educadores musicais. 4ª – Vida musical, sob a orientação de Andrade Murici: História da vida musical brasileira; A organização oficial; Orquestras, bandas militares e particulares; Sociedades musicais; Rádio, Fotografia, Bibliotecas musicais, Estudos sobre os grandes intérpretes brasileiros do passado e de hoje; Musicologia e crítica musical".

42   REMIÃO, Cláudio Roberto Dornelles. O Mário de Andrade de "Número especial". In: XXIV Simpósio Nacional de História, 2007, São Leopoldo. História e multidisciplinaridade: território e deslocamentos: anais do XXIV Simpósio Nacional de História, 2007,

Oneyda Alvarenga 117

que auxiliou Lange, justificando que considerava ofensivo ao musicólogo que interferissem em seu trabalho.

Lange vai encontrar registros musicais em Minas Gerais, partituras do final do século XVII, a despeito do que Mario de Andrade escrevera, sobre a possibilidade de uma árdua pesquisa poderia resultar improfícua. Tal não se deu, porque Lange encontrou muitas coisas, além do já conhecido José Maurício.

Mario de Andrade e Lange encontraram-se num hotel em Belo Horizonte, em 1944; segundo Remião, Mario de Andrade não escreveu nada sobre a pesquisa de Lange, que ainda estava no início – encontrara apenas, até então, partituras do século XIX. Remião aponta dois motivos: Mario de Andrade não se interessava por aquelas composições do período colonial porque não tinham feições nacionais, ou porque o período até sua morte teria sido escasso para isso.

Talvez Mario de Andrade achasse que o seu dever fosse fazer o que tinha feito: escrevera um artigo onde incitava os pesquisadores brasileiros da área de música a participarem do sexto *Boletín Latino-Americano*. Ou porque achasse que a pesquisa de Lange ainda estivesse muito no início.

Associando isso ao que escreve Buscaccio, em sua tese *Americanismo e nacionalismo musicais na correspondência de Curt Lange e Camargo Guarnieri* (1934-1956), quando menciona os achados de Lange, em Minas Gerais, o estado em que se encontravam partituras de músicos que não o Padre José Maurício, pode-se pensar que Lange tinha motivos para realizar essa viagem. Ou seja, já supunha que encontraria documentos.

Nacionalismo musical

Em *Aspectos da Música Brasileira*,[43] dentro do texto *Evolução Social da Música Brasileira*, Mario de Andrade atribui à "Grande Guerra" – e não à Segunda República brasileira – a força que alavancou as nações a forjarem um

---

São Leopoldo. História e multidisciplinaridade: território e deslocamentos: anais do XXIV Simpósio Nacional de História. São Leopoldo: Unisinos, 2007, p. 1-8.

43 ANDRADE, Mario de. *Aspectos da música brasileira*. 2ª. ed. São Paulo: Martins, 1975, p. 32.

118   VALQUÍRIA MAROTI CAROZZE

"estado-de-consciência musical nacionalista". E sempre é bom lembrar que esse texto é de 1939 – Mario de Andrade se referia à Primeira Guerra[44] e já havia se afastado do Departamento de Cultura do município de São Paulo. Segundo Jorge Coli, Mario de Andrade via como ideal a composição que consolidasse um espírito de raça, de um inconsciente artístico intersubjetivo, coletivo; não uma manifestação superficial, com brilhos de tropicalismo.

> As obras devem inserir-se na bela continuidade nacional, que emergia historicamente pouco a pouco, embora sem conhecimento de si. Observemos, portanto a dupla postura: uma contemporânea, que manda ser nacional. Outra histórica, projetando no passado a consciência nacional obtida no presente.[45]

Coli cita também *Evolução social da música no Brasil*, de 1939, inserido nos *Aspectos da música brasileira*, em que Mario de Andrade analisa as fases da caracterização da música que virá a ser nacional. À época, o pragmatismo baseado no coletivo, em detrimento do individual, é que nortearia a composição erudita brasileira. Portanto, o gênio, o *virtuose*, o bizarro, naquele momento, não interessava. A fase demandava sacrifício, por parte dos autores nacionais, que gerasse a música consciente de si mesma, de sua brasilidade. Embora compositores como Carlos Gomes, cuja formação foi europeia, encontrassem expressões próprias, o que Mario de Andrade julgava urgente era a pesquisa: era a fase do que o musicólogo chamava a música de *nacionalista*. Haveria de vir a fase *cultural*, em que a liberdade estética traduziria na música "as realidades profundas da terra".[46] Só então, a música poderia ser chamada de *nacional*, independentemente das qualidades peculiares a seus diferentes autores.

---

44   REMIÃO, *op. cit.*, "Poucos anos depois de finda a guerra, e não sem antes ter vivido a experiência bruta da Semana de Arte Moderna (...) Villa Lobos abandonava (...) sistematicamente o seu internacionalismo afrancesado (...)"

45   COLI, Jorge. *Música final*: Mario de Andrade e sua coluna jornalística *Mundo musical*. Campinas: Editora da Unicamp, 1998, p. 17.

46   ANDRADE, Mario de. *Aspectos da música brasileira*. 2ª. ed. São Paulo: Martins, 1975. p. 18-9.

Dentro do conceito do nacionalismo como "representação político-cultural", a produção musical é uma das criações artísticas que, expressando *o simbólico, o imaginário,* constitui parte relevante da formação do processo social e ideológico dos países americanos, contribuindo para caracterizar a identidade emergente das novas nações.

Jorge Coli analisa e pontua a posição de Mario de Andrade em relação à preocupação com a música nacional: ao abordar o artigo que o escritor publica na *Folha da Manhã*, em 20 de maio de 1943, plena Guerra, intitulado *O maior músico,* mostra alguns aspectos com clareza. Um deles, que nos importa, naquela época de preocupação com a efetivação do que seria a música nacional, seria, na menção ao jovem chinês Nyi Erh, que na verdade não era tão importante em si, a ênfase que Mario de Andrade dava ao caráter não "da descoberta ou aquisição voluntária e racional de uma arte nacional"... mas de "algo intuitivo, indizível". Era o que Coli apresenta como *Volkgeist:* o espírito nacional, do povo, coletivo.[47] Então, outro aspecto, já que meia dúzia de composições de Nyi Erh alcançaram o canto de multidões graças à sua simplicidade, que apelava ao coletivo, seria a diminuição da importância da pesquisa pela pesquisa, segundo Coli,[48] tampouco a qualidade da composição. Mas sim o envolvimento político do compositor chinês, sensibilizado com o que seu povo vivia, dominado pelos japoneses. Ora, Jorge Coli ainda revela que esse canto coral, entoado por multidões e que seria desejável naquele momento histórico, não era tipicamente oriental; a composição de Nyi Erh já sofrera influências da música do ocidente. Este exemplo do compositor chinês vale para que se chegue perto do que Mario de Andrade via como cultura musical, então: os países ocidentais, desde o momento romântico, ainda segundo Coli,[49] com sua cultura historicamente recente, nascia sempre a partir de fontes e inspirações folclóricas, populares, tradicionais – resultando em influências incorporadas à música erudita dessas nações. O país que absorve dessa maneira a

---

47 COLI, Jorge. *Música final*: Mario de Andrade e sua coluna jornalística *Mundo musical.* Campinas: Editora da Unicamp, 1998, p. 203.

48 *Ibidem*, p. 202.

49 *Ibidem*, p. 201.

120 VALQUÍRIA MAROTI CAROZZE

cultura e obtém sua expressão musical "nacional" procura se legitimar ao lado de países culturalmente poderosos.

Outro aspecto do julgamento de Mario de Andrade que Coli aponta é a "ideia de que o fazer artístico passa pelo domínio de suas técnicas (...) que compõem as condições de possibilidade do próprio fazer".[50]

> Nos idos de 1926, Mario de Andrade está preocupado com as marcas de um espírito coletivo sobre a criação artística. Trata-se dum pressuposto para que estas inflexões constituíssem os componentes de um espírito nacional, que surgia para ele como questão maior. De lá vem a ideia preponderante do individual no coletivo. Agora, em 1944, são as formas de interação, de circulação, isto é, os mecanismos que permitiriam o sucesso "coletivo" de um canto.[51]

Isso, sobre o questionamento de Mario de Andrade a respeito da linha melódica do Hino Nacional, que foi imposto, oficializado. Teria se transformado na voz do povo, se não fosse música cívica, oficial? Ou simplesmente não teria se popularizado? É bem mais razoável que tivesse ocorrido a segunda hipótese. Coli fala da necessidade, na década de 1940, não apenas da composição de um belo canto, mas das leis que fariam dele aceito ou recusado.

Coli observa que Mario de Andrade ataca Koellreutter, "Sentindo-se ameaçado nos seus projetos mais caros, Mario de Andrade ataca violentamente."[52] porque

> O dodecafonismo, projeto do espírito que se desvinculava das tradições da história da música, das tradições nacionais, das raízes culturais, de uma "modernidade" musical que evolui – mas não rompe com a tonalidade (...) – era não apenas o oposto ao nacionalismo nazi, mas também o contrário daquilo que o autor de Macunaíma sempre pensara e pregara. Mario de Andrade, que teve papel-chave no

---

50 *Ibidem*, p. 203.

51 *Ibidem*, p. 351.

52 *Ibidem*,. p. 286.

modernismo brasileiro, não tolerava, agora, a posição de um outro pioneiro, Koellreutter, em sua forma de modernidade, o dodecafonismo.[53]

É preciso ainda que se considere o estudo que Coli faz da posição de Mario de Andrade, quando este escreve o artigo *Distanciamentos e aproximações*.[54] Nos anos 1940, quando Mario de Andrade refutou a posição dos jovens que estudavam o dodecafonismo, acusando as vanguardas "estetizantes" de quinta-colunismo. Ou seja, o exagero resvala para o terreno político e Coli situa Mario de Andrade longe das vanguardas (dos anos 1940) e "muito próximo de posições ortodoxas comunistas".[55]

Coli ainda traz trechos de uma entrevista concedida por Koellreutter a *O Globo*, de dezembro de 1944, em que o músico elogia o movimento intelectual de vanguarda, citando nomes como: Mario de Andrade, Oneyda Alvarenga, Camargo Guarnieri, Nelson Rodrigues, Cecília Meireles, Jorge Amado etc. Com essas informações, Coli vai lembrar o conflito da *Carta Aberta* de Guarnieri, em 1950. Mas Coli ainda identifica o pólo da questão lá em Mario de Andrade, quando refuta a opinião de Curt Lange, quando ataca Shoenberg, ou quando não aceita a posição daquele grupo que iria formar o *Música Viva*, em São Paulo.[56]

No artigo *A bela e a fera*, publicado na *Folha da Manhã*, em agosto de 1943, encontrando em Mario de Andrade uma "pedagogia habilidosa", Coli menciona a afirmação de que na música alemã não figurariam mais do que meia dúzia de gênios (inclusive, Mario de Andrade situa Mozart entre os alemães, logicamente não por confusão – inclusive, nesse mesmo artigo, lembra que Mozart teve influências da música italiana[57]). Além disso, Coli faz uma curiosa observação acerca da carta que Mario de Andrade escreveu para Oneyda

---

53   *Ibidem*.

54   ANDRADE, Mario de. *Música, doce música*. São Paulo: Martins, 1963. p. 363-7.

55   COLI, Jorge. *Música final*: Mario de Andrade e sua coluna jornalística *Mundo musical*. Campinas: Editora da Unicamp, 1998. p. 291.

56   *Ibidem*, p. 290.

57   *Ibidem*, p. 80.

Alvarenga, aos 14 de setembro de 1940. Trata-se daquela carta mencionada no capítulo 1, que Mario de Andrade escreveu em função de uma dúvida da própria Oneyda, a respeito de critérios de julgamento em relação à arte. Mario de Andrade, então, procurou organizar o pensamento, antes de mais, para si próprio. Resultou em considerações nas quais Coli encontrou muito colorido pessoal: afinal, Mario de Andrade colocara que a primeira impressão do crítico em relação à obra é que norteará seu julgamento, podendo essa impressão ser de satisfação ou de despeito – no caso de o crítico esperar mais do que recebe, nesse primeiro olhar. Ou seja, o "gostar" em arte viria da impressão pessoal; humana, antes de mais nada.

Retomando agora o que o senso geral, à época, considerava necessário para atingir a identidade das novas nações, sob o aspesto musical, Curt Lange percebeu rapidamente que deveria apelar para os músicos latino-americanos. Daí sua correspondência com o compositor brasileiro Camargo Guarnieri, que desempenhou também importante papel na congregação de músicos e valores, no âmbito da música erudita, em sua evolução, naquele momento em que se buscava a nacionalização.

Segundo José Maria Neves,[58] em seu livro *Música contemporânea brasileira*, a meta do nacionalismo era "forjar linguagens caracteristicamente nacionais, que refletissem a realidade de um povo e que, ao mesmo tempo, fossem imediatamente compreensíveis por este mesmo povo".

No Brasil, os rudimentos de ensino de música erudita foram introduzidos pelos jesuítas, desde o começo do processo de colonização. Portanto, era natural que esse ensino estivesse dentro dos moldes europeus. Em contrapartida, as raças negra, indígena e branca aqui conviviam também, desde o início do povoamento do país, tendo cada uma delas influenciado com seus elementos culturais a música nacional.

Nos séculos XVIII e XIX, ainda predominava o padrão europeu de composição musical. Mas foi com os compositores de música *popular* (ou de *diversão*), que a música brasileira começou a ganhar o caráter que se delineou depois: pelo emprego do ritmo, melodia e harmonia. Assim, como esse caráter

---

58 NEVES, José Maria. *Música contemporânea brasileira*. São Paulo: Ricordi, 1981, p. 13.

mestiço transparecia na música popular, os compositores eruditos da época teriam se afastado de tais influências, "desdenhando os motivos nacionais".

Foi a partir da segunda metade do século XIX que começou a haver no país a preocupação com o nacionalismo das expressões artísticas. Como escritores, pintores e músicos de formação erudita tivessem arraigada a cultura europeia, o processo de incorporação dos motivos nacionais, em seu conjunto e com sua diversidade, foi lento e artificial. Naquele momento histórico, essa busca por expressões nacionais era preocupação comum aos músicos, tanto da Europa, quanto da América Latina. Num primeiro momento, procurou-se fazer ruptura com os padrões de composição considerados desgastados e buscou-se inspiração no Impressionismo.

Mas foi a partir do movimento modernista que os compositores brasileiros direcionaram o nacionalismo em suas composições. O movimento modernista, por sua vez, rompeu com o Impressionismo, aderindo, inicialmente, ao futurismo, para logo depois, abandoná-lo, numa atitude *antropofágica*: as tendências nacionais alimentando-se das novas correntes, para logo incorporá-las e transformá-las em expressões próprias.

A Literatura e as Artes Plásticas brasileiras cedo engajaram-se ao Modernismo. Já a música – com exceção da de Villa-Lobos, que já encontrara soluções para sua expressão, desde a década anterior, resultado de suas pesquisas sobre motivos folclóricos –, teve de percorrer ainda alguns caminhos, para conseguir se libertar da tradição europeia.

A música brasileira encontrava suas próprias vias de identidade. Mario de Andrade que, além de figurar entre os escritores centrais do movimento modernista brasileiro, era musicólogo e crítico de arte, considerou a *Dansa Brasileira*, de Camargo Guarnieri, composta em 1928, como um marco, no panorama musical. Foi por meio do contato estabelecido entre o compositor e Mario de Andrade, que este último conheceu o musicólogo Curt Lange, interessando-se por suas conferências sobre educação musical.

Elizabeth Travassos cita a racionalização da estética nacionalista sintetizada em proposições:

1) A música expressa a alma dos povos que a criam;

1. a imitação dos modelos europeus tolhe os compositores brasileiros formados nas escolas, forçados a uma expressão inautêntica;

2. sua emancipação será uma desalienação mediante a retomada do contato com a música verdadeiramente brasileira.

3. esta música nacional está em formação, no ambiente popular, e aí deve ser buscada;

4. elevada artisticamente pelo trabalho dos compositores cultos, estará pronta a figurar ao lado de outras no panorama internacional, levando sua contribuição singular ao patrimônio espiritual da humanidade.[59]

No livro *Música, doce música*,[60] Mario de Andrade tece importantes considerações a partir de estudos na área das influências recebidas pela música brasileira. No capítulo "A música no Brasil",[61] ele fala sobre o amálgama de diferentes culturas, derivado da mescla de influências de povos diferentes, como elemento de formação da música nacional. É nas fontes folclóricas que reside a origem, onde o autor vai buscar os cantos e as danças narrados em *Macunaíma*.

Mario de Andrade verifica que somente a partir da Primeira Guerra Mundial, com a "exacerbação nacionalista mais ou menos universal", nossa música começa a criar escola nacional, quando os compositores voltam sua atenção às criações musicais populares.

Organização dos saberes

Roberto Barbato Júnior, em "A recusa ao diletantismo e a queda da intuição",[62] toca no ponto do amadurecimento da geração modernista, quando focaliza a guinada reflexiva que acontecia no âmbito do conhecimento, mostrando assim, algo muito mais amplo, que era o panorama geral do mundo, naquele momento. Certo é que pode ter havido algum exagero, ao se fa-

---

59 TRAVASSOS, *op. cit.*, p. 15. "Ideias de Mario de Andrade expostas no Ensaio sobre a música, verdadeiro manifesto do modernismo nacionalista."

60 ANDRADE, Mario de. *Música, doce música*. São Paulo: Martins, 1963.

61 *Ibidem*, p.17-24. Artigo escrito para leitores ingleses. Publicado no "Anglo-Brazilian Chronicle" comemorativo da visita do Príncipe de Gales ao Brasil, 1931.

62 BARBATO JUNIOR, *op. cit.*, p. 56-62.

Oneyda Alvarenga 125

lar que os moços do Movimento Modernista foram "inconscientes", segundo Mario de Andrade, ou "quebraram louça", segundo Florestan Fernandes: fato é que eles leram e embasaram suas criações e atitudes revolucionárias, tomando *conhecimento* das vanguardas europeias.[63]

O que importa aqui, no entanto, é abordar o momento posterior, o declínio dos anos 1920, quando acontece o despertar da consciência para a necessidade de apoiar cientificamente cada ação – isso atendo-se apenas à área da cultura (a preocupação era geral). Mario de Andrade se lamentou por não ter sido mais científico, quando estudou o folclore. Ele passava de uma postura de preocupação com sua formação pessoal, com visos de encontrar respaldo para a criação artística; para outra, posterior, coerente com objetivos de construção de nacionalidade. É aí que Mario de Andrade critica o diletantismo e entende-se o cuidado com as bases científicas do conhecimento – vide todo o aparato relacionado aos detalhes, na coleta e catalogação de material audiovisual da Missão de Pesquisas Folclóricas – do Departamento de Cultura de São Paulo, buscando provar a seriedade de seus serviços. Barbato Júnior escreve sobre isto:

> A orientação sobre a pesquisa (...) fora dada por Mario de Andrade e Oneyda Alvarenga – ambos com larga experiência em documentação sobre fontes folclóricas. A coleta do material foi efetuada cientificamente conforme alguns pressupostos previamente adotados pelo líder modernista em suas leituras de etnografia. Se isso não impediu que houvesse "certa maleabilidade na condução das pesquisas" (TONI, s.d: 27), também não levou a que se realizasse uma investigação meramente diletante. Dotando-se de um caráter pedagógico, as atividades desempenhadas seriam criteriosamente catalogadas para estudos de diversas áreas. Tal foi o que ocorreu, algum tempo depois, quando Oneyda Alvarenga encarregou-se de sua organização crítica. (...) não obstante fossem escritores e artistas, os dirigentes do Departamento

---

63   *Ibidem*, p. 56-62. Sergio Milliet também falava da intuição dos modernistas, afirmando que o objetivo era muito mais estilístico do que mudança de valores.

de Cultura calcaram suas metas no padrão emergente de pesquisa da realidade social.[64]

Mas, além disso, a estruturação dos cursos dentro da Escola Livre de Sociologia e Política e o Departamento de Cultura (este, estreitamente ligado àquela), passava por critérios de Sergio Milliet e Bruno Rudolfer. As várias pesquisas que se realizavam sobre a cidade de São Paulo, segundo Patrícia Raffaini,[65] estavam ligadas aos interesses da administração de Fábio Prado, preocupado com que esta fosse eficiente, ao conduzir o mais cedo possível os imigrantes e seus filhos – crianças nascidas no Brasil – a um processo de nacionalização. Por este motivo, buscava-se o maior rigor científico nestas pesquisas: o Departamento de Cultura contribuindo com informações exatas, para que a administração municipal não falhasse.

O interesse administrativo da cidade estendia-se ainda mais, quando preocupava-se com a formação dos paulistas – formação de bom nível técnico, a fim de se obter funcionários competentes e sólida formação acadêmica, para que se caracterizasse a elite cultural de São Paulo, pessoas capazes de administrar a coisa pública.

Por estes motivos, o empirismo e o diletantismo foram condenados e pode-se dizer que o Departamento de Cultura funcionava em compasso com os novos interesses, sob o crivo do caráter científico.

Além deste quadro de relação entre a Escola Livre de Sociologia e Política e o Departamento de Cultura, outros indicadores mostravam a busca urgente pela organização sistemática do conhecimento. Quando da gestão de Gustavo Capanema, Mario de Andrade, que trabalhava no Ministério de Educação e Saúde, no Rio de Janeiro, subordinado de Augusto Meyer, recebeu a incumbência de esquematizar uma Enciclopédia Brasileira. O ano era 1939. Era importante, então, sistematizar o saber, organizando a informação de uma forma dinâmica e seletiva.

---

64   *Ibidem*, p. 59.

65   *Ibidem*, p. 60.

Os amigos de Mario de Andrade sabiam que ele organizava suas informações em seu Fichário Analítico e Meyer, quando encomendou a redação do anteprojeto a Mario de Andrade, já sabia de sua intimidade com a lexicografia, porque conhecia seu projeto para a Gramatiquinha da fala brasileira.

CRIAÇÃO DE RÁDIO-ESCOLAS E DISCOTECAS NO PERÍODO ENTREGUERRAS, NA EUROPA E NA AMÉRICA

A divulgação da cultura musical aos povos de muitos países do Ocidente, preocupação comum dos governos no período entreguerras, referido acima, se efetivava via programas educativos transmitidos pelas rádio-escolas. Essas rádios geralmente possuíam dependências e aparelhagens como estúdio, antenas etc.; como ainda músicos contratados. Mas também havia a consciência muito forte da necessidade de formação de discotecas como plataformas de preservação e gravação da música folclórica das nações. Assim, se verão abaixo leituras contempladas por Mario de Andrade, desde a década de 1920. Para organizar a análise das leituras efetuadas pelo musicólogo e futuro diretor do Departamento de Cultura de São Paulo, os blocos de leitura foram divididos por assunto: Rádios; Discos; e mais abaixo, História da Música.

RÁDIOS EDUCATIVAS

Na década de 1930, Mario de Andrade manifestava vivo interesse em rádios educativas de diversos países. Entre os periódicos europeus que Mario de Andrade lia, com relação às rádio-escolas, além da *Revue Musicale*, estava *Le Ménestrel*,[66] que entre 1935 e 1936, lançou uma sequência de artigos sobre o assunto, com referência aos anos 1920 e 1930, na Europa.

A levar-se em consideração as informações contidas na série de artigos assinados, ora por Paul Bertrand, ora por Arno Huth, podemos mapear como era a programação – e os objetivos – das rádio-escolas em diversos países europeus, na época.

---

66 HEUGEL, Jacques. *Le Ménestrel*: musique theatres. Paris: Maurice Dufrene, 1935.

Rádio da Alemanha e da Inglaterra

No número que traz artigos de 13 e 20 setembro de 1935,[67] Paul Bertrand aborda as salas de concerto dos estúdios de rádio da Inglaterra e da Alemanha, nas quais se dá prioridade aos: estúdios, microfones, transmissão às emissoras, com preocupação com o isolamento e com a qualidade acústicos. O autor comenta, ainda, que os pianos dos estúdios das rádios desses dois países eram afinados diariamente.

A decoração de tais lugares visava não apenas a qualidade acústica, como também a impressão psicológica. Deve-se lembrar que essas rádios dispunham de auditórios, e muitas audições eram transmitidas ao vivo e com a presença de um público já acostumado a frequentar concertos.

Neste artigo, chega-se a mencionar a transmissão por televisão.

Na sequência, em artigos de sexta-feira, 27 de setembro e 04 de outubro de 1935, Bertrand prossegue com informações, agora abordando as emissoras de transmissão da Inglaterra e da Alemanha, que tinham alcance no continente europeu, e a programação das rádios nos dois países. Alemanha e Inglaterra tinham um plano de transmitir suas programações para o mundo todo. O autor lamenta que a França, embora tenha grande número de emissoras, tenha feito da Rádio uma instituição do Estado.

Os dirigentes da BBC, em matéria de programação da rádio, impuseram suas ideias imperiosamente a todos os países. Bertrand aponta para a necessidade de atender-se ao gosto médio dos ouvintes, sem levar em conta opiniões – que podem ser sinceras, ou não. O público que acorre a um teatro, ou a um concerto, é visto; sabe-se quem é ele, suas reações são constatadas imediatamente. Mas os ouvintes são uma "massa amorfa", da qual não se pode precisar quase nada.

Escreve o autor:

> Por outro lado, a ação da Rádio, do ponto de vista da educação e da cultura gerais, fica muito limitada. Cada ouvinte

---

67 *Ibidem*, p. 281-4. Em 1935, a Discoteca Pública Municipal de São Paulo começa a ser organizada e, em 1936, é inaugurada. Portanto, na mesma época – e não depois – em que Mario de Andrade lia os artigos do periódico *Le Ménestrel* citados aqui.

procura, antes de mais nada, aquilo que lhe dá prazer, em função de uma cultura pessoal que, quando existe, é formada e desenvolvida por outros meios, e que não pode encontrar na Rádio senão um complemento, sobre alguns pontos particulares, o campo das matérias é tão vasto, e tão curto o tempo consagrado a cada uma delas.[68]

Apresenta-se uma tabela com os nomes dos principais países europeus e os tipos de músicas ouvidas nas programações, com os resultados de audiência obtidos entre maio e agosto de 1934:

– Óperas e operetas

– Música séria

– Música ligeira

– Música de dança

– Drama

– Sessões infantis

– Pregações religiosas

– Informações/Comunicados

– Conferências/Discussões

– Diversos (sem classificação)

Houve pouca mudança no quadro, antes e depois da pesquisa, salvo na França, onde a audição de operetas caiu, em relação a 1933.

As diretrizes da BBC, a respeito de programas, se fazia num espírito mais amplo, procurando ser mais imparcial e mais liberal. Procurava apoiar-se em programas de distração, de informação, de difusão e de discussão de ideias. Além disso, a rádio inglesa procurava difundir serviços de utilidade pública, como promover programas de ajuda a cegos, encontrar pessoas perdidas etc. Chegou a promover publicações de ensino de línguas – objetivo educacional. Aqui o autor usa o termo *rádio-escola*, ou seja, o conceito já existia, em 1935.

A rádio possuía músicos contratados, como tentou fazer depois, a rádio-escola de São Paulo.

---

68 *Ibidem*, p. 289-93.

Bertrand destaca a diferença existente entre a rádio inglesa e a alemã hitlerista: esta última funcionava como instrumento político. Dava-se ênfase aos grandes feitos históricos, os compositores que não os arianos eram cada vez mais suprimidos das programações da rádio alemã. Do ponto de vista do autor do artigo: "Todos os esforços da Rádio concentram-se num objetivo essencial: ser o espelho fiel da vida alemã".

Paul Bertrand já alerta para o poder de persuasão do meio de comunicação, na propaganda política.

Rádio da Suíça

Já no artigo publicado por *Le Ménestrel*, na sexta-feira, 8 de novembro de 1935,[69] assinado por Arno Huth, lê-se que de 1922 a 1930, malgrado esforços unânimes e boa organização da rádio, esta praticamente não existiu. Até que, em 1931, criaram-se dois postos emissores mais potentes.

A Radiodifusão da Suíça apresentava três serviços principais, segundo o princípio da divisão do trabalho:

1– Serviço técnico: assegurado exclusivamente pela Administração Federal e dependente da direção geral dos Telégrafos;

2– Serviço administrativo e alta vigilância dos programas, assegurado pela Sociedade de Radiodifusão e seus órgãos;

3– Serviço dos programas, assegurado exclusivamente pelas Sociedades regionais e seus diretores.

Havia uma característica única no mundo: a programação era dividida entre seis estúdios (em seis cidades, que eram pontos de emissão). Em 1934, a média de horas no ar era de 8 a 18, dependendo do lugar.

Segundo Huth, havia qualidade acústica considerável e possibilidade de escolha entre vários programas:

> Os programas refletem as tendências e aspirações do povo suíço, e domina a ideia da missão educativa e de cultura intelectual da radiodifusão. Toda propaganda comercial, política e

---

69 *Ibidem*, p. 333-5.

religiosa é fortemente interditada. A rádio segue a tradição democrática e pedagógica da Suíça, esforçando-se por instruir e ensinar aos ouvintes de uma maneira rigorosamente objetiva. A rádio como "A universidade d'Ether".[70]

Assim, as emissões escolares, minuciosamente preparadas e contadas entre as melhores produções da rádio suíça, desempenhavam um papel importante todo particular, dentro do conjunto, constituindo uma parte indispensável. Em todas as emissões literárias ou dramáticas, as obras dos poetas e dos escritores suíços tinham lugar de honra.

Neste texto, Mario de Andrade assinala, com lápis vermelho e preto, o trecho que fala sobre os 64% da programação, dedicado à música sob suas diferentes formas. A programação procurava exibir obras dos grandes mestres da música séria (erudita), com muitas horas mensais de programação. De maneira sistemática, fazem-se conhecer trechos ("fragmentos") de obras líricas de grandes mestres.

Eis o trecho marcado por Mario de Andrade:

> A maior parte de todo o programa, no entanto, 64,6%, volta-se à música, sob suas diferentes formas. Ali também, o princípio pedagógico ocupa o primeiro lugar; com o apoio da Central de Educação aberta, fizeram-se grandes esforços para tornar acessível às massas as obras de arte de mestres antigos e contemporâneos. Assinalaram o constante progresso da música dita séria nos programas de três emissoras, de 62,20 horas mensais em 1933, a 75,22 horas em 1934. De uma grande importância é a atribuição ao serviço exclusivo da rádio de três orquestras permanentes de Zurich, Lausanne e Lugano. Em 1934, as rádio-orquestras ocuparam no programa de Beromünster 45,47 horas de emissão e no de Sottens 26,06 horas por mês. [71]

---

70 *Ibidem*, p. 333-5.

71 *Ibidem*.

A parte do artigo assinalada por Mario de Andrade discorre ainda sobre a presença de "14 excelentes virtuoses para música de câmara", na orquestra de Genebra. Fez-se, sistematicamente, com que se conhecessem obras-primas líricas, por fragmentos, quando longas, ou em adaptações, conforme as necessidades radiofônicas. Em 1934, reservaram-se 14,07 horas mensais para transmissão de óperas. Consagra-se também um número de emissões, sobretudo em Genebra, à produção contemporânea, notadamente de autores suíços.

Pelo grifo de Mario de Andrade neste artigo, pode-se concluir que o que chamava a sua atenção, naquele momento, era a programação educativa que contivesse a maior gama de variedades de gêneros.

Arno Huth acrescenta que o nível das programações é muito elevado, graças ao cuidado com sua preparação prévia.

Rádio da Dinamarca

No artigo de Paul Bertrand, de sexta-feira, 6 de dezembro de 1935,[72] *Le Ménestrel* traz informações sobre a rádio da Dinamarca. Mencionam-se os números de horas de cada programa de música. Havia também conferências abordando os temas: geografia, viagens, história e biografias, literatura – 35 horas eram dedicadas à escola e educação. A programação educativa era extensa.

A Radiodifusão da Dinamarca compreendia o vasto território da Groenlândia e a emissora dinamarquesa teria influência no novo continente, ao propagar os valores da civilização europeia.

La Sociéte des Nations Radiophonique

Ainda na sequência da leitura que Mario de Andrade fazia dos números da revista *Le Ménestrel* (que fazia parte de sua biblioteca particular, na época, e que hoje se encontra no Arquivo do Instituto de Estudos Brasileiros da Universidade de São Paulo), há uma pausa, ocasionada pelos artigos que se escreverão, na passagem de 1935 para 1936, sobre uma data comemorativa da Radiodifusão.

---

72 *Ibidem*, p. 369-70.

Arno Huth interrompe a série de artigos sobre rádios europeias para escrever sobre os 10 anos da Sociedade das Nações Radiofônica, da u.i.r., União Internacional de Radiodifusão.

Este artigo, de sexta-feira, 27 de dezembro de 1935, trata da central técnica, sediada na Suíça, criada em 1925 – período entre as grandes guerras –, para sanar problemas de ordem técnica, nas transmissões dos países europeus. Em 1926, a precisão já havia sido tamanha, que a qualidade das transmissões fez muita diferença. Huth enfatiza a necessidade da boa relação entre os países, usando a radiodifusão. Fala sobre a troca de informações culturais, dando exemplo da Polônia e da Alemanha, que ofereciam, uma à outra, peças radiofônicas e emissões literárias.

Stravinsky: o disco e a rádio

A importância do artigo de Bertrand, intitulado *Les idées de M. Igor Stravinsky sur le disque et la radio*, de sexta-feira, 31 de janeiro de 1936, para Mario de Andrade é visível, uma vez que o escritor grifa, com lápis vermelho, as palavras: "sur le disque et la radio".

O artigo trata da opinião de Stravinsky sobre a gravação e a radiodifusão. Segundo a matéria do periódico, o compositor acreditava na utilidade do disco para que se registrasse a maneira com que o autor queria que sua composição fosse interpretada, evitando, assim, deformações por parte dos intérpretes. Segundo Bertrand, o que interessava a Stranvinsky "... é, sobretudo, o lado documentário, utilitário, e não seu elemento artístico".[73]

Mas Stravinsky apontava algumas faces negativas da comodidade que traz a audição do rádio: as pessoas não mais deslocavam-se para ir a um concerto e elas não se dedicavam mais a aprender de fato um instrumento, para ouvir determinadas composições.

A posição ativa frente à audição diminui progressivamente. Ouvir tão passivamente o que é transmitido seria um pouco como olhar sem ver. A escolha do ouvinte cai por terra e a paralisia aumenta. Fala do "embrutecimento", da

---

73 *Ibidem*, p. 33-4.

134   VALQUÍRIA MAROTI CAROZZE

falta de compreensão e diminuição de amor pela música, por parte das massas (a exceção seriam as pessoas que ainda escolhem, por seu prazer, o que querem ouvir).

Rádio da Áustria

Neste artigo, intitulado *A serviço do estado autoritário...*, de sexta-feira, 17 de janeiro de 1936,[74] além de discorrer sobre ataques terroristas que tomaram as emissoras, em 1934 (dois anos antes, portanto), Arno Huth escreve também sobre a existência de aparelhos para registrar não apenas gravações de músicas, com também de gravação de filmes mudos e sonoros.

O forte, porém, estava na elaboração da programação, que tinha duplo objetivo: dirigir a opinião pública e mostrar ao estrangeiro os aspectos da alta cultura austríaca.

No final do artigo, Arno Huth fala que, para atender melhor ao gosto médio dos ouvintes, ocorre uma mudança na programação: todas as noites, passou a haver duas emissões mais breves: uma parte com música "ligeira", a outra com música "séria".

A programação, desde o início, foi dividida em quatro grupos bem definidos: música, literatura, ciências, informações.

Na continuação, pelo artigo de 17 de janeiro de 1936, vê-se que a rádio austríaca era claramente veículo de propaganda do governo e fortemente voltada para a educação:

> A ideia diretiva, de ordem política, é de chamar o povo à renovação da Áustria cristã e patriótica, e fazer conhecer o país e sua história.(...) Compreende-se que, no estado atual, prega-se com ardor o desenvolvimento das emissões escolares, introduzidas muito tarde na Áustria, em 1932 somente. [75]

Para isso, a rádio da Áustria investia em muitas programações de conteúdos carregados de cultura, como a apresentação sistemática de composições

---

74   *Ibidem*, p. 17-8.

75   *Ibidem*, p. 25-7.

Oneyda Alvarenga 135

dos grandes mestre da música erudita do país. Era ao mesmo tempo, programa educacional e propaganda do país. Acresce que a rádio austríaca estava sediada num edifício muito bem equipado, dividido em: escritório, administração e redação da revista *Radio-Wien*; serviços técnicos, que incluíam ateliês, depósitos, laboratórios, escritórios, duas pequenas salas de audição; contava ainda com estúdios, onde se fazia controle da emissão e havia ainda as dependências de concerto: a sala maior, reservada à orquestra para 100 executantes e 400 ouvintes, dois estúdios para conjuntos médios e um terceiro, para música de câmara. Note-se que, no panorama da Europa, Arno Huth considera 1932 uma data tardia, para a inclusão de programação de rádio escolar.

Rádio da Bélgica

Segundo Arno Huth, em artigo de sexta-feira, 27 de março de 1936,[76] a Bélgica poderia ser considerada o berço da Radiodifusão, porque desde 1910, tentava os primeiros ensaios radiofônicos.

O I.N.R. (Institut Nacional Belge de Radiodiffusion) punha à disposição dos organismos radiofônicos discoteca e biblioteca musicais.

E, continuando a escrever sobre a rádio na Bélgica, o autor, no artigo de sexta-feira, 3 de abril de 1936:

> A abundância das emissões musicais necessita um emprego mais largo, talvez um emprego bem mais largo, de registros. Em 1934, utilizam-se mais de 30.000 faces de discos; em 1935 – mas também em razão de numerosas emissões suplementares à ocasião da Exposição Universal – 65.000!
>
> O I.N.R. possui uma biblioteca musical particular rica, de mais de 8.000 partituras,[77] das quais 476 obras belgas manuscritas,

---

76 *Ibidem*, p. 31.

77 Note-se que, na Discoteca Pública Municipal de São Paulo, tanto as partituras quanto os discos integravam o acervo da *discoteca*, enquanto que somente os livros compunham a biblioteca de música. No caso da Áustria, na mesma época, vemos que as partituras eram material considerado da *biblioteca* musical.

e uma discoteca, cujo efetivo, não contava de início nem 300 números, sua cifra, hoje, é de mais de 12.500 discos.[78]

Huth comenta que o serviço musical passou, neste ano, por grandes transformações, em virtude de nova ampliação no programa. O número de músicos contratados para a rádio também aumentou.

Rádio da Tchecoslováquia

Sobre a Rádio tcheca, no artigo de sexta-feira, 24 e 31 de julho de 1936, Arno Huth escreve:

> A administração da Rádio-Jornal, cuja sede fica em Praga, compreende uma secretaria central, com três seções da presidência, dos negócios comerciais e administrativos, dos negócios jurídicos e estrangeiros. Depois, seis "serviços": técnica; programas musicais; programas literários e radiodifusão das notícias; conferências; secretaria central dos programas; rádio escolar.[79]

Havia ensino de línguas na rádio escolar. Em 1934, milhares de escolas estavam equipadas com aparelhos receptores; 9.000 professores e 370.000 crianças seguiam as emissões.

Na programação artística, a música tinha um lugar de honra, como em todas as outras rádios. Tinha cinco orquestras permanentes. E o autor comenta também que era uma rádio muito democrática.

Além dessas informações sobre rádios europeias, nos artigos encontrados em *Le Ménestrel*, no Arquivo do Instituto de Estudos Brasileiros, da Universidade de São Paulo, foi pesquisada a *Programação da Radiodifusora* WIXAL (World-Wide Broadcasting Foundation – University Club – Boston) maio de 1938, a qual traz um texto sobre a programação dessa rádio dos Estados Unidos:

---

78 *Ibidem*, p. 32.

79 *Ibidem*.

> Os programas interamericanos estão baseados em um desejo sincero de cooperação interamericana...Concebido o gérmen destes programas nos Estados Unidos, desenvolvidos na América Latina e levado à sua realização por meio da Radiodifusora WIXAL, de Boston, estes programas simbolizam, em certo sentido, o verdadeiro ato de se avizinharem todos os americanos.
>
> Felipe L. Barbour
> Director
> Programas Interamericanos[80]

O programa é diário, cobrindo o mês de maio de 1938, incluindo músicas eruditas de compositores europeus e americanos.

E no artigo "Americanismo musical", que foi publicado no *Boletín Americano de Música*, em 1936, Curt Lange[81] também fala do ideal que seria o governo assumir totalmente a supervisão das rádios, com função apenas educativa. A rádio idealizada por Curt Lange teria papel importante também nos rumos da procura pela verdadeira expressão nacional da música do continente.

Curt Lange via o rádio como meio de eliminar barreiras sociais. Pensava na aproximação do índio à sociedade urbana, facilitando o caminho para a fusão da população nacional. Lange proferiu esse discurso a convite do governo do Peru, diga-se de passagem, com a finalidade de lançar bases fundamentais do Departamento de Rádio-Difusão como extensão cultural.

Curt Lange avisava àqueles que temiam a intervenção da política neste novo meio de difusão, que isso não seria possível, já que a melhor política de um governo seria seu afã pela cultura e melhoras sociais que deseja oferecer à sua população. O porta-voz do momento a esses princípios seria o serviço de rádio-difusão (o ideal, para o autor). Lange defendia a estatização da educação para transformar efetivamente as massas, eliminando a educação privada: "Ao

---

80 PROGRAMAÇÃO DA RADIODIFUSORA WIXAL. Boston: World-Wide Broadcasting Foundation. University Club. Mayo, 1938. (Tradução minha).

81 LANGE, Francisco Curt. Americanismo musical. In: *Boletín Americano de Música.* Montevideo, Lumen, 1936. Ano II, Tomo II, p.117-130.

reunir nas mãos do Estado o ensino total de um país, está-se em condições de proceder equitativamente, no sentido social e administrativo".

As discotecas, disseminadas junto a escolas e rádios europeias, eram vistas como apoio essencial, do ponto de vista educacional, da formação cultural dos povos. Dentro da América, surgiam de ideais democráticos de intelectuais ligados à Cultura – e também, como espelhava-se, por exemplo a Discoteca Pública Municipal na Discoteca da Itália, para resgatar a música nacional, antes que esta desaparecesse. Aqui também entram as diferenças de objetivos: a Discoteca da Itália, pelo viés do fascismo; a de São Paulo, por um esforço no sentido de resguardar a expressão musical popular (diferentes enfoques do nacionalismo, portanto), cada dia mais sujeita a influências (na época, o rádio, com sua programação que atendia cada vez mais aos interesses do mercado, ameaçava a preservação da música nativa, que sofria modificações, ou mesmo, desaparecia).

Lendo *Panorama de la radio*,[82] do autor André Coeuroy, obra na qual não se encontra nenhuma anotação marginal de Mario de Andrade, pode-se deduzir que o futuro diretor do Departamento de Cultura (a edição que Mario adquiriu era de 1930) se embasava nas prescrições de Coeuroy no que diz respeito a: *O rádio e a vida intelectual*. Neste capítulo o autor francês aborda assuntos como a rádio escolar; ensino de línguas; reportagem e jornal falado e política de programas. Estava já nesse livro um conjunto de ideias que chegam até hoje com caráter atual. Resumidamente, sobre a rádio escolar, Coeuroy expõe o caráter de total novidade que o ensino à distância traz em si, em 1930. O autor conjecturava a necessidade de centralizar as decisões de programas e métodos (por exemplo, uma central de dúvidas de todos os alunos que demandassem alguma questão) nas mãos do Estado; a necessidade ainda da comunicação com todas as escolas rurais e da sincronização de horário de transmissão a todas as escolas. Naquele momento, os pedagogos franceses questionavam se o método de educação à distância seria eficiente mesmo, já que estavam excluídas as experiências, o contato "olho no olho" de mestre e aluno etc. O autor

---

82   COEUROY, André. *Panorama de la radio*: avec un exposé technique de Jean Mercier. Paris: KRA, 1930.

Oneyda Alvarenga 139

narra as experiências na Alemanha e na Inglaterra. Na primeira, em 1924, o Instituto Central de Educação e Ensino organizou a primeira sessão consagrada à "Rádio e Escola", na Universidade de Berlim. Programas cuja duração estudos mostraram que seria eficaz se não ultrapassasse vinte e cinco minutos; programas de conteúdo educativo divididos em dois grupos: um dirigido a todas as idades e outro dirigido a crianças; definição do que se deveria divulgar (isto é, tudo o que um professor não pudesse oferecer, na falta de recursos, a seus alunos: música, peças de teatro, declamação, conversações em língua estrangeira). Quanto à divulgação da música, assuntos "vastos e cíclicos": havia transmissões cujo objetivo era mostrar a influência da poesia sobre a música. Assim, por exemplo, um texto poético era lido e, ao fundo, se ouvia a música – sempre relacionada à obra literária. Nesta pesquisa, um certo detalhamento da programação tedesca pode ser útil para que se lance luz sobre o que era a educação pelo rádio numa Alemanha na qual se formou musicalmente Curt Lange. O musicólogo, afinal, tentou estender a mesma educação até a América, quando se naturalizou uruguaio e realizou, no ano de 1929, em Montevidéu, todo o trabalho do SODRE (Servicio oficial de difusión, radiodifusión y espetáculos). Segundo Coeuroy, foi graças ao esforço do conselheiro ministerial alemão Léo Kestenberg que o Instituto Central (Zentral-Institut) organizou em 1928 uma sessão de música radiofônica, com o objetivo de demonstrar que o rádio exigia programas dedicados à música. Assim, se realizou um Congresso, naquele ano, cujos temas discutidos foram todos ligados a aspectos técnicos de transmissão radiofônica.

Também a Inglaterra inaugurou um sistema de rádio escolar, em 1924. A B.B.C. transmitia às escolas que podiam sintonizar a emissora e, de segunda a sexta-feira, eram transmitidos programas cuja duração era de meia hora para cada disciplina: leitura e diálogos em línguas estrangeiras; História; curso de música elementar; Francês; História Natural; dicção e emprego correto do Inglês; cursos agrícolas; Geografia; cursos diversos; concertos e divertimentos. Assim, outros países (Suíça, Tchecoslováquia, Austrália, Estados Unidos... como a própria França) lançaram mão da rádio escolar, em vista dos resultados que eram verificados a partir da difusão educativa.

140 VALQUÍRIA MAROTI CAROZZE

Ainda nessa obra de Coeuroy, Mario de Andrade pôde encontrar informações sobre a rádio "pós-escolar", a *Radio l'Univers*, um vasto curso complementar de adultos, na França; na Inglaterra, a B.B.C. distribuía brochuras explicativas antes das conferências transmitidas aos ouvintes, com bibliografia indicada no final. O autor mostra que um "fervor anglo-saxônico" pela pedagogia regia toda a programação que se preocupava com as lacunas deixadas pela educação de adultos: pedagogos teóricos publicaram, em 1929, um relatório no qual escalonavam valores que consideravam, tais como: recreação do rádio como meio de desenvolvimento; recreação como forma social de ensino; rádio, serviço público utilizado para a educação nacional (aí a função social da arte, no pensamento Marioandradiano) etc.

Quando se chega à parte do livro de Coeuroy intitulada *Pour une politique des programmes* pode causar surpresa – talvez até ao próprio Mario de Andrade[83] – o fato do autor registrar sua insatisfação com o que ele chama de "salada": a programação de música erudita que o autor ouve numa mesma tarde de domingo. Na França, na Áustria, na Espanha e na Itália se ouviram obras as mais popularizadas, mais ao gosto do público e outras desconhecidas, porém irrelevantes, sem que os grandes nomes da música desses países constassem

---

83 Mais abaixo será mostrada a crítica contundente que Mario de Andrade fez à programação da Rádio Educadora paulistana. Pelo que se vê, na França a situação não era tão diferente: a nota sem assinatura de autor, denominada *La grande pitie de la radiophonie*, publicada no v. ii, de 1926, nas p. 92-3, trata de problema bem semelhante – embora não idêntico. O autor fala da fraca qualidade da programação radiofônica da época, na França. A queixa fica mais no âmbito da mistura de eruditos e ritmos da moda. A audição puramente erudita era bruscamente sacudida por um *charleston*, da última moda, por exemplo. A nota se finaliza com a ênfase em se imitar países vizinhos, como a Inglaterra, a Suíça e a Alemanha, onde as programações eram bem delineadas, apresentando diferentes conteúdos, em diferentes horários. Da mesma forma, o artigo *La musique des ondes*, assinado por H. P. (provavelmente Henry Prunières, que assinou vários artigos sob o mesmo título, sempre criticando a incompetência do pessoal das transmissões radiofônicas da França), na *Revue Musicale* v. XIII, n.129, de 1932, p. 251-3, traz a crítica do autor em relação às más transmissões e da mediocridade dos programas irradiados pela França (T.S.F.) e pela Áustria – mas elogia a programação e a qualidade de transmissão da Inglaterra. E começa também uma série de artigos da T.S.F., explicando seus critérios de programação musical, e seu papel de difusora educativa.

no repertório do dia. Fora a falta de critério – o que levou Coeuroy a acusar a mescla de conteúdo sem objetivos. O autor ressalta também que a programação se definia quase sempre conforme a decisão do diretor de cada rádio. Vem mostrar ainda que, estatísticas feitas, se viu que o ouvinte da Inglaterra, em comparação com o da Alemanha, em 1929, tinha preferências pela música e programas religiosos, enquanto que o segundo dava mais atenção aos programas informativos. Uma estatística norte-americana indicava que o público ouvia muito mais "música clássica" do que qualquer outro tipo de música. Já na Alemanha, os programas de música tinham elevado bastante seus repertórios, mediante a exigência de personalidades como Maurice Ravel e Paul Valéry, entre outros. E é relevante lembrar que o autor clamava que, naqueles dias, que ele chamava de "atualidade mundial", fervilhavam as rádios educativas em países estrangeiros, assunto que Mario de Andrade seguia daqui com atenção. Simultaneamente, era necessário adotar a postura das rádios alemãs, dando ênfase a uma unidade em torno de determinados assuntos intelectuais e artísticos, ainda que se sacrificasse o que Coeuroy chamava de "tríplice fórmula" do rádio: *informar, ensinar, distrair*. No caso, da perspectiva dos europeus mais preocupados com o futuro, o sacrifício recairia sobre o "distrair", em favor de divulgar o mais rápida e metodicamente possível conteúdos de conhecimento, em todas as áreas. Principalmente no que concernia à música (percepção e preocupação coincidentes na política de Curt Lange).

Já foi anteriormente mencionado que esta obra, *Panorama de la radio*, não teve nenhuma sinalização, nenhum vestígio grafado por Mario de Andrade. Porém, levando-se em conta a alta possibilidade dele não só haver lido, como ainda incorporado conceitos e ideias a seus planos futuros da rádio-escola paulistana, cumpre observar que Coueroy dedica muitas páginas à arte no rádio. E mais especificamente à música "radiogênica". Em relação a isso, o autor faz recomendações detalhadas sobre composição de orquestra radiofônica; absorção de outras artes pelo rádio, como teatro "radiogênico", sob adoção de políticas inovadoras de repertório. Quando da pesquisa no Arquivo Histórico Municipal da cidade de São Paulo, a observação de documentos burocráticos que tratam da contratação de músicos para a não efetivada rádio-escola de São

142   VALQUÍRIA MAROTI CAROZZE

Paulo mostra que Mario de Andrade seguia a trilha dos estrangeiros – não só europeus, mas a maioria da bibliografia que o modernista lia estava em francês. Também é provável que a junção do teatro também viesse posteriormente, quando a rádio-escola se firmasse – o que, como se sabe, não aconteceu.

O livro de Maurice Emmanuel, com a colaboração de outros autores, *L'initiation a la musique:* a l'usage des amateurs de musique et de radio[84] é uma edição muito sofisticada, na qual não há nenhum sinal de anotação feita por Mario de Andrade. Embora o livro abranja tanto educação do ouvinte por meio de audição de discos, quanto disseminação musical pelo rádio, ficou elencado aqui, entre outras leituras sobre rádios educativas (e não entre as leituras sobre discos e discotecas), porque o autor leva em conta a força do rádio, à época em que escreveu o livro. Em seu prefácio, o texto explicita que, com a transmissão de música pelo rádio, multiplicou-se o público que se interessava pela música. Assim, o livro (de autoria coletiva: Maurice Emmanuel, Reynaldo Hahn, Paul Landormy, Georges Chepfer, Hugues Panassié, Émille Vuillermoz, Dominique Sordet e Maurice Yvain) vem a ser um manual endereçado ao ouvinte amador de música erudita pelo rádio ou tocada em discos. De caráter inovador, o texto coloca a questão da inefabilidade da música, já que é arte. Para os autores, a sensação causada pela música foge da razão, ainda que eles tenham se preocupado em escrever uma História da Música, na primeira parte, a fim de situar o ouvinte e fazê-lo compreender as origens de cada gênero musical que acabou ficando mais ou menos popular. Nesta fonte bibliográfica se encontra a formulação de um pensamento que Oneyda Alvarenga vai reproduzir em seu trabalho *A Linguagem musical,* especificamente no capítulo "Como ouvir música". Embora Oneyda Alvarenga se refira a Copland, quando redige esse texto, a ideia já permeava os estudos que realizavam (ela e Mario de Andrade), reforçada certamente pela leitura da obra *L'initiation a la musique.* Logo no início do livro, se lê a frase: "Il n'existe pas de recettes qui permettent à l'auditeur inexpérimenté de sympathiser du primier coup avec

---

84   EMMANUEL, Maurice *et al. L'initiation a la musique*: a l'usage des amateurs de musique et de radio. Paris: Tambourinaire, 1935.

des musiques inconnues".[85] Essa ideia expressa é a chave que abre caminho da árdua tarefa de Oneyda Alvarenga, como diretora da Discoteca Municipal, ao tentar familiarizar o público ouvinte do auditório da instituição com a música contemporânea – e músicas de outras épocas também, estranhas aos ouvidos leigos. Foi com base nesse conhecimento que se empenhavam na atividade didática musical as pessoas que trabalhavam com isso – como se vê, na França, observadas as devidas proporções, não devia ser tão diferente. Porém, o exemplar de *L'initiation a la musique:* a l'usage des amateurs de musique et de radio, disponível na Coleção Mario de Andrade, na Biblioteca do Instituto de Estudos Brasileiros da Universidade de São Paulo, perdeu o intervalo de páginas 131-194. Por esse motivo, se perdeu o começo do dicionário de obras (a partir da p. 195 o primeiro nome a aparecer é *Borodin*, não sendo, portanto, muitos os compositores citados anteriormente), organizado por ordem alfabética de sobrenomes de compositores. A seleção é muito bem cuidada e todos os compositores apontados pelo livro haviam sido contemplados por Mario de Andrade, quando escreveu seu *Compêndio de História da Música* e suas obras constavam do acervo da Discoteca Pública Municipal.

É de 1933 a edição dos *Estatutos da Radio Sociedade de Juiz de Fóra*, que detalha a reorganização da Rádio em 1929. As finalidades são de uma atualidade admirável e estavam em harmonia com os interesses de divulgação cultural de países estrangeiros. A iniciativa da Rádio Sociedade ficava patente em suas decisões, que seriam, resumidamente: manter uma estação emissora autorizada pelo governo para irradiar conferências, concertos, assuntos musicais, interesse científico, literário etc.; criar, quando possível, em sua sede, sala de leitura, agrupando material principalmente sobre Radiotelefonia; realizar serviço de propaganda geral, como fonte de renda a fim de custear suas despesas. A Rádio Sociedade de Juiz de Fora tinha fins exclusivamente voltados para a educação popular e não poderia se envolver em assuntos de natureza política, pessoal ou religiosa.

---

85 *Ibidem*, p. 6.

Mario de Andrade também tinha em suas mãos a publicação da Diretoria do Ensino, uma circular (*Circular nº 24*):[86] instruções sobre o serviço de radio e cinema educativo, do ano de 1934, pela Imprensa Oficial do Estado de São Paulo. No que dizia respeito à rádio-escola, estabelecia sua criação na capital paulista, com sua estação transmissora e estaria subordinada à Diretoria Geral do Ensino. Os programas seriam dirigidos a alunos e professores e inicialmente seriam irradiados duas vezes por semana, com horários e programações separados. Os programas dos alunos abordariam os conteúdos:

1 – História, anedotas. Humorismos.

2 – Efemérides. Comemorações.

3 – Biografia dos grandes brasileiros mortos.

4 – Canções populares infantis a fim de despertarem o interesse pelo folclore e manter viva a tradição brasileira.

5 – Hino Nacional e hinos escolares.

6 – Músicas brasileiras acompanhadas de biografia dos respectivos compositores.

7 – Ensino do código Morse.

8 – Conselhos sobre higiene, ginástica e esportes.

Para os professores o conteúdo englobava ética profissional, higiene, puericultura, didática etc. No que tange à música, três itens foram publicados:

(...)

4 – Música fina de canto, conjuntos instrumentais, coros etc., de um mesmo compositor em cada programa, precedida de breve biografia do mesmo acompanhada de uma notícia crítica histórica.

5 – Músicas nacionais obedecendo da mesma forma o programa para música fina.

6 – História da música brasileira. Folclore musical brasileiro.

---

86 SAO PAULO (ESTADO). Servico de Radio e Cinema Educativa. *Circular n. 24 instrucções sobre o serviço de radio e cinema educativo.* São Paulo: Imprensa Oficial do Estado, 1934.

No mesmo ano (1934), Getúlio Vargas baixava o Decreto[87] que dispunha sobre a concessão e a execução dos serviços de radiodifusão. O documento foi redigido e impresso em 1935, no Rio de Janeiro então capital federal. Documento que Mario de Andrade também manteve em sua biblioteca.

A preocupação com a educação do povo visando a ênfase ao patriotismo não se dava só com o governo populista brasileiro. Em sua biblioteca, Mario de Andrade tinha uma publicação de 1939, do Ministério do Interior da Argentina, um documento onde era mostrado o empenho da Argentina em seguir os padrões europeus de rádio-escolas, assim como estabelecer, por resolução do Congresso, aos 9 de setembro de 1938, o ensino primário, secundário e normal por meio da Escola do Ar. É importante frisar que o governo da Argentina declarava que a ação da rádio educativa não seria nunca paliativa ao ensino do governo e nunca substituiria a importância deste. No ano de 1939, Mario de Andrade já estava no Rio de Janeiro, totalmente afastado de suas funções de diretor do Departamento de Cultura de São Paulo e da rádio-escola paulista já nem se cogitava mais. Também publicadas pelo Ministério do Interior da Argentina foram as Transmissões experimentais da Escola do Ar: apostilas de repasse de aulas radiofônicas, de francês, inglês e italiano – infelizmente sem nenhum indício de data. Mas provavelmente da década de 1930.[88]

No entanto, essas publicações argentinas, como *American school of the air radio escuela de las americas*[89] e *Receptores de radiodifusión para escuelas*[90]

---

87   BRASIL. *Decreto n. 24655 de 11 de julho de 1934 dispõe sobre a concessão e a execução dos serviços de radiodifusão e da...* Rio de Janeiro: Off Correios Telegraphos, 1935.

88   ARGENTINA. Ministerio Del Interior. Ministerio de Justicia e Introducion Publica. *Transmisiones experimentales de la escuela del aire francés* (lecciones de repaso). Buenos Aires: Talleres Graf Correos Telegrafos, 19--.
      Idem. Transmisiones experimentales de la escuela del aire inglés (lecciones de repaso). Buenos Aires: Talleres Graf Correos Telegrafos, 19--.
      Idem. Transmisiones experimentales de la escuela del aire italiano (lecciones de repaso). Buenos Aires: Talleres Graf Correos Telegrafos, 19--.

89   AMERICAN SCHOOL OF THE AIR RADIO ESCUELA DE LAS AMERICAS: teachers manual 1940-41. Nova Yorque: Columbia Broadcasting System, 1941.

90   ARGENTINA. Ministerio Del Interior. *Receptores de radiodifusión para escuelas.* Buenos Aires: Talleres Graf Correos Telegrafos, 1940.

146 VALQUÍRIA MAROTI CAROZZE

ainda iriam fazer parte, senão das leituras, ao menos da biblioteca do musicólogo (nenhuma dessas publicações apresenta a mínima anotação marginal de Mario de Andrade).

Por exemplo, o manual do professor do programa educacional da Escola norte-americana, traz uma programação semanal, referente ao conteúdo a ser ensinado entre outubro de 1940 e abril de 1941, bem sob a perspectiva das relações de boa-vizinhança, que fala por si:

Segunda-feira: Americans at work – Produtos/matéria-prima, sua origem (outros países) e usos.

Terça-feira: Wellsprings of music – Música folclórica e erudita, de todos os países, sua relação com a literatura e nossa vida diária.

Quarta-feira: New horizonts – "Água e Vida" na Geografia, História e Ciências Naturais das Américas.

Quinta-feira: Tales from far and near – Histórias fascinantes de várias partes da América, em literatura moderna.

Sexta-feira: This living world – História, eventos, problemas e relações entre as Américas (Pan-Americanismo).

Ainda na linha da política da boa vizinhança é o conteúdo do minúsculo folheto de programas em português, previstos para março de 1944, transmitidos dos Estados Unidos para o Brasil.[91] A capa traz uma fotografia de vista noturna de Nova York, à esquerda e acima; abaixo e à direita uma fotografia do Vale do Anhangabaú, à noite. Nas seis páginas da programação, fotografias de monumentos e praças dos Estados Unidos, sempre ao lado de fotografias do Rio de Janeiro e de São Paulo. A programação era transmitida no período noturno e compreendia: Música de Manhattan; Orquestra Sinfônica da NBC.; A Vida em Hollywood; Noticiários vários; Música para violino; Música de dança; Música semi-clássica (!); Bandas militares; Banda da Marinha dos Estados Unidos; Valsas famosas; O clube do Swing; Intermezzo; Música do nosso país; Música Pan-Americana... Ainda há um informe, na capa posterior do folheto, à direita da fotografia do "Obelisco em honra a Washington,

---

91 PROGRAMAS DE ONDAS CURTAS EM PORTUGUÊS DOS ESTADOS UNIDOS PARA O BRASIL: março 1944. São Paulo: Coordenador Assuntos Interamericanos, 1944..

Oneyda Alvarenga 147

capital dos Estados Unidos", tendo a seu lado um discreto desenho amarelo representando uma torre de transmissão radiofônica: "Estes programas não são periódicos. Sua publicação depende do número e da importância das modificações às quais estas transmissões estão sujeitas". A mescla da programação, o interesse, ao mesmo tempo, em agradar outros países e em divulgar às nações americanas vizinhas o estilo de vida (cultura) norte-americano, obedecia a uma ordem de valores. Que "importância das modificações" seria essa? Seriam substituições por programações mais voltadas para a propaganda norte-americana, ou para a valorização de outros países? Ou seriam noticiários com caráter de urgência (a época era da 2ª Guerra Mundial).

Quanto ao documento argentino sobre *Receptores de radiodifusão para escola*, trata-se de normalização técnica de estabilidade e segurança do funcionamento dos receptores da "escola do ar" a serviço de escolas.

Se as três últimas publicações citadas acima não apresentam nenhum traço de Mario de Andrade, o mesmo não acontece com o Plano experimental de transmissões,[92] documento argentino, e também de 1939. O que Mario de Andrade assinalou, com lápis vermelho, foram as finalidades da "Escola do Ar":

1) Completar e aperfeiçoar a obra da escola, vinculando o aluno com o meio social em que vive.

2) Orientar a cultura popular em todas suas manifestações, acentuando o fundo moral e assegurando o sentimento nacional e patriótico.

3) Contribuir com a unidade do ensino, difundindo as noções básicas de todos os conhecimentos.

A seguir, se estabelece que esses programas só terão eficácia se forem dirigidos de forma específica para: crianças, estudantes secundários, adultos, professores e pais. Mario de Andrade fixou sua atenção nesses pontos, que são componentes do objetivo comum de muitos países, naquela época. A unificação do ensino para o país inteiro – vários países se preocuparam com essa uniformização de ensino de conteúdos; vale lembrar que o mesmo pensavam os governos de países grandes, com diferentes, mesmo díspares culturas

---

92 *Idem*. Ministerio de Justicia e Introducion Publica. *Plan experimental de transmisiones organizacion*. Buenos Aires: Talleres Graf Correos Telegrafos, 1939.

148 VALQUÍRIA MAROTI CAROZZE

espalhadas por seus territórios – visava fortalecer o sentimento patriótico, formar depressa a alma "nacional". Se Mario de Andrade ainda manifestava, em 1939, interesse no assunto das rádios educativas, já não era mais com o foco de alguém que podia tomar decisões na área cultural a partir de um cargo oficializado sob o poder político.

Ainda os documentos *Reorganización de los servicios de radiofusión*[93] e *Problema del idioma en la radiodifusión*,[94] publicados pelo Ministério do Interior da Argentina, vão revelar muitas anotações de Mario de Andrade. Os intelectuais argentinos, em 1939, se propuseram a debater vários pontos dentro do ensino pelo rádio, tais como: radiodifusão em outros países, os próprios programas, o problema do idioma no rádio, rádio como meio publicitário, entre outros. Pelo excesso de anotações de Mario de Andrade, em relação ao uso do idioma popular no rádio, num debate em torno do "pitoresco" da linguagem, da utilização de gírias, fala de arrabaldes, formas consideradas erros de linguagem, quer em arte radiofônica – como peças de teatro, por exemplo –, quer na fala corrente dos radialistas no dia-a-dia, se pode ver que o musicólogo e autor de *Macunaíma* não consegue deixar de se envolver passionalmente em sua leitura. Tamanha é a veemência de Mario de Andrade, ao preencher margens inteiras do livrinho *Problema del idioma en la radiodifusión*, que parece estar face a face com os intelectuais argentinos, que o musicólogo considera pejorativamente "liberdosos" e também "preconceituosos", autoritários quanto ao uso da língua culta e com muito "medo" de serem lenientes com os jargões populares. Embora esta questão não esteja diretamente ligada ao objeto central deste estudo, essa leitura de Mario de Andrade, estreitamente ligada à rádio educativa, tem importância aqui por mostrar que essa preocupação não estava morta para o idealizador da Discoteca e da Rádio-Escola. (Mesmo pode ser objeto de um outro trabalho de pesquisa, referente ao emprego da linguagem no rádio...) Mario de Andrade ainda grifa as margens de *Reorganización de los*

---

93 ARGENTINA. Ministerio Del Interior. *Reorganizacion de los servicios de radiofusion.* Buenos Aires: Correos Y Telegrafos, 1939. 30 p.

94 *Idem. Problema del idioma en la radiodifusion.* Buenos Aires: Correos Y Telegrafos, 1939.

servicios de radiofusión, quando há referências à crítica de concessão das rádios educativas a particulares e quando os autores defendem a ideia da intervenção forte do Estado na radiodifusão. Se por um lado o *Decreto* do governo Vargas, visto acima, destaca o direito do Estado de intervir a qualquer momento e retirar a concessão das mãos de particulares, por outro, idealizadores de programações culturais, como Mario de Andrade, concordam com esse mesmo direito, mas visando outros objetivos. Por exemplo, controlar a qualidade e a quantidade de propagandas veiculadas em meio a um programa de música erudita – isso, como se verá, foi discutido nas críticas de Mario de Andrade, publicadas entre 04 e 11 de janeiro de 1931, no *Diário Nacional.*

Na lista de livros que Mario de Andrade adquiriu sobre o assunto, pode ser citado ainda o *Boletim da Emissora Nacional,*[95] rádio portuguesa, publicado em 1935, no qual Mario de Andrade apenas assinou seu nome na página de rosto e sobre a programação.[96] As estatísticas apresentadas a partir da página 95 são bem descritivas e se referem a uma vasta programação. Por esses dados, Mario de Andrade pôde saber – e talvez Oneyda Alvarenga se basear, a fim de realizar as estatísticas da Discoteca Pública Municipal, afinal, essa publicação é do ano em que a Discoteca foi criada – o "movimento musical"[97] das apresentações do mês de dezembro de 1935 e o "movimento falado"[98] das palestras sobre política, religião, pedagogia etc., além de assuntos como crítica literária e cinematográfica; Estado Novo; programa infantil, e outros. Acompanham quadros estatísticos extensos e detalhados, ao final dessa parte da revista. A parte de "Serviços Técnicos" apresentava dados referentes a horas de transmissão; número de retransmissões e duração de retransmissões. Seguem-se muitas páginas de relatório do 2º semestre de 1935, separando as informações por apresentações de diferentes instrumentos.

---

95 GALVÃO, Henrique. *Boletim da Emissora Nacional.* Lisboa: A Emissora, 1935, n.5.

96 *Ibidem,* p. 95.

97 *Ibidem,* p. 95-6.

98 *Ibidem,* p. 97.

A publicação também apresentava preocupação em divulgar, ao público assinante, conhecimento técnico quanto ao funcionamento da Rádio Emissora Nacional.

Tendo sido levantada a bibliografia lida por Mario de Andrade ao longo dos anos, antes, durante e depois do projeto da Rádio-Escola e da Discoteca Pública, foram analisadas suas leituras em periódicos especializados em música. Nestas publicações, o musicólogo encontrou menos informações (ou menos densas) do que nos livros, catálogos de discos e folhetos – conforme foram analisados acima. Porém, Mario de Andrade pôde ler o tempo todo, na *Revue Musicale*, informações que certamente contribuíram para formar seu panorama de História da Música. Existem – não muitas – anotações do escritor à margem de textos cujo conteúdo é crítica musical sobre muitos compositores que a ele interessavam. Mas não deixa de ser relevante apontar várias de suas leituras da *Revue Musicale*.

DISCOTECAS: FUNÇÃO SOCIAL E IDEOLOGIA

> Os intelectuais não saem do povo, ainda que acidentalmente alguns deles sejam de origem popular, não se sentem ligados a ele (...), não se reconhecem e não compartilham as necessidades, as aspirações e os sentimentos difusos; mas, no confronto com o povo, são algo destacado, uma casta, (...), e não uma articulação, com funções orgânicas, do próprio povo.[99]
>
> (...)
>
> Os leigos têm falhado em sua tarefa histórica de educadores e elaboradores da intelectualidade e da consciência moral da população, não souberam dar uma satisfação às exigências intelectuais do povo: justamente por não terem representado uma cultura laica, por não haverem sabido elaborar um moderno "humanismo" capaz de difundir-se pelos estratos mais rudes e incultos, como era necessário do ponto de vista

---

99   GRAMSCI, Antonio. *Letteratura e vita nazionale*. 3ª .ed. Torino: Einaudi, 1953, p. 106.

nacional, por se manter presos a um mundo antiquado, mesquinho, abstrato, muito individualista ou de casta.[100]

Ora, Mario de Andrade e Oneyda Alvarenga, se olharmos o reverso dessas personagens que ocupavam cargos públicos e que, até onde tinham alcance, realizavam ações na esfera política, eram, no limite, também artistas. Os dois músicos (antes de serem musicólogos); os dois poetas. Temos, no caso dessas duas figuras de ação do Departamento de Cultura, o intelectual/ artista e que, no caso bem específico da Discoteca Pública de São Paulo, tratavam de veicular a arte, ou o conhecimento artístico, na forma de gravações, partituras, livros especializados. Os elementos eram indissociáveis, tanto os da formação dos envolvidos, quanto os do material informativo com que trabalhavam (popular e erudito). Que dirá do amálgama de valores que se sobrepunham no resultado de toda essa ação – desde a reação dos ouvintes e consulentes da Discoteca, até a constituição do próprio público. Qual era o aproveitamento real disso, o que gerava, em que resultava toda aquela organização do saber musical?

Reproduzindo os padrões europeus de composição, desde o arremedo da música do Velho Mundo, até o sublime das composições de um Padre José Maurício, a música brasileira, até então sem feições nacionais, esforçava-se por ser "branca". Escamoteava a verdade de suas raízes mestiças: como Macunaíma, que perdia tempo e oportunidades com a varina portuguesa, e enfim, de erro em erro, seduzido fatalmente pelas águas geladas, onde a visagem da Uiara – na (feroz) realidade, as piranhas do lagoão – praticamente dão cabo dele, deixando em frangalhos o herói de nossa gente...

Telê Ancona Lopez pontua a preocupação de Mario de Andrade com a crítica que faz de vários extratos da sociedade brasileira nas três obras: *Clã do Jaboti* (representação de elementos populares e do passado); *Amar, verbo intransitivo* (burguesia no presente urbano) e *Macunaíma* (enfoque de classes sociais, urbanas e rurais, no passado e no presente). O presente, o momento atual era não só o objetivo do escritor, com sua arte de circunstância,

---

100 *Ibidem*, p. 107.

crítica, mas também o caráter de urgência de soluções para determinadas situações sociais.

É aqui que se aproximam a "ideologia" da proposta de uma Discoteca Pública Municipal e a função social, não da arte, diretamente, mas do potencial artístico contido no acervo musical com o perfil peculiar a esta Discoteca: material etnográfico – em suma: a função social *desta* Discoteca. Não em qualquer momento histórico; e não em qualquer lugar. Mas especificamente após o movimento Modernista – e no Brasil.

Se a função do intelectual, para Mario de Andrade, "era oferecer ao povo uma consciência crítica, para que ele pudesse chegar a soluções capazes de eliminar as contradições que o atingem",[101] os intelectuais que congregaram-se no Departamento de Cultura do município de São Paulo punham em prática essa função, numa atitude pioneira.

Já não se poderia, então, pensar um órgão público divulgando uma ideologia cujo objetivo fosse preservar o poder – apesar de ser essa mesma a intenção, quando da fundação da Universidade de São Paulo, por exemplo.

Pelo contrário, o que se buscava era a divulgação de meios e instrumentos para uma renovação na música nacional. Quais, então, seriam "as contradições que atingiam o povo", neste sentido? As influências estrangeiras, a deformação ou perda dos elementos folclóricos, o poder invasivo do rádio, na época, veiculando músicas estrangeiras... tudo que deveria ser combatido, ou olhado com distância crítica – naquele momento. O que o intelectual vislumbrava e que, supostamente, o povo não percebia.

Sempre pelos critérios de Mario de Andrade, como diretor do Departamento de Cultura, uma vez que o objetivo fosse oferecer a arte ao público, o ideal seria que os intelectuais, que não estariam excluídos desse público, além de usufruir dos serviços de informação, tivessem também a função de possibilitar às pessoas o alcance aos conhecimentos que anteriormente ficavam restritos apenas à uma elite. Seria um processo que, dentro da chamada Ação Cultural, se desdobraria indefinidamente. E para isso faziam-se

---

101 LOPEZ, *op. cit.*, p. 249.

necessárias a organização e a disseminação de uma documentação, fosse ela musical, ou de outras naturezas.

Discotecas/Documentação musical na
década de 1930: "um disco é um documento"

Ao iniciar uma nota musicológica intitulada *Histoire de la musique avec l'aide du disque*, divulgando a obra de André Coeuroy, na seção *Crônicas e notas*, da *Revue Musicale* de 1931, Frédérik Goldbeck[102] usa uma frase curta: "Un Disque, c'est un Document".

E é à luz desse conceito que se deve ver toda a preocupação com a organização e divulgação da documentação musical, nas décadas de 1920 e 1930, no mundo – pelo menos, no ocidental.

Ainda na virada da década de 1920 para a de 1930, Mario de Andrade se entusiasma com a ideia de gravar em fonogramas os registros de músicas folclóricas do território brasileiro, como fizera a Itália. Flávia Toni afirma que Mario de Andrade, com:

> Olhos e ouvidos atentos, preparando-se para uma viagem de pesquisa que se daria entre o final daquele ano e o início do seguinte, entusiasma-se com a iniciativa do Conselho de Ministros da Itália, que criara uma "Discoteca do Estado". Eles entendiam a necessidade de se registrar as músicas cantadas em diversas regiões, músicas que vinham sendo esquecidas ou substituídas por outras músicas pela coletividade.[103]

---

102 GOLDBECK, Frédérik. *Histoire de la musique avec l'aide du disque*, par André Coeuroy et Rob. Jardillier (Éd. Delagrave, Paris) In: *La revue musicale*. Paris, Éditions de la Nouvelle Revue Française, 1931, v. XII, n.119, p. 281-2.
Abaixo serão descritas e analisadas muitas das fontes lidas por Mario de Andrade e estudadas por Oneyda Alvarenga, dentre as quais, vários artigos críticos pertinentes à *Revue Musicale*.

103 TONI, Flávia Camargo. Missão: as pesquisas folclóricas. Disponível em: <http://www.sescsp.org.br/sesc/hotsites/missao/textos/texto2.html>. Acesso em: 10 mar. 2009.

154   VALQUÍRIA MAROTI CAROZZE

A Discoteca do Estado italiana, criada em 1928, era um museu de discos, e tinha como função principal registrar todas as canções populares regionais e tradicionais italianas que, "abandonadas na voz do povo, vão sendo esqueci-das e substituídas por outras". No caso da Itália, a preocupação era pertinente ao momento em que se buscavam origens a todo custo – a raiz etrusca, sob o fascismo. Se observarmos a situação da Itália pela perspectiva de Gramsci, vemos que a criação de um museu de discos, em 1928, não se dissocia dos contextos histórico, social e político, em que, pela instauração de um governo autoritário, a distância entre intelectuais e povo aumenta muito. Definindo o termo, Gramsci escreve:

> Na Itália, o termo "nacional" tem um significado muito restri-to ideologicamente e, de qualquer modo, não coincide com "popular", já que os intelectuais estão afastados do povo, isto é, da "nação",[104] estamos ligados, ao contrário, a uma tradição de casta, que jamais foi quebrada por um forte movimento político popular ou nacional vindo de baixo.[105]

O *nacional* estaria ligado aos anseios coletivos por conquistas alcançadas por intermédio e representação da classe que exerce a hegemonia; o *popular*, passaria pelas ideias críticas de intelectuais (estes, populares) que aproximam o povo da consciência, por meio da compreensão histórica.

Mario de Andrade explica, por sua linha de raciocínio, que, dada a impor-tância do estudo da música folclórica nas escolas de música, essa medida de

---

104   Para Ortega y Gasset, o Estado nacional se preocupou em estabelecer fronteiras, língua e raça, cuja função não seria outra senão assegurar a unidade de cada nação. Ou seja, não eram fronteiras, língua e raça anteriores à nação (determinantes da nação); antes, por sua pluralidade e diversidade dentro de determinados territórios, seriam "estorvos" a serem dominados energicamente. Assim, o Estado tratou de aplainar as diferenças, porque não era a comunidade nativa que determinava a nação. In: ORTEGA Y GASSET, José. *A rebelião das massas*. 2ª. ed. Rio de Janeiro: Ibero-Americano, 1962, p. 239.

E Gramsci também escreve: "(...) a unidade da língua é um dos modos externos e não ex-clusivamente necessário, da unidade nacional: em todo caso é um efeito e não uma causa". In: GRAMSCI, Antonio. *Letteratura e vita nazionale*. 3ª. ed. Torino: Einaudi, 1953, p. 106.

105   GRAMSCI, Antonio. *Letteratura e vita nazionale*. 3ª. ed. Torino: Einaudi, 1953, p.105.

preservação das expressões populares por parte do governo, reforçava a "italianidade da música italiana".

O Museu Nacional – Brasil – guardava discos gravados por Roquette Pinto, em Rondônia. Os registros sonoros que foram feitos em 1912 traziam cantos dos índios Tikuna.

Porém, Mario de Andrade afirmou que era impossível esperar essa iniciativa do governo, no Brasil. Assim, a iniciativa caberia ao próprio povo – fala a respeito de "nossas sociedades", aqui fazendo referência direta à sociedade dos Bandeirantes, no Rio de Janeiro, tomando conta do assunto que Mario de Andrade considerava de caráter de urgência. E urgência porque, devido às mudanças sofridas pelas melodias na voz/tocar dos intérpretes e por seu próprio deslocamento (das músicas) pelo território nacional, de região para região, de comunidade para comunidade, poderiam rapidamente se transformar ou mesmo, se perder[106] – no sentido de preservação da expressão "genuinamente nacional" –, considerando todas as diversidades de manifestações. Mario de Andrade fala do "valor étnico inestimável" dessas músicas folclóricas.[107]

No artigo sobre Luciano Gallet, "Canções brasileiras",[108] Mario de Andrade fala do problema que é, no Brasil, a gravação de registros sonoros: "O estudo da música folclórica é duma ausência vergonhosa".

A documentação do passado falta, impedindo que se faça um estudo de valor prático sobre o que foi a música popular – e de sua evolução.

---

106 Verificando o exemplar do livro de André Coeuroy, *Histoire de la musique avec l'aide du disque suive de trois commentaries de disques avec exemples musicaux*, vê-se que Mario de Andrade assinala determinado trecho do texto, anotando à sua margem esquerda: "Canção Popular", onde os autores discorrem justamente sobre sua prazerosa constatação de que o cantar anônimo ou não, caminhando pelos territórios diversos, de província em província, se modifica, à medida que traduz a realidade de expressão de cada lugar. In: COEUROY, André; JARDILLIER, Robert. *Histoire de la musique avec l'aide du disque suivie de trois commentaires de disques avec exemples musicaux*. Paris: Librairie Delagrave, 1931.

107 TONI, Flávia Camargo. *A música popular brasileira na vitrola de Mário de Andrade*. São Paulo: SENAC, 2004, p. 263.

108 ANDRADE, Mario de. *Música, doce música*. São Paulo: Martins, 1963, p. 171.

156   VALQUÍRIA MAROTI CAROZZE

Mario de Andrade critica o registro feito por Roquette Pinto (que ficara no Museu Nacional), em comparação com os efetuados por Spix, Martius e Koch-Grünberg.

Em *A música popular brasileira na vitrola de Mario de Andrade*,[109] Flávia Toni cita Mario de Andrade: ele critica o modo com que foi tratada a informação musical registrada por Roquette Pinto, ao escrever que segundo um "músico de valor", a pessoa que transcreveu as gravações do Museu Nacional – gravações de Roquette Pinto – teve pouca responsabilidade, porque essa transcrição não reproduzia exatamente a gravação.

Mario de Andrade elogia a série de obras de Luciano Gallet sobre seus estudos da música popular brasileira: *Doze canções populares brasileiras*. Segundo a crítica do escritor, Luciano Gallet, além da harmonização e do trabalho etnográfico – o simples registro do folclore – age como criador; ele faz criação artística.

O artigo citado acima é de 1927, ou seja, anterior à organização da Discoteca Pública Municipal de São Paulo. Mario de Andrade vinha refletindo sobre a necessidade do estudo das origens da música nacional como base para a criação "genuinamente nacional". E 1928[110] não é só o ano da criação da Discoteca do Estado, da Itália, como ainda o da publicação do *Ensaio sobre a música brasileira*, de Mario de Andrade.[111]

DOCUMENTAÇÃO MUSICAL: FONTE DE PESQUISA

Flávia Toni escreve sobre a importância atribuída por Mario de Andrade ao registro sonoro, não apenas por sua finalidade de preservação e memória,

---

109   *Ibidem*, p. 264.

110   A Discoteca di Stato, atual Istituto Centrale per i Beni Sonori ed Audiovisivi, foi instituída em 1928, sobre a base do primeiro fundo italiano de documentação sonora que, ao final de 1924 recolhia testemunhos orais dos protagonistas da Grande Guerra. Em 1939, teve reconhecida sua função de arquivo sonoro nacional. Após a transferência, no segundo pós-guerra, teve sua atual sede, com a instituição do Archivio etnico linguistico-musicale. Disponível em: http://www.icbsa.it. Acessado em: 15/03/2012.

111   ANDRADE, Mário de. *Ensaio sobre a música brasileira*. Belo Horizonte: Itatiaia, 2006.

mas também para que se avaliassem as "mudanças operadas no cantar dos povos brasileiros". Ou seja, a documentação musical não supõe algo estagnado. Mas, pelo contrário, presta-se a manter em constante estudo a dinâmica das manifestações artísticas. No caso, musicais. Havia ainda a preocupação de Mario de Andrade com "a perda destas criações", (músicas e danças folclóricas): "que o progresso, o rádio, o cinema estão matando com violenta rapidez".[112] Ou ainda: "Nossa música popular é um tesouro prodigioso, condenado à morte. A fonografia se impõe como remédio de salvação (...)".[113]

Os propósitos de Mario de Andrade, a respeito do interesse pelo registro musical, tinham a finalidade de divulgar o conhecimento e a criação artística gerados pelo povo e que deveriam ser destinados à apropriação de conhecimento do mesmo povo. Num processo de transmissão cultural, as novas gerações, gradualmente, receberiam e contribuiriam para essas modificações no gênero artístico popular. Aí entra a importância do trabalho de coleta e organização de registros musicais: o centro de documentação organizado, à disposição de consulentes, possibilita, por sua vez, a tarefa do compositor, do pesquisador, do estudioso, com sua análise, a fim de criar e recriar obras de expressão "genuinamente nacionais".

Conforme a descrição elaborada por Mario de Andrade das fases pelas quais deveria passar a evolução da música nacional, na década de 1930, quando da criação da Discoteca Pública Municipal, estava-se na etapa nacionalista, isto é, na etapa em que a manifestação musical do Brasil tomava consciência de si mesma.

O uso dos fonogramas e das demais informações a eles anexadas e catalogadas, constituiria a base de pesquisa por parte dos compositores, ou seja, dos agentes responsáveis pelas novas expressões musicais de então. Haveria relação direta entre a utilização da Discoteca e a produção da música nacional. Os fonogramas traziam o elemento folclórico, o qual, na opinião de Mario

---

112 TONI, Flávia Camargo. *Missão*: as pesquisas folclóricas. Disponível em: <http://www. sescsp.org.br/sesc/hotsites/missao/textos/texto 2.html>. Acesso em: 10 mar. 2009.

113 *Idem. A música popular brasileira na vitrola de Mario de Andrade*. São Paulo: SENAC, 2004, p. 264.

158   VALQUÍRIA MAROTI CAROZZE

de Andrade, não deveria ser mero fornecedor de temas indígenas ou africanos, a serem escolhidos isoladamente. O nacionalismo musical, como pregava Mario de Andrade, teria de ser renovador, como o próprio Modernismo. Segundo José Maria Neves:

> (...) a revalorização do folclore representando a redescoberta das manifestações musicais das classes majoritárias, é também o melhor caminho de diferenciação entre a nova produção nacional e a internacional. Sem este aporte do folclore, seria muito mais difícil estabelecer traços característicos que independessem da tradição europeia.[114]

EMBASAMENTO TEÓRICO NA BIBLIOTECA DE MARIO DE ANDRADE

Nesta parte serão analisadas as fontes impressas estudadas por Mario de Andrade, encontradas em sua biblioteca, que hoje pertence à Biblioteca Mario de Andrade, do Instituto de Estudos Brasileiros da Universidade de São Paulo. Foi na biblioteca da casa do professor que Oneyda Alvarenga, muito cedo, durante os anos em que estudou no Conservatório Dramático e Musical de São Paulo, entre 1931 e 1934, teve contato com material que versava sobre: utilização da música mecânica como estratégia didática de ensino de música; discografia; criação e funcionamento de rádios educativas e discotecas.

Leituras acerca de discos e discotecas

Uma obra de importância vital para as pesquisas de Mario de Andrade é o livro de Charles Wolff,[115] *Disques*. Não é demais lembrar que as informações e a forma de abordagem deste livro já estavam incorporadas ao repertório pedagógico de Mario de Andrade, quando Oneyda Alvarenga veio a ser sua aluna. É neste livro que Mario de Andrade vai ler sobre "A primeira coleção oficial de discos" – da Áustria[116] e sobre "Os 'Arquivos Sonoros' da Biblioteca do Estado

---

114   NEVES, *op. cit.*, p.48.

115   WOLFF, Charles. *Disques*: répertoire critique du phonographe. Paris: Grasset, 1929.

116   *Ibidem*, p. 59.

de Berlim".[117] Segundo Charles Wolff, por volta de 1902 (a data exata é 1899) foi fundada na Academia das Ciências de Viena, a "Phonogrammarchiv", cronologicamente a primeira das coleções oficiais de discos.

Foi durante a 1ª Guerra Mundial que o professor Doegen, alemão, retomou a ideia de Sigmund Exner, fundador da coleção vienense. Exner era um psicólogo, estudioso da percepção cerebral em relação ao movimento e olfato. Em 1899, o Phonogrammarchiv foi criado por ele com finalidades de realização de gravações acústicas para pesquisas científicas. O objetivo do professor Wilhelm Doegen ao registrar diversos idiomas era realizar estudos linguísticos. Como as circunstâncias fizeram com que nos campos de prisioneiros se encontrassem homens de diversos países do mundo, Doegen pensou em coletar o maior número possível de idiomas. Segundo Wolff, foi sob o sarcasmo da imprensa alemã que, no início de sua tarefa, Doegen se esforçou para registrar em seus arquivos os idiomas mais diversos, com sua velocidade natural, sua tonalidade própria. As principais línguas europeias, suas gírias, seus dialetos, "patois", ficaram registrados nos arquivos do professor Doegen. Com os idiomas americanos, asiáticos e africanos, esta coleção agrupou testes de 250 línguas, 87 das quais, africanas.

Desse modo, os Arquivos Sonoros da Alemanha tiveram suas coleções criadas em Berlim. Como se vê, o professor Doegen, em correspondência com a Academia de Ciências de Viena não se propunha somente registrar em discos vozes de personalidades políticas ou artísticas de seu tempo. As gravações serviriam, sobretudo – e sempre segundo Charles Wolff –, para sua comodidade, aos estudos de fonética comparada; ao estudo das línguas das quais se tinha apenas um pouco de noção (certos idiomas africanos, por exemplo) e ainda para outros trabalhos científicos.

Então os discos davam definitivamente uma reprodução bem fiel da língua falada, revelando "as leis secretas da dialética". Graças a esse trabalho podia-se estudar o aspecto melódico de uma linguagem, mas ainda outros interesses científicos giravam em torno dessas gravações. Os médicos usavam esses registros a fim de estudar deformações vocais causadas por doenças; os

---

117 *Ibidem*, p. 53-5.

psicólogos encontravam dados que os conduziam a resultados exatos; era possível detectar causas de distúrbios de linguagem; também se obtinham dados interessantes da complexidade psicológica das pessoas a partir da gravação de certos indicadores vocais de indivíduos normais – era "a grafologia transportada ao domínio do som"–, mas os que mais se aproveitaram dos registro sonoros, na Alemanha, foram os zoólogos que, estudando o som emitido por diversos animais, em suas diferentes situações, tiravam amplas conclusões. Também os juristas... enfim, estudiosos de vários ramos encontravam dados seguros, nos Arquivos Sonoros de Berlim.

Mas o que interessa nisso tudo, quando o foco se afasta daquele momento de entusiasmo geral com a criação das primeiras coleções de registros sonoros, é o rastreamento da leitura de Mario de Andrade. A bibliografia de seu tempo, que ele lia e acompanhava vorazmente, sempre alerta ao que era editado, no caso, fora do Brasil, veiculado pelos periódicos estrangeiros que assinava, essa bibliografia vem se mostrar atual, quando olhamos para os anos que precederam 1935, ano da criação da Discoteca Pública Municipal e, mais precisamente quando rememoramos o que escreveu Oneyda Alvarenga em seu relatório (elaborado em 1941 e publicado em 1942).

Em sua descrição de Organização dos Serviços, Oneyda Alvarenga coloca no item Registro sonoros os seguintes acervos:

a) de folclore musical brasileiro.

b) de música erudita da escola de São Paulo.

c) Arquivo da Palavra (vozes de homens ilustres do Brasil e gravações para estudos de fonética).[118]

Qualquer semelhança com a estrutura e a função dos Arquivos Sonoros de Berlim, portanto, não é mera coincidência. Oneyda Alvarenga explica com maior detalhamento como era o Arquivo da Palavra (denominado série AP), que compreendia, à época do relatório, dezessete discos, dos quais catorze

---

118 Ver Anexo B: ALVARENGA, Oneyda. Entrevista dada ao Diário da Noite. Discoteca Pública Municipal de São Paulo e documentação musical. Transcrição do texto integral, sem indicação de entrevistador. Entrevista. Datiloscrito, 17 de agosto de 1938, cópia 'B' carbono, p 6. – (da mesma forma). Consultada cópia xerográfica.

Oneyda Alvarenga   161

eram uma coleção para estudo das pronúncias regionais do Brasil. Para formação dessa coleção colaboraram o filólogo brasileiro Antenor Nascentes e o poeta Manuel Bandeira. A fim de realizar o trabalho, o país foi dividido em sete zonas fonéticas, representadas cada uma por dois indivíduos – um culto, outro inculto – cada um leu um texto-padrão contendo todos os fonemas da língua cuja dicção era importante controlar. E os outros três discos pertenciam à coleção de vozes de homens ilustres do Brasil. Destinada a ser um documentário histórico, esta coleção ficou paralisada, por "razões várias" (Oneyda Alvarenga não especificou na época, mas eram questões de ordem política, com a entrada do prefeito Prestes Maia, no governo Vargas). Nos discos desta coleção foram registradas as vozes de homens proeminentes como o compositor Camargo Guarnieri, o pintor Lasar Segall, o escritor José de Alcântara Machado e outros.[119]

Era o resultado das ideias gestadas, como se vê, desde a década de 1920, quando Mario de Andrade investigava fontes bibliográficas de vanguarda e discos.

Este livro de Charles Wolff é mais um grande e abrangente catálogo de discos. A parte dedicada à discografia compreende (entre as páginas 7 e 346), sob o título *Répertoire Critique des principaux disques édités en France,* os seguintes temas: Musique Classique, Musique populaire et Folklore, Disques Divers.

Mario de Andrade deixa de assinalar muitas páginas. Mas marca com "X", feito com grafite, ou ">" com lápis vermelho, sequências de música erudita. Todas as páginas de discografia de gravações de Bach, por exemplo; algumas composições de Mozart; Beethoven; Dvorak; César Frank; Mahler; Grieg; Fauré; Duparc; Ravel; Debussy; Hindemith; Gounod; Liszt; Rossini; Donizetti; Brahms; Moussorgsky; Stravinsky, entre outros. Composições de Verdi, Mario não assinala nenhuma.

Há compositores como Saint-Saens; Palestrina; Scarlatti; Couperin; Rameau e outros que figuram no *Compêndio de História da Música,* de Mario de Andrade e cujas composições Oneyda Alvarenga faz uso em seus repertórios

---

119 ALVARENGA, Oneyda. *A discoteca pública municipal.* São Paulo: Departamento de Cultura, 1942. Separata da Revista do Arquivo, n. LXXXVII, p. 9.

de Concertos de Discos e que o musicólogo não assinalou. Isto pode ser em razão de: Mario de Andrade já possuía essas gravações e, portanto, não precisava adquiri-las. Ou: as anotações que Mario de Andrade fazia na obra de Charles Wolff se referiam apenas à sua coleção particular – e não à formação do acervo da Discoteca Pública Municipal. A segunda hipótese é mais provável, porque muitas vezes, como se verá abaixo, na análise dos concerto de discos elaborados por Oneyda Alvarenga, o código da gravação usada pela diretora da Discoteca não correspondia ao código da gravação sugerida por Mario de Andrade, em seu *Compêndio de História da Música* – a gravadora era outra.

Ainda neste livro de Wolff, analisando e comparando pontos de interesse (ou não) da parte de Mario de Andrade, ainda se pode observar que:

– Na parte do catálogo dedicada aos "Discos Exóticos", que trazem gravações de músicas folclóricas de vários países, podemos encontrar atentos sinais do musicólogo, à margem, escolhendo discografia da maioria dos países elencados;

– No grupo que abrange "Music-Hall Français", Mario de Andrade não faz nenhuma anotação;

– "Opérette Française", apenas três discos interessam ao musicólogo;

– "Opérette depuis 1920"; "Oeuvres diverses"; Histoire de la danse (de 1914 a 1929)" – nenhuma anotação;

– "Disques de danses", apenas o vestígio de um ">" a lápis vermelho (duas composições de Jack Hylton);

– Repertório de "Jazz Symphonique", três discos são assinalados;

– Repertório de "Tangos argentins"; "Le bal Musette" ou "Les danses a l'accordéon" e "Les pianistes de jazz" – nenhuma anotação;

– "Chant anglais", três discos são assinalados;

– "Soli d'instruments divers", uma só marca à margem;

– Grupo de "Musique militaire: musique militaire ancienne", "Harmonie militaire" e "Disques pour les enfants" – nenhuma gravação assinalada;

– Entre os discos de "Disques divers", Mario de Andrade assinala três de gravações de cantos de pássaros.

Ao lado de nomes de alguns compositores, como Rameau, por exemplo, constantes na discografia de Charles Wolff, Mario de Andrade não deixou vestígio algum. O compositor, no entanto, fazia parte do *Compêndio de História da Música*. Não seria repisar lembrar que a primeira edição do *Compêndio* foi do ano de 1929. E o livro de Charles Wolff, também do mesmo ano, traz ainda na última página de guarda a inscrição: "achevé d'imprimer le 18 juin 1929". Mario leria o livro depois de haver escrito seu texto do *Compêndio*. No máximo, na mesma época da edição de seu livro. O fato do musicólogo não assinalar alguns compositores significa então, não que estava coletando nomes para incluir em seu trabalho. Mas a fim de incluir em lista de discos a serem adquiridos. Como ainda não havia sido criada a Discoteca Pública, esses discos entrariam para sua coleção particular. Na primeira edição do livro de Mario de Andrade não foi incluída discografia, como foi na segunda, de 1933.

Obras assinaladas por Mario: de Gluck,diferentes códigos de gravadora – discografia de Mario e de Wolff; Bach, alguns códigos de gravadora são o mesmo, outros diferem; César Franck, códigos diferem; Debussy, códigos diferem – eram ambos da Columbia, mas os códigos são diferentes; Richard Strauss, códigos diferem. As gravadoras que constam desse catálogo eram: Brunswick, Parlophone, Columbia, Pathé, Gramophone, Pathé-Art, Odeon e Polydor.

Adicionando outras gravadoras (inclusive brasileiras), Mario de Andrade cita evidentemente todas estas elencadas acima, quando indica discografia ao final de cada capítulo, no *Compêndio de História da Música* – todas, com exceção da Pathé-Art. O livro *Disques: repertoire critique du phonographe* apresenta ainda as cores das etiquetas, indicadoras de preço, cujos códigos variavam um pouco de gravadora para gravadora.

O livro Disques: repertoire critique du phonographe apresenta ainda as cores das etiquetas, indicadoras de preço, cujos códigos variavam um pouco, de gravadora para gravadora: B (bleue); Blanche; Brune; C (bleue ciel); Ch (chamois); M (marron); Mauve; Multic., bord bleu (multicolore, bord bleu) N (noire) Or Orange R (rouge) V (violette) V ou G (verte ou grenat); Vert pâle. Oneyda Alvarenga trabalhou com esses elementos e códigos na rotina de aquisição de discos e é por isso que eles são mencionados aqui.

Oneyda Alvarenga trabalhou com esses elementos e códigos na rotina de aquisição de discos e é por isso que eles são mencionados aqui.

Fazem parte da obra de Charles Wolff textos vários de autoria de outros profissionais ligados à música e gravações, sobre o uso de discos, qualidade sonora dos registros mecânicos, composições francesas e outros aspectos relacionados ao tema. É o caso do artigo de Robert Caby,[120] *L'Education par le Disque* extraído de *L'Humanité*. Este autor se refere ao preço alto do disco, sem deixar de ressaltar sua importância como meio de educação – e por isso, apesar de caro, não seria "um luxo". E aponta seu uso já nas escolas da França, para o ensino de poesia e música. Lembra, em seguida que, se a aquisição de cinco ou seis discos por mês seria muito pesada para o orçamento de uma família da U.R.S.S., os jovens poderiam se reunir em clubes, por exemplo, e, além de compartilhar os mesmo discos, encontrar novas amizades. Citando obras como a *Symphonie Fantastique*, de Berlioz e *Nocturnos*, de Claude Debussy, o autor toma suas gravações como exemplos de excelência, pela gravadora Odeon, incentivando os amantes da música erudita a ouvirem esses discos. Recomenda também a audição do registro realizado pela Coluna Orquestra, a *Marche Joyeuse*, de Emmanuel Chabrier.

A seguir, o autor fala de três gravações de autoria francesa, pela marca Gramophone (Debussy) – faz uma ressalva, já que critica a qualidade de gravações anteriores dessa marca. Mostrando a melhoria do processo de gravação, Robert Caby vai elogiar *Nocturnes*, de Debussy. O autor escreve sobre a gravação da obra *Nuages*, que evoca de fato o que o autor de *Pelléas* quis expressar. E admirado com o efeito forte de vozes femininas em algumas composições – *Sirènes*, de Debussy; o coro da música de Chabrier, os coros de *Les Choéphores*; o de *Les Euménides*, de Milhaud – fecha sua crônica com a frase: "Miracles di disque de cire...".

Ora, Oneyda, aproveitando os "milagres do disco de cera", bem que apresenta *Sirènes*, de Debussy, no 48º Concerto de Discos, do dia 04 de março de 1942. Mas usa a gravação da Odéon, código O. 123668, interpretada pela Grande Orquestra dos Festivais Debussy, com vozes femininas,

---

120 WOLFF, *op. cit.*, p. 351.

Oneyda Alvarenga   165

conduzida por D. E. Inghelbrecht, como se verá abaixo, nos Programas da Discoteca. E Mario de Andrade havia referenciado a composição entre os *Noturnos*, em seu *Compêndio*.[121]

Outro artigo que Charles Wolff achou por bem incluir em seu livro é o de autoria de Pierre Mac-Orlan, intitulado *Disques*, retirado de *Le Crapouillot*.[122] Pierre Mac-Orlan começa abordando a evolução dos aparelhos toca-discos, sua qualidade espantosa para "nós, homens de 1927"!... Homens costumeiramente *blasés*, a quem esses aparelhos que funcionam com "agulha" podem proporcionar "emoção", "dando à nossa vida um *elan*"... E passa a tratar do prazer que podem proporcionar audições de discos. Mas note-se a ênfase que dá ao canto popular, bem no diapasão do momento (décadas de 1920 e 1930) – no mesmo tom que Mario de Andrade conceberia a função de uma discoteca pública: a música popular teria para ele um poder atraente singularmente contagioso. Os povos se deixariam atrair, sem compreender o extraordinário sentimento nacional contido na canção entoada por meninas, marinheiros, operários, soldados, crianças e às vezes por pessoas marginalizadas da sociedade. E escreve a partir de suas impressões pessoais, afirmando que quando fazia funcionar seu toca-discos, não ouvia "música clássica", isto é, a música como uma arte, mas ouvia "a planície que vem de longe como o vento passa ao longo das linhas ferroviárias"; a emoção de uma canção folclórica transmitida por uma voz inglesa seria diferente da emoção expressa por uma voz francesa, como de uma *Mlle. Mistinguett*, por exemplo; um coro popular russo teria sua qualidade nacional, ao expressar uma melancolia exclusivamente russa; a voz profunda e quente de uma mulher negra; a voz do gaúcho que traz o ritmo do tango... enfim, o autor faz menção ao nacional contido em cada música, conforme a origem expressa nas gravações. Pierre Mac-Orlan ainda comparava o poder de evocar a "sentimentalidade de uma raça" contido na literatura de cada país, por meio de características identificadoras, com o igual poder que residiria na música nacional. Procurando mostrar que

---

121   ANDRADE, Mario de. *Compêndio de história da música*. 2ª. ed. São Paulo: Casa Editora Musical Brasileira, 1933, p. 153.

122   WOLFF, *op. cit.*, p. 362.

naquele momento já havia condições para isso, as pessoas deveriam escolher seus discos como escolhiam seus livros. Ele também alertava para a existência de "maus discos, como da existência dos maus livros". Enquanto a literatura se situa nitidamente numa época, ajudando a aprofundar ou desenvolver um ideal social, penetrando os leitores aos poucos, basta um olhar a um catálogo de discos novos para que "nosso espírito se encha de ímpeto". Ele afirmava que os "bons" discos seriam os reflexos da "sentimentalidade de um povo.. Note-se que ele não afirma que é a música que traduz esses reflexos – mas o disco.

Ainda o artigo de Henry Poulaille[123] publicado no periódico *Monde* e cujo título era "*Musique*" *et Musique savante* fala diretamente a interesses comuns a Mario de Andrade, Oneyda Alvarenga e a todos os que buscavam seduzir amantes da música erudita, tateando caminhos nebulosos, em meio à mistura de gostos dos leigos: não se sabe nunca até que ponto vai a elasticidade da aceitação, ou mesmo de um surpreendente refinamento do ouvinte; fala dos métodos de persuasão ao ouvinte leigo, diante da fragilidade da educação por audição de música mecânica, uma vez que o próprio ouvinte pode se dispersar e simplesmente desligar o toca-discos. (No caso da recomendação de Mario de Andrade a Luciano Gallet,[124] que ouvisse muita música mecânica, vai uma longa distância: Luciano Gallet era compositor profissional e o treino do ouvido em constantes práticas de observação de gravações, na opinião de Mario de Andrade, era fundamental. E não haveria nenhuma relação entre a audição do músico brasileiro e a audição despreocupada de iniciantes.) Henry Poulaille achava que se um disco fosse bem de propriedade de uma pessoa (presenteado a essa pessoa, por exemplo), ela se esforçaria por ouvir e apreciar a gravação. Narrando por si, a partir de experiência pessoal, o autor afirma: "A educação musical do leigo deve ser feita sem rispidez". Em seu caso pessoal, Poulaille não gostou imediatamente de Manuel de Falla e Stravinsky: foi preciso empenho de sua parte.

---

123 *Ibidem*, p. 370.

124 TONI, Flávia Camargo. *A música popular brasileira na vitrola de Mario de Andrade*. São Paulo: SENAC, 2004, p. 26.

De forma bem parecida com o que vai escrever Murilo Mendes, mais de uma década mais tarde, em suas críticas no jornal *A Manhã* – que posteriormente reunidas originariam o livro *Formação de discoteca e outros artigos sobre música*, – o pequeno livro que Mario de Andrade comprou, de autoria do espanhol Arias Gómez,[125] intitulado *El gramófono moderno*, aborda o mesmo tema. O que a princípio pode parecer um texto técnico sobre gramofones se revela fonte de indicação de boa parte da discografia que ganhou vida ativa na Discoteca Pública de São Paulo e em seus Concertos de Discos. São várias páginas que, embora não mostrem o mínimo sinal de anotações de Mario de Andrade às margens do texto, podem ser comparadas, em muitos pontos, à discografia constante do *Compêndio de História da Música*, do musicólogo – e que Oneyda Alvarenga utilizou o quanto pôde, em seus programas dirigidos aos ouvintes do auditório. E, como fará didaticamente Murilo Mendes, mais tarde, Arias Gómez também procura reunir grandes grupos de interesse ao aficionado que deseja formar uma discoteca selecionada:

I. Discos de banda

II. Discos de orquestra

III. Discos de música instrumental

IV. Discos de música vocal

V. Discos de música de câmara

Há ainda indicação de bibliografia fonográfica, ao final do livro, na qual o autor sugere títulos de revistas especializadas de vários países. Mas na coleção Mario de Andrade, alojada na Biblioteca do Instituto de Estudos Brasileiros, não consta nenhuma delas.

Cumpre ainda lembrar que, a respeito de coleções bibliográficas sobre biografias de compositores, há menção na *Revue Musicale*,[126] pertinente à coleção assinada por Mario de Andrade, a uma breve resenha assinada por "A. G.". Por mais resumida que seja a nota, classificada em "Variedade", observa-se que havia, à época, interesse nos estudos de autores musicais franceses, uma vez que W. W. Stassoff, bibliotecário-chefe da Biblioteca Imperial de

---

125 ARIAS GÓMEZ, José. *Gramófono moderno*. Bilbao: Espasa-Calpe, 1931. 163 p.

126 ARIAS GÓMEZ, José. Gramófono moderno. Bilbao: Espasa-Calpe, 1931, p. 163.

Petrogrado e admirador da música contemporânea (Balakireff, Cui, Borodine, Moussorgsky e Rimsky-Korsakoff), escreveu três volumes sobre compositores como Mozart, Beethoven, Lully, Rossini... – enfim, sobre todos os grandes músicos eruditos conhecidos na Europa. Inclusive, o foco da *Revue Musicale* nesta coleção de Petrogrado se deve ao destaque que Stassoff deu, em seus estudos, a autores franceses como Berlioz, por exemplo.

Catálogos de discos

Procurando se atualizar nos assuntos *fonógrafo, discografia, discotecas* e *história da música,* já com viso na preservação da memória musical, ao mesmo tempo que lia autores estrangeiros (ou até um pouco antes, como se pode perceber pela data de edição de catálogos de gravadoras), Mario de Andrade adquiria catálogos de discos a fim de formar sua discoteca pessoal e se pode ver que muitas gravações constariam também da Discoteca Pública Municipal – principalmente as eruditas. No catálogo de discos da gravadora Victor,[127] de 1927, Mario de Andrade assinala gravações como:

> Barítonos, Discos por – *Véanse los discos por "Amato", "Badini",* [...] *solos de barítonos por solos de barítonos que se encuentran bajo en encabezado de las óperas.*
> Barth, Hans, Pianista
> Al Mar (MacDowell) [código da gravadora]
> Baile de Brujas [código da gravadora][...]
>
> Bauer, Harold, Pianista
> [lista de obras, inclusive do século XVIII]
>
> Discos por la Orquesta Sinfónica de Boston
> [Aqui, em ordem alfabética, Mario de Andrade elege obras de Gluck, Korsakow, Scarlatti, etc.]

---

127 CATALOGO DE DISCOS VICTOR 1927 COM MATERIAL BIOGRAFICO, ANOTACIONES SOBRE OPERAS, FOTOGRAFIAS DE ARTISTAS Y OTRA.... New Jersey: Victor Talking Machine, 1931. 312 p.

Apesar do catálogo privilegiar a divisão por intérpretes, Mario de Andrade escolhia obras. Ele prossegue, no mesmo catálogo:

> Schumann – Concerto em Lá Menor para piano e orquestra, op. 54
> Tschaikowsky – Concerto para violino

Mais adiante:

> Discos do Coro Sixtino (Cantados em latim)
> Adeste Fideles
> Exultate Deo
> Ave Maria
> O Salutaris Hostia
> Laudate Dominum
> Tenebrae Factae Sunt
> etc...

Do intérprete Cortot, Mario assinala uma vasta quantidade de gravações, referentes a obras de Liszt, Verdi, Albéniz, Mendelssohn, Saint-Saëns, Franck, Chopin etc. No caso, parece que Mario de Andrade não só se interessou pelas obras, como também pela interpretação. De Chopin, ele assinala todas as gravações; as Danças Húngaras de Brahms; todas as gravações de Debussy disponíveis no catálogo. As obras eruditas assinaladas no catálogo de 1927 estão incluídas na discografia do *Compêndio de História da Música*. Se a primeira edição dessa obra é de 1929, por que a discografia só será adicionada à segunda edição, de 1933? Pode ser porque Mario de Andrade só tenha adquirido o catálogo poucos anos depois de seu lançamento. Ou talvez a ideia da discografia numa edição fosse novidade – o livro *Histoire de la musique avec l'aide du disque suivie de trois commentaires de disques avec examples musicaux* de Coeuroy e Jardillier é de 1931.

Também o catálogo da gravadora Parlophon,[128] que traz na capa não só a informação: "Discos publicados Julho 1928 – Junho 1929", como ainda o

---

128 PARLOPHON CATÁLOGO GERAL DOS DISCOS JULHO 1928 – JUNHO 1929. Rio de Janeiro: Papelaria Meier, 19--. IV.

manuscrito a lápis de Mario de Andrade "Lido prá Discoteca". A clareza da letra do musicólogo parece mais uma pista para pesquisadores futuros, do que uma informação para ele mesmo se lembrar – ou seria para a Discoteca Pública?[129] Depois de assinalar gravações de música popular brasileira (tangos, maxixes, foxtrots, sambas e emboladas nortistas da "Orchestra Pexinguinha-Donga", canções, canções sertanejas, valsas e choros), o musicólogo traça uma linha sinuosa a lápis (grafite) e escreve (também com grafite): "Veja em seguida Discos Artísticos", indicando que se deveria ignorar o intervalo de páginas a seguir, onde estavam os códigos e informações sobre gravações de discos populares estrangeiros, e passar às gravações de óperas italianas – aquelas óperas de Puccini, Verdi, Leoncavallo – tão odiadas por Mario de Andrade e sua discípula Oneyda Alvarenga. Mario de Andrade, no entanto, assinala gravações de óperas italianas – das mais atraentes ao grande público: Cavalleria Rusticana, Tosca, La Bohème, Rigoletto... Também assinala gravações de Wagner, algumas de Beethoven, Grieg, Mozart, Saint-Saëns e coros de cossacos. Mario de Andrade, no entanto, assinalou todas essas gravações com lápis vermelho, o que pode significar que escreveu na capa do catálogo e a indicação de se passar diretamente às gravações de discos artísticos num momento posterior. Leva a crer que visaria a formação de acervo de sua discoteca particular e, depois, da Discoteca Pública Municipal.

No Catálogo geral da gravadora Odeon,[130] 1929-1930, Mario de Andrade vai assinalar muitas gravações de música popular brasileira – aquelas que ele ouviria em sua vitrola. Na página dos choros brasileiros, o musicólogo escreve a lápis, na margem inferior: "Chôro parece indicar idea de solo e acomp. pequeno [?], pra populares V. toda esta serie". São quatro choros de Pixinguinha,

---

129 Na verdade, depois que Oneyda Alvarenga é chamada a assumir o cargo de direção da Discoteca Pública, o livro Cartas: Mario de Andrade, Oneyda Alvarenga apresenta uma lacuna cronológica, entre 1935 e 1938, isto é, até Mario de Andrade se transferir para o Rio de Janeiro, quando o registro de correspondências entre eles se retoma. É evidente que essas informações sobre política da formação de acervo e aquisição de material sonoro foram passadas a Oneyda Alvarenga por Mario de Andrade, pessoalmente, tão logo a Discoteca foi criada (1935.)

130 CATALOGO GERAL 1929-1930. Rio de Janeiro, Odeon, 19-?.

Oneyda Alvarenga   171

interpretados por ele mesmo, com acompanhamento de violão e cavaquinho; três choros de Luiz Americano, também interpretados pelo compositor, com acompanhamento de piano e banjo e um choro de Dermeval Netto, interpretado por D. Guimarães, com acompanhamento de piano e banjo.

Quando se faz comparação entre a discografia do *Compêndio de História da Música*, edição de 1933, com o catálogo da gravadora Victor,[131] de 1930, fica muito visível que Mario de Andrade assinalou e adquiriu muitas das gravações indicadas. A edição anterior do *Compêndio de História da Música* foi de 1929; o musicólogo vai citar códigos das gravações correspondentes aos do catálogo Victor Records na edição de 1933. Assim, por exemplo, no catálogo[132] estão muitos dos códigos de gravações de obras de Liszt, como algumas das *Rapsódias Húngaras* que constam do *Compêndio*. Ainda nesse catálogo de 1930,[133] se encontram algumas das Sonatas de Beethoven que estão indicadas na discografia da publicação, algum *Quarteto* de Schubert[134] e a *Suíte em Si Menor*, de Bach, que Mario de Andrade encontrou no catálogo Victor[135] e citou em seu *Compêndio*[136] – que Oneyda Alvarenga usa no repertório de seu 8º Concerto de Discos, de 05 de setembro de 1938. Ela usa, neste caso, a mesma gravação, da Victor. Nem sempre é assim, porque nem sempre a Discoteca Pública Municipal pôde ou optou por adquirir as mesmas gravações citadas por Mario de Andrade (e que ele havia adquirido para sua discoteca particular). Mas se vê que a discografia é praticamente a mesma, independentemente da gravadora – a não ser naqueles casos mais recentes, quando Mario de Andrade já havia morrido e Oneyda Alvarenga continuou o trabalho de pesquisa, principalmente ao acompanhar os rumos e as novidades da música

---

131 EDUCATIONAL CATALOG AND GRADED LIST OF VICTOR RECORDS FOR HOME, SCHOOL AND COLLEGE. New Jersey: RCA Victor, 1930.

132 *Ibidem*, p. 68.

133 *Ibidem*, p. 105.

134 *Ibidem*, p. 106.

135 *Ibidem*, p. 59.

136 ANDRADE, Mario de. *Compêndio de história da música*. 2ª. ed. São Paulo: Casa Editora Musical Brasileira, 1933, p. 88.

erudita contemporânea, a fim de incorporar essas composições ao acervo da Discoteca e aos programas de suas audições didáticas de discos. Esse catálogo Victor Records, de 1930 vem a ser, então, uma das principais fontes utilizadas por Mario de Andrade antes da criação da Discoteca Pública Municipal, dada a quantidade de obras assinaladas por ele e que correspondem às suas indicações discográficas, na 2ª edição do *Compêndio*.

Ainda da Odeon, pertence à coleção Mario de Andrade o catálogo de discos de 1931,[137] também listando gravações de música popular brasileira: marchinhas, cocos, emboladas, canções, modas de viola, discos humorísticos etc. Também ressalta os intérpretes, como Elsie Houston, Stefana de Macedo –, entre muitos outros. Não há anotação marginal de Mario de Andrade. Inclusive há duas páginas coladas que ele sequer abriu.

Outro catálogo que Mario de Andrade possuía era o da gravadora Odeon,[138] de 1934, um ano antes da criação da Discoteca Pública Municipal. Trata-se de uma vasta listagem de gravações nacionais e estrangeiras. Todos os gêneros são abrangidos: eruditos, populares (canções, cançonetas cômicas, valsas, tangos, sambas, emboladas, choros, foxtrots etc.). Não há nenhuma anotação marginal feita por Mario de Andrade, no entanto.

Além disso, Mario de Andrade possuía *La antología sonora*, de Antonio Camarasa.[139] livreto em que, além da explicação quase poética sobre a *Antología Sonora*, coleção de discos produzida na Argentina, sob a direção de Curt Sachs – como Curt Lange, também musicólogo alemão migrado para a América (com a diferença de que Sachs fugiu do regime nazista e, passando pela França, seguiu depois para a Argentina). Nesta pequena obra, com dedicatória do autor a Mario de Andrade, se encontra o pensamento que levou à criação dessa coleção, pensamento cuja base era a preocupação com a fugacidade da música, a fragilidade expressiva da partitura com o passar dos anos (dada a precariedade trazida pela

---

137 CATALOGO GERAL DOS DISCOS BRASILEIROS. São Paulo: Columbia, 1931. 103p.

138 CATALOGO DE DISCOS NACIONAES E ESTRANGEIROS ODEON. Rio de Janeiro: Casa Edison, 1934.

139 CAMARASA, Antonio. *Antología sonora*: una magnifica empresa en el mundo de la música. Rosario: Ed. del autor, 1937.

Oneyda Alvarenga 173

falta de precisão da execução, obscurecida muitas vezes, pela distância dos séculos). A preservação, neste caso, também se referia à história da música – e neste mesmo livrinho Mario de Andrade e Oneyda Alvarenga – a edição sendo de 1937, a Discoteca Pública já estava catalogada e inaugurada – puderam encontrar as mesmas obras que Oneyda usava em seus Concertos de Discos, quando queria dar a conhecer ao público ouvinte tanto Couperin; pavanas do século XVI; música instrumental (alaúde, por exemplo) etc., quanto base para continuar tecendo textos sobre história social da música (essa face *social* permeando seus concertos e palestras era preocupação perene de Oneyda Alvarenga). Entre outras informações, Antonio Camarasa explica cuidadosamente que cada grupo de intérpretes era formado por membros solidamente formados e conscientes da importância da execução o mais fiel possível das músicas de outras épocas, assim como os instrumentos antigos deixariam de ser peças de museus para recobrar suas vidas – tudo isso por meio das gravações de discos. (Muito mais tarde, segundo o musicólogo Nicholas Cook, a questão de interpretações "históricas" ou "ahistóricas" que emanaram dos meios acadêmicos nos anos 1950, 60 e 70 – principalmente-, depois de pesquisas dos etnomusicólogos *in loco*, com a descoberta e a divulgação de instrumentos de países e tempos distantes e muitos estudos mais, fazia ver que a música estava circunscrita a uma realidade musical de uma sociedade pluralista. A partir dos anos 1970, quando os pesquisadores, mesmo sem querer, se envolveram no contexto político, grupos que tocavam composições renascentistas e medievais fizeram a interpretação chamada "historicamente informada", num movimento que trouxe à tona instrumentos étnicos – veja-se aí a relativa proximidade com a coleta dos instrumentos de candomblé, umbanda e de manifestações outras da música folclórica que a Missão de Pesquisas Folclóricas trouxe para a Discoteca de São Paulo, em 1938.)[140]

---

140 Ao se ocupar do pensamento do musicólogo norte-americano Joseph Kermann, Nicholas Cook classifica seu trabalho Musicologia como uma espécie de História Social da Musicologia. Kerman criticava a musicologia como estava, e um dos flancos que atacava eram os estudos das circunstâncias sociais e históricas que deram lugar à música. Segundo Cook, a academia julgava simples e possível a interpretação das obras musicais dos séculos anteriores ao XX. Foi só com interpretações eruditas gravadas nos anos 1950/60 e com o advento da contra-cultura da década de 1970 que grupos de estudiosos

Na biblioteca de Mario de Andrade se encontra também o *Catalogue of Latin American and West Indian dances and song in the Record Collection*, de Evans Clark.[141] Como essa obra é pessoal de Mario (e não da Discoteca Pública Municipal) e a edição é de 1942, contendo gêneros brasileiros, argentinos, cubanos... com índices de títulos, intérpretes e códigos das respectivas gravadoras, pode ser que parte dessas obras indicadas no catálogo já fizessem parte da Discoteca Pública Municipal. O catálogo provavelmente estaria na biblioteca de Mario de Andrade como obra de referência de músicas e danças populares.

Assim, à luz das pesquisas de Mario de Andrade, se entende melhor o que se passou no episódio das críticas do escritor à programação da Rádio Educadora paulistana, como se observará adiante, já que ele estava imbuído de critérios há tempos. Ao eco de todas essas leituras que Mario de Andrade realizava, como vimos acima, de edições de 1929, 1930, 1935... até os anos 1940, pouco antes de sua morte, todos esses livros e periódicos estrangeiros sobre veiculação da música erudita pelo rádio, aprimoramento do ouvinte pela audição de discos, criação de discotecas e qualidade da programação educativa do rádio... podemos atentar para um conjunto de seis artigos escritos pelo musicólogo no intervalo compreendido entre 04 e 11 de janeiro de 1931, publicados no *Diário Nacional*.[142]

---

dedicaram maior cuidado à pesquisa das músicas do passado, os chamados "intérpretes históricos". No entanto, a questão da "autenticidade" acendeu um dos maiores debates na área da musicologia e crítica, porque ela podia estar na verificação de tratados históricos, como também na base de uma questão que se tornava ética, quando se levantava a questão de ser ou não honesto aquele que interpretava Bach ao piano. Segundo Cook, a interpretação histórica acabou prevalecendo nos meios acadêmicos, ganhando espaço pelo tempo afora. Mas especialistas refutaram a total fidelidade das interpretações históricas, alegando que seria impossível se saber exatamente como se tocava (ou se cantava) antes do século XX, por simples ausência de instruções textuais. In: COOK, Nicholas. *De Madona al canto gregoriano*: uma muy breve introducción a la música. Madri: Alianza, 2005, p. 112-31.

141 CLARK, Evans. *Catalogue of latin american and west indian dances and songs in the Record collection*. Nova Yorque: S.N., 1942.

142 ANDRADE, Mário de. *Taxi e crônicas no Diário Nacional*. São Paulo, Livraria Duas Cidades, Secretaria da Cultura, Ciência e Tecnologia, 1976, p. 303-19.

Trata-se de uma saraivada de críticas cada vez mais indignadas do escritor à programação da Rádio Educadora Paulista. Toda a reviravolta política ocasionada pela Revolução de 1930 lançava estilhaços para vários planos da vida. O plano cultural, no artigo de 04 de janeiro, mal contido em suas observações, Mario de Andrade critica a programação de péssima qualidade da música "séria" e da música "ligeira" que iam ao ar – para o Brasil e para além de seu território. Esse ir além do território nacional mais agravou a situação, quando ficamos sabendo, pelo artigo de 07 de janeiro,[143] que o diretor artístico da Rádio Educadora Paulista usou os microfones da emissora para "passar uma descompostura larvar" no poeta. Até então, Mario de Andrade reclamara veladamente da substituição do maestro Baldi pelo igualmente italiano maestro Manfredini. A partir daí, Mario de Andrade ataca mais e mais francamente toda a situação: a troca da diretoria artística da Sociedade Radioeducadora; a postura dos diretores e alguns músicos envolvidos; a inclusão de comerciais ridículos em horário de música erudita etc. – vale a pena ler a sequência de artigos. Porém convém enfocar aqui a preocupação de Mario de Andrade, voltada para a programação musical que um "organismo social" e "representativo do povo"[144] veiculava. Em "Música de pancadaria": rádio, polêmicas, cartas etc., Marcos Antonio de Moraes[145] indica a existência, no Arquivo Mario de Andrade, do Instituto de Estudos Brasileiros da Universidade de São Paulo, de cartas de pessoas indignadas, à época, que tomaram o partido de Mario de Andrade. O conteúdo dessas cartas deixa entrever o teor de violência do discurso do diretor da rádio em resposta à crítica de Mario de Andrade – e que chocou as pessoas –, assim como a repugnância dos ouvintes pela espécie de propaganda veiculada em horário do jantar, além de confirmar que muitas pessoas aderiram à opinião de Mario de Andrade.

Quando refazemos todo o caminho de Mario de Andrade leitor daquelas publicações mencionadas acima (antes e depois do episódio dos artigos de 1931), entendemos muito melhor a dimensão de sua indignação, frente aos

---

143 *Ibidem*, p. 305-6.

144 Termos empregados pelo autor.

145 MORAES, Marcos Antonio de. "Música de pancadaria": rádio, polêmicas, cartas etc. In: *Calendário de Cultura e Extensão*, São Paulo, p. 2-3, ago. 2002.

176 VALQUÍRIA MAROTI CAROZZE

critérios (ausência deles, no caso) de escolha das programações musicais que iam ao ar, na rádio paulista.

E os artigos que compreenderam o tema foram redigidos justamente no início do ano em que Oneyda Alvarenga ingressou no Conservatório Dramático e Musical de São Paulo, aos dezenove anos de idade. Dali a quatro anos a moça se tornaria a diretora da Discoteca Pública Municipal. Essas distâncias pequenas de tempo separariam coisas que ninguém esperava: Mario de Andrade, contendor no jornal em 1931, em 1935 teria autonomia para determinar a criação de uma Rádio-Escola, que divulgaria finalmente o conteúdo musical pelo qual o modernista lutava; mesmo a Rádio-Escola não chegando a existir, outro fato inesperado... Oneyda Alvarenga, em 1938, assumiria a responsabilidade pela programação de Concertos de Discos que Mario de Andrade idealizava, em 1931, como instrumentos de excelência para a formação do ouvinte. Vê-se forçosamente que o resultado das leituras de Mario de Andrade, por meandros os mais acidentados, surtiriam efeitos de maior ou mais limitado alcance, num prazo que nenhum Danton Vampré, nenhum Manfredini poderiam prever. Nem Mario de Andrade poderia prever que, quando Oneyda Alvarenga iniciasse suas concepções de programas de Concertos de Discos com fins didáticos, ele próprio estaria alijado de seu cargo de diretor do Departamento de Cultura e morando no Rio de Janeiro tudo andava instável. Mesmo assim, não é demais lembrar que a diretora da Discoteca Pública Municipal conseguiu continuar com suas apresentações de audições públicas, enveredando pelas décadas de 1940 e 1950 afora.

DISCOTECA DO URUGUAI, POR FRANCISCO CURT LANGE

O trecho abaixo foi transcrito do texto de Francisco Curt Lange, quando este esclarece sobre a organização e funções da Discoteca criada no Uruguai:

DISCOTECA DE OBRAS LATINO-AMERICANAS[146]

---

146 Ver trecho do livro onde se menciona a educação do Uruguai como modelo para a brasileira. Em todos os âmbitos da educação – nos dois países – havia, por um lado, a intervenção forte de um Estado controlador; por outro, a vertente onde se encontrava

Oneyda Alvarenga 177

> A discoteca será organizada para servir de orientação e estudo para as finalidades de pesquisas sobre evolução musical no Uruguai e na América Latina, respondendo à necessidade de dar a conhecer primeiramente os mais importantes aspectos do folclore dos demais países e às interpretações diversas que em tal sentido se fizeram (...)
> Deseja-se reunir na Discoteca material que represente tanto as manifestações artísticas como as populares e nativas em seu aspecto mais puro. (...) serão feitas consultas aos colaboradores dos respectivos países, esperando-se ainda uma colaboração estreita da parte dos governos e casas publicadoras. Havendo-se chegado a um número conveniente de obras, terá procedimento a publicação de um catálogo, com o que se propõem propósitos de divulgação [de fontes de pesquisa][147]

Curt Lange[148] usou discos que adquirira quando organizou a Discoteca Nacional para ensinar aos alunos o som de cada instrumento da orquestra. Isso quer dizer que ele já havia provido o acervo antes. Nem se cogitava dar aulas sem discos e material fonográfico organizado. Quando comprou tais discos no meio da grande quantidade adquirida, Lange ainda não sabia que iria utilizá-los. Mas previu que seriam úteis. Esses discos a que se refere no artigo foram gravados em 1928, não tão bons quanto os gravados na época em que redige o texto. Mas havia a conveniência de, a cada trecho interpretado por determinado instrumento, o trecho seguinte, executado por outro, utilizar o mesmo tom do final do trecho tocado pelo anterior, para melhor frisar a diferença entre eles. Por razões didáticas justificava-se a existência de uma discoteca:

Curt Lange, alemão naturalizado uruguaio, com sua preocupação didática de erradicar a lacuna de conhecimento na área musical.

147 LANGE, Francisco Curt. *Americanismo musical*: la sección de investigaciones musicales, su creación, propósitos y finalidades. Montevideo: Inst. de Estudios Superiores, 1934, p.22-3.

148 *Idem*. Fonografía pedagógica II: iniciación artística musical em liceos. In: *Boletín Latino Americano de Música*. Montevideo: Peña, 1935. Tomo I, Año I,. p. 197-262.

> Uma discoteca convenientemente selecionada e organizada pode facilitar o conhecimento da literatura musical do mundo inteiro e explicações adequadas ao termo médio da cultura dos ouvintes, estariam destinados a estabelecer o ambiente indispensável no qual deve-se desenvolver uma audição.[149]

Comparando a educação musical do Uruguai – que ele via como uma possível nação música, apesar do "atraso" em que se encontrava – com a da Alemanha e da Áustria[150] – países que, na época, estavam à frente, neste assunto –, Curt Lange[151] acreditava que os liceus deveriam dar uma educação musical adequada à idade e nível de conhecimento aos jovens (que já se moviam, com essa idade, num ambiente em que podiam alargar seus conhecimentos). Assim, entrariam eles na universidade com outra formação. Acreditava que o liceu deveria ensinar musicalmente o que não se estudaria mais na universidade.

> Na Europa e especialmente na Alemanha o disco constitui há tempos um elemento indispensável para a educação cultural dos alunos escolares e ginasiais. C. Lange elege a audição de discos como o melhor meio de se ensinar a gostar de música.[152]

Lange cita Goethe,[153] em relação ao ensino de música (Goethe atribuía à música condição essencial para formação cultural de uma pessoa). Por isso, os estudos de Mario de Andrade sobre "Goethe e múscia". Há musicalidade nos versos de Goethe que permitiram sua musicalização por compositores da época.

Sobre os fracassos das ideias postas em prática, no campo do ensino musical, Curt Lange aponta como causas a falta de compreensão, pouca importância dada ao ensino de música, aliada à rivalidade e oposição às ideias de

---

149 LANGE, *op. cit.*

150 *Ibidem*, p. 205-7. Na época o disco era visto por gravadoras, escolas e instituições da Europa como elemento pedagógico de grande (eficiente) alcance.

151 *Ibidem*, p. 171-2.

152 *Ibidem*, p. 207.

153 *Ibidem*, p. 207.

Oneyda Alvarenga   179

algumas pessoas. O musicólogo alemão escreve: "...os acontecimentos sociais e políticos imprimem sempre uma fisionomia especial a toda época artística, a todo músico, a todo gênero musical".[154]

A visão de Curt Lange é a de Oswaldo Spengler (estudo da História), das causas e efeitos dos movimentos artísticos de cada época – é assim que pensa fazer compreender-se bem a música.

Curt Lange enviou uma carta ao diretor do Liceo "José Enrique Rodó", Don Armando Acosta y Lara, recomendando regras de ensino musical. Neste documento, fala da necessidade de haver uma "pequena biblioteca", ainda que organizada pelos próprios alunos. Embora não tenha dado muita ênfase à biblioteca, sempre há o reconhecimento da necessidade de apoio bibliográfico ao ensino de música.[155]

Curt Lange cita ainda o trabalho escrito pelo prof. Eduardo Salterain de Herrera. A primeira conclusão do autor, relacionada ao ensino de música em escolas, é de que se deve lançar mão da audição de discos.[156]

Na década de 1930, Mario de Andrade se alarmava com o poder destruidor da mídia sobre as manifestações mais primitivas, espontâneas, do Brasil. Mais do que nunca o registro em documentos audiovisuais e também bibliográficos tornava-se importante. Em 1934, Curt Lange também alertava para o mesmo problema: a penetração do rádio, fosse na própria residência das pessoas, onde elas ainda teriam controle sobre o que ouvir ou não, fosse – mais desastrosamente – em todos os ambientes públicos. Curt Lange especifica até o tempo de programação diária (16 horas), na época. O rádio era, então, meio difusor da cultura estranha, nessa explosão de produção de música "mecânica", comercial. Curt Lange via nisso um perigo que rondava a cultura nacional e continental, uma vez que, sob influências estrangeiras, "a evolução

---

154   *Ibidem*, p. 207.

155   *Ibidem*, p. 205-7.

156   *Ibidem*, p. 198.

artístico-musical latino-americana se encontrava não apenas detida, senão ameaçada por uma série de valores novos, não previstos ainda".[157]

Parece que essa foi uma consternação geral, por parte daqueles que se ocupavam com a preservação da música nacional. García Canclini escreve:

> Impressionados com o crescimento súbito de leitores de jornais e revistas, da audiência de rádio (...), os comunicólogos acreditaram que as transformações simbólicas eram um conjunto de efeitos derivados de maior impacto quantitativo da informação. (...) A industrialização e a urbanização, a educação generalizada, as organizações sindicais e políticas foram reorganizando de acordo com as leis massivas[158] a vida social desde o século XIX, antes que aparecessem o rádio e a televisão.[159]

A citação é longa. Mas vem a ser ilustrativa, no caso. O aspecto do rádio não só preocupava Curt Lange, que o via, ao mesmo tempo, como arma de luta contra a perda das raízes musicais da América – ao disseminar músicas de outras culturas – e de instrumento a favor da disseminação da educação musical gratuita, incutindo o conhecimento da música erudita. Além disso, o texto de García Canclini mostra como o uso estratégico do rádio pode ser percebido sob pontos de vista até contraditórios:

> (...) Na América Latina as transformações promovidas pelos meios modernos de comunicação se entrelaçam com a integração das nações. (...) Se fazer um país não é apenas

---

157 *Idem*. Americanismo musical. In: *Boletín Americano de Música*. Montevieo: Lumen, 1936, p. 118.

158 Não se pode "atribuir aos meios eletrônicos a origem da massificação das culturas populares. Esse equívoco foi propiciado pelos primeiros estudos sobre comunicação, segundo os quais a *cultura massiva* substituiria o culto e o popular tradicionais. Concebeu-se o 'massivo' como um campo recortável dentro da estrutura social, com uma lógica intrínseca, como a que tiveram a literatura e a arte até meados do século XX: uma subcultura determinada pela posição de seus agentes e pela extensão de seus públicos". In: GARCÍA *op. cit.*,p.255.

159 *Ibidem*, p. 256.

Oneyda Alvarenga 181

> conseguir que o que se produz numa região chegue a outra, se requer um projeto político e cultural unificado, um consumo simbólico compartilhado que favoreça o desenvolvimento do mercado, a integração propiciada pelos meios de comunicação não contribui casualmente com os populismos nacionalistas. Para que cada país deixe de ser "um país de países" foi decisivo que o rádio retomasse de forma solidária as culturas orais de diversas regiões e incorporasse as "vulgaridades" proliferantes nos centros urbanos.[160]

Como se sabe, Mario de Andrade, quando diretor do Departamento de Cultura de São Paulo, não fez outro trabalho, senão o citado acima, ao promover o Congresso da Língua Nacional Cantada, em 1937, como também ao criar o museu da palavra.

CARLETON SPRAGUE SMITH: A VISÃO DE MAIS UM MUSICÓLOGO ESTRANGEIRO SOBRE ACERVOS MUSICAIS

Antes de dar continuidade à descrição das discotecas públicas da América do Sul, será preciso apresentar e analisar o perfil de Carleton Sprague Smith, cujo texto foi usado como base para fazer a abordagem destas discotecas, nas décadas de 1930 e 1940.

Carleton Sprague Smith era um musicólogo e adido cultural dos Estados Unidos – ao qual se fará referência novamente, neste trabalho, quando for abordada a Seção de Música da Biblioteca Nacional do Rio de Janeiro – que, como Francisco Curt Lange, dava suma importância à organização (catalogação) de discotecas e bibliotecas, enfim, a todo tipo de acervo ou material que congregasse informações a respeito da expressão da música nacional dos países americanos. Luiz Heitor Corrêa de Azevedo,[161] como muitos músicos e intelectuais que conviveram com Sprague Smith, escreve sobre seu perfil.

---

160 *Ibidem*, p. 256.

161 KATZ, Israel J. (ed.) *Libraries, history, diplomacy, and the performing arts*: essays in honor of Carleton Sprague Smith. Nova York: Pendragon, 1991, p. 23.

Segundo L. H. Corrêa de Azevedo, Sprague Smith congregava várias características peculiares à formação da costa Leste dos Estados Unidos: ele era um "homem de Harvard, de religiosidade cristã" e cultivava valores cívicos (liberdade e democracia.). Mas, apesar de típico norte-americano, trazia todo um vínculo com a cultura europeia.

Era impossível L. H. Corrêa de Azevedo não associar a postura do adido cultural a seu momento histórico. Em 1940, época do presidente Roosevelt, os Estados Unidos da América faziam intervenção na Segunda Guerra Mundial e viram-se na situação urgente de conquistar a solidariedade internacional – esta era essencial, no caso. A expansão da música, assim, naturalmente, fazia parte dessa política de boa vizinhança: a Casa Branca decidira que, para agregar outras repúblicas do hemisfério Sul, teria de desenvolver uma ativa ação em relação aos outros países, especialmente na área da cultura.

Em outubro de 1939, o United States Department organizou um plano de eventos musicais, visando estabelecer boas relações interamericanas. Como resultado dessa conferência, duzentos delegados percorreram as três Américas, neste período e posteriormente também, com o intuito de conhecer melhor a América Latina e seus valores.

Durante este período, Luiz Heitor Corrêa de Azevedo[162] foi bibliotecário da então chamada Escola Nacional de Música da Universidade do Brasil (hoje Universidade Federal do Rio de Janeiro). Ele recebia muitos desses emissários do *new deal*, que vinham para começar a descobrir quais os valores culturais do povo latino-americano e, claro, estabelecer vínculos amistosos com o Hemisfério Sul. Sprague Smith estava entre esses emissários e, por ser da mesma geração de Luiz Heitor Corrêa de Azevedo e muito diplomático, veio a ser seu amigo. O adido cultural permaneceu no Brasil durante o período de 1942 a 1945 e estabeleceu fortes laços com intelectuais e artistas do país. Entre eles, Lidy e Francisco Mignone, Antonio Sá Pereira e Mario de Andrade. Mas, com a partida de Sprague Smith para São Paulo, em 1944, seu contato com

---

162 Luiz Heitor Corrêa de Azevedo atuou como bibliotecário sem formação acadêmica, como se verá, mais adiante, segundo informações de Mercedes Reis Pequeno, musicóloga que organizou os acervos da Discoteca Nacional do Rio de Janeiro.

Luiz Heitor ficou menos frequente. Contudo, em 1947, quando Luiz Heitor foi diretor da Seção de Múscia da Unesco, colaborou mais ativamente com Sprague Smith.

De sua estadia no Brasil, Sprague Smith levou impressões da vida do país, que refletiram-se em seus escritos publicados, assim como de suas atividades desenvolvidas.

Além de toda a relação entre os objetivos da formação de discotecas, no período, uma linha de tensão dividia o interesse comum na organização dos conhecimentos na área de música e dos propósitos didáticos, do ponto de vista internacional. Carleton Sprague Smith e Curt Lange tinham formações musicais muito semelhantes. Porém, enquanto o primeiro portava o ideal de seu país e preocupava-o a rápida apreensão do conhecimento do conjunto cultural da América-Latina, Lange, que naturalizara-se uruguaio (e que não pôde entrar nos Estados Unidos da América, quando veio da Alemanha), trabalhava no sentido de congregar esforços dos músicos da América, acreditando na necessidade do controle do Estado forte, que estendesse seu raio de ação a toda atividade didática musical, visando rapidamente aprimorar o saber do povo.

Antes de apresentar as impressões de Carleton Sprague Smith sobre os acervos musicais da América do Sul, é conveniente mostrar de que modo Mario de Andrade concordava com o intercâmbio de informações entre Brasil e Estados Unidos e as ressalvas do musicólogo brasileiro à ideologia que permeava o pensamento do estrangeiro. Mario de Andrade solicitou encarecidamente a Oneyda Alvarenga e a outras pessoas que receberiam Sprague Smith: "Eu pedia a vocês meus amigos que o juncassem de amabilidades, é um tipo humano, apesar de acreditar que democracia é ou são os USA com linchamento, racismos, Chinatown, Sacco e Vanzetti etc".

Ora, Mario de Andrade entendia a música norte-americana e, apesar de reconhecer seus grandes méritos, mantinha sempre a vigilância crítica. Aos 12 de outubro de 1944, quando a situação da Guerra perturbava o escritor brasileiro, revoltado contra a opressão do nazismo e do fascismo, ele escreve um artigo intitulado "Música Universitária", publicado na coluna *Mundo Musical*, da *Folha da Manhã*, alertando também para a dominação norte-americana:

Nós estamos sofrendo a influência incontestável dos Estados Unidos, nosso irmãozão mais rico e mais forte. Acho invencível essa influência incontestável, "são os do norte que vêm" ... Mas cultura é discernir: há que discernir. Temos que recusar com energia a exterioridade ianque, desde a cultura em pílulas dos digestos totalitários, que não pertence à paciência nossa tropical, até certos modos de toalete e proceder, que tornam inconsolavelmente ridículos caipiras, cabeças-chatas e olhos negros. Temos que insistir na cultura europeia, especialmente na francesa; já experimentada, que nos refreia o tropicalismo, desconfiados da exabundância e das morais que nos insinuam "pocket-books", romances de 600 páginas predeterminadas e versos de perigoso e racista pan-americanismo.[163]

Porém, Mario de Andrade ponderava, equilibrando seu alerta:

Mas os Estados Unidos são milionários de coisas ótimas e influências úteis. Entre estas, aquela vida musical viva das suas universidades, jazes, improvisações deliciosas, operetas, revistas anuais. E porque não poderá por acaso um Guilherme de Almeida nos prover de uma "Ester" nossa, ou Camargo Guarnieri duma nova "Dido"? E o mérito dessa glória se repartirá entre o artista que espera e o Departamento de Cultura que o obrigou a ser grande.[164]

Discotecas da América do Sul, por Carleton Sprague Smith e o recíproco interesse no estudo da música norte-americana, por parte de Mario de Andrade

Como se vê pelo texto abaixo, havia interesse norte-americano nas informações coletadas por Carleton Sprague Smith, em suas viagens, acerca da sistematização do conhecimento musical:

---

163 COLI, Jorge. *Música final: Mario de Andrade e sua coluna jornalística Mundo musical*. Campinas: Editora da Unicamp, 1998. p. 163.

164 *Ibidem*, p. 163-4.

Pediram-me para dizer algumas palavras sobre discotecas na América do Sul. Antes de começar, preciso dizer que não há discotecas latino-americanas como as que encontramos em Nova York, Rochester, Boston ou Washington. Alguns dos conservatórios e bibliotecas nacionais têm material, mas não foram montados cientificamente.[165] Provavelmente, uma grande quantidade de música colonial foi irremediavelmente perdida. Fogo, terremotos, clima, traças e ratos, contribuíram para isso. O desejo de romper com o passado resultou na destruição de muito material. A música da Europa foi assiduamente imitada e copiada, durante a maior parte do século 19, resultando, assim, que a música local e os arquivos acabaram sendo negligenciados. O Teatro Colón de Buenos Aires possui uma discoteca nos moldes europeus, mas tem pouco do espírito do século 20. O mais atualizado arquivo musical está na Biblioteca Nacional, em Bogotá. O sentimento anticlerical recente resultou na destruição de numerosas igrejas e arquivos de mosteiros. Vários arquivistas com talento para descobrir material, no entanto, poderiam encontrar música nas igrejas e conventos do hemisfério sul. Há ainda lugares, por exemplo, em Lima, que têm importantes coleções inexploradas.[166]

Carleton Sprague Smith, com efeito, redigiu seu relato de cada discoteca que conheceu na América Latina:

Discoteca de Caracas, Venezuela

Não há bibliotecas de música na Venezuela, embora a Escola de Música tenha uma boa coleção de material colonial de

---

165 Aqui, onde o adido cultural analisa com criticidade as discotecas latino-americanas, em comparação às dos Estados Unidos da América, verifica-se que Mario de Andrade comenta justamente o contrário, em carta a Oneyda Alvarenga: o interesse de Spivake, da Biblioteca do Congresso, de Washington, pela organização da Discoteca Municipal de São Paulo faz com que Mario de Andrade se vanglorie da organização mais científica da idealizada por ele e Oneyda Alvarenga.

166 SMITH, Carleton Sprague. *Music libraries in South America*. Nova Yorque: Nova York Public Library, 194- p. 19-20.

Lamas, Carreño e outros. Como um repositório geral, a biblioteca do Conservatório é fraca, porém ela está sendo inteligentemente constituída por Juan Bautista Plaza. Por exemplo, tem um conjunto completo de Sonore Anthologie.

A Biblioteca Nacional é presidida por um indivíduo culto, Don Enrique Planchart, simpático aos Estados Unidos e seus métodos. O Sr. Planchart encontra-se atualmetnte em Nova York. Recentemente, ele contactou um catalogador da Biblioteca do Congresso em Caracas, ensinando técnicas americanas. A instituição possui algumas músicas, mas nada de extraordinário. Uma das mais importantes coleções privadas, que o governo agora está tentando comprar, pertence ao senhor Rico em Guatire. O Arquivista Nacional Mariano Picón Salas, é ex-editor da Revista Nacional de Cultura e um homem bem familiarizado com a América do Norte. Sem dúvida, há informações históricas a respeito de música nos arquivos. Os arquivos da Catedral de Caracas preservam as obras de N. Gomarra, Antonio José Caro de Boesi (d. 1814), etc., e há gravações na catedral sobre os mestres de capela, desde 1671. A biblioteca da Universidade contém uma cópia da Liber in que 4 Passiones Christi Domini continentur... 8 Lamentações, de Juan Navarro. México, 1604. Este conjunto de paixões e lamentações trazido de fora do México parece ter sido muito conhecido na Colômbia e no Peru. O compositor foi um espanhol. É improvável que ele tivesse estado no Novo Mundo.

Entre os livreiros que podem ser úteis para bibliotecários colecionadores, no país, a menção deve ser feita de Luis Alberto e Herman E. Ahrensburg, Jr. O primeiro para a Biblioteca Pública de Nova York, e *este último, para a* Biblioteca do Congresso. A livraria S.A.V.E. é uma das melhores para obras contemporâneas venezuelanas.

Não posso deixar de mencionar a magnífica biblioteca de Rodolph Dolge, um americano de Dolgeville, NY, que tem sido um grande colecionador há muitos anos. O Sr. Dolge tem poucos itens de música, mas este é, naturalmente, apenas um lado dele.[167]

Discoteca de Montevidéu, Uruguai

O SODRE (Serviço Oficial de Difusão Rádio-Elétrica) é o principal arquivo de música, em Montevidéu. De fato, seria difícil encontrar uma divisão mais completa. Esta estação foi criada por uma lei especial, datado de 18 de dezembro de 1929 e está sob a supervisão do ministro da Instrução Pública. É um verdadeiro centro cultural que combina programas de orquestra (a Orquestra Sinfônica de Montevidéu apresenta execuções regularmente na estação) e apresenta shows de música muito semelhantes aos de WQXR, em Nova York. A Discoteca tem mais de 20.000 discos e há 4 catálogos publicados, das pesquisas, até à data, (Catálogo de los discos archivados en la primera, segunda, tercera y cuarta Sección de la Discoteca Nacional). O montante da lista é de apenas 5.582 registros, mas catálogos dos outros materiais já estão prometidos, para um futuro próximo.

O Instituto Inter-Americano de Musicologia, sob a orientação de Francisco Curt Lange, tem uma biblioteca de música excelente. Ela ainda está alojada na casa do Professor Curt Lange, mas é certamente um dos conjuntos mais completos de materiais sobre música contemporânea na América do Sul. O Dr. Lange é um grande pioneiro do "americanismo" musical, música americana para as Américas e sua publicação, o Boletín Latino-Americano de Musicologia, é um monumento de devoção a essa causa. A Biblioteca Nacional, presidida pelo escritor Alberto Zum Felde, pode ter algum material musical, mas as coleções estão mal catalogadas e alojadas em um prédio antigo. Há algumas lojas excelentes de livro, em Montevidéu, como a Barreiro & Ramos, presidida por Robert B. Kliché.

---

167 *Ibidem*, p.19-20. Grifos do texto original.

188 VALQUÍRIA MAROTI CAROZZE

Maximino García é outra loja de livros muito conhecida. De modo geral, o Uruguai é a Suíça da América do Sul.[168]

Discoteca de Buenos Aires, Argentina

A Biblioteca Nacional é insuficiente para a capital da Argentina e contém pouca música. O Dr. Teodoro Becu é um advogado e um dos homens mais ativos em matéria de biblioteca na América do Sul. As pessoas que tenham encontrado alguma dificuldade, certamente devem consultá--lo. A Associação Wagneriana tem uma Biblioteca Pública administrada pelo conhecido crítico Ernesto de la Guardia. Ele também é o responsável pela biblioteca Colón – recentemente estabelecida, idealizada conforme o arquivo da Ópera de Paris. É aberta ao público durante certas horas e logo provavelmente será uma das melhores bibliotecas de música da América do Sul. A Biblioteca do Conservatório é muito insuficiente. Ela tem uma Discoteca em processo de desenvolvimento, mas ainda é bastante pequena. A coleção particular de Carlos Vega é excelente. Há algum material no Museu Argentino de Ciências Naturais, onde trabalha, incluindo discos de vinil.

Honório Siccardi, o compositor, está muito ansioso por uma biblioteca de música contemporânea, em conexão com a Associação Geral de Música da Argentina. Gaston Talamón, em um artigo [publicado] em Nosotros, Ano 4, n º. 34, p. 95-99, discute a natureza de uma discoteca nacional na Argentina. O livreiro J. Lajouane, tem um enorme estoque de varejo e é considerado mais do que um negociante. Se coleções importantes estiverem à venda, ele saberá sobre isso.[169]

Discoteca de Santiago, Chile

---

168 *Ibidem*, p.25-26.

169 *Ibidem*, p. 26-7.

A Biblioteca do Conservatório não é notável; mas contém a coleção musical de Dona Izidora Zegers de Huneeus (1803-1869), que é rica em material do século 19 e é muito importante para a história da Música, no Chile.

Claro que a coleção Medina é boa, mas contém pouca música. Os arquivos chilenos, em geral, estão entre os melhores mantidos na América do Sul.

A Catedral de Santiago tem material antigo, minuciosamente investigado pelo Dr. Pereira Salas. Um Inventário é feito em sua obra *Los Orígenes del Arte Musical en Chile* (Santiago,1941). Grosso modo, possui cerca de 45 composições anônimas, 9 escritas para ocasiões especiais, 8 vilancetes, 14 especialmente para a Virgem e os Santos, e 14 para fins litúrgicos gerais.

Com toda a probabilidade, também existem manuscritos coloniais na igreja de San Francisco, mas até agora todos os esforços para consultar esse arquivo têm sido inúteis. Poderia-se dizer que a história da música chilena está vinculada à do Peru e, até que se faça um bom estudo do período colonial em Arequipa, Lima e Cuzco, nosso conhecimento da Costa Oeste será incompleto. Zamorana e Caperan são agências conhecidas para compra de material. Nascimento & Ercilla, são os representantes da Biblioteca do Congresso.[170]

Discoteca da Bolívia

Há pouco a relatar sobre bibliotecas de música na Bolívia. Algumas das igrejas podem conter material antigo, mas não há nenhuma biblioteca central de música de qualquer importância. Os arqueólogos, como Posnansky desenterraram instrumentos antigos, em torno do lago Titicaca, e González Bravo publicou artigos sobre na contemporânea Kenas, Pincollos, Tarkas & Sicus. Bandas compostas de Pincollos, Hohocenos e Sicus (flautas) podem ser ouvidas em algumas partes da Bolívia e poucos grupos são mais curiosos, seja na América do Norte, ou na do Sul. Os musicólogos que fazem estudos

---

170 *Ibidem*, p.19-31.

comparativos têm um campo aberto para colecionar os instrumentos atuais e fazer interessantes registros fonográficos a fim de formarem arquivos no futuro.

A livraria da Arno Hnos é a única de alguma importância, em La Paz. O proprietário é um espanhol, atualmente em Madri e a loja está um pouco desorganizada. Maiores informações podem ser obtidas com o cônsul americano.

Cuzco tem uma pequena biblioteca pública no Instituto Arqueológico, onde vamos encontrar o Dr. Toribu Zuniga. Os monges franciscanos e dominicanos formaram arquivos na época colonial e há coleções ainda existentes de obras dos séculos 16, 17 e 18. No entanto, é difícil encontrar música nos arquivos locais, devido à atitude anti-artística do século 19, quando muita coisa foi destruída.

Uma excelente biblioteca privada pertence ao musicólogo comparativo Policarpio Caballero. Um comerciante de segunda-mão que tem uma grande loja é Enrique Romana e ele provavelmente poderá ajudar na escolha de itens raros e, eventualmente, manuscritos musicais.[171]

Discoteca de Lima, Peru

A Biblioteca Central da Universidad Mayor de San Marcos tem algum material, mas os conventos e as igrejas é que devem possuir grandes coleções de música peruana. Diz-se que há um grande arquivo musical na Cúria Eclesiástica e o homem que sabe sobre ele é Don Pedro Vargas Ugarte, decano da Faculdade de Letras da Universidade Católica de Lima. O Dr. Jorge Basodre esteve na Universidade de San Marcos, até recentemente. Ele distingue-se como um erudito de primeira classe e seu conselho em matéria de biblioteca é o melhor.[172]

Discoteca de Quito, Equador

---

171   *Ibidem*, p. 28.

172   *Ibidem*, p. 29.

Passei várias manhãs tentando pesquisar música antiga em San Francisco, San Augustín, na Biblioteca Nacional, etc.; tudo em vão. A melhor coleção de música popular pertence a (...) Jacobo Vorbeck. Este amador possui vários gêneros populares, [como] Cachullabis, Pasillos e San Juanitos, datados de cinquenta ou sessenta anos atrás. (...) A biblioteca de El Pollo (Amable Carlos Ortiz), um compositor popular que faleceu há alguns anos atrás, também enquadra-se nesta categoria.

O sr. Juan Gorrell seria o melhor contato, sobre o assunto. Ele fala perfeitamente o inglês (...). Em segundo lugar, ele tem inclinação para levar as pessoas interessadas ao objeto de pesquisa. Em terceiro lugar, ele é eminentemente prático. Enrique Teran, diretor da Biblioteca Nacional, fez um grande trabalho e é um estudioso dos métodos de biblioteca americana. A espinha dorsal da coleção da biblioteca nacional é a antiga Biblioteca da Companhia (...) dos jesuítas. O próprio edifício é uma pista de patinação convertida e ficou surpreendentemente bem adequado para uma biblioteca. Há uma secção especial dedicada às publicações do Equador.[173]

Discoteca de Bogotá, Colômbia

A Biblioteca Nacional possui um departamento de música, fato isolado nas bibliotecas sul-americanas. Os discos de vinil são a espinha dorsal das coleções, como a Discoteca de São Paulo. A jovem responsável, Helona González Ortiz, conhece música e as perspectivas de expansão são brilhantes. Pode-se dizer que existem bibliotecários mais treinados e estudiosos na Biblioteca de Bogotá, do que em qualquer outra instituição sul-americana que conhecemos. A qualidade do pessoal é muito alta. É claro que o fato de o Arquivo Nacional funcionar no mesmo edifício ajuda muito.

Os arquivos musicais que foram investigados até agora estão dentro da catedral e lá encontra-se a obra de um compositor colombiano do século 18, chamado Herrera, que antecedeu 75

---

173 *Ibidem*, p. 29-30. Grifos do autor.

192 VALQUÍRIA MAROTI CAROZZE

anos o músico brasileiro [Pe] José Maurício [Nunes Garcia]. Acredito que haja compositores venezuelanos ou chilenos, deste período, cujas obras sobrevivem. O padre José Restrepo Posada estuda o material de Herrera, no momento; mas, de toda forma, é impossível obtermos suas cópias em microfilme, ou que alguns deles sejam publicados.

DISCOTECAS DO BRASIL, AINDA POR CARLETON SPRAGUE SMITH

Discoteca de Recife

Tanto Bibliotecas, quanto Arquivos musicais, são praticamente inexistentes, em Recife. O Dr. José Maria de Albuquerque Melo, director da Biblioteca do Estado, sendo secretário do interventor ou governador; acaba não tendo muito tempo para a Biblioteca. Gilberto Freyre é o responsável do Estado pelos Monumentos Públicos e quando eu estive no Recife, nós caçamos juntos material musical em bibliotecas de muitos mosteiros e igrejas em Pernambuco e da velha cidade holandesa de Olinda.

Em nenhum lugar tivemos sucesso, a única música sendo encontrada por um velho monge alemão franciscano que nos mostrou peças publicadas por Bohm e Sohn, em Augsburg, há poucos anos atrás.[174]

Discoteca da Bahia

A biblioteca original do estado foi queimada [em incêndio] há alguns anos e Jorge Calmon de Bettencourt, seu atual chefe, não pode mostrar-me muito material. Diz-se que o padre Luis Gonzaga Maria, do Colégio Antonio Vieira, é familiarizado com os arquivos locais, mas estava fora da cidade quando eu tentei entrar em contato com ele. Deve haver alguma música

---

174 *Ibidem*, p.19-31. p. 21.

colonial em inúmeras igrejas antigas que ainda estão de pé, apesar da falta de interesse na composição do período.

A Biblioteca do Conservatório, sob a direção de Pedro Jatobá tem amostras de material didático do século 19. Silvio Froes, ex-diretor, conhecido também como Charles Marie (...) tem uma significativa coleção privada da música europeia e da música local.

Donald Pierson, anteriormente, da Universidade de Chicago e o Professor Loreno Turner (...) também acumularam uma boa quantidade de material popular na Bahia.[175]

Discoteca do Rio de Janeiro

A Escola de Música Nacional possui uma importante coleção de música e livros, sendo particularmente interessante a dos manuscritos coloniais e edições antigas. A Biblioteca da Catedral Metropolitana do Rio de Janeiro tem muitos manuscritos de música que nunca foram exaustivamente exploradas. A Biblioteca Nacional (sob direção de Rodolfo Garcia, historiador) tem arquivos de jornal relevante para a história da música, junto com algumas impressões e alguns manuscritos musicais. O padre franciscano Pedro Zinzig tem fama de conhecer muito bem os arquivos do estado. Roquette Pinto tem algum material indígena (gravações) que poderia ser investigado e há dados ricos, no Museu Nacional, a serem explorados. Diversas bibliotecas e instituições têm material etnográfico de primordial importância.

O Instituto do Livro, dirigido por Augusto Meyer, está sediado na Biblioteca Nacional. Seu objetivo é verificar a qualidade dos livros em todas as bibliotecas do estado e preocupa-se com a publicação, tradução e importação de outros países. O governo tomou recentemente iniciativa no que diz respeito à publicação da música impressa, o que possibilita a divulgação e coleta de material. Mário de Andrade ocupou um cargo nessa organização, após deixar São Paulo – mas ele já voltou à sua

---

175 *Ibidem*, p. 21.

cidade natal. De fato, sua dedicação ao Instituto do Livro foi quase monástica e bibliotecários bem treinados deverão dar continuidade a seu trabalho.[176]

Discoteca de São Paulo

Sobre a Discoteca Pública Municipal, Carleton Sprague Smith escreve algo muito próximo ao relatório que Oneyda Alvarenga publica, em 1942[177]

> A Discoteca Pública Municipal de São Paulo é tão importante que todos deveriam conhecê-la. O Arquivo fonográfico foi fundado por Fabio Prado, como parte do Departamento de Cultura. É dividido em sete seções:
>
> 1) Departamento Fonográfico
> a) Folclore musical brasileiro.
> b) Música erudita de São Paulo.[178]
> c)Arquivo da Palavra (discos das vozes dos brasileiros bem conhecidos para estudos de fonética)
>
> 2) Museu Etnológico
> Folclore – destina-se principalmente aos instrumentos musicais populares brasileiros – independente da seção de música folclórica
> 3) Arquivo de documentos manuscritos folclóricos
> 4) Seção de Cinema – anexo ao departamento de folclore musical brasileiro.
> 5) Coleta de registros para uso público.
> 6) Biblioteca de partituras e livros técnicos.
> 7) Arquivo de Matrizes.

---

176 *Ibidem*, p.19-31. p. 22.

177 ALVARENGA, Oneyda. *A discoteca pública municipal*. São Paulo: Departamento de Cultura, 1942. Separata da Revista do Arquivo, n. LXXXVII.

178 Gravações de Carlos Gomes, Artur Ferreira, João Sousa Lima, Francisco Casabona, Dinorah de Carvalho, Francisco Mignone, A. Cantú, João Gomes de Araújo e Camargo Guarnieri.

Oneyda Alvarenga   195

A D[iscoteca]P[ública]M[unicipal] já realizou uma série de gravações. No entanto, devido à falta de recursos, não há muitos registros e eles não são vendidos. Os registros são distribuídos a organizações culturais, instituições e escolas de música, no Brasil e no exterior.

O Arquivo da Palavra tem apenas 17 gravações. Destas 17, 14 são uma série de estudos de pronúncias regionais

De Fevereiro a Julho de 1938, a D[iscoteca]P[ública] M[unicipal] financiou uma expedição folclórica ao Nordeste do Brasil e os membros da expedição que ficaram responsáveis pela coleta do material eram altamente capazes. Foram recolhidos 1500 itens. A este material foram adicionadas 28 gravações de congadas mineiras, cateretês, canas verdes, etc. No Museu Etnográfico ficaram arquivados instrumentos musicais brasileiros, com finalidade de estudos.

Com todo esse material valioso, a D[iscoteca]P[ública] M[unicipal] atende o público com vantagem. Além disso, compositores, músicos e artistas podem estudar música popular brasileira e suas origens.

O arquivo tem 382 fonogramas, manuscritos musicais e uma pequena coleção de filmes de 35mm de folclore-etnográfico.

O arquivo de matrizes é principalmente para as matrizes voltadas à música popular brasileira registrada por casas comerciais. Sabe-se que, logo que a gravação não interessa mais ao público, nem ao distribuidor, um material valioso, muitas vezes, é jogado fora.

A D[iscoteca]P[ública]M[unicipal] pediu às empresas comerciais para não destruir suas matrizes, mas dá-las para o Arquivo. Claro, se eles precisarem de novo, a Discoteca está sempre disposta a devolvê-los. A RCA Victor deu ao arquivo 57 matrizes da música popular brasileira. E a Colômbia e a Odeon mantêm todas as matrizes que o Arquivo considera de valor.

Na D[iscoteca]P[ública]M[unicipal] há cabines privadas, com ar-condicionado, que permitem que as pessoas possam ouvir discos sem serem perturbadas. O equipamento fonográfico está localizado fora das cabines, mas um amplificador torna possível a audição dos disco de forma clara. Os equipamentos são controlados por botões elétricos, fora da cabines, por funcionários. Há duas razões para isso: – Em primeiro lugar, a pessoa não tem que fazer muito trabalho e, por outro, os fonógrafos não são manipulados pelo público.

A biblioteca de música tem cerca de 5.286 partituras e manuscritos que serão disponibilizados ao público, assim que forem catalogados.

Existe uma pequena coleção de livros, discos e partituras na Biblioteca Pública Municipal, como também na divisão da D[iscoteca]P[ública]M[unicipal]. O Conservatório Dramático e Musical (localizado à Avenida São João, 269) contém alguns manuscritos coloniais. O secretário da organização prometeu-me que iria enviar uma lista das músicas compostas antes de 1850 (de algumas partes da América Latina). Uma excelente seleção de manuscritos e músicas publicados foi apresentada no Congresso da Língua Nacional Cantada, em 1957.

Um dos melhores colecionadores particulares é Baptista Pereira – qualquer pessoa interessada em material raro pode consultar sua coleção.

**

Esta breve panorâmica das Bibliotecas Musicais da América Latina pode dar uma ideia aproximada da situação geral. Com algum apoio financeiro, boa parte do progresso poderia ser feita. Uma viagem de estudo pelo continente sul resultaria num grande serviço, parando-se o tempo suficiente em alguns dos lugares mais importantes, para uma melhor avaliação musical.[179]

Vê-se que, no período das décadas de 1930 e 1940, a preocupação com a sistematização do conhecimento, na área musical era generalizada, no

---

179 SMITH, Carleton Sprague. *Music libraries in South America*. Nova Yorque: Nova York Public Library, [194-], p. 22-25.

Ocidente. As rádio-escolas, com o mesmo fito educativo (procurando elevar o nível cultural do povo), deixavam transparecer a tônica de cada país, no que tange à política do período entreguerras. Por exemplo, a programação da rádio Suíça procurando ser neutra; a da Alemanha com sua propaganda nacionalista – é curioso observar que Curt Lange, alemão naturalizado uruguaio, também concordava com a intervenção de um Estado forte na programação do SODRE, concordando mesmo com a censura, mas com visão de educador.[180]

O Americanismo musical podia gerar tendências diversas, na criação de discotecas: a discoteca como repositório, como arquivo onde os músicos buscassem conhecimento e gerassem, por sua vez, a música erudita de seus países; a discoteca como fonte de estudo de um país controlador como os Estados Unidos, que precisavam apoiar-se, na época, na solidariedade dos países vizinhos, por vias culturais, tão propícias à aparente neutralidade de linguagem que ultrapassa barreiras.

Mas existiu também o interesse de Mario de Andrade no estudo da música norte-americana: no rastro das pesquisas infinitas do musicólogo, podemos encontrar no periódico *The Musical Quarterly*, assinado pelo modernista, principalmente no intervalo de tempo entre 1936 e 1940, significativas fontes de informação que embasaram a constituição do juízo do estudioso sobre a música norte-americana. Por exemplo, no nº 2, de abril de 1936, localiza-se um artigo de notável contribuição que, sem dúvida, Mario de Andrade incorporou aos seus conhecimentos. Trata-se de um artigo escrito por Burnet C. Tuthill, sobre Howard Hanson, no qual a simples questão colocada pelo autor diz muito: "What makes American music American?"[181] Vê-se que Mario de Andrade – como também fará, paralelamente, Oneyda Alvarenga – acompanhava o surgimento de compositores contemporâneos no cenário da música mundial. Da mesma forma, no mesmo número da revista *The Musical Quarterly*, Mario

---

180 LANGE, Francisco Curt. Americanismo musical. In: *Boletín Americano de Música*. Montevideo, Lumen, 1936. Ano II, Tomo II, p. 117-30.

181 TUTHILL, Burnet C. What makes American music American? In: *The Musical Quarterly*. Nova York, NY, G. Schirmer Inc., 1936-, p. 140.

198   VALQUÍRIA MAROTI CAROZZE

de Andrade leu um artigo assinado por Greorge Pullen Jackson[182], intitulado *Stephen Foster's debt to American folk-song.* Ora, basta a menção do título
para projetar a importância deste compositor norte-americano. Bastaria: mas
Oneyda Alvarenga reforçava a grandeza dessa importância, ao incluir obras
de Foster em seu Concerto de Discos, realizado no dia 20 de junho de 1940.
A saber, as músicas: *I dream of Jeanie with the light brown hair, Beautiful dreamer* e outras... ou seja, toda a pesquisa de Mario de Andrade levava Oneyda
Alvarenga a continuar indefinidamente o mosaico que, afinal, ia compor a
História da Música. Quando a diretora da Discoteca Pública Municipal concretizava o que preconizavam essas leituras no plano prático – e didático –,
ela procurava reconstituir a História Social da Música na mente coletiva dos
ouvintes leigos, num processo de aprimoramento de gostos.

Há ainda um artigo escrito por Virginia Larkin Redway,[183] chamado "A
Nova York Concert in 1736", que certamente Mario leu; como leu também,
assinado por N. Lindsay Norden, o artigo "A new theory of untempered
music";[184] como tomou ciência de canções folclóricas de primitivos povos
que ocupavam o país (Estados Unidos) e até manifestações musicais e danças
folclóricas do Hawai,[185] significativo da época em questão é o artigo escrito,
em 1938, por Winthrop S. Boggs: "Music and stamps"[186] (sobre músicas que

---

182 JACKSON, Greorge Pullen. Stephen Foster's debt to American folk-song. In: The
Musical Quarterly. Nova York, NY, G. Schirmer Inc., 1936-, p. 154.

183 REDWAY, Virginia Larkin. A Nova York Concert in 1736. In: *The Musical Quarterly.*
Nova York, NY, G. Schirmer., p. 170-7.

184 NORDEN, N. Lindsay. A new theory of intempered music. In: *The Musical Quarterly.*
Nova York, NY, G. Schirmer Inc., 1936-, p. 217-33.

185 Ao mesmo tempo que os Estados Unidos procuravam conhecer até a exaustão as
fontes musicais de seus domínios, pretendiam impor sua cultura a outros povos.
Aludindo a esse fato, Mario de Andrade escreve: "Hoje a Federação [Nacional dos
Clubes Musicais] estende seus tentáculos culturais até o Alaska, as Filipinas e Hawai,
a toda parte da nação mandando em intercâmbio as suas orquestras, as suas massas
de coros e os compositores nacionais". ANDRADE, Mario de. *A expressão musical dos
Estados Unidos.* Rio de Janeiro: Leuzinger,1941?, p. 23.

186 BOGGS, Winthrop S. Music and stamps In: *The Musical Quarterly.* Nova York, NY, G.
Schirmer Inc., 1938, p. 1-10.

inspiraram desenhos de selos postais – se isto não está ligado diretamente à valorização das nações e suas honrarias, nada mais estará); o artigo de Marian Hannah Winter, "American Theatrical Dancing from 1750 to 1800",[187] também publicado em 1938, no qual Mario de Andrade vai confirmar o caráter coletivizador e socializante da música para teatro dos Estados Unidos – e que Oneyda Alvarenga, por sua vez, vai exibir na prática em Concertos de Discos, justamente para mostrar a Discoteca Pública se contrapondo ao individualismo da ópera italiana; artigos sobre compositores norte-americanos da atualidade: como Leo Sowerby, e, naturalmente, Aaron Copland – sobre este, no artigo publicado pela revista, em 1939, de Paul Rosenfeld: "Current Chronicle: Copland" – Harris – Shumann, onde o autor começa o texto com as frases: "American music has a playboy! (...) The playboy is no other than our old friend Aaron Copland".[188] – e outros artigos sobre a música norte-americana na contemporaneidade.[189]

Porém, não só artigos trazia *The Musical Quarterly* e se não se encontra nenhum traço marginal de Mario de Andrade à margem dos textos propriamente ditos, é possível, porém, constatar por anotações dele, quando assinalava com cruzetas desenhadas com lápis vermelho e/ou grafite, as inúmeras obras indicadas na bibliografia, ao final de cada número do periódico. Obras que o pesquisador leria depois – provavelmente ele as adquiria por meio de compra, uma vez que, no Brasil, ainda era tímida a amostra de publicações

---

187 WINTER, Marian Hannah. American Theatrical Dancing from 1750 to 1800. In: *The Musical Quarterly*. Nova York, NY, G. Schirmer Inc., 1938, p. 58-73.

188 ROSENFELD, Paul. Current Chronicle: Copland – Harris – Shumann In: *The Musical Quarterly*. Nova York, NY, G. Schirmer Inc., 1938, p. 372 -81.

189 O último artigo do n º 1, do ano de 1940, é escrito por Ashley Pettis e se trata de um Forum de composição norte-americana, realizado em 1935 – WPA – Works Progress Administration – foi uma agência do *New Deal*, programa que foi concebido para combater o desemprego e, ao mesmo tempo, estimular a economia. Durante os anos da Depressão, o WPA foi um dos maiores empregadores dos Estados Unidos, e os trabalhos do WPA podem ser vistos em cada estado norte-americano, hoje. Como qualquer programa de bem-estar social importante, o wpa teve sua cota de críticas e problemas, mas também foi saudado como uma organização extremamente útil e produtiva. In: THE MUSICAL QUARTERLY. Nova York, NY, G. Schirmer Inc., 1939 (1).

estrangeiras, em bibliotecas.[190] Isso significa uma abertura incalculável, uma vez que se encontram assinaladas por Mario desde obras sobre danças mexicanas, até música para cinema, passando, claro, por várias Histórias da Música (inclusive História da Educação Musical – no artigo publicado em 1939.[191] Mas, no âmbito deste artigo, rastreamos em vestígios de seu estudo, entre os anos 1930 e 1940, sua dose de interesse na História da música norte-americana.

E, para que não nos esqueçamos que os Estados Unidos também mantinham interesse na música sul-americana, no mesmo sentido, só que em direção inversa, o artigo publicado no nº 4 da revista *The Musical Quarterly*, de 1939, e assinado por Paul Rosenfeld, intitula-se "Szymanowski – Villa-Lobos".[192] Abordando primeiramente o famosíssimo compositor polonês, o autor do artigo, ao passar o foco para Villa-Lobos, começa o texto: "Another cup –, libation –, wine-bearer was our good friend the United States of Brazil". Fazia, evidentemente, parte da política da boa vizinhança.

Abordando a origem da música norte-americana, em seu trabalho *A expressão musical dos Estados Unidos*,[193] Mario de Andrade, de início, coloca os americanos do norte como mais felizes, musicalmente, do que os do sul: se eles traziam, mesmo em seus cantos religiosos e austeros demais, a polifonia puritana, por simples que fosse, ganhavam desde o princípio o caráter de coletivo; já os sul-americanos, católicos, tinham de se consolar com um cantochão monótono e uníssono. E, para agravar a situação, o povo não acompanhava esses cantos religiosos. Depois, com a contribuição negra, o paralelo continuava: os negros trazidos para a América do Sul, embora trouxessem de origem a música ritual e coletivizadora, aqui, dada a imitação das práticas musicais, passaram a fazer música solista – e, portanto, individualista. Os negros da

---

190 Aliás, é curioso notar que, até a revista nº 1, de 1938, Mario de Andrade assinalou furiosamente a bibliografia constante no final dos volumes. E, a partir do segundo trimestre do mesmo ano, não fez sequer um vestígio nas revistas *The Musical Quarterly*.

191 The Musical Quarterly. Nova York,NY, G. Schirmer Inc., 1939(4) p. 442-54.

192 The Musical Quarterly. Nova York,NY, G. Schirmer Inc., 1939(4) p. 513-8.

193 ANDRADE, Mario de. *A expressão musical dos Estados Unidos*. Rio de Janeiro: Leuzinger, 1941?.

América do Norte, por sua vez, como cantavam nas plantações e nos rituais religiosos cristãos, criaram o *jazz* – embora Mario aponte no *blue*, com seu caráter triste, o traço solista.

A respeito do caráter polifônico e "democrático" do jazz, que dava oportunidade a todos os instrumentos, mas conservando o conjunto, Mario de Andrade escreve que, originando-se dos corais protestantes, passando pelos cantos dos negros das plantações, a música americana acabava sempre na coletivização: "a música americana é um milagre de compreensão divinatória da vida."[194] A grande lição histórica da arte musical norte-americana é que seu resultado terá vindo em máxima parte do caráter comunal, socializador da sua polifonia religiosa e em seguida popular. Nessa realidade atual, "quasi nada se fez, em música, que não fosse pelo processo associativo".[195] Tão intrínseco do modo musical dos norte-americanos seria isto para Mario de Andrade que, mencionando a grandeza de Mac Dowell, sugere que a sua celebridade, mais do que de sua composição, viria da cidade de artistas, concretizada pela sua viúva, numa colônia de férias para músicos, em New Hampshire. Em suas conclusões sobre a definitiva nacionalização da música dos Estados Unidos, o musicólogo aponta que a presença de elementos urbanos, de *Arranha-céus* (Carpenter) e *Um americano em Paris* (Gershwin), por exemplo, não são menos "nacionais" do que músicas contemporâneas de velhos países europeus, onde o traço da música vinda do solo primitivo já foi incorporado à composição erudita nacional de maneira bem resolvida. Mais adiante, no capítulo 4, ao se mostrar os repertórios de Concertos de Discos da Discoteca Municipal, será possível averiguar que – não gratuitamente – essas duas composições dos autores contemporâneos norte-americanos (*Arranha-céus* e *Um americano em Paris*) serão usadas didaticamente por Oneyda Alvarenga, nas audições públicas semanais: a primeira foi executada e a segunda mencionada em texto explicativo sobre Gershwin. E Mario de Andrade vai mais além, quando questiona

---

194 *Ibidem*, p. 12.

195 *Ibidem*, p. 18.

202   VALQUÍRIA MAROTI CAROZZE

se o internacionalismo da música norte-americana, na atualidade que vivia, não seria o lado mais humano e feliz do cosmopolitismo.[196]

Já que Mario de Andrade chama a atenção para a "grande lição histórica da arte musical dos Estados Unidos", é preciso lembrar que ele dá ênfase ao que chama de "força social" dessa arte. Para o musicólogo, é essa força que serve de base para a função social das discotecas – um fato ligado a outro: a função social das discotecas; a democratização do conhecimento musical; a função didática das discotecas. Mario de Andrade conclui que a força social da música nos Estado Unidos viria de sua sistematização de seus primórdios corais, ligados ao puritanismo religioso.[197]

Falando da vaidade nacional dos Estados Unidos, "inigualável entre os povos contemporâneos", Mario escreve:

> Hoje os Estados Unidos têm a sua semana da música nacional (...) E não só de música nacional como de música panamericana, preocupados da cooperação musical com esta América do Sul, como o provou a interessantíssima Conferência sobre Relações Musicais Interamericanas, realizada em Washington, em outubro do ano passado[198](...) aliás, só havia norte-americanos e o pensamento norte-americano, com mais apenas a voz desse admirável sonhador e realizador que é o musicólogo Curt Lange. Os países sulamericanos não foram ouvidos, embora eu não tenha forças (...) para condenar essa atitude de panamericanismo solitário (...) Ainda recentemente, (...) o novaiorquino Carleton Smith, embora fazendo um estudo

---

196   *Ibidem*, p.1 9.

197   *Ibidem*, p. 21.

198   Referente a 1939. *A expressão musical dos Estados Unidos*, conferência de Mario de Andrade foi realizada no auditório da Associação Brasileira de Imprensa, no dia 12 de dezembro de 1940 e publicada depois – segundo página do IEB, a publicação é de 1940. Em carta de 18 de abril de 1941, Carleton Sprague Smith escreve para agradecer e elogiar o "pequeno" estudo de Mario de Andrade: "A expressão musical dos EUA". In: SMITH, Carleton Sprague [Carta] 18 abr. 1941, Nova York, EUA. [para] Mário de Andrade. São Paulo. 1 folha. Comentário sobre a repercussão do texto de Mario de Andrade "A expressão musical dos Estados Unidos".

de egoística incompreensão, muito chewingunizado, sobre a situação musical sulamericana, tinha (...) esta observação dolorosa mas profunda em relação a todos nós: "Muitas vezes (...) tenho a impressão de que nós, norte-americanos (...) sentimos mais profundamente do que os sulamericanos". Este sentir "como coletividade" é o que apresenta o panorama da música norte-americana.[199]

Neste seu trabalho,[200] Mario de Andrade ainda vai abordar o rádio norte-americano, a vulgarização da hora de educação musical/radiodifusão educativa,[201] a criação ianque dos meios de mecanismos da socialização da música, mencionando ainda a importância da educação musical do povo norte-americano ("panorama incomparável de musicalização social de um povo"), quando descreve o incentivo que se dá ao grande público, tanto de médias, quanto das grandes cidades, a formação sempre coletiva: de corais, orquestras, bandas, programas de óperas gratuitas – e a frequência do povo nos concertos.

Assim, quando toca no assunto das discotecas:

> Nas bibliotecas das cidades há sempre uma discoteca anexa, com serviço circulante dos próprios discos; sem contar as discotecas de serviço científico especializado, como a de Washington, que já superou em riqueza o Phonogramm Archiv de Berlim, conta atualmente para mais de 50 mil fonogramas de raças primitivas ou folclóricas do mundo

---

199 ANDRADE, Mario de. *A expressão musical dos Estados Unidos*. Rio de Janeiro: Leuzinger,1941?, p. 21-2.

200 *Ibidem*, p. 23.

201 Em carta de 18 de abril de 1941, Smith envia folhas mimeografadas que descrevem claramente o programa de música da Rádio-Escola das Américas da Colúmbia Broadcasting System para 1941-42. A partir de 8 de outubro, essa Rádio iria fazer uma série de transmissões de interesse para os americanos do Norte e Sul. Nos programas, apresentariam músicas das Américas do Norte e do Sul, canções nas três línguas do continente. Queria que Mario de Andrade enviasse canções populares de caçadores, mineiros e gente da montanha. In: SMITH, Carleton Sprague [Carta] 18 abr. 1941, Nova York, EUA. [para] Mário de Andrade. São Paulo. 1 folha. Comentário sobre a repercussão do texto de Mario de Andrade "A expressão musical dos Estados Unidos".

inteiro. Por meio do fonógrafo e dos discos distribuídos gratuitamente, uma instituição já conseguiu aumentar de mais de 50% a frequência espontânea a concertos, numa cidade de tipo médio.[202]

Mario de Andrade deixa clara a função social dessas instituições, derivando da própria força social da música: as discotecas são o celeiro do material sonoro e, àquela época, também a plataforma onde se fazia a gravação de registros a serem preservados e estudados.

Vê-se que esse conceito de "reeducação e gravação" norteava tanto C. Lange e Sprague Smith, quanto Mario de Andrade. Os três musicólogos idealizavam e criavam acervos de registros sonoros em seus países, pautando-se pelos conceitos de rádios educativas dos países europeus, como, de resto, dos próprios Estados Unidos, Sprague Smith e Curt Lange por sua vivência e Mario de Andrade, a partir de leituras, já que desde a década de 1920 já assinava periódicos europeus – mais especificamente *Le Ménestrel,* sobre o assunto: a discoteca como plataforma de preservação da manifestação musical folclórica e nacional, sim. Mas o que ela trazia de pioneiro e principal era o papel de *lugar* da gravação desses registros.

DISCOTECAS NO BRASIL

Discoteca Nacional

Para ter-se visão do que era a função das discotecas – pelo menos no Brasil – podemos traçar um paralelo, no mínimo interessante, entre a Discoteca de São Paulo e a do Rio de Janeiro.

Segundo informações de Mercedes Reis Pequeno,[203] o acervo da Seção de Música da Biblioteca Nacional do Rio de Janeiro começou a ser for-

---

202 *Ibidem,* p. 23.

203 Relacionando a criação da Discoteca Pública Municipal de São Paulo, em 1935, ano em que começou sua organização, para ser inaugurada em 1936, com o aparecimento de outras discotecas dentro e fora do país, na mesma época, buscamos informações junto a Mercedes Reis Pequeno (criadora e diretora da Seção de Música da Biblioteca Nacional

mado mediante um trabalho de "garimpagem", no 4° andar da Biblioteca Nacional, onde estava localizada a Coleção Teresa Cristina, que pertencera ao imperador, na qual encontravam-se não só livros sobre música, mas também partituras musicais que haviam pertencido à imperatriz Leopoldina. Também havia uma vasta coleção de músicas de salão recebidas por exigência da Lei de Contribuição legal. Foi com a compra da Coleção Abraão de Carvalho (19.000 peças, entre as quais, obras dos séculos XVI, XVII e XVIII), em 1953, que o acervo se estruturou. A aquisição de livros do exterior, inclusive as *Obras Completas* dos grandes compositores (Bach, Beethoven etc.) as coleções *Monumenta*, compradas na Alemanha, tudo isso fazia parte de uma complicada rotina de obtenção de verba, etc. Com isso, foi adquirido material de Vivaldi, madrigais ingleses, obras do período Barroco, Renascença, entre muitos outros.

O acervo da Seção de Música continha material erudito e popular. Folclórico, apenas material contido em livros, pesquisas impressas etc. (Luíz Heitor Corrêa de Azevedo,[204] que havia defendido tese, em 1938, sobre música indígena brasileira, era bibliotecário – sem formação acadêmica – e coleta-

do Rio de Janeiro, de 1942 até 1990). Ela teve dupla formação: piano, pela Escola de Música da então Escola de Música da Universidade do Brasil, atual UFRJ e bibliotecária, formada pelo curso intensivo oferecido pelo DASP. Como aluna de Luís Heitor Corrêa de Azevedo, na cadeira de Folclore da UFRJ, interessou-se pelo trabalho de pesquisa na área de música sob orientação dele. Muito mais tarde, convidada a trabalhar com Charles Seeger, diretor da Seção de Música da então União Panamericana (hoje OEA) em Washington, DC, Teve também a oportunidade de secretariar Carleton Sprague Smith, quando adido cultural dos EEUU no Rio de Janeiro.

A diretora da Seção de Música da Biblioteca Nacional do Rio de Janeiro teve contato por correspondência com Oneyda Alvarenga a propósito da existência da Associação Internacional de Bibliotecas de Música. Na década de 1940, Mercedes Reis Pequeno buscou contato com outras discotecas e bibliotecas de música. Mas Oneyda Alvarenga foi das poucas pessoas que se interessaram em colaborar com a AIBM.

204 Mercedes Reis Pequeno se interessou pela disciplina *Folclore* e pelo estudo de tratamento da informação após assistir a defesa de tese de Luíz Heitor Corrêa de Azevedo, em cuja banca estavam Mario de Andrade, Andrade Muricy, Renato Almeida, entre outros. Provavelmente Luíz Heitor Corrêa de Azevedo entusiasmara-se em lecionar para a primeira turma de *Folclore*, em 1938, na Escola de Música da Universidade do

ra material de música folclórica em, pelo menos, três viagens ao Nordeste do Brasil, patrocinadas pela Biblioteca do Congresso, de Washington. Este material ficou na Escola Nacional de Música.)

Da mesma forma que a compra da coleção Abraão estruturou o acervo da Seção de Música, foi com a doação (por testamento) da coleção de discos de Renzo Massarani (crítico musical), que se iniciou o Arquivo Sonoro da Seção de Música. A discoteca está incorporada à DIMAS (Divisão de Música e Arquivo Sonoro), no prédio do MEC.

Quanto ao processamento técnico – classificação e catalogação –, os discos ficavam classificados por "formação": composições para piano, composições sinfônicas, etc. A catalogação dos discos não chegou a ser feita na gestão de Mercedes Reis Pequeno. Já a catalogação do acervo (partituras) era feita em fichas catalográficas e, no caso de livros, muitas vezes eram usadas as fichas impressas recebidas da Biblioteca do Congresso de Washington, DC, evitando duplicação de trabalho. Para tanto havia sido feito um convênio entre as duas Bibliotecas.

O público consulente da Seção de Música era composto por estudantes, professores, musicólogos, e também por interessados pela música em geral. Com a implantação do serviço de cópia reprográfica, os estudiosos chegavam a pedir 500 cópias por dia, aumentando a frequência significativamente. O acesso aos depósitos não era livre: havia um funcionário que recebia o pedido dos consulentes e outro que encontrava o material no acervo e entregava aos usuários. O Arquivo Sonoro dispunha de cabines para audição dos discos.

Além da própria organização do acervo e atendimento ao público, a Seção de Música da Biblioteca Nacional desenvolveu atividades como exposições (até 1990, foram realizadas trinta e oito exposições comemorando efemérides musicais). A ideia era mostrar acervo e, em alguns casos, tinham propósito didático. Foram impressos vários catálogos dessas exposições. Na época, a Seção de Música não dispunha de pessoas especializadas em *lay-out* e a própria diretora da Seção da tarefa, auxiliada pelo pessoal das gráficas, incumbia-se das tarefas de montagem dos catálogos. Além disso, a Seção de Música da Biblioteca

---

Brasil (atual UFRJ) por estar o tema em foco, na ocasião. Mario de Andrade, Edson Carneiro e muitos outros folcloristas (hoje etnomusicólogos) discutiam o assunto.

Nacional patrocinou concertos, como a apresentação do Quarteto Iacovino; conferências, como a realizada pelo etnomusicólogo Antony Seeger; criou-se ainda, com o professor e conferencista Hans Joachim Koellreutter, um Centro de Documentação de Música Alemã Contemporânea.

O Rio de Janeiro também teve uma Discoteca Municipal, que, já na década de 1930, funcionou no Edifício Andorinha. Na época, o acervo estava catalogado, porque dispunha de bibliotecários. A Discoteca Municipal possuía gravações de Villa-Lobos feitas nos trabalhos do compositor em escolas.

Além da natureza do acervo da Seção de Música da Biblioteca Nacional do Rio de Janeiro ser de caráter um pouco diferente do da Discoteca Pública Municipal de São Paulo, o que, obviamente, direcionava a política de divulgação do acervo de cada uma das duas discotecas, conforme seus raios de ação, não se cogitou a criação de uma rádio-escola vinculada à Seção de Música da Biblioteca Nacional. Mas vê-se que ambas mantiveram durante o tempo todo o caráter didático, quanto ao atendimento ao público.

Porém, dentro do âmbito da coleta e organização da música brasileira, o trabalho de Mercedes Reis Pequeno teve relevância, do ponto de vista da divulgação da música latino-americana no que concernia à uma urgência, do momento histórico, em se conhecer esta música, suas características, suas peculiaridades: a tradução dos aspectos culturais – a mescla de culturas de cada país americano. Sistematizar o conhecimento das diferentes culturas, sem dúvida era um meio de ampliar o conhecimento, na busca da expressão americana. Mas até que ponto, nos anos 1940, também funcionava como forma de controle dos Estados Unidos sobre os países vizinhos?

Entre 1947 e 1949, Mercedes Reis Pequeno trabalhou ao lado de Charles Seeger, musicólogo e diretor da Seção de Música da União Pan-Americana (atual OEA.) Tendo à sua disposição uma biblioteca, partituras musicais, periódicos etc., sua função era pesquisar e atender às solicitações que vinham por correspondência, por telefone etc., sobre a música e a vida musical na América Latina. Era, basicamente, um serviço de referência, divulgando a cultura musical latino-americana. Neste período, publicou-se também uma *História da Música no Brasil*, em edição bilíngue (inglês /português).

208   VALQUÍRIA MAROTI CAROZZE

Mercedes Reis Pequeno trabalhou também, no Rio de Janeiro, com Carleton Sprague Smith, quando este esteve na cidade. Mercedes Reis Pequeno confirma a grande preocupação do músico com a importância da organização de acervos musicai e o fato de que, como adido cultural dos Estados Unidos, ele encarava isto como parte da política norte-americana da época – a chamada "política de boa vizinhança". Quando transferiu-se para São Paulo, posteriormente, ele ampliou seus contatos com artistas e intelectuais brasileiros.

Discoteca Pública Municipal de São Paulo

Como se viu, desde a década de 1920, Mario de Andrade já assinava periódicos estrangeiros e lia sobre o funcionamento das rádio-escolas de países europeus – em muitos países havia preocupação quanto à educação musical dos povos. Neste período entreguerras, criavam-se também as discotecas, tanto na Europa, como a do Estado, na Itália, quanto na América, com o objetivo de preservação da memória musical, só que voltando-se para a gravação de músicas caracteristicamente folclóricas, a fim de constituir acervos voltados para pesquisadores, visando a criação da música erudita dentro da proposta do americanismo.

Quando a Discoteca Pública Municipal de São Paulo foi criada, em 1935, seus objetivos centrais eram: 1) a preservação da memória musical, por meio da gravação de música folclórica do Brasil, que foi registrada em fonogramas e 2) o uso desse material como objeto de pesquisa pelos músicos eruditos. Dentro da proposta do Americanismo musical, a Discoteca Pública Municipal oferecia meios de apoio à formação dos músicos e, assim, da própria música erudita brasileira, nesse processo de caracterização do nacional, nas décadas de 1930 e 1940, principalmente.

Os acervos da Discoteca de São Paulo se constituíram de:

1º) Registros sonoros:

a) – de folclore musical brasileiro

b) – de música erudita da escola de São Paulo

c) – Arquivo da Palavra (vozes de homens ilustres do Brasil e gravações para estudos de fonética)

2º) Museu etnográfico-folclórico, principalmente destinado a instrumentos musicais populares brasileiros, complemento indispensável dos registros de folclore musical.

3º) Arquivo de documentos musicais folclóricos grafados a mão.

4º) Filmoteca anexa ao serviço de registros de folclore musical brasileiro.

5º) Coleções de discos para consultas públicas.

6º) Biblioteca musical, pública, de partituras e livros técnicos. (O acervo de livros se estruturou a partir de critérios de Oneyda Alvarenga)

7º) Arquivo de matrizes.

Para se ter conhecimento de todos os serviços enumerados por Oneyda Alvarenga e esclarecimento completo sobre eles, é preciso ver o Anexo B,[205] deste livro. (Paulo Duarte, em *Mario de Andrade por ele mesmo*,[206] descreve os acervos, discriminando: "400 documentos musicais gravados, fitas documentais etnográficas (...)" E fala do número de discos: "perto de quatro mil" e uma biblioteca musical "de cerca de 2000 volumes".)

A atual Discoteca Oneyda Alvarenga, instalada no Centro Cultural São Paulo, na capital do estado, originalmente chamada Discoteca Pública Municipal, foi criada pelo Departamento de Cultura, em 1935, sob a diretoria de Mario de Andrade, durante a prefeitura de Fábio Prado. Oneyda Alvarenga, que tinha acabado de se formar no Conservatório Dramático e Musical de São Paulo, em 1934, e havia voltado para a cidade-natal, Varginha, Minas Gerais, foi chamada por Mario de Andrade para ser nomeada diretora da Discoteca Pública Municipal.

A proposta de estudo da criação e existência dessa discoteca foi idealizada conforme as necessidades apuradas por Mario de Andrade naquele universo

---

205 Anexo B: ALVARENGA, Oneyda. Entrevista dada ao Diário da Noite. Discoteca Pública Municipal de São Paulo e documentação musical. Transcrição do texto integral, sem indicação de entrevistador. Entrevista. Datiloscrito, 17 de agosto de 1938, cópia 'B' carbono, 6 p. – (da mesma forma) Consultada cópia xerográfica.

206 DUARTE, *op. cit.*

210 VALQUÍRIA MAROTI CAROZZE

social do Brasil e da América das décadas de 1920, 1930 e 1940, coerentes com os ideais do americanismo musical defendido pelo musicólogo Curt Lange.

Tendo-se, então, os documentos musicais como suporte ao reconhecimento de elementos folclóricos e redescoberta das manifestações musicais das classes majoritárias pelos compositores nacionais, a Discoteca Pública Municipal pautou sua funções privilegiando a recuperação e a gravação de registros sonoros de músicas folclóricas. A Discoteca Pública Municipal responsabilizava-se pela preservação de suportes musicais (fonogramas, gravações, ícones, fotografias, textos) como fontes de pesquisa para musicólogos e também para usuários leigos, contribuindo para a memória e compreensão da música e cultura nacionais.

Paralelamente à Discoteca Pública Municipal de São Paulo, sempre no mesmo diapasão da urgência em se fundamentar os conhecimentos culturais sobre sólidas bases científicas (e tendo como objeto de estudo assuntos estreitamente ligados a ela), é instituído em abril de 1936, por Mario de Andrade, o curso de Etnografia, ministrado pela professora francesa Dina Lévi-Strauss, que fora assistente no Musée de L'Homme, em Paris.[207] Justificava Mario de Andrade: "(...) A Etnografia brasileira vai mal. Faz-se necessário que ela tome imediatamente uma orientação prática em normas severamente científicas".[208]

Tendo vindo com seu marido, Claude Lévi-Strauss, Dina lecionou para estudiosos do assunto – naturalmente, Oneyda Alvarenga, entre outros, como Luís Saia, cursou as aulas, durante um ano. Como fecho, Mario de Andrade declarou ao casal de pesquisadores que fundaria um Clube de Etnografia, a necessidade de especialização técnica dos pesquisadores ligados ao Departamento de Cultura e aos museus do país.[209] Uma comissão composta por pessoas que

---

207 SÃO PAULO (CIDADE). Prefeitura do Município de São Paulo. Secretaria de Cultura. Centro Cultural São Paulo. *Sociedade de etnografia e folclore*. São Paulo: CCSP, 2004, p. 5.

208 ANDRADE, Mario de. A situação etnográfica no Brasil. *Jornal Síntese*, Belo Horizonte, vol. 1, nº 1, out. de 1936.

209 Marta Amoroso ilustra bem a situação do momento: "Mario de Andrade trazia para a Sociedade de Etnologia e Folclore e para o Departamento de Cultura o desdobramento de antigos projetos pessoais. "Marta Amoroso se refere à estreita ligação, à necessidade mesmo, dos fundamentos nas raízes das formas populares de criação, quando

cursaram as aulas de Dina Lévi-Strauss e, orientada por Mario de Andrade, elaborou questionário para o chamado *Inquérito Folclórico*, a fim de coletar informações de maneira sistemática e bastante descritiva sobre alguns aspectos da cultura popular. As respostas de tal questionário foram analisadas "e tabuladas por Dina Lévi-Strauss, Oneyda Alvarenga, Mário Wagner, Carlos Mascaro e Rafael Grisi (...) O resultado desse inquérito foi o primeiro ensaio de cartografia feito no Brasil (...)".[210]

Em 1938, os membros da Missão de Pesquisas Folclóricas que percorreu o Norte e o Nordeste do Brasil, na tarefa de coletar cantos e danças folclóricos da região, trouxeram registros sonoros, os *fonogramas*, para comporem o acervo da Discoteca Municipal. A guarda e organização (catalogação) desses fonogramas possibilita a pesquisa dos documentos sonoros. A análise do destino de tais documentos contextualiza-se na linha de pesquisa da realidade da criação e a criação da realidade do país, uma vez que o canto e a dança folclóricos são manifestações populares, ou seja, têm sua origem na realidade brasileira e são passíveis de mudanças, à medida em que se alteram, conforme o deslocamento pelo território e pelo tempo. Mas também conformam o universo que os envolve, à medida que constituem herança, patrimônio artístico e cultural, fontes de estudo.

A Catalogação da Discoteca por Oneyda Alvarenga

---

da expressão de linguagem artística popular. "As notas deixadas por Dina Lévi-Strauss nos auxiliam a qualificar a natureza de empreendimento que estava por trás do fazer etnográfico nas cidades e entre as populações ameríndias. O conceito de folclore associado à antropologia se afastava da busca do pitoresco e do exótico para ir ao encontro da dinâmica da sociedade em sua expressão viva (...) 'Uma coleção de objetos sistematicamente reunidos constitui verdadeiro arquivo' (...) Uma coleção etnográfica não é uma coleção de obras de arte, mas representa uma cultura e seu interesse consiste nisto (...)" In: SÃO PAULO (CIDADE). Prefeitura do Município de São Paulo. Secretaria de Cultura. Centro Cultural São Paulo. *Sociedade de etnografia e folclore*. São Paulo: CCSP, 2004, p.73.

210 *Ibidem*, p. 6. O trabalho foi publicado sob o título de *Etudes Cartographiques des Tabous Alimentaires et de Danses Populaires*.

Em 1941 é publicado o "Catálogo dicionário" aplicado a uma discoteca, na Separata da Revista do Arquivo. Tratava-se de uma obra de autoria de José Bento Faria Ferraz, que fora aluno de Mario de Andrade no Conservatório Dramático e Musical de São Paulo. À época em que redige as explicações sobre o catálogo dicionário da Discoteca Pública Municipal, José Bento era secretário de Mario de Andrade e continuou nessa função até a morte do ex--professor. Num tom descontraído até onde as formalidades permitiam, possivelmente para suavizar as informações muito técnicas, José Bento Faria Ferraz explica em detalhes a adoção de critérios de catalogação do material sonoro, na instituição pública dirigida por Oneyda Alvarenga, mostrando como se agiu a fim de sanar certas limitações encontradas, quando do tratamento das partituras e discos. Nessa publicação escrita simultaneamente ao preparo do relatório de Oneyda – que seria publicado em 1942 –, José Bento menciona as divisões do catálogo por título; autor (compositor); forma (assunto); século; país; intérprete, explicando até onde a catalogação da Discoteca pudera atender às exigências técnicas da moderna biblioteconomia e justificando também a adoção de entradas de busca – com país e século.

Quando escreve o relatório da Discoteca, em 1941 – publicado em 1942 –, Oneyda Alvarenga fornece detalhes de catalogação, onde explica que cada título de composição era registrado em fichas catalográficas, conforme a língua original do país da gravação. Mas Oneyda reuniu, fisicamente, no fichário de títulos, as entradas por títulos em francês, alemão, português etc., logo depois da ficha de título do primeiro disco, ou partitura que entrou no acervo – obviamente, quando se trata da mesma obra. Por exemplo: a gravação de *Le Sacre de Printemps* foi adquirida antes. Mas depois, a Discoteca adquiriu a mesma obra, só que numa gravação brasileira: *A Sagração da Primavera*. Oneyda reunia, então, no fichário, primeiramente, *Le Sacre de Printemps*; em seguida, *A Sagração da Primavera*. Nem sempre a Discoteca tinha várias gravações da mesma obra. Mas, às vezes, mesmo quando dispunha daquelas indicadas por Mario de Andrade, Oneyda ainda poderia, por algum motivo comparativo, com propósitos didáticos, (ou porque fossem mais corriqueiros do que se pensa os danos sofridos pelos discos), na época, era comum preferir outra gravação presente

Oneyda Alvarenga 213

no acervo, ou mesmo emprestada (cedida temporariamente para realização de um determinado concerto) por algum colecionador de discos – neste caso, Oneyda agradecia formalmente o empréstimo.

Em sua discografia, Mario de Andrade tenta abrasileirar ao máximo os nomes dos compositores, enquanto que grafa os títulos na língua original da gravação – seja estrangeira ou nacional. É também interessante observar que Mario de Andrade reuniu no capítulo "Romantismo" compositores como Rachmaninov (1873-1943) e Beethoven (1770-1827): o autor incluiu compositores que não eram precisamente românticos, junto aos do século XIX, por terem nascido no final do século anterior, ou por terem morrido nas primeiras décadas do posterior. Já Roussel (1869-1937), por exemplo, nascido e falecido, antes de Rachmaninov, e Ravel (1875-1937), contemporâneo dos dois, Mario de Andrade vai analisar no capítulo "Atualidade".

A função educativa da Discoteca Pública Municipal de São Paulo se efetivava no processo de elaboração de programas de concertos e conferências escritas e proferidas por Oneyda Alvarenga, baseadas em discos pertinentes ao acervo, assim como a utilização do espaço de salas de audição: eram atividades com propósito didático, na função social da instituição.

Em carta a Oneyda Alvarenga, de 6 de julho de 1935, Mario de Andrade sugere a ela que faça catalogações e comentários aos discos, para quando se iniciasse a rádio-escola. Mario de Andrade explicava que o objetivo inicial da Discoteca era catalogar material para a rádio-escola.[211] O Departamento de Cultura, quando se estruturou, como afirma Mario de Andrade nesta carta, teria quatro divisões, comportando em suas seções a emissora. Assim, Oneyda Alvarenga fez programas para a jamais criada Rádio-Escola, como também elaborou concertos com discos e comentários (conferências ilustradas com discos) para a Discoteca Municipal. Tais Concertos serão analisados no capítulo 4, deste trabalho.

---

211 ANDRADE, Mario de. *Cartas*: Mario de Andrade, Oneyda Alvarenga. São Paulo: Duas Cidades, 1983, p.118-120. .

A Discoteca não era, então, só o lugar da preservação da memória musical do povo, mas – isso no Brasil e nos outros países – era também o lugar da gravação de registros sonoros.

Não é demais relembrar o que aconteceu com a Discoteca Pública Municipal, em termos burocráticos: sua função primeira era servir de apoio à Rádio-Escola, que também seria criada dentro do Departamento de Cultura. A função dessa Rádio seria veicular tudo o que pudesse a perfeiçoar a cultura da população. A Rádio-Escola trabalharia em parceria com outras emissoras e a Discoteca contribuiria com discos e gravações do acervo. Mas o preço das instalações era muito alto e, até 1938, a Rádio não funcionou.[212]

A Discoteca Pública Municipal tomou, então, para si a função didática na formação de ouvintes – senão de músicos profissionais, no limite, leigos mais instruídos musicalmente. Essa condição inesperada fez com que a Discoteca da cidade assumisse o papel da Rádio-Escola. O fato de a Discoteca ter se constituído como uma plataforma de ação na preservação de memória e divulgação de conhecimento musical só era possível pela múltipla formação de Oneyda Alvarenga, como também de alguns colegas de sua equipe.

Ao consultar Henri de Carvalho,[213] encontramos o relevo com que o autor trata conceitos básicos das relações criador/obra-de-arte/intérprete/ouvinte em *Introdução à estética musical*,[214] em que Mario de Andrade define o ouvinte

---

212 Em 1938, Fábio Prado deixou a prefeitura, para entrar Prestes Maia, com o Estado Novo. Mario de Andrade também deixa o cargo de diretor do Departamento de Cultura. Prestes Maia aboliu o projeto da Rádio-Escola, quando extinguiu a Divisão de Turismo e Divertimentos Públicos. Isto estava dentro das atitudes que levaram ao desmonte do Departamento de Cultura.

213 CARVALHO, Henri de. *Mario de Andrade e o estro romântico de sua proposita estético--musical*: expressão da determinação histórica no capitalismo hiper-tardio. Tese – PUC, 2009. São Paulo, p. 147.

214 *Introdução à estética musical* foi escrita em 1926. Nesta época, Mario de Andrade ainda não tinha começado a fazer da audição de discos uma prática de rotina. Na segunda edição do *Compêndio*, de 1933, Mario de Andrade já indica, ao final de cada capítulo, uma discografia que vai nortear a formação do acervo da Discoteca Pública Municipal, em 1935 – apenas dois anos após, portanto.

da seguinte maneira, não sem antes lembrar que "... na manifestação musical o ouvinte é uma entidade tão importante quanto o criador":[215]

> Quem é o ouvinte? Será aquele que ouve. (...) porém em arte ouvir é mais do que isso. Nem todos os que ouvem uma obra musical a estão ouvindo realmente. Carece saber ouvir. Ouvinte é o ser psicológico que toma uma atitude desinteressada de contemplação diante da manifestação musical. (...) o ouvinte toma uma atitude de absoluta passividade pela qual ele adquire estados de alma que realmente se originam da obra-de-arte e não dele.[216]

Aliás, Mario de Andrade também muito se baseou em Aaron Copland. *What do listen for in music*, de Copland[217] foi a obra em que se apoiaram Mario de Andrade e Oneyda Alvarenga. Esta, para redigir *Como ouvir música*, último capítulo do livro inédito *A Linguagem Musical*. Aquele, às voltas com interesses acerca de questões de maior envergadura do que a conceituação de *ouvinte*, por exemplo. Coli[218] lembra que "Mario de Andrade sempre tomou a música no sentido mais amplo de seu espectro cultural. Este ponto de vista faz com que ele a considere numa relação interativa com o ouvinte (...)", no sentido

---

215 A consciência da responsabilidade social estaria, para Mario de Andrade, atrelada às questões ligadas à relação música e ouvinte. In: COLI, Jorge. *Música final*: Mario de Andrade e sua coluna jornalística Mundo musical. Campinas: Editora da Unicamp, 1998, p. 19.

216 ANDRADE, Mario de. TONI, Flávia Camargo (pesq). SOUZA, Gilda de Mello e(pref). MAMMI, Lorenzo (coment). *Introducao à estética musical*. São Paulo: Hucitec, 1995, p. 65.

217 COLI, Jorge. *Música final: Mario de Andrade e sua coluna jornalística*. In: *Mundo musical*. Campinas: Editora da Unicamp, 1998, p. 347-8. Aaron Copland afirma que as pessoas que se dizem amantes da música, ouvem música para entrar no mundo dos sonhos, numa atmosfera de escape. Assim, vão a concertos não pela música, mas por esse efeito.

218 *Ibidem*. Coli faz menção ao artigo "Os Tanhauseres", escrito por Mario de Andrade e publicado na *Folha da Manhã*, aos 10 de fevereiro de 1944. No texto de Mario, aparece citação a Aaron Copland. Jorge Coli aponta o interesse de Mario nessa relação do ouvinte com a música, que o leva a derivar em pensamentos, vagar por ideias e imagens. No caso, Mario, ouvinte de um concerto no qual devaneou, o resultado foi esse artigo no qual se critica satiricamente a própria arte pura.

216 VALQUÍRIA MAROTI CAROZZE

"de indagar sobre as relações efetivas, concretas, entre música e ouvinte". Seria o interesse do ponto de vista antropológico, explorando reações fisiológicas das pessoas de acordo com os sons musicais ouvidos.

Retomando o interesse constante nas discotecas da América do Sul, por parte de autoridades norte-americanas na área da musicologia, conforme se viu acima, depois de estruturado o acervo da Discoteca de São Paulo, alguns fatos podem ser ilustrados com passagens da correspondência entre Mario de Andrade e Oneyda Alvarenga. Sob o tom divertido de frases e expressões como: "Sempre aparecem figurões querendo escutar nossas gravações no Nordeste";[219] "Oneidíssima"[220] e "Pedidos, pedidos, pedidos",[221] se deu a troca de cartas entre o musicólogo, então morando no Rio de Janeiro, e a diretora da Discoteca Pública, no período entre 1939 e 1940. Nelas há referências à importância que os estrangeiros atribuíam ao material fonográfico folclórico coletado pela Missão de Pesquisas Folclóricas, do Departamento de Cultura de São Paulo, nas regiões Norte e Nordeste do Brasil.

Em 30 de maio de 1939,[222] Oneyda Alvarenga já menciona o interesse de Henry McGeorge, da Library of Congress, no intercâmbio de material folclórico da Discoteca Municipal e fala que explicou a ele que seria difícil, em função da falta de matrizamento e estudo das peças. Henry McGeorge cogitou da possibilidade da intervenção do Ministério das Relações Exteriores no caso.

Em carta de Oneyda a Mario de Andrade, em 20 de outubro de 1939, o texto menciona uma conferência de Harold Spivacke, chefe da Divisão de Música da Biblioteca do Congresso, Washington, que Oneyda assistiu, com fito nas

---

219 ANDRADE, Mario de. *Cartas*: Mario de Andrade, Oneyda Alvarenga. São Paulo: Duas Cidades, 1983, p. 235. Carta de 18 de maio de 1940.

220 *Ibidem*, p. 236. Carta de 12 de julho de 1940. Única vez que Mario de Andrade usa o tratamento superlativo, se permitindo brincar com Oneyda Alvarenga, justamente neste intervalo de transações de material fonográfico e visitas de estrangeiros à Discoteca Pública de São Paulo.

221 *Ibidem*, p. 240. Carta de 17 de julho de 1940. Mario de Andrade começando assim sua carta, prepara Oneyda para atender solicitações de norte-americanos, pedidos referentes a consultas aos fonogramas da Discoteca.

222 *Ibidem*, p. 187.

Oneyda Alvarenga   217

técnicas. O interesse não era só na direção Estados Unidos-Brasil: a diretora da Discoteca Pública de São Paulo atentou para o uso técnico do material sonoro e escreveu a Spivacke perguntando como estudavam os discos de alumínio revestidos de acetato e como o dispunham ao público sem que o material se estragasse. Com isso, Spivacke manifestou seu interesse em fazer intercâmbio de material com a Discoteca Pública Municipal. Em todo caso, Oneyda Alvarenga, sempre consultando Mario de Andrade, analisaria a discografia de Spivacke, para eleger o que seria trocado, no caso de "peça por peça".[223]

Mais adiante, na carta de 12 de abril de 1940, Mario de Andrade escreve um item significativo a Oneyda Alvarenga: "*Caso Spivacke*. (...) Não só ele quer vender ou distribuir as cópias dos discos para instituições culturais, mas divulgá-los o mais possível, até para os indivíduos avulsos (...)".[224]

Citando o próprio Spivacke, Mario de Andrade menciona os pontos de distribuição e divulgação do material sonoro: "... universities, libraries and individuals will be ... etc".[225]

> Que livrarias são essas? (...) de compra e venda? E indivíduos quaisquer, amadores quaisquer? E "disseminar pro público geral" significa também irradiações? Veja a incongruência: um amador ianque ou turco comprará essas peças inéditas brasileiras na A. do Norte, e aqui ninguém as pode adquirir! Eu não as posso ter no Brasil e um não-folclorista (...) os terá não para estudo mas pra divertir as americaninhas que passem o domingo com ele na sua casa de campo! É absurdo.[226]

E considerando absurdo, Mario de Andrade recomenda a Oneyda que só fizesse essa concessão se o prefeito (Prestes Maia) autorizasse. Se os interesses de Oneyda Alvarenga nos conhecimentos e no material de Spivacke eram de ordem técnica, pelo menos de início, os de Mario se focalizavam diretamente no conteúdo: "Quanto ao que você escolher, pergunte desde logo, o que ele

---

223 *Ibidem*, p. 206.

224 *Ibidem*. Grifos do autor.

225 *Ibidem*.

226 *Ibidem*, p. 206.

218   VALQUÍRIA MAROTI CAROZZE

tem de negros da África; de Portugal; de Cuba; de ameríndios; e de negros *africanos* de origem, já nos Estados Unidos". E, triunfante, Mario de Andrade acrescenta: "E o fato dele não ter fotos, filmes, instrumentos e toda a documentação musical anexa ao documento musical, prova que a nossa Discoteca foi mais cientificamente concebida que a dele... Viva nós, minha cara".[227]

Mas isso não sem antes recomendar que Oneyda deixasse claro a Spivacke que os fonogramas eram "nossos"; e que o norte-americano "que mandasse" discos virgens, para que a troca fosse razoável e Spivacke não "ganhasse" no número da documentação.[228]

Mas prontamente Oneyda acalma os nervos de Mario, quanto ao "público geral" a que se referia Spivacke não ser tão geral assim – ela esclarece: "Você confundiu libraries com livrarias".[229] O público geral estava dentro de "universidades, bibliotecas e indivíduos". E explica também a Mario que o material só não poderia ser usado comercialmente. A Discoteca de São Paulo acabou por pedir cópias também para si própria.

Logo depois de tudo acertado, em carta de Oneyda para Mario, de 13 de julho de 1940, a musicóloga já informa o amigo sobre a visita de Lorenzo Turner, norte-americano que estudava línguas africanas e que viria em busca de fonogramas de música folclórica brasileira com o intuito de decodificar influências africanas na língua do povo. Turner também desejava poder fazer cópias e segue-se uma série de empecilhos. Oneyda avisou que não seria possível. Turner propõe fazer duas cópias de cada vez, porque seu aparelho dispunha de dois pratos – uma das cópias seria cedida à Discoteca Pública Municipal. Mas Oneyda estava preocupada, porque temia que o material fosse usado largamente fora do Brasil – sendo que os próprios estudiosos do país não podiam fazê-lo. Porém Oneyda ponderava que, apesar de ser difícil confiar na sinceridade de especialistas, como Spivacke e Turner – uma vez que, levando o material para outro país, Mario de Andrade e ela não podiam mais fazer controle algum –, ela poderia, por sua vez, propor a Turner utilizar

---

227   *Ibidem*, p. 223. Grifos do autor..

228   *Ibidem*, p. 223..

229   *Ibidem*, p. 226.

Oneyda Alvarenga 219

apenas o texto, porque o interesse desse pesquisador era puramente linguístico – e não musical.

Aos 2 de agosto de 1940, Oneyda ainda às voltas com pesquisadores norte-americanos, torna a dar notícias de Turner a Mario de Andrade. Desta vez, Turner espera autorização de Oneyda para levar os discos para o Rio de Janeiro, onde faria as cópias, já que seu aparelho era, segundo palavras de Oneyda: "um trambolho difícil de viajar pra baixo e pra cima". Por fim, depois de muitas objeções por parte de Mario de Andrade, Turner aceita que Antônio Ladeira leve os discos até o Rio de Janeiro, onde fizeram as gravações.

Novamente na biblioteca de Mario de Andrade: o caminho trilhado por Oneyda Alvarenga

Foi preciso seguir de perto as origens teóricas da idealização da Rádio-Escola e da Discoteca Pública Municipal, realizando análise das fontes impressas lidas por Mario de Andrade quando pesquisou sobre História da Música, da mesma forma que foram analisadas acima: a utilização da música mecânica como estratégia didática de ensino de música; a discografia; a criação e funcionamento de rádios educativas e discotecas.

Neste ponto, depois de observada a criação e história inicial da Discoteca Pública Municipal e o papel que a instituição assumiu na disseminação da audição didática de música erudita, que seria responsabilidade da Rádio-Escola, é imprescindível mapear as fontes observadas por Mario de Andrade e que estruturaram seu pensamento em torno de acervos sonoros e educação musical do povo.

Seguindo a trilha das muitas leituras de Mario de Andrade, nas obras impressas que constam hoje da Coleção Mario de Andrade (antigo acervo particular do autor), disponível na Biblioteca do Instituto de Estudos Brasileiros da Universidade de São Paulo, é possível confirmar com clareza o embasamento teórico do estudioso a partir de informações que considerou, analisou e coletou acerca de rádios educativas e formação de discotecas no período entreguerras e durante a Segunda Guerra Mundial. Levando-se em conta que o ano em que Mario de Andrade ocupou o cargo de diretor do Departamento de Cultura foi 1935, se vê que essas leituras foram anteriores, contemporâneas e posteriores à criação dos projetos da Rádio-Escola e da Discoteca Pública Municipal, levando o musicólogo a decisões, reflexões e questionamentos sobre os assuntos em foco: preservação da memória sonora e audição de discos (música mecânica), com prévia escolha de discografia como metodologia de educação musical (aprimoramento do gosto do ouvinte e ensino da História Social da Música).

Como a segunda edição do *Compêndio de História da Música* é de 1933 e a inauguração da Discoteca Pública de São Paulo ocorreu em 1936 (a Discoteca foi criada em 1935 e inaugurada em 1936, devido aos processamentos técnicos do material durante o primeiro ano), pode-se considerar que os livros publicados na Europa no decorrer do ano de 1933 – e mesmo os editados em 1932, ou ainda na década anterior – tenham sido lidos por Mario de Andrade cerca de um ano mais tarde.

Dentro do primeiro volume do livro de Detheridge,[230] por exemplo, *Chronology of music composers*, se encontra uma nota fiscal de pedido de compra, feito por Mario de Andrade. A data da nota é de 06 de dezembro de 1938 – e o livro foi publicado na Inglaterra. Se o ano de *copyright* do segundo volume é 1937, pode-se calcular que todos esses livros editados no estrangeiro e adquiridos pelo escritor brasileiro teriam sido lidos por ele cerca de pouco mais de um ano após seus lançamentos. Isto, é claro, se considerarmos que o tempo entre a requisição de Mario de Andrade e a chegada dos livros à sua biblioteca fosse regularmente o mesmo que o da *Chronology of music composers*. Pode ser também que Mario de Andrade tenha tido conhecimento de algumas obras bem posteriormente à sua publicação, no estrangeiro – e mesmo no Brasil. Sendo assim, a margem de tempo da leitura de Mario de Andrade seria, em alguns casos, mais, ou muito mais longa do que um ano, após o lançamento de tais obras. Há ainda o caso do livro de Rossini Tavares de Lima, *Noções de*

---

230 DETHERIDGE, Joseph. *Chronology of music composers.* Birmingham: J. Detheridge, 1937, p. 156.

História da Música,[231] cujos artigos que compuseram o conteúdo do volume foram escritos em 1929 – e o livro foi oferecido a Mario de Andrade em 1934, conforme a dedicatória do autor, na página posterior à página de rosto. Trata-se da segunda edição – mas não há menção ao ano exatamente dessa publicação oferecida a Mario de Andrade, a não ser a "Nota" que fecha o último texto do livro, na p. 96: "Estes artigos foram escritos em 1929". Da mesma forma, o livro de Claude Debussy,[232] *Monsieur croche antidilettante,* foi publicado em 1921 e oferecido a Mario de Andrade em 1944 – não há nenhuma anotação de Mario na obra. Assim, teríamos de situar as leituras de Mario de Andrade e de Oneyda Alvarenga por volta de 1933 – antes e durante – como que num período incerto, quanto à sua contemporaneidade à segunda edição do *Compêndio de História da Música,* à idealização da Rádio-Escola e à criação da Discoteca Pública Municipal de São Paulo – podem ter sido posteriores.

E tão importante quanto a leitura de livros, foi a leitura de revistas estrangeiras da área de música, que traziam, entre outras informações, colunas dedicadas a discos, rádio etc., como se viu acima.

Bibliografia lida por Mario de Andrade e, num segundo momento, por seus alunos do grupo de estudos semanais: História da Música

Uma das principais obras que Mario de Andrade consultou foi a de André Coeuroy, *Histoire de la musique avec l'aide du disque suivie de trois commentaires de disques avec exemples musicaux.*[233] De início, chama a atenção a anotação de Mario de Andrade na página de guarda do livro: "Dic – As anotações, palavras, etc. aproveitáveis pro Dic estão indicadas na margem pelo sinal X.

Mario de Andrade [assinatura]"

---

231 LIMA, Rossini Tavares de. *Noções de história da música.* 2ª. ed. São Paulo: Casa Wagner, 1929. .

232 DEBUSSY, Claude Achille. *Monsieur croche antidilettante.* Paris: Bibliophiles Fantaisistes, 1921.

233 COEUROY, André; JARDILLIER, Robert. *Histoire de la musique avec l'aide du disque suivie de trois commentaires de disques avec exemples musicaux.* Paris: Librairie Delagrave, 1931.

222 VALQUÍRIA MAROTI CAROZZE

É na discografia de *Histoire de la musique avec l'aide du disque...*, definitivamente, que encontramos interessantes anotações a lápis. Por exemplo, o musicólogo marcou, com pequenas cruzes, os nomes de muitos autores, nas discografias ao final dos capítulos – autores que abordara em seu *Compêndio*. Então, certamente o autor assinalou nomes de compositores na discografia indicada por André Coeuroy e Robert Jardillier com finalidade de adquirir gravações que ainda não possuía. Mario de Andrade traçou em alguns pontos anotações quase que frenéticas, tantas eram as ligações que fazia entre códigos de discos e anotações à parte, indicando outro código (de outra gravadora), correspondente à mesma composição – mas, claro, não à mesma gravação. O livro, em francês, importado, publicado em 1931, que Mario de Andrade adquiriu foi lido por ele antes da 2ª edição do *Compêndio*, entre 1931 e 1933, seguramente. A estrutura dos capítulos, a discografia ao final de cada capítulo, a citação de composições, ora agrupadas por localidade, dentro de determinado intervalo de tempo, ora por autores (também dentro de determinado período) é muito parecida com a *Histoire de la musique avec l'aide du disque...*. Quando Mario de Andrade registra à margem do texto um código, por exemplo, V.9241/5, e risca o código impresso no livro dos franceses (Pol. 95135/9), ele indica que já possuía a gravação pela marca Victor.

Ao ler Djalma de Campos Padua, *Resumo de historia da musica, segundo os programmas adoptados nos cursos normaes e gymnasios,*[234] Mario de Andrade analisou, nesta publicação não datada, o modo como era dirigido aos estudantes a história da música nas escolas de Campinas. O programa resumido procurava conciliar conhecimento dos períodos e compositores. Mario de Andrade estaria, neste caso, interessado em saber como se dava a metodologia de ensino para pessoas em idade escolar. Pádua não deixa de mencionar Carlos Gomes, como ícone do estudo da música na cidade.

---

234 PADUA, Djalma de Campos. *Resumo de historia da musica, segundo os programmas adoptados nos cursos normaes e gymnasios*. Campinas: Typ da Casa Genoud Ltda, 19-?. .

Da mesma forma, Mario de Andrade observa, ao ler, de Nacif Farah, *Elementos de história da música sintese das obras de Riemann, Magrini e outros*,[235] o ensino da História da Música no curso ginasial de Tatuí.

O livro mais antigo sobre História da Música encontrado na Coleção Mario de Andrade é de 1876,[236] escrito por Marcillac e, antes de ser adquirido por Mario de Andrade, pertencera a Antonio Carlos Ribeiro de Andrada Machado e Silva (irmão de José Bonifácio de Andrade e Silva) – pelo que se deduz da informação a esse respeito, no exemplar. O livro apresenta alguns poucos grifos a lápis e estabelece já o estudo de História da Arte nos moldes que se repetirão pelas muitas Histórias da Música que se escreverão depois: os capítulos discorrem sobre música dos primeiros cristãos; harmonia (Isidore de Séville); Guido d'Arezzo; música profana (*vulgaire*) trovadores (Thibaut de Champagne, Adam de la Hale, passando pela Idade Média e Renascimento, o livro se desenvolve lentamente, se atendo a todos aqueles autores que vão figurar no *Compêndio de História da Música* de Mario de Andrade e que Oneyda vai contemplar em seus concertos públicos de discos. A diferença é que, dado o ano de edição do volume, o que o autor, Marcillac, chama de "música contemporânea" é a música de Verdi, Bellini, Donizetti e outros do século XIX.

Outra publicação do século XIX é uma obra de Antoine Super, *Palestrina*.[237] O livro não traz nenhum traço ou observação de Mario de Andrade. O musicólogo deve ter estudado nesta obra o autor e também música religiosa cristã, pela visão de Antoine Super. Também o livro de Marciano Brum, *Através da música: bosquejos históricos*,[238] foi editado no final dos anos 1800, porém este, no Brasil. O autor expõe ideias muito "peculiares", em sua introdução, quando

---

235 FARAH, Nacif. *Elementos de história da música sintese das obras de Riemann, Magrini e outros*. Tatuí: Tip. Azevedo & C., 19--.

236 MARCILLAC, François. *Histoire de la musique moderne et des musiciens celebres en Italie, en Allemagne et en France depuis l'ere chretienne*. Paris: Sandoz & Fischbacher, 1876.

237 SUPER, Antoine. *Palestrina* [:] (G. Pierluigi) [:] étude historique et critique sur la musique réligieuse. Paris: V. Retaux, 1892.

238 BRUM, Marciano. *Através da música*: bosquejos históricos. Rio de Janeiro: Officinas Graphicas de I. Bevilacqua, 1897.

compara a música ocidental (europeia) com a de outros lugares – para ele, por exemplo, "A cantiga dos negros Mandingues é (...) *specimen* raro (...) dispertam-nos a impressão anterior de cantos animalisados" e "A [música] dos Egypcios, Arabes, Persas e Turcos, sobrecarregada de ornamentos (...) é enervante e sensualista como estas nações (...)".[239] Como se vê, o texto não era exatamente uma pérola do despojamento de preconceitos raciais e culturais... Obviamente Mario de Andrade não compartilhou dessas opiniões de Marciano Brum – vide as opiniões expressas de Mario de Andrade, por exemplo n'*A expressão musical dos Estados Unidos*,[240] a respeito da música negra – na América. E assim, Brum segue, ora chamando de "mesquinha"[241] a música da Europa e do Oriente Médio das épocas dos antanhos e "rudes"[242] as dissonâncias, quando ainda se ignorava a harmonia. Elogia, contudo, a "magestósa"[243] arte moderna... Ainda assim, vale a pena encontrar um sinal marginal de Mario de Andrade, a lápis,[244] que faz entender o porquê do interesse do musicólogo no livro. Marciano Brum, no que chama "trabalho recreativo e bréve", procura engrandecer a música do Brasil e particularmente a do Rio Grande do Sul (seu estado natal). Mario de Andrade assinala o trecho que cita as "balladas jocósas" do *boi Espácio, rabicho da Geralda, sapo do Cariri* etc., com a explicação de Brum sobre a origem portuguesa dessas músicas. Aí estava o objeto que Mario de Andrade estudou muito. Além disso, Marciano Brum apresenta gráficos de ondas físicas de efeitos de várias sonoridades – o que, para 1897, era bem moderno. Brum não deixava de ser um estudioso: seu livro mostrava passo a passo a evolução da música – desde a "música cósmica" (capítulo bastante

---

239 BRUM, Marciano. *Através da música*: bosquejos históricos. Rio de Janeiro, Officinas Graphicas de I. Bevilacqua, 1897, p. 3.

240 ANDRADE, Mario de. *A expressão musical dos Estados Unidos*. Rio de Janeiro: Leuzinger,1941?.

241 BRUM, Marciano. *Através da música*: bosquejos históricos. Rio de Janeiro, Officinas Graphicas de I. Bevilacqua, 1897, p. 5.

242 *Ibidem.*

243 *Ibidem.*

244 *Ibidem*, p. 123.

eclético, em que Brum discorre sobre Pitágoras, Beethoven, Wagner, Gluck, Berlioz, poesia dos sons da natureza, vozes dos animais e até... órgão dos gatos!), passando pela música dos "povos selvagens"; das "tribus bárbaras"; pela origem "fabulosa" da música; pelas teorias musicais dos povos antigos e contemporâneos; Idade Média e Renascença (Europa); teorias musicais primitivas (gregos e música profana medieval europeia); teoria da música moderna (escalas tonais e "enharmonismo").

Mario de Andrade leu publicações bibliográficas do começo do século, editadas em 1905, como, por exemplo, a de Tiersot, *Notes d'ethnographie musicale*[245] (extraído da revista *Le Ménestrel*, como se viu anteriormente, assinada por Mario de Andrade) e outras – já coletando um conjunto de informações que lhe interessavam, quanto ao dicionário musical. Não se sabe ao certo em que ano Mario de Andrade adquiriu e leu essa bibliografia mais antiga. Mas é de se notar a atualidade de seu conteúdo e onde (até onde) essas informações iriam se refletir, tanto em obras de autoria de Mario de Andrade, quanto nas ações de Oneyda Alvarenga, como diretora da Discoteca de São Paulo. *Notes d'ethnographie musicale*, de Tiersot, traz na página de guarda as palavras manuscritas por Mario de Andrade: "Dicionario", indicando, a seguir, páginas em que se encontravam informações sobre instrumentos antigos, como japoneses, persas etc.

E o livro de Riemann, *Storia Universale della Musica*,[246] foi editado quando Mario de Andrade tinha por volta de dezenove anos de idade – Mario de Andrade, como se lembrava Oneyda Alvarenga, começou a auxiliar no Conservatório Dramático e Musical de São Paulo desde cedo, bem antes de ser contratado como professor. Portanto, antes de lecionar na instituição, ele já devia ter conhecimentos das mais antigas obras editadas sobre História da Música. Ele faz uma anotação na falsa página de rosto sobre vir "agora" (seria do século X ao XIII) uma fase monótona como criação musical, como que sinalizando que a música iria "tomar fôlego para o grande surto" polifônico.

---

245 TIERSOT, Julien. *Notes d'ethnographie musicale*. Paris: Fischbacher, 1905.

246 RIEMANN, Karl Wilhem Julius Hugo. *Storia universali della musica*. Torino: Societa Tip-Editrice Nazionale, 1912.

226 VALQUÍRIA MAROTI CAROZZE

Um pouco anterior é o livro de Landormy, *Histoire de la Musique*[247]: o ano de edição é 1911. A despeito de não haver um único traço manuscrito de Mario de Andrade nessa publicação (na falsa página de rosto há uma dedicatória: "S. Paulo 21 – 4 – 912 – A. querido Antonio Carlos lembrança afetuosa da esposa saudosa."), é interessante observar que a estrutura desses livros sobre História da Música geralmente eram, mais ou menos, a mesma. E é interessante porque, desde os primórdios dos estudos de Mario de Andrade até os Concertos de Discos de Oneyda Alvarenga, os mesmos autores eram observados e incluídos nos repertórios. No caso, a primeira parte apresenta, em seus capítulos, a evolução musical pelos séculos: Antiguidade, Idade Média e Renascimento etc. Depois, detém-se em Rameau, Gluck, Piccinini. A segunda parte cuida dos séculos XVIII e XIX, abordando Bach, Haendel, Haydn, Mozart, Beethoven, Weber e Wagner. E a terceira parte chega em autores como Berlioz, Gounod, Charpentier, César Franck e ainda, no último capítulo, eslavos, escandinavos, espanhóis, suíços – e, para concluir o livro, Debussy.

Um outro livro dos mais antigos sobre História da Música adquirido por Mario de Andrade é o de Combarieu,[248] de 1913, já buscando o musicólogo brasileiro fundamentação teórica nos autores estrangeiros sobre nacionalismo musical. Na página de guarda do livro, encontramos a seguinte anotação de Mario de Andrade:

> Sôbre a influência duma musica nacional sôbre outra para fecunda-la, pg 64 –
> Sobre as dansas nas igrejas 3 / 4 –
> Que é a dansa para Luciano pg 41 –
> la musique de l'état pg 144
> l'eurythimie dans la vie pg p 155
> la musique reproduit des états d'âme (Aristote) p.159
> Definição do Ritm por Réomé 276

---

247 LANDORMY, Paul. *Histoire de la musique*. 2ª. ed. Paris: P. Delaplane, 1911.

248 COMBARIEU, Jules. *Histoire de la musique*. Paris: Armand Colin, 1913-1920.

Segundo anotação feita por Mario de Andrade no final do índice do livro de Alfredo Untersteiner, *Storia della musica* ,[249] foi na *Revue Musicale* que o professor do Conservatório Dramático e Musical de São Paulo se inteirou da obra. Bastante assinalada nas margens do texto, a publicação permite entrever o interesse de Mario de Andrade, bem cedo – a se julgar o ano da publicação (1916) – pela História da Música. Um pouco anteriores são as edições do livro de Arthur Dandelot, *Résumé d'Histoire de la musique*[250] (1915), sem nenhuma anotação de Mario de Andrade; de Gustave Doré, *Musique et musiciens*,[251] – segundo o autor, a obra traz mais memórias de matérias publicadas em jornais e revistas dos últimos anos (o livro é de 1915), do que crítica musical. No volume há considerações sobre autores eruditos e suas obras, na França, na Alemanha... e o desenrolar contemporâneo da Primeira Grande Guerra influencia bastante Gustave Doret.

Embora não haja nenhum sinal, nenhuma anotação de Mario de Andrade às margens do texto do livro de Bernardo Valentim Moreira de Sá,[252] de 1920, o texto introdutório, de Antonio Arroyo, dirigido ao autor, ilustra bem o tom das Histórias da Música que se publicavam nos anos 1920 – e que Mario de Andrade lia:

> (...) muito folgo (...) em te ver definir cada facto da evolução musical dentro, e só dentro, da sua respectiva epoca e zona, descritas em toda sua latitude. Porque, para definir muitas vezes o caracter de uma qualquer composição, não são suficientes todos os elementos tecnicos que possamos reunir em redor dum tema; e porque o espirito duma epoca e duma nação natural é que penetre todos os produtos gerados dentro delas.

O livro de Guido Pannaim, *Lineamenti di storia della musica*,[253] publicado na Itália no ano da Semana de Arte Moderna do Brasil, foi certamente uma

---

249 UNTERSTEINER, Alfredo. *Storia della musica*. 4ª. ed. Milão: Ulrico Hoepli, 1916.

250 DANDELOT, Arthur. *Résumé d'histoire de la musique*. 3ª. ed. Paris: Senart, 1915.

251 DORET, Gustave. *Musique et musiciens*. Lausanne: Foetisch Frères, 1915.

252 SÁ, Bernardo Valentim Moreira de. *Historia da musica*. Porto: Casa Moreira de Sá, 1920.

253 PANNAIN, Guido. *Lineamenti di storia della musica*. Napoli: Fratelli Curci, 1922.

fonte básica para Mario de Andrade, dadas as anotações ao lado de textos de informação teórica, ao longo do volume.

O trabalho de Roberto Schumann, *Scritti sulla musica e i musicisti*[254] tem uma peculiar forma de abordar o assunto: o autor enfoca compositores e respectivas obras dentro de cada ano, num período escolhido por ele: de 1834 até 1843. Mas não há nenhuma anotação de Mario de Andrade na publicação.

Fartamente anotado por Mario de Andrade é o livro de Charles Nef, *Histoire de la musique*,[255] de 1925. Por esta época, Mario de Andrade, além de ainda dispor de mais tempo para pesquisa – em relação a obras lidas na época em que foi diretor do Departamento de Cultura e quando se mudou para o Rio de Janeiro –, estava em plena coleta de dados sobre História da Música, a fim de redigir seu *Compêndio*. Sobre esse livro, o musicólogo brasileiro encontrara crítica na *Revue Musicale*,[256] pelo que se vê anotado na página de rosto da obra de Nef.

O livro editado por Percy Buck, *The Oxford history of music*,[257] em 1929, apresenta um capítulo chamado *Aspectos sociais da música na Idade Média* – revelando, portanto, que o estudo da História da Música sob análise dos aspectos sociais já não era novidade para Mario de Andrade há, pelo menos, quase uma década. E eram esses aspectos que o autor de *Macunaíma* via como diretrizes para os textos de autoria de sua aluna Oneyda Alvarenga, enquanto musicóloga.

Outro livro importante na bibliografia teórica de Mario de Andrade foi, do já citado autor André Coeuroy, *Panorama de la musique cotemporaine*.[258] Na página de guarda deste livro, a anotação de Mario de Andrade: "Internacionalismo musical/ p[.] 9", dentro do texto *Sous le signe du "national"* é suficiente para mostrar onde se embasavam as ideias do musicólogo brasileiro, desde a década de 1920, quando escrevia, posteriormente, sobre a linguagem internacional da música e das faces caracteristicamente nacionais da mú-

---

254 SCHUMANN, Robert. *Scritti sulla musica e i musicisti*. Milão: Bottega di poesia, 1927.

255 NEF, Karl; ROKSETH, Yvonne. *Histoire de la musique*. Paris: Payot, 1925.

256 LA REVUE MUSICALE. Paris: Éditions de la Nouvelle Revue Française, n. 6, p. 86, 1926.

257 BUCK, Percy C. *Oxford history of music*. 2ª. ed. Londres: Oxford, 1929.

258 COEUROY, André. *Panorama de la musique contemporaine*. 6ª. ed. Paris: Kra, [c1928].

sica de cada país. Na mesma linha é a obra de Irving Schwerké, *Kings jazz and David*.[259] Já na página de guarda do livro, Mario de Andrade anota: "Dicionario – Síncopa 18 – Cimpoiú 209 – Compendio Bach XIII p.66 – Nacionalismo Musical p.64, 162, Obras a encomendar 94, 85, 99. 177,". Isto mostra claramente o roteiro, o que o musicólogo procurava dentro de um livro de História da Música, principalmente na década de 1920, antes de escrever seu *Compêndio* e reunir informações para um dicionário.

De autoria de Armand Machabey, *Histoire et évolution des formules musicales du I au XV siècle de l'ère chrétienne*,[260] de 1928, foi um livro fundamental para a formação de Oneyda Alvarenga, via leituras anteriores de Mario de Andrade. Pelos grifos do dono do livro, ao lado de textos que comentam a evolução da música do Ocidente, passando pela análise de documentos musicais, da música religiosa e profana, até chegar à polifonia, sempre se levando em conta os conflitos e realidades sociais dos países europeus em questão, ao longo do período medieval, se entende como a formação de Oneyda Alvarenga – e de outros alunos do Conservatório Dramático e Musical de São Paulo; do próprio Mario de Andrade – teve base sólida, para chegar a compreender a audição do que seria, depois, a música do século XX. Também a obra de A. Eaglefield Hull, *Music classical, romantic & modern*,[261] de 1927, cuja crítica Mario de Andrade localiza na *Revue Musicale* do mesmo ano, traz numerosos grifos do modernista no capítulo "American Music". Neste capítulo, Mario de Andrade destaca autores do século XIX e do século XX e aspectos bastante arrojados da música norte-americana, como o *jazz*, por exemplo.

---

259 SCHWERKÉ, Irving. *Kings Jazz and David* (Jazz et David, rois). Paris: Les Presses, modernes, 1927.

260 MACHABEY, Armand. *Histoire et évolution des formules musicales du I au XV siècle de l'ère chrétienne*. Paris: Payot, 1928.

261 HULL, A. Eaglefield. *Music, classical, romantic & modern*. Londres: J.M. Dent & sons, 1927. Nesse livro, à página de guarda, encontramos a anotação de Mario de Andrade: "Crítica a este livro em R.M. 1927 – IX", indicando *Revue Musicale*, v. 9.

Bastante grifado por Mario de Andrade é o livro de Tiersot, *La musique aux temps romantiques*,[262] de 1930, que aborda o romantismo na França, na Alemanha e na Itália e que analisa também os aspectos do movimento nas várias décadas do século XIX. Pela divisão de assuntos, o livro deve ter interessado muito a Mario de Andrade, para a construção de seu *Compêndio de História da Música* – ele faz uma anotação a lápis, na falsa página de rosto, destacando as considerações do escritor Victor Hugo sobre a obra do compositor Weber.[263] Aliás, de Tiersot, Mario de Andrade adquiriu vários livros, sendo que deve ter se interessado particularmente pelos escritos do francês sobre etnografia musical e recuperação de canções populares. Jorge Coli analisa esse interesse de Mario de Andrade nos aspectos da música romântica, em seu livro *Música final*, ao criticar os artigos Claude Debussy I e II;[264] Pelléas et Mélisande;[265] Do teatro cantado: psicologia da criação[266] (escritos em 1943); Do meu diário [B] anexo.[267]

Na obra de George Kinsky, *Album Musical*,[268] de 1930, que fez parte da coleção da biblioteca de Mario de Andrade, há uma vasta iconografia: reproduções de instrumentos, pinturas, esculturas... registros documentais, enfim, de todo tipo, recolhidos e reunidos a fim de ilustrar a História da Música, da Antiguidade até o século XX. Indicações de Mario de Andrade ao lado de fotografias de figuras levaram a identificar o que o modernista selecionou para reproduzir como ilustrações em seu livro *Pequena História da Música* – reedição modificada do *Compêndio de História da Música*, inclusive, sem a indicação de discografia. Também é provável que Mario de Andrade tivesse feito a escolha dessas ilustrações para a edição do próprio *Compêndio* e isso não tenha

---

262 TIERSOT, Julien. *La musique aux temps romantiques*. Paris: F. Alcan, 1930.

263 A nota de Mario de Andrade remete à página 63, do livro de Tiersot.

264 COLI, Jorge. *Música final*: Mario de Andrade e sua coluna jornalística Mundo musical. Campinas: Editora da Unicamp, 1998, p. 207-21.

265 *Ibidem*, p. 265-8.

266 *Ibidem*, p. 316-32.

267 *Ibidem*, p. 363-72.

268 KINSKY, Georg *et al. Álbum musical*. Paris: Librairie Delagrave, 1930.

Oneyda Alvarenga   231

sido possível, na ocasião da publicação. Não há nenhum registro manuscrito, quanto a isso. Mas, quando Mario de Andrade publica a *Pequena História da Música*, de todas aquelas ilustrações assinaladas no *Álbum Musical* de Kinsky, apenas uma é reproduzida na abertura de seu livro (um friso antigo).

No livro de Gaetano Cesari, *Lezioni di storia della musica*,[269] com o nome de Fernando Mendes de Almeida escrito a lápis, na página de rosto, e com uma dedicatória simples a Mario de Andrade, escrita com caneta tinteiro, traz grifos à margem do texto apenas até a página 13. No final da edição, o autor agrupa no apêndice[270] partituras de músicas medievais (*Ode di Boezio; Kalenda Maja; Canzone di Enrico duca di Brabante; Chanson de Croisade...* e muitas outras), com transcrições feitas no século XIX e iluminuras várias, mostrando, inclusive, instrumentos da época. Ora, mesmo Mario de Andrade tendo sua formação musical antes de ser professor do Conservatório Musical de São Paulo, esse estudar infinito do musicólogo vem no contraponto à realidade da maioria dos alunos formados pelo Conservatório Dramático e Musical de São Paulo, como já se escreveu acima, no capítulo 1,[271] a respeito das falhas sob aspectos teóricos, na educação musical daquela instituição. Mario de Andrade e Oneyda Alvarenga devem certamente sua apropriação de repertórios à leitura de livros como esse de Gaetano Cesari, por exemplo. E às leituras de outros tantos livros, catálogos de gravadoras e revistas, realizadas pelo grupo de estudos de História da Música, semanalmente reunido na casa da R. Lopes Chaves,[272] que complementavam a educação musical formal do Conservatório Dramático e Musical de São Paulo. Mesmo essas canções medievais que vão aparecer tão didaticamente lá nos Concertos de Discos de Oneyda Alvarenga (podem não ser exatamente as mesmas citadas aqui), comprovam uma perene preocupação em não deixar adormecer no tempo composições menos

---

269   CESARI, Gaetano. *Lezioni di storia della musica*. Milão: G Ricordi, 1931.

270   *Ibidem*, p. 173-234.

271   Oração de Paraninfo – 1935. In: ANDRADE, Mario de. *Aspectos da música brasileira*. 2ª. ed. São Paulo: Martins, 1975.

272   Residência de Mario de Andrade, da época de Oneyda Alvarenga como sua aluna, até a morte do musicólogo.

232 VALQUÍRIA MAROTI CAROZZE

conhecidas – o que seria deixar passar ótimas oportunidades de disseminação musical aos ouvintes leigos.

No livro do inglês George Dyson, *Progrès de la musique*,[273] – traduzido para o francês, publicado em Paris em 1933, são fartos os grifos de Mario de Andrade, às margens do texto, como também surgem observações críticas do musicólogo em oposição a algumas ideias de Dyson. O autor faz uma divisão um pouco diferente das encontradas em livros sobre História da Música, uma vez que dedica o primeiro capítulo exclusivamente à igreja. Analisando não apenas a música sacra, como os aspectos ideológicos da divisão da catedral (o que determinaria a posição dos cantores/coro, do povo – os ouvintes –, do órgão), esta disposição física traduziria, para Dyson, "verdades históricas". Ele fala também do que acontece, paralelamente, na igreja protestante, em relação à música. Fica evidente que Mario de Andrade, ao fazer determinadas anotações manuscritas, não estaria estudando só para si. No livro de Dyson,[274] o modernista escreve um texto bastante claro, o que faz parecer que seria destinado a outros leitores – provavelmente uma crítica. Ou talvez quisesse inserir suas observações num livro posterior. Trata-se do assunto audição/ouvinte: apesar de julgar as considerações finais do autor "excelentes", Mario de Andrade nota que a ideia do autor, quando diz que se pode obter plena satisfação e aprovação do público de um auditório apresentando apenas músicas do passado (no caso, Dyson cita Bach), pode ser um pouco falha, se levarmos em consideração que o "passado" é mais compreensível ao público, do que "certos presentes". E que "ninguém suportaria ter em casa um músico que nos fizesse diariamente ouvir só música dele!". Estavam aí considerações estreitamente relacionadas com o que se passaria na realidade das audições públicas da Discoteca Pública Municipal – o livro de Dyson é de 1933 e os Concertos de Discos da Discoteca paulistana só começariam em 1938. (Embora desde 1935, ano em que se cria a Discoteca Pública Municipal, Oneyda Alvarenga já possuísse todos os recursos teóricos para montar os programas de Concertos de

---

273 DYSON, George. *Progrès de la musique*: histoire de la musique en Europe depuis le Moyen Âge jusqu'a nos jours. Paris: Payot, 1933.

274 *Ibidem*, p. 182-3.

Discos que se apresentaram depois.) E, por todas as estatísticas e conclusões de Oneyda Alvarenga, Mario de Andrade já tinha plena noção da realidade do gosto do público desde os anos 1920, pelo menos.

Há na biblioteca de Mario de Andrade um livro de autoria de Marion Bauer,[275] do Departamento de Música da Universidade de Nova York. Ora, se por um lado o livro não apresenta nenhum sinal da leitura de Mario de Andrade, por outro apresenta capítulos muito significativos, para os interesses da formação da Discoteca Pública de São Paulo: o capítulo VI se chama "Nationalism based on folk music: Russia, Czechoslovakia, Hungary, Normay, England, Spain, America" e o capítulo VII, "Nationalism in France: 'La Société Nationale de Musique', César Frank and his followers". No capítulo VI, há contribuições teóricas de grande importância, já que, além de analisar a evolução da música popular em vários países, ressalta que o nacionalismo musical da América se situa, sim, no século XX. Mas não deixa de explicar que, para que isso acontecesse, o processo de "cristalização" da música nacional levou pelo menos três séculos para se efetivar. No capítulo VII, dentro do nacionalismo musical francês, são apontados compositores como César Franck, Debussy, Fauré, d'Indy, Lalo, Duparc... enfim, nomes que constam tanto do *Compêndio de História da Música*, de Mario de Andrade, quanto dos repertórios dos concertos de discos elaborados por Oneyda Alvarenga.

Na obra de René Dumesnil, *Histoire de la Musique*,[276] de 1934, por exemplo, Mario de Andrade faz apenas algumas anotações a lápis, no que tange aos aspectos *ritmo* (era comum Mario de Andrade grafar a palavra "Ritmo", à margem dos vários textos de História da Música que analisou, mostrando com isso que o ritmo era uma constante em seus estudos); *Trabalho e ritmo; instrumentos* – na parte das origens da música greco-romana. E ainda do ano de 1934 é o livro de Wolf, *Historia de la música*[277] – este, sim, com várias notas registradas por Mario

---

275 BAUER, Marion. *Twentieth century music how it developed, how to listen to it.* Nova York: G. P. Putnam's Sons, 1933.

276 DUMESNIL, René. *Histoire de la musique illustrée.* Paris: Plon, 1934.

277 WOLF, Johannes; GERHARD, Roberto; ANGLÈS, Higini. *Historia de la música.* Barcelona: Labor, 1934.

234   VALQUÍRIA MAROTI CAROZZE

de Andrade à margem do texto. Neste livro, que traz de modo peculiar "exemplos musicais" de músicas do século XIII ao XVII, no final da edição, com um considerável conjunto de partituras – aliás, sem registros manuscritos de Mario de Andrade –, o musicólogo brasileiro faz anotações ao longo de todo o texto, marcando pontos importantes para seu estudo quanto aos aspectos teóricos – muito provavelmente para efeitos didáticos, em suas aulas.

À época da criação da Discoteca Pública Municipal, 1935, é lançada uma obra de autor italiano, Luciani,[278] que estuda a História da Música num intervalo de mil anos – do ano 1000 até o século XIX. Não há anotação alguma de Mario de Andrade, nesse livro. Mas certamente o escritor analisou o foco do autor lido e observou a divisão cronológica que foi feita numa tabela sinótica das formas musicais (vocal, instrumental; polifonia, monodia, sinfonia) do período compreendido no estudo. Deste mesmo ano também é, de Margaret Steward e Francisco Mignone, a *Historia da Musica contada à juventude,*[279] da qual apenas o volume I (*Da Antiguidade ao fim do período clássico*) consta da biblioteca de Mario de Andrade. Este registra às margens do texto algumas observações, como a ausência da menção a Monteverdi, na passagem entre o século XVI e o XVII. Talvez o livro fosse interessante também a Oneyda Alvarenga, porque se verá abaixo,[280] conforme mencionado em carta de 27 de fevereiro de 1940,[281] a Mario de Andrade, que a diretora da Discoteca Pública Municipal se deslocava para bairros e escolas, a fim de levar seus concertos de discos para crianças – até que a prefeitura de Prestes Maia os proibiu. Há também, nesse pequeno livro didático, uma parte especial sobre Ricardo-Coração-de-Leão (Música popular/menestréis) – e Oneyda Alvarenga, como se verá, incluiu, em seu 89º Concerto de Discos, a canção trovadoresca *Ja nuns hons pris,* atribuída ao rei inglês – espécie de

---

278 LUCIANI, Sebastiano Arturo. *Mille anni di musica; trentasei tavole fuori testo.* Milão: Ulrico Hoepli, 1936.

279 STEWARD, Margaret, MIGNONE, Francisco. *Historia da musica contada à juventude.* São Paulo: E S Mangione, 1935.

280 À p. 269 deste livro.

281 ANDRADE, Mario de. *Cartas.* São Paulo: Duas Cidades, 1983, p. 210-1.

Oneyda Alvarenga   235

música que dificilmente adultos ou crianças conheceriam fora do alcance pedagógico da Discoteca Pública Municipal.

A edição luxuosa e ilustrada do volume da autora portuguesa, Emma Reys, *Divulgação musical,*[282] fez parte da biblioteca de Mario de Andrade. Mas cadernos inteiros de suas páginas estão colados – curioso notar que mesmo a parte chamada *Recital de música brasileira para piano,* onde se aborda Luciano Gallet, e críticas à música brasileira, à música paulista, ao samba e a outros compositores eruditos contemporâneos do Brasil não foram sequer abertas por Mario de Andrade.

De Alice Gabeuad, a *Histoire de la Musique,*[283] presente na biblioteca de Mario de Andrade, traz um resumo ao final de cada capítulo e também indicações das obras que a autora considera principais dos autores referidos, dentro de cada período. A autora também faz uma divisão bem marcada, analisando em cada capítulo não só o período da história da música, como composições de determinadas nações. Mas Mario de Andrade não deixou nenhum traço, sinalizando que tenha efetuado leitura desse livro.

Mario de Andrade, por sua vez, foi citado muitas vezes no livro de Renato Almeida, *História da Música Brasileira,*[284] – obra que o musicólogo lê e na qual deixa anotações. Renato de Almeida, aliás, menciona também relatos de Koch-Grünberg, seus estudos sobre instrumentos musicais indígenas. Sobre Luciano Gallet, além de toda biografia e trajetória na área musical, Renato Almeida[285] ainda menciona o importante fato de o compositor haver tentado orientar a radiodifusão, entre seus esforços de impor a música brasileira como assunto sério.

---

282 REYS, Emma Romero Santos Fonseca da Câmara. *Divulgação musical*: programas, conferencias, criticas. Lisboa: Seara Nova, 1937.

283 GABEAUD, Alice. *Histoire de la musique*. Paris: Larousse, 1939.

284 ALMEIDA, Renato. *História da música brasileira*. Rio de Janeiro: F. Briguiet, 1926, p. 47.

285 *Ibidem*, p. 461.

Foram verificados também os dois exemplares da obra de Guilherme Figueiredo, *Miniatura de história da música*,[286] na biblioteca de Mario de Andrade. É um livro aparentemente não lido pelo seu proprietário – as páginas do exemplar de trabalho estão todas fechadas – trata-se do exemplar que traz uma dedicatória ao musicólogo. O exemplar aberto, muito resumido em cada capítulo de poucas páginas, não apresenta nenhum sinal de Mario.

O livro de Alaleona[287] também não apresenta senão uma correção a lápis, de Mario de Andrade, numa palavra com erro de grafia (tradução do original, em italiano, por Caldeira Filho). A edição adquirida por Mario de Andrade é de 1941 e é em 15 de abril de 1942 que o musicólogo escreve a crítica ao livro e à tradução de Caldeira Filho – crítica esta chamada *Histórias Musicais*, no *Estado*.[288] Vê-se que Mario de Andrade realizava a leitura de um livro editado no estrangeiro e depois traduzido para o português em torno de um ano após seu lançamento. Isso sem contar que o livro de Domenico Alaleona foi publicado na Itália em 1923, com o título *Il libro d'oro del musicista: fondamenti fisici, storici, estetici dell'arte*. Embora Mario de Andrade não tenha assinalado mais do que o erro de grafia apontado acima, nesse texto chamado *Histórias Musicais*, ele dá importantes mostras de quanto se preocupava com a produção escrita sobre História da Música, de autoria de pessoas como Caldeira Filho (conforme foi mencionado anteriormente, mais de uma vez)[289] e Oneyda Alvarenga. Esta última também é citada em seu artigo,[290] como autora da melhor monografia sobre folclore musical brasileiro e ainda há menção ao intuito de Oneyda no sentido de tentar (isso em 1942) a mesma façanha no campo da música universal. Em si, o texto de Alaleona não é o principal objeto do interesse de Mario de Andrade, quando escreve esse artigo: mas o enfoque dispensado por Caldeira Filho ao viés social de seu capítulo final,

---

286 FIGUEIREDO, Guilherme. *Miniatura de história da música*. Rio de Janeiro: C. E. B. [i.e. Casa do estudante do Brasil], 1942.

287 ALALEONA, Domenico. *Noções de história da música*. São Paulo: Ricordi Americana, 1941.

288 ANDRADE, Mario de. *Música, doce música*. São Paulo: Martins, 1963, p. 359-62.

289 À p. 54 deste livro.

290 *Ibidem*, p. 361.

Oneyda Alvarenga   237

sobre música brasileira – capítulo inserido pelo tradutor, no livro. Sobre o trabalho de tradução de Caldeira Filho, Mario de Andrade aponta vários pontos merecedores de elogios, como a linguagem empregada; notas sucintas que ponderam opiniões mais apaixonadas de Alaleona; o tratamento dispensado à evolução da música, de Wagner até aquela década de 1940. Enfim, Mario de Andrade analisa como ideais os moldes usados por Caldeira Filho, ao finalizar a tradução de *Noções*, do italiano, tecendo comentários sensatos. Para Mario, já era tempo e seria desejável a elaboração de uma História da Música sob os métodos da sociologia contemporânea, acompanhada de crítica de interesse social. Na verdade, Mario de Andrade está incentivando, até mesmo insistindo para que o tradutor redija obra inaugural, que trouxesse a público essa maneira de encarar o estudo da evolução musical.

Em carta de julho de 1927,[291] João da Cunha Caldeira Filho envia notícias a seu ex-professor Mario de Andrade sobre seus estudos em Paris. Caldeira Filho se matriculara no curso de História da Música, ministrado por André Pirro. Tratava-se de um curso superior, que Caldeira Filho, a princípio, pensara que abrangesse todo o panorama da História Musical. Mas ficou sabendo que estudariam a cada ano um período – no ano em questão, 1927, por exemplo, seria estudada a música francesa e a italiana do século xv. Pirro não admitia que seus alunos conhecessem a História sem que se conhecessem as obras – tanto que a prova que o professor impunha exigia que se identificassem os temas dados. Caldeira Filho entra em muitos detalhes, conforme quer relatar todos os aspectos contemplados pelo curso de Pirro e acaba concluindo que seria "trabalho para uma existência".

Na correspondência de 15 de dezembro de 1934,[292] endereçada a Mario de Andrade, Caldeira Filho, residente em Paris, faz menção a textos de pa-

---

291 Carta assinada: "Caldeira f.", forma de tratamento: "Prezado Sr. Mario.", autógrafo a tinta azul; papel branco, pautado, picotado na borda superior; filigrana; 3 folhas; 24,7x21,1 cm; 2 furos. *Notas MA*. Notícia dos estudos em Paris.

292 Carta assinada: "Caldeira"; forma de tratamento: "Prezado amigo Sr. Mario de Andrade."; autógrafo a tinta preta; papel branco; filigrana; 1 folha; 26,6x20,7 cm; 2 furos. *PS*. Envio de textos, para crítica de MA. *PS*: pedido de conselho sobre editor.

lestras escritos por ele sobre História da Música, pedindo que o ex-professor os avalie. Caldeira Filho achava que seus escritos estariam fracos, em comparação aos que foram transmitidos pela rádio, uma vez que nos programas transmitidos, os discos ajudavam a tornar a audição mais atraente.

Já na carta de 18 de abril de 1942,[293] Caldeira Filho, que já lecionava no Brasil, escreve a Mario de Andrade expondo sua auto-apreciação: Caldeira não se considerava tão preparado quanto o ex-professor expressava a seu respeito, no artigo *Histórias Musicais,* citado acima. Confirmando a fama de "modesto e tímido" (conforme se lê em na crítica publicada no *Estado*), o ex-aluno de Mario de Andrade achava, então, que não teria bases de conhecimentos suficientes sobre música, musicologia, sociologia, estética, etnografia e folclore. Por esta época, Caldeira Filho já havia instituído uma metodologia em sala de aula, para cursos ginasiais, admirada por Mario de Andrade. Teve, no entanto, entraves com as reformas de ensino impostas em 1940, que não permitiam o uso de livros escritos pelo próprio professor, na prática educacional – o que resultaria absurdo, no caso da dinâmica didática idealizada por Caldeira Filho. Mas não seria o caso, aqui, de relatar em detalhes essa metodologia, permanecendo apenas no esboço da postura do ex-aluno de Mario de Andrade – e deste, em relação às preocupações com o ensino musical no Brasil, passando pelas vias sociológicas.

E o pequeno livro do mexicano Otto Mayer[294] trata da música erudita dentro do romantismo (os principais gêneros musicais; a transformação musical, como a ópera do século XIX; o poema sinfônico etc.) Porém, não há uma única anotação de Mario de Andrade, à margem do texto. Outro livreto adquirido por Mario de Andrade sobre História da Música e estética, é o de Silvio

---

293 Carta de 18 de abril de 1942, assinada: "Caldeira" ; forma de tratamento: "Prezado Prof. Mario ed Andrade"; datiloscrito original, fita preta; autógrafo a tinta preta; papel branco; 2 folhas; 25,9x20,3 cm; rasgado na borda inferior da folha 1. Recebimento do artigo de MA "Histórias musicais". Comentário sobre as próprias limitações teóricas; a atuação na área de pedagogia musical.

294 MAYER-SERRA, Otto. *El romanticismo musical*: introducción a la historia musical del siglo romántico, con una historia resumida de sus… México: Nuestro Pueblo, 1940.

Motto,[295] *Pontos de phisica, historia da musica e esthetica* – mas extraído de obra do mesmo autor citado acima, Alaleona (*Il libro d'oro del musicista*). A obra não traz nenhum sinal de anotações de Mario de Andrade. Na página de rosto, dedicatória de Silvio Motto, professor do Conservatório Dramático e Musical de São Paulo, a Mario de Andrade. E na obra de Woollett, *Histoire de la musique depuis l'antiquité jusqu'a nos jours*, Mario de Andrade anotou apenas alguns livros na bibliografia constante no final dos volumes.[296]

Mario de Andrade adquiriu também, de Detheridge, uma cronologia[297] de compositores eruditos organizada por ordem de nascimento dos músicos. Embora não haja nenhuma anotação de Mario de Andrade à margem do texto, essa cronologia foi adquirida depois que o modernista editara o *Compêndio de História da Música*. No índice de autores elencados por Detheridge, não há nenhum que Mario de Andrade não houvesse estudado anteriormente – o que leva a verificar que Mario de Andrade queria não só se manter atualizado a respeito dos compositores eruditos, como analisar criticamente as obras dos autores que publicavam em vários países. A obra é dividida em dois volumes: no primeiro, Detheridge reúne autores nascidos entre o ano de 820 e 1810; no segundo, entre 1810 e 1937.

Na verdade, o que norteava a escolha das leituras de Mario de Andrade e que seria também a orientação que dava a Oneyda Alvarenga, em particular, sinaliza o que ele aconselharia a alunos, músicos e musicólogos, no geral, a fim de adquirir uma base de conhecimentos teóricos: na carta de 14 de setembro de 1940[298] (já referida acima como a mais extensa que o modernista escreveu em sua vida), ele recomenda:

> (...) precisa é ler umas duas ou três estéticas gerais; si possível uma história da Estética; e alguns livros de estética

---

295 MOTTO, Silvio. *Pontos de phisica, historia da musica e esthetica*. São Paulo: Ricordi, 1936.

296 WOOLLETT, Henry. *Histoire de la musique depuis l'antiquité jusqu'a nos jours en quatre volumes*. 3ª. ed. Paris: Max Eschig, 1925. v.1 e v.2, 2ª. ed.

297 DETHERIDGE, *op. cit.*

298 ANDRADE, Mario de. *Cartas*: Mario de Andrade, Oneyda Alvarenga. São Paulo: Duas Cidades, 1983, p. 286.

parcial, especializada, como (...) os de Lalo, *l'Art et la Vie Sociale, La Beauté et l'Instinct Sexuel,* a *Psychologie de l'Art* de Delacroix, a *Psychanalise de l'Art* de Baudoin,[299] (...) a poética de Aristóteles. Como livros gerais a pequena *Esthetique* do Lalo, a *Estética* do Croce, o *Esquisse d'une Philosophie de L'Art* de Edgard de Bruyne (...)

Além das leituras de livros, Mario de Andrade leu também sobre História da Música em muitas revistas da área musical. Nas críticas e ensaios da *Revue Musicale*, citando uma delas, assinada por ele no intervalo de 1925 a 1940. É de se observar que maioria dos artigos sobre Stravinsky, por exemplo, traz anotações de Mario de Andrade, à margem do texto.

As leituras de Mario de Andrade incidiam sobre o resultado de seus livros cujo tema era História da Música. Tanto é assim, que se pode notar grande semelhança entre a estrutura de capítulos do livro de Bekker[300] e o esquema para escrita do *Compêndio de História da Música,* esboçado por Mario de Andrade e encontrado na 4ª capa de uma partitura de Chopin[301] (*Valsa* Op 70 n. 3 S Paulo: Ars, s.d.), na 4ª capa, transcrito abaixo:

"1 Primórdios da Música

2 Música Grega

3 Teorias Musicais da Idade Média

4 Flamengos

5 Madrigalistas

6 Origem da Ópera

7 Escolas de Ópera Italiana

8 Outras escolas de ópera

9 Bach Haendel

---

299 Oneyda Alvarenga faz uma correção, em 1983: "[Baudoine]".

300 BEKKER, Paul. *Musikgeschichte als geschichte der musikalischen formwandlungen.* Stuttgart: Deutsche Verlags-Anstalt, 1926.

301 A anotação manuscrita por Mario de Andrade foi localizada por Flávia Camargo Toni, ao catalogar as partituras do Arquivo Mario de Andrade, do Instituto de Estudos Brasileiros da Universidade de São Paulo.

10 Gluck Haydn

11 Mozart Beethoven"

O índice do livro *Musikgeschichte als geschichte der musikalischen formwandlungen*, de Bekker, apresenta modelo parecido com o desenhado por Mario de Andrade, no verso da partitura de Chopin:

"I. Voraussetzungen der Musikbetrachtung

II. Grunzüge der Formbildung. Die Griechen

III. Grefforiannische Musik (1. Jahrtausend)

IV. Mehrstimmigkeit und neue Kunst (10. Jahrhundert)

V. Die Niederländer

VI. Polyphone und harmonische Musik (16. Jahrhundert)

VII. Die instrumentale Hamonik

VIII. Die italiener: Oper und Oratorium (17. Jahrhundert)

IX. Bach und Händel 1

X. Bach und Händel 2

XI. Die Nachfolge Bachs und Händels

XII. Haydn

XIII. Gluck

XIV. Mozart

XV. Beethoven

XVI. Die Frühromantik (Weber, Schubert)

XVII. Nationale Romantik in Konzert und Oper)

XVIII. Wagner, Verdi, Bizet

XIX. Spätromantik in Konzert und Oper

XX. Die neue Wandlung"

Na falsa página de rosto do livro, Mario de Andrade anota: "Criticas ao livro em Revue Musicale 1927, II, 179". Percebe-se, então, que Mario de Andrade se inteirou desse livro editado em 1926, na Alemanha, em decorrência de leitura da revista musical francesa, do ano seguinte. No capítulo VIII,[302] "Die italiener: oper und oratorium (17. Jahrhundert)", há ainda uma crítica manuscrita de Mario de Andrade:

---

302 *Ibidem*, p. 88. Grifos de Mario de Andrade.

> Ou mais provavelmente o contrário. O autor no seu evolucionismo audacioso tende às vezes a fazer os movimentos e mudanças do homem psicológico derivarem das causas exteriores *que esse mesmo homem* em formas sociais ou artísticas. Ora o que é bem mais razoável é afirmar que o homem criou essas formas porque *carecia delas* pra expressar o homem psicológico em sua contínua mutação.

Mario de Andrade redimensiona a opinião entusiástica de Bekker, mostrando, ao mesmo tempo, sua visão atual (atualidade que ainda hoje permanece) e sua maturidade crítica, frente às formas e necessidade de criação do que ele chama homem psicológico.

Na biblioteca de Mario de Andrade ainda constam mais livros de Paul Bekker: *Materiale Grundlagen der Musik*,[303] *Von den Naturreichen des Klanges: Grundriss einer Phänomenologie der Musik*,[304] *Beethoven*[305] e *Das deutsche Musikleben*[306] – este último, conforme mostra a dedicatória cuja assinatura é ilegível, foi presenteado a Mario de Andrade por uma pessoa de Campinas, aos 26 de janeiro de 1934 (o livro foi publicado na Alemanha em 1922). Paul Bekker teve peso na influência sobre as ideias de Mario de Andrade, irradiando direcionamentos nos estudos da História da Música, não apenas efetuado pelo professor do Conservatório Dramático e Musical de São Paulo, como por seus alunos do grupo de estudos semanais, na casa do mestre. Oneyda Alvarenga, José Bento Ferraz e Sonia Stermann,[307] integrando depois o quadro de funcionários da Discoteca Municipal, levariam ao campo da prática tais

---

303 BEKKER, Paul. *Musikgeschichte als Geschichte der musikalischen Formwandlungen*. Stuttgart: Deutsche Verlags-Anstalt, 1926. *Materiale Grundlagen der Musik*. Wien, Universal, [c1926].

304 *Idem. Von den Naturreichen des Klanges; grundriss einer phänomenologie der musik*. Berlim: Deutsche Verlags-Anstalt, 1925.

305 *Idem. Beethoven*. [2. Aufl.]. Stuttgart: Deutsche Verlags-Anstalt, 1922 [c1912].

306 *Idem. Das deutsche Musikleben*. [3. Ausg.]. Berlim: Deutsche Verlags-anstalt, Vereinigt mit Schuster & Loeffler, 1922.

307 Sonia Stermann e José Bento Ferraz se casaram, depois de se formarem no Conservatório Dramático e Musical de São Paulo.

Oneyda Alvarenga 243

estudos, efetivados em escritos de suas autorias. Isso pode ser ilustrado com o que diz a carta endereçada a Oneyda Alvarenga, datada de 28 de fevereiro de 1939. Mario de Andrade, então residente no Rio de Janeiro, observa que, nos escritos de conferência sobre música do século XVIII, haveria a necessidade de se citar Bekker – no que dizia respeito à "ligação entre harmonia e instrumento".[308] A Discoteca Pública Municipal de São Paulo foi caso isolado, se avaliado em comparação à maioria dos acervos musicais instituídos pelo mundo, uma vez que ela não se restringiu à coleta, guarda, organização e disposição de serviços ao público: na ausência da Rádio-Escola, os funcionários e antigos leitores da biblioteca pessoal de Mario de Andrade tiveram a tarefa de concretizar o resultado de longos estudos sobre o que se publicara sobre História da Música, quando da realização de concertos de discos e textos (por Oneyda Alvarenga) e trabalhos teóricos pelos três ex-alunos citados aqui.

Leitura de revistas da área musical

Entre muitíssimos periódicos estrangeiros da área musical que Mario de Andrade assinava por anos a fio (*Le Ménestrel*, por exemplo, conforme se viu acima, quando das descrições das rádios dos países estrangeiros, foi um deles), cumpre destacar aqui, ainda, algumas leituras que trouxeram importantes contribuições para o pensamento do musicólogo e de seus discípulos: os vários artigos publicados na *Musical Quarterly* (como se viu acima) e também informações encontradas na *Revue Musicale* – que Mario assinou e leu a partir de 1923, até a década de 1940. A restrição do rastreamento mais exaustivo a artigos desses periódicos se deu devido à relação direta de seus conteúdos com os assuntos implicados na base da formação e da função da Discoteca de São Paulo: advento das rádio-escolas e discotecas no mundo; importância da música mecânica; História da Música.

Por exemplo, Philippe Stern, do Musée Indochinois, ligado ao Musée Guimet, escreve uma longa nota musicológica chamada *La bibliothèque*

---

308 ANDRADE, Mario de. *Cartas*: Mario de Andrade, Oneyda Alvarenga. São Paulo: Duas Cidades, 1983, p. 178.

244   VALQUÍRIA MAROTI CAROZZE

musicale du Musée de la Parole et du Musée Guimet[309] (cantos populares – cantos orientais – cantos de regiões longínquas). Essa nota abre caminho novo, já no ano de 1929, no campo das discotecas e museus sonoros. O autor demonstra grande preocupação em gravar, em lugares distantes como Oriente e países do Norte da África todo registro daquela musicalidade incomum. Sua preocupação se estende àquelas pessoas que não têm acesso – e não teriam nunca, não fossem essas gravações efetuadas: "Mme Calo-Séailles e o barão Rodolphe d'Erlanger" ficariam responsáveis pelas gravações de músicas da Índia, Cambodja, China e Japão; cantos populares do Brasil, já haviam sido gravados por "Mme Houston-Péret"; cantos argentinos, cantos populares da Grécia e norte da África por "Mme S. de Cabrera".

Phillipe Stern menciona o empenho de M. Pernot, diretor do Musée de la Parole da Universidade de Paris em fundar e dirigir essa coleção (Bibliothèque Musicale du Musée de la Parole et du Musée Guimet), juntamente com o Musée Guimet. A casa gravadora foi a Pathé.

Essa biblioteca musical foi dividida em duas partes. A primeira seção "coletâneas de melodias" se dirige a todos e particularmente aos músicos. Há documentação sobre essas melodias coletadas, com um prefácio situando sua posição, entre outras músicas, cantos editados. São fornecidas algumas informações sobre cada melodia e, se possível, também uma bibliografia crítica. Os estudos mais técnicos e mais especializados formam a segunda seção, "trabalhos concernentes à música", voltados sobretudo a pesquisas sobre música oriental e popular. A unidade de uma coletânea de melodias se dá geralmente segundo uma região musical; por vezes, para mostrar o parentesco entre uma ordem de cantos de países os mais diversos, essa unidade será, então, determinada por determinados gêneros. A harmonização, sem ser totalmente banida, é raramente acrescentada. A coleção tende a apresentar o documento exato, a música tal como é executada em seus país de origem, com ou sem

---

309 STERN, Philippe. La bliotheque musicale du Musée de la Parole et du Musée Guimet. In: *La revue Musicale.* Paris: Éditions de la Nouvelle Revue Française, v. 10, n. 3, p. 257-62, 1929.

Oneyda Alvarenga 245

harmonização ou acompanhamento rítmico, negligenciando a questão das facilidades de execução. Este é um texto sem anotações de Mario de Andrade.

Na *Revue Musicale*,[310] de 1929, há uma nota de divulgação do livro de Coeuroy e Clarence, *Le phonographe*, pela editora Kra, de Paris, naquele ano de 1929. Mario de Andrade não chega a adquirir esta publicação. Mas, num número da *Revue Musicale* publicado antes,[311] o musicólogo certamente lera parte reproduzida dessa obra, *Le phonographe au service de la science et de l'éducation*. Nesta parte, os autores começam a abordagem pela ênfase à importância da "ação do fonógrafo": conservação dos dialetos e idiomas estudados pelos linguistas, etnólogos, musicólogos e folcloristas; a emissão da voz dos animais estudada pelos zoólogos; a voz humana pelos laringologistas; os discursos pelos historiadores; as línguas estrangeiras pelos estudantes e os professores. Então, os autores explicam o valor dos arquivos fonográficos, com suas finalidades voltadas para pesquisas – eles se referem ao "Phonogrammarchiv", da Academia das Ciências de Viena, como se viu acima, quando foi analisado o livro *Disques*, de Charles Wolff. Tratam especialmente também do Musée de la Parole, de Paris. Sobre este assunto, Mario de Andrade certamente leu o que teria influência sobre a criação dos serviços do laboratório da palavra, dentro do que ofereceria a Discoteca Pública Municipal de São Paulo.

Em 1911, o Musée de la Parole, de Paris, recebendo serviços de gravação da casa Pathé, instalou seus Arquivos da Palavra provisoriamente numa das salas de exame da rua Saint-Jacques e a Universidade de Paris organizou ensino completo de Fonética experimental, do qual os Arquivos da Palavra seriam um dos órgãos. Assim, se criaria um Instituto comum a todas as Faculdades, dirigido por um professor de qualquer unidade, desde que fosse competente para o cargo.

A principal tarefa do Instituto de Fonética foi registrar os *patois*. Para isso, foram organizadas três expedições de pesquisas. A primeira foi para a região das *Ardennes* francesas e belgas: 1600 quilômetros de carro, trinta e cinco

---

310 LA REVUE MUSICALE. Paris: Éditions de la Nouvelle Revue Française, v. 10, n. 11, p. 189, 1929.

311 *Ibidem*, v. 10, n. 8, p. 122-41.

comunas foram visitadas – e 166 discos foram obtidos para os arquivos. A segunda expedição teve por objetivo a região de Brive. As canções e as conversas em *patois* foram registradas. A terceira se dirigiu a Berri: foram feitos registros de cantos criados por camponeses que conduziam suas parelhas e as modificações que sofriam esses cantos. Ao mesmo tempo, se constituiu uma coleção de registros de vozes célebres. As coleções se enriqueciam mesmo com documentos cuja gravação não havia sido feita pelo pessoal do Musée. E os autores fazem a comparação com o princípio dos arquivos de Viena e de Berlim que, de maneira diversa do Musée da França, só admitiam que os discos fossem gravados por eles mesmos e sob certas condições. Os Arquivos da Palavra da França foram dirigidos até 1920 por Ferdinand Brunot e, posteriormente, pelo professor M. Poirot. À época em que Coeuroy e Clarence escrevem o livro (1929), o diretor dos arquivos era M. Hubert Pernot, professor da Sorbonne.

Os autores mencionam também o interesse que existia na América, por parte da Universidade de Columbia, em Nova York, nos estudos de antropologia, etnologia e história natural – o que levou a instituição a criar acervos de preservação de idiomas indígenas, por meio do trabalho de Franz Boas. O mesmo pesquisador ainda coletou documentos para o Field Museum de Chicago e para o American Museum of Natural History, de Nova York, que possuía, em 1929, coleções em idiomas da China; Sibéria; Esquimós americanos e asiáticos; indígenas do Alaska, do Canadá e dos Estados Unidos; negros da América; Jamaica; indígenas do México; Nova Guiné e África. Por sua vez, o bureau da American Ethnology, em Washington, tinha sua coleção de 2.500 registros de músicas indígenas norte-americanas.

A Discoteca Pública Municipal paulistana também se voltava à preservação de músicas e canções populares, como já se viu acima. E, assim como analisou Elizabeth Travassos em seu livro *Mandarins,* Coeuroy e Clarence também lembram o trabalho do compositor Béla Bartók, em sua coleta da música folclórica e popular pelo território da Hungria e do também compositor Kiriac, na Romênia. A coleção de músicas coletadas por este último ainda estava inédita, à época em que o artigo foi escrito, e seria publicada pela Academia Romena com cuidados do compositor Brailoï, que também desenvolveu um estudo sobre uma aldeia de Bucovine e de uma região de Bessarabie habitada por uma população bem específica. Coeuroy e Clarence também destacam, entre outros, os arquivos de discos que faziam parte da Biblioteca de Copenhague, que possuíam tanto registros de canções populares, quanto de vozes de grandes políticos, economistas, artistas e do próprio rei.

Vale a pena ainda observar que, de 1929 para 1930, a *Revue Musicale* aumenta visivelmente a quantidade de publicação de artigos sobre os assuntos discos e música mecânica.

O *Compêndio de História da Música*,[312] de Mario de Andrade

A obra que Mario de Andrade escreveu sobre História da Música e que vai ser analisada aqui se trata da segunda edição do *Compêndio de História da Música* – e não da primeira. A primeira edição é de 1929 e não possuía indicação de discografia, no final da cada capítulo, como acontece na segunda edição, de 1933. Aliás, foi essa obra que originou, em 1942, a *Pequena História da Música*.[313] Devido à constante referência a códigos de discos, na discografia do *Compêndio de História da Música*, Mario de Andrade monta um índice de abreviaturas das casas gravadoras da época, indicadas na discografia, ao final de cada capítulo. Esse índice se encontra em página não numerada, logo após o índice dos capítulos.[314] Assim:

"DISCOTECA
ABREVIATURAS

V.:	Victor
H.:	His Master's Voice (da Inglaterra)
G.:	Gramophone (La Voix de sou Maitre, ramo francês)

---

312 ANDRADE, Mario de. *Compêndio de história da música*. 2ª. ed. São Paulo: Casa Editora Musical Brasileira, 1933.

313 *Idem. Pequena história da música*. São Paulo: Livraria Martins, 1942. 286 p.

314 Mario de Andrade redige uma nota, onde explica que se ele lançou mão destas "distinções desagradáveis" (referentes a Victor; His Master's Voice e Gramophone), é porque não era possível designar alguns discos por um título só: cada ramo da Companhia tinha suas gravações particulares, ou mesmo exclusivas.

O.:	Odeon (ramo francês)
C.:	Columbia
P.:	Polydor
Pat.:	Pathé
Parl.:	Parlophon (numeração francesa)
M.:	Melodian
B.:	Brunswick
U.:	Ultraphone (marca francesa)
Z.:	Zanophone (marca inglesa)
Okeh.:	Marca ianque
Decca:	Marca ianque
A.:	Arte-Phone, do Brasil
O. B.:	Odeon, do Brasil
C. B.:	Columbia, do Brasil
P. B.:	Parlophon, do Brasil"

O autor não indica, na discografia ao final de cada capítulo, todas as composições cuja presença se observará nos programas de Concertos de Discos, planejados por Oneyda Alvarenga. Isto porque nem todas as obras tinham sido gravadas, então. Por exemplo, se houvesse tantas gravações do período medieval, como hoje existem, provavelmente Mario de Andrade teria escrito uma discografia bem maior, a respeito desse assunto. De Camargo Guarnieri, o autor não indica nenhuma composição, no *Compêndio de História da Música* – pelo mesmo motivo – em 1933, ano da 2ª edição do *Compêndio*, algumas gravações não tinham ainda sido feitas. Como é o caso da ausência também de gravações de obras de Vivaldi, depois muito divulgadas. Embora não haja indícios de que no acervo da Discoteca Pública Municipal, na época de sua criação, houvesse grande número de obras de Vivaldi – e quase certamente não havia –, Mario de Andrade classifica esse compositor como um dos "artistas geniais",[315] em seu *Compêndio de História da Música*. E, em seu romance

---

315 ANDRADE, Mario de. *Compêndio de história da música*. 2ª. ed. São Paulo: Casa Editora Musical Brasileira, 1933, p. 99.

Oneyda Alvarenga   249

inacabado, *Quatro Pessoas*, a personagem Carlos faz da audição de discos um invólucro de paz, ao tentar preservar seu casamento de abalos causados por influências indesejáveis do amigo João e sua mulher Violeta: " (…) ouvindo músicas, muito Bach, órgão, corais, e em seguida os italianos orquestrais antigos, Vivaldi principalmente. (…) Essa noite fora para os dois [Carlos e Maria], entre músicas e silêncios, de uma tão perfeita unidade, foram tão simples e tão gloriosos (…)".[316]

O capítulo 1 do *Compêndio de História da Música*, chamado "Música Elementar", se finaliza com uma discografia tão diminuta, que dificilmente passaria despercebida a escassez de gravações da chamada música primitiva. O ritmo é uma constante nos estudos de Mario de Andrade – rastreadas as fontes bibliográficas lidas por ele, desde a década de 1910, até a de 1940, sempre se encontrou, à margem dos textos, a palavra manuscrita: "Ritmo". Mas voltando à escassa discografia: também seria difícil não relacionar essa ausência de música indígena com a urgente necessidade de se efetivar logo essa coleta de fonografia de música primitiva, no Brasil. (Mario de Andrade cita, obrigatoriamente, o trabalho de Köch-Grunberg, etnógrafo alemão que efetuou gravação de mitos e lendas dos índios Taulipang e Arekuná; como também os fonogramas do Museu Nacional do Rio de Janeiro, trabalho de Roquette Pinto. Mas, o mais relevante é que ele escreve: "Não existem discos à venda com música ameríndia brasileira".[317]) Assim, depois de dois anos da publicação dessa edição do *Compêndio*, que inclui discografia, a criação do acervo da Discoteca

---

316   *Idem. Quatro pessoas*. Belo Horizonte: Itatiaia, 1985, p. 98.

     Mario de Andrade comunica a Oneyda Alvarenga, por carta, no dia 25 de julho de 1939, suas dúvidas sobre o projeto desse romance. Afinal, em 1943, decide parar de escrever o livro, considerando que, em plena Guerra Mundial, não deveria perder tempo com romances psicológicos. O que importa aqui, no entanto, é justamente o período, a passagem da década de 1930 para a de 1940, momento em que havia todo aquele interesse mundial pela música mecânica e do surgimento da Discoteca Pública de São Paulo e quanto isso permeava tanto a obra literária do escritor e a realidade cotidiana que cercava as pessoas.

317   ANDRADE, Mario de. *Compêndio de história da música*. 2ª. ed. São Paulo: Casa Editora Musical Brasileira, 1933. p. 9.

Municipal de São Paulo, em 1935, vem como resposta ao capítulo tão breve e tão eloquente (por suas "ausências") do livro de Mario de Andrade. Naqueles fonogramas preciosos que a Missão de Pesquisas Folclóricas trouxe para São Paulo, finalmente estava a preservação de uma parcela representativa das manifestações da música primitiva (e folclórica).

Todo esse trabalho demandado pelo Departamento de Cultura era o resultado pragmático dos estudos de Mario de Andrade. Se voltarmos a atenção para leituras de revistas, de 1930, podemos entender que o musicólogo considerava bom que o Brasil se apressasse e seguisse outros países, por exemplo.

No artigo de Henri Barraud, *Le disque et la musique populaire*: une mission d'enregistrement en Tchéco-Slovaque, na *Revue Musicale*,[318] Mario de Andrade assinala trechos que tratam sobre ritmo das danças búlgaras e das danças da Boêmia, com suas usuais trocas de ritmo. Ainda na *Revue Musicale*, também há anotações de Mario de Andrade nos artigos reunidos sob o título *Les disques exotiques*. O primeiro, assinado por Philippe Stern, é *Chansons de Rabindranath Tagore*. Mario de Andrade anota a palavra "Pathé",[319] à margem direita do texto em que há menção a três discos de música do poeta e compositor indiano Tagore, pela gravadora Pathé. No outro artigo, da mesma forma, Mario de Andrade assinala a margem esquerda,[320] onde o texto apura os cantos indígenas da tribo Os-Ko-mon (assinado por J. Herscher-Clément, *Disques de folklore peau-rouge de l'Amerique du Sud*): "canto de guerra – canto de casamento – canto fúnebre – canção de ninar – Lamentação sobre a chegada dos brancos – Dança do milho verde" e outros.

E se quisermos uma confirmação de que os Concertos de Discos e Conferências públicas, na Discoteca Pública Municipal, eram uma segunda (e

---

318 BARRAUD, Henri. Le disque et la musique populaire: une mission d'enregistrement en Tchéco-Slovaque. In: La Revue Musicale. Paris: Éditions de la Nouvelle Revue Française, v. 11, n. 106, p. 39-44, 1930.

319 STERN, Philippe. Chansons de Rabindranath Tagore. In: *La Revue Musicale*. Paris: Éditions de la Nouvelle Revue Française, v. 11, n. 106, p. 55, 1930.

320 HERSCHER-CLÉMENT, J. Disques de folklore peau-rouge de l'Amerique du Sud. In: *La Revue Musicale*. Paris: Éditions de la Nouvelle Revue Française, v. 11, n. 106, p. 56, 1930.

Oneyda Alvarenga   251

pragmática) versão do *Compêndio de História da Música* de Mario de Andrade, basta lermos a carta deste, de 28 de fevereiro de 1939: "Você se esquece que eu só fui escrever o meu Compêndio aos 36 anos, e assim mesmo saiu cheio de defeitos? Compare isso com a muito menor idade em que você está escrevendo com bem maior segurança de síntese esta sua história de agora". Mario de Andrade ainda se colocava como um atento ex-professor que não deixaria que ela escrevesse "tolices definitivas". E continua: "(…) você está fazendo um compêndio muito milhor que o meu (…)".[321]

Ao que tudo indicava, os textos escritos por Oneyda Alvarenga se destinavam a compor um livro. Claro que nessa comparação, em que Mario de Andrade afirma que Oneyda não está sozinha como ele esteve antes e que a ex-aluna tem bases teóricas, ecoam as vozes das muitas leituras feitas pelo grupo de estudos de História da Música. Afinal Oneyda Alvarenga acabou contando com a colaboração teórica de Sonia Stermann e José Bento Ferraz, seus ex-colegas de Conservatório Dramático e Musical de São Paulo.

No estudo abaixo, poderemos observar que Oneyda, na maioria das vezes, fez tocar obras indicadas por Mario de Andrade. Mas veremos que as gravações nem sempre eram as mesmas – temos acesso aos códigos de gravadoras, da época de Mario de Andrade, em sua discografia. Mas, quando o título no programa é em português e na discografia esse mesmo título está escrito na língua de origem do país que fez a gravação, podemos concluir que nem sempre a Discoteca pôde adquirir as gravações sugeridas por Mario de Andrade.

No próximo capítulo serão analisados os Concertos de Discos elaborados por Oneyda Alvarenga, sempre se estabelecendo relação com a obra de Mario de Andrade, *Compêndio de História da Música,* a fim de confirmar que a diretora da Discoteca Municipal se baseava naqueles estudos de História da Música e na obra (que vem a ser a síntese de todas as suas pesquisas) do ex-professor. Há que se verificar que uma das tarefas primordiais das quais se incumbiu a Discoteca Pública foi a reconstrução e divulgação desse ramo específico da História da Arte pelo viés social.

---

321 ANDRADE, Mario de. *Cartas*: Mario de Andrade, Oneyda Alvarenga. São Paulo: Duas Cidades, 1983, p. 178.

capítulo 4

Concertos de discos

Concertos de Discos: a reconstrução da História Social da Música no mosaico das audições

Nesta parte, se verá a estrutura dos repertórios de audições de discos, na Discoteca Pública, sempre pautada pelo *Compêndio de História da Música*, de Mario de Andrade.

Alguns dos programas dessas audições públicas se encontram, em parte, no Arquivo do Instituto de Estudos Brasileiros da Universidade de São Paulo. Porém, o conjunto maior se encontra no Arquivo Histórico do Centro Cultural São Paulo. Ao todo, 99 programas foram recuperados e digitalizados no próprio Centro Cultural São Paulo, originando cópias que foram cedidas para esta pesquisa. Os Concertos de Discos começaram em 20 de julho de 1938 e seguiram se efetuando periodicamente até 18 de junho de 1942. Houve um intervalo de onze anos, nessas apresentações, porque a sede que a Discoteca Pública Municipal ocupou, à Rua Florêncio de Abreu (e que não era a mesma da década de 1930, na mesma rua – mais abaixo serão fornecidos detalhes sobre isso), não possuía lugar adequado para apresentações musicais. Os Concertos voltaram, então, a ser realizados em 30 de julho de 1953. Os documentos aqui reproduzidos e analisados têm seu limite de data em junho de 1958. Dentre estes 99 programas de discos, apenas 37 tiveram recuperados os textos didáticos[1] que os acompanhavam. Esses textos também foram encontrados no Arquivo Histórico do Centro Cultural São Paulo, onde foi realizada sua digitalização, com cópias para este trabalho.

Oneyda Alvarenga começou a realizar os Concertos de Discos, como se viu, na década de 1930 e continuou a programação pelas décadas de 1940 e 1950, aparentemente sem alterar substancialmente os repertórios. Isso porque o que se dispunha como período era simplesmente a totalidade da História da Música. Oneyda Alvarenga planejava Concertos de Discos que incluíam como tema desde composições da Idade Média (sempre tendo-se em conta que, se gravações desse período medieval já eram raras, que dirá da música da Antiguidade...), até a época contemporânea.

Por essas observações se pode ver que, preservando o plano didático de disseminar a História Social da Música e conhecimento sobre estética musical, Oneyda Alvarenga só poderia mudar alguns aspectos da programação ao acrescentar composições contemporâneas, que surgiam o tempo todo – o que ela fez, mantendo-se atualizada no campo da música erudita.

Aos 26 anos de idade, à frente da Discoteca Pública Municipal, sem a presença de Mario de Andrade, Oneyda Alvarenga concede uma entrevista em agosto de 1938, ao jornal *Diário da Noite,* esclarecendo a função e os serviços prestados (consultas de discos) pela Discoteca:

> (...) a finalidade da discotheca não é divertir, não é facultar meio de matar o tempo a duas dúzias de desocupados, nem de deleitar os ouvidos de meia dúzia de amadores esclarecidos. (...) seu fim é colaborar para o desenvolvimento delas, fornecendo dentro da sua esphera de ação, meios de se formarem elites artísticas capazes de illustrar a nossa vida intelectual. Dado o imenso poder socializante da música (...).[2]

---

1 De autoria de Oneyda Alvarenga.

2 Anexo B: ALVARENGA, Oneyda. Entrevista dada ao Diário da Noite. Discoteca Pública Municipal de São Paulo e documentação musical. Transcrição do texto integral, sem indicação de entrevistador. Entrevista. Datiloscrito, 17 de agosto de 1938, cópia 'B' carbono, 6 p. – (da mesma forma) Consultada cópia xerográfica.

Oneyda Alvarenga   257

Dentro do propósito didático da formação de ouvintes na Discoteca do município, Oneyda Alvarenga começou, em 1938, a apresentar Concertos de Discos e Palestras (conferências que Mario de Andrade chamava de História da Música em discos) na Discoteca.

Antes de abordar a questão das elaborações de Concertos de Discos, convém tomar conhecimento de determinados trechos de correspondências trocadas entre Oneyda Alvarenga e Mario de Andrade, a fim de se obter ideia das preocupações e preparações prévias para essas atividades de audições públicas:

Em correspondência de 6 de outubro de 1938[3], Mario de Andrade fala da *História da Música em disco* (referente ao ciclo de palestras de Oneyda)

Em carta de 8 de outubro de 1938,[4] Oneyda evidencia a diferença entre as palestras e os concertos de discos, embora o objetivo seja o mesmo: proporcionar educação musical ao público.

Após a queda de público devido à proibição de Prestes Maia à publicidade por meio de cartazes, em frente ao Teatro Municipal, Oneyda se questiona – e quer saber a opinião de Mario de Andrade – sobre abrir espaço ao público, para que este sugira parte do repertório dos Concertos de Discos, como se lê na carta de 29 de novembro de 1938:

> Às vezes me pergunto também se os nossos concertos não estarão muito sérios. Repugna-me incluir neles coisas tipo Sinfonia do Guarani, repugna-me trair a honestidade que sinto dever mostrar para com o público, não o enganando, não tomando o seu tempo com o que não é essencial, com o que concorrerá desastrosamente para acentuar os males que visamos exatamente combater. Outro dia, uma senhorita, que aliás é metida a sebo, me disse não frequentar as nossas audições porque elas eram "muito clássicas". Como essa moça, que procura num concerto apenas um meio de matar a noite, é comum dos frequentadores de salas de música, sei bem. Deverei mudar de rumo? Mas torno a pensar nos meus

---

3   ANDRADE, Mario de. *Cartas*: Mario de Andrade, Oneyda Alvarenga. São Paulo: Duas Cidades, 1983, p. 150-1.

4   *Ibidem*, p. 151.

> programas e não encontro neles nada assustador. Tudo é honesto, embora sem agressividade. Tenho a preocupação de misturar para não cansar: junto o Trio para piano, oboé e fagote de Poulenc, com a Sinfonia Escocesa de Mendelssohn, caso um Quarteto de Hindemith com o Concerto em Lá de Grieg, Scarlatti com Schumann, Bach com Beethoven. Você sente aspereza erudita nisso?
>
> Andei pensando que despertaria interesse permitir aos ouvintes que peçam o que desejam ouvir; faríamos assim um concerto com uma parte determinada por nós e outra pelo público. Há perigos, estou certa. Muita borracheira há de ser solicitada.[5]

Oneyda Alvarenga pensou, então, que talvez fosse melhor apenas atender aos pedidos do público quando não fugissem muito dos planos educativos da Discoteca. Mas tinha certeza de que, sendo assim, o interesse dos ouvintes diminuiria. Ela afirmava que era preciso "ver" o que era público, sabendo da existência daquelas pessoas que reclamavam do "peso" dos repertórios. Na continuação da carta, Oneyda Alvarenga enumera pedidos e sugestões do público que são, no mínimo, hilários – porém não mais do que as próprias reações de Oneyda, que, indignada, chama a um amante da música alemã de "esse germanófilo". Certamente a musicóloga não tinha nada contra os compositores alemães: em seu livro sobre as pianistas da geração anterior à de Oneyda Alvarenga, Jaci Toffano[6] revela a passagem da preferência da ópera para as composições germânicas. Os pianistas começam a eleger, para interpretar, os autores alemães. No início do século XX, apresentam composições francesas, seguidas de espanholas e italianas. Também enfocam os russos. Para Toffano, isto tudo deriva de um processo de imitação dos moldes europeus, uma vez que os músicos brasileiros também estudavam na Europa. É possível relacionar isto com a escolha de repertórios, na época de Oneyda, pela observação de seus programas de concertos de discos. Basta verificar que Oneyda Alvarenga usou, como estratégia didática nas audições públicas, Bach e Schumann, de

---

5   *Ibidem*, p. 154-5.

6   TOFFANO, *op. cit.*, p. 39-40.

longe em número superior de vezes, em relação aos outros compositores, como será visto adiante. E quase sempre na segunda parte da audição.

Pelos trechos das cartas acima, vê-se que os propósitos eram didáticos, antes de mais nada. Assim sendo, pode-se entender que todo o proceder era previamente pensado e nada era incluído ou excluído gratuitamente dos programas, como se verá abaixo. E, na preparação de Concertos de Discos, conforme se pode observar nos repertórios dos programas da Discoteca Municipal, analisados neste capítulo, também percebe-se claramente quando Oneyda Alvarenga revisava os Concertos anteriores, a fim de repetir repertórios, ou não, nos que ainda ia oferecer ao público.

Quanto aos concertos propriamente ditos, Oneyda, com raras exceções, sempre os dividiu em duas partes. Na primeira, procurava mostrar obras contemporâneas, ou de outras épocas menos difundidas, como Renascimento. Na segunda parte, buscava ir ao encontro do gosto do ouvinte, conciliando autor mais popularizado com obras menos ouvidas. Aqui convém observar que Mario de Andrade ponderava esse auto-questionamento da discípula, quando se interrogava sobre a honestidade que deve se dirigir aos ouvintes: no artigo "Música universitária", publicado na coluna crítica *Mundo musical*, da *Folha da Manhã*, aos 12 de outubro de 1944. A respeito do que as pessoas, na década de 1940 começavam a classificar como "música erudita", ou "música fina" (!), Mario de Andrade escreveu:

> E macacos me mordam si essa lei de programação, peça pesada na primeira parte, peças mais leves na segunda, peças levíssimas e final virtuosístico, não é uma desonestidade.
> Ao passo que não haverá preconceito nem desonestidade nenhuma, mas felicidade, cultura, vida, vitalidade, em esboços de programas como o que eu imaginei, desculpem. Mas defendo a minha imaginação. (...) em Arte, não está implicada apenas a manifestação da Beleza, mas a complexidade da vida.[7]

---

7   COLI, Jorge. *Música final*: Mario de Andrade e sua coluna jornalística Mundo musical. Campinas: Editora da Unicamp, 1998, p. 162-3.

260   VALQUÍRIA MAROTI CAROZZE

Nesses Concertos de música mecânica, Oneyda lia textos de sua autoria sobre cada compositor a ser apresentado, baseando-se em pesquisas bibliográficas sobre História da Música. Estabelecendo o compositor como tema central de determinada audição de discos, Oneyda Alvarenga necessariamente falaria sobre o século a que pertencia o autor; e também sobre escola e nação de origem do compositor. Ao mesmo tempo que se esforçava para aprimorar o gosto dos ouvintes, ela tecia o ensino de história da música, ao longo do intervalo de 1938 a 1958,[8] sempre levando o público a relacionar autor, país e data.

Na carta de 29 de novembro de 1938, dirigida a Mario de Andrade, Oneyda Alvarenga questionou se a Discoteca não deveria abrir espaço para sugestões do público. Porque o público havia diminuído em razão da restrição de publicidade dos concertos e palestras,[9] que antes Oneyda podia expor em cartazes, em frente ao Teatro Municipal, onde sempre circulou grande número de pessoas. Mas Oneyda também sabia ainda que muitas pessoas se afastavam dos concertos por acharem os repertórios muito eruditos. Pela análise dos programas destes Concertos,[10] vê-se que a Discoteca não abriu mão do didatismo das audições – que não podiam deixar de lado o objetivo de incutir nos ouvintes novas preferências; ao mesmo tempo, diminuindo a importância que se dava a obras como a ópera. Quando Mario de Andrade critica a ruptura entre a música-espetáculo e o elo socializante da música, que une as pessoas no coletivo, ele como que acusa composições como a ópera de dissociar a arte de sua função social. Isso vai desembocar no discurso de Oneyda, quando, naquela entrevista concedida ao *Diário da Noite,* em 1938, une a urgência de recorrer ao poder socializante da música ao pragmatismo didático dentro da esfera de ação da Discoteca Pública Municipal. Uma das saídas para resolver o

---

8   Entre janeiro/1944 a julho/1953, em razão de más condições da sede em que esteve instalada a Discoteca Pública Municipal, à R. Florêncio de Abreu, não houve concertos de discos.

9   Quando a Discoteca ocupou a sede da Av. Brigadeiro Luís Antônio, dispôs de ótimo auditório. Mas o público semanal chegava, no máximo, a trinta pessoas.

10   Destes Concertos de Discos, temos hoje os programas documentados nos Arquivos do Centro Cultural São Paulo (todos) e do Instituto de Estudos Brasileiros/ Universidade de São Paulo (no Arquivo do IEB, alguns, da década de 1930).

Oneyda Alvarenga 261

"problema grave do gosto pela ópera italiana", e problema porque traz implicações de ordem social, seria desenvolver a compreensão da música contemporânea e sua função pelo público.

E é em "Como ouvir música", último capítulo de *A Linguagem Musical*,[11] livro inédito de Oneyda Alvarenga, que a autora revela a estrutura por trás das técnicas indicadas ao leigo, principalmente, possibilitando a ele constituir--se um ouvinte de fato, perante a audição do novo. Baseando-se em Aaron Copland, Oneyda ensina de maneira simples como o ouvinte leigo pode (e deve) fixar sua atenção, desde o início da audição de qualquer obra musical, sem perder o fio condutor da melodia, a fim de apreender o conjunto da obra – discernindo a qualidade de uma obra independentemente se a melodia lhe agrada, ou não:

> Em geral as composições nascem de uma melodia principal longa ou curta que, dada logo no início da peça, depois evolui ou é modificada e explorada. A ela se junta freqüentemente uma melodia secundária de caráter contrastante. Para a clara percepção da forma é preciso que o ouvido não perca a melodia principal, procure retê-la na sua primeira exposição e segui-la depois nos seus retornos e transformações. Sendo de caráter marcado e completa em si mesma, qualquer pessoa atenta consegue distingui-la e acompanhá-la. Nos seus aparecimentos e na sensação de repouso mais ou menos completo que se tem ao finalizar cada secção de uma obra, encontram--se os pontos de referência que facultam a representação da forma total. A fixação pronta da melodia fundamental é sobremaneira valiosa na audição da música de conjunto.[12]

---

11 ALVARENGA, Oneyda. *A Linguagem Musical*. Datiloscrito, 1945. Arquivo Mário de Andrade, Instituto de Estudos Brasileiros, USP. A obra inédita de Oneyda Alvarenga é objeto do doutorado de Luciana Barongeno no Programa de Pós-Graduação em Musicologia do Departamento de Música da Escola de Comunicações e Artes da Universidade de São Paulo.

12 *Ibidem*, p. 99.

262 VALQUÍRIA MAROTI CAROZZE

Neste capítulo tão didático, Oneyda Alvarenga desvela de uma vez o que norteava seus concertos de discos. Ela escreve claramente a respeito do que se deve fazer para combater atitudes estagnadas diante de obras desconhecidas e, portanto, estranhas:

> O meio seguro de impedir ou corrigir essa empobrecedora atitude, consiste em ouvir música de várias fases, vários países, vários gêneros, tendo presente a verdade de que nenhuma arte é imóvel. Certos princípios que regem as legítimas obras de arte são universais e eternos: o do equilíbrio formal, o da obediência à natureza do material artístico trabalhado, etc. Entretanto, cada época, e mesmo cada artista, usa diferentes meios para realizá-los. Procurar sentir a linguagem falada pela obra de arte constitui um dos deveres fundamentais do contemplador. O maior erro dos ouvintes é exigir que todos os músicos se exprimam do mesmo modo a que se acostumaram.[13]

É assim que entendemos o porquê de alguns repertórios de programas pensados por Oneyda: ela podia planejar uma audição apenas com autores do século XIX (às vezes, todos românticos; outras, propositadamente, não); ou, por exemplo, partindo da escolha de Beethoven, apresentar ao público uma obra totalmente desconhecida dele. Além, claro, da frequente presença da música contemporânea. As possibilidades da montagem de programas eram quase infinitas e o ouvinte poderia, além do que escreveu Oneyda acima, relacionar os fragmentos e concluir o todo da História da Música. Se, no início do capítulo Oneyda frisa o aumento do prazer artístico no ouvinte inexperiente, o tempo todo dá a entender que isto se trata de uma estratégia pedagógica. Oneyda aconselha que se pratique "leitura despreocupada" de compêndios de História da música. Por mais que se sugira essa leitura como lazer, o fundo disto traz o propósito educativo.

Os textos dessas conferências eram previamente enviados a Mario de Andrade, para que este os analisasse e fizesse correções literárias. Até novembro de 1938, Mario de Andrade ausente, Oneyda Alvarenga enviava-lhe notícias

---

13 *Ibidem* p. 97-8.

da grande frequência do público aos concertos e palestras da Discoteca. Na carta de 29 de novembro de 1938,[14] a diretora já fala da queda de público: não ultrapassava mais a média de 30 pessoas e ela não via outro motivo para isso que não fosse a deficiência de publicidade. A Discoteca enviava, então, notícias diárias e os jornais só publicavam uma vez por semana essas notas, sempre mal colocadas. Os anúncios que mais atraíam o público eram os enormes cartazes na frente do Teatro Municipal. Mas Prestes Maia os proibiu – aliás, proibiu qualquer anúncio "vistoso" a esse respeito.

Se o público diminuiu com o acanhamento da publicidade, conclui-se que os programas da Discoteca, embora eruditos e didáticos, atraíam o público comum, da rua, que atentava para cartazes. Se aquela sociedade da década de 1930 se interessava a esse ponto por programas considerados "cultos" e o poder municipal, sabedor da eficiência da propaganda, usou de sua autoridade para inibir a atividade da Discoteca, apenas por ela ser um dispositivo da Diretoria anterior (ou por incompreensão), isso indica que, ao menos naquele momento, uma campanha voltada fortemente para a disseminação de informação, no caso, musical, seria eficiente, ajudando a encetar mudanças de mentalidade e postura do povo ("o imenso poder socializante da música...").

Pouco antes, em 1934,[15] Curt Lange, vindo ao Brasil para realizar pesquisas musicológicas, fundara as discotecas municipais de Recife, Belo Horizonte e Porto Alegre, além de colaborar com Mario de Andrade na organização da Discoteca Pública Municipal de São Paulo. Ainda antes, em 1929, colaborara com o Serviço Oficial de Difusão Radioelétrica, o SODRE, trabalhando pela Discoteca Nacional e pelo emprego da então nascente difusão radioelétrica como meio de educação das massas, assim como de difusão artística e científica.

Assim, trabalhavam em consonância, vendo que o meio de difusão radiofônico era forte instrumento, podendo atingir o grande público e a política cultural adotada por Mario de Andrade tinha fortes características educativas.

---

14 ANDRADE, Mario de. *Cartas*: Mario de Andrade, Oneyda Alvarenga. São Paulo: Duas Cidades, 1983, p. 154-6.

15 REMIÃO, *op. cit.*, p. 1-8.

Ele – como mentor – e Oneyda Alvarenga – como sua discípula – seguiam um propósito didático de educação musical. Oneyda Alvarenga preocupava-se em relação à posição definida da Discoteca no que tangia ao direcionamento dessa educação musical do público. Na já referida carta que envia a Mario de Andrade, em 29 de novembro de 1938, escreve sobre "nossos planos didáticos", questionando se os programas dos concertos da Discoteca não estariam "muito sérios", temendo trair a honestidade que sentia "dever mostrar para com o público".

Como já foi mencionado, Oneyda Alvarenga informava a Mario de Andrade quanto à montagem dos programas: a primeira parte contendo músicas eruditas de compositores mais ao gosto popular e a segunda, peças de vanguarda, cujos compositores julgava importantes ao conhecimento do público. Mario de Andrade aconselhava quanto ao estilo, a fim de que a palestra ficasse atraente para o público leigo, e que este retivesse as informações na memória. Seus propósitos didáticos estavam coerentes com a preocupação de Curt Lange "com a educação musical promovida nas escolas, a formação de um público apto a compreender a produção musical latino-americana contemporânea e o aperfeiçoamento dos compositores latino-americanos".[16]

Oneyda Alvarenga, levando sempre para o terreno da prática a formação recebida do mentor Mario de Andrade, tentou combater com todas as armas que tinha a seu alcance a "pianolatria"[17] e, mais ferozmente, a inclinação popular para a ópera italiana. Desse modo, os consulentes, nas dependências da

---

16 BUSCACIO, op. cit., p.18.

17 "A 'pianolatria' do público" é subtítulo da reportagem de Justino Martins, Música Para Milhões... Revista do Globo (26 de janeiro de 1946), p. 54: "Finalmente, a observação decorrente das estatísticas da Discoteca paulista sobre a verdadeira 'pianolatria' do público. Cincoenta por cento da música de câmera consultada é para piano. Dir-se-ia que isso é indicação de mau gosto, mas Oneyda acha que não:

— O caso revela apenas uma limitação do gosto artístico. E as suas causas são velhas, datando da invasão doméstica do piano no século dezenove, da sua fixação como ponto principal do ensino da música de concerto".

Discoteca, deparavam-se com cartazes como: "Para o aumento da sua cultura, a música de câmara e a música sinfônica têm mais importância que a ópera".[18]

Tendo sido discípula de Mario de Andrade, Oneyda Alvarenga não podia deixar de dar determinadas explicações ao repórter acerca da "ópera e a sexualidade", na reportagem realizada pela *Revista do Globo*, no dia 26 de janeiro de 1946,[19] da qual vale a pena reproduzir trechos:

> Entramos, pois, na seção dos gostos. Este é um assunto doloroso que cabe à apaixonada diretora da Discoteca explicar. Diz ela:
>
> — Entre os autores (...) preferidos pelo público, figuram (...) Beethoven, Bach, Chopin, Verdi... Mas não deixa de ser grande a procura de certos compositores cuja ausência seria desejável. Os operistas do século XIX, por exemplo e Johann Strauss.
>
> — E a música moderna?[20]
>
> — Muito pouco procurada (...) mas verifico que lentamente vai melhorando o gosto do público pelos compositores do século vinte. Dentre eles, Stravinsqui ocupa o primeiro lugar, seguido de Manuel de Falla, Debussy, Ravel, Villa-Lobos, Procofiev. Puccini, porém, leva todas nestes dois últimos séculos. Os paulistas, como os brasileiros, talvez como o mundo todo, revelam falta de refinamento musical.

---

18 Jorge Coli faz menção a esse cartaz da Discoteca Pública Municipal, "(...) ainda sob a gestão de Oneyda Alvarenga", contando sua experiência pessoal. Ele escreve que se lembra do texto emoldurado: "ali dizia-se que a música de câmara era superior à sinfônica, e sobretudo à ópera (...) Isto naturalmente provém do mesmo espírito presente em Mario de Andrade, espírito moderno e sofisticadamente intelectual, que via na ópera um inimigo. Quer do ponto de vista da defesa sincera de uma arte digna, quer no jogo mundano dos paradoxos e das contradições, quer na pedagogia dos neófitos, a ópera devia ser combatida". COLI, Jorge. *Música final: Mario de Andrade e sua coluna jornalística Mundo musical*. Campinas: Editora da Unicamp, 1998, p. 317.

19 *Ibidem*, p. 54.

20 Notar que, aqui, o termo "música moderna" ainda é usado como sinônimo de "música contemporânea".

266 VALQUÍRIA MAROTI CAROZZE

E Oneyda, ajuntando que isso era merecedor de censura, se vale do espaço na imprensa para relembrar o que Mario de Andrade já havia escrito, como crítica:

> É um fato evidente e provado, pelo seu elemento espetacular, pelo seu apelo à sensualidade e mesmo à sexualidade do ouvinte espectador, e por várias outras razões, a ópera é (...) aquela que o povo prefere. E se o povo procura as gastas (...) óperas italianas é porque os compositores (...) fizeram-na perder toda a sua força da coletivização, pelo excesso de intelectualismo e de abstrações técnicas que pesam sobre a música moderna. (...) melhor fariam os compositores (...) procurando se aproximar do povo através do teatro musical e aproveitando toda a capacidade socializadora dele.

E, no mesmo dia, quando a equipe da *Revista do Globo* finalizava a entrevista com Oneyda Alvarenga e se retirava, pôde testemunhar o contraste entre os dizeres dos cartazes de Oneyda e a atitude empedernida dos consulentes:

> Quando deixamos a Discoteca Pública de São Paulo, duas meninas entravam para uma cabine, para ouvir "Conto dos Bosques de Viena", de Strauss. Sentaram-se em êxtase. Mas na parede, um cartaz gritava aflito, irritado, em letras bem grandes:[21]
> A música moderna merece a sua atenção. Si lhe parecer agressiva nas primeiras audições, o hábito de ouvi-la fará desaparecer essa impressão. Embora a discografia represente ainda insuficientemente a música contemporânea, o fichário de séculos, na divisão destinada a séc. XIX-XX e séc. XX, apresentar-lhe-a alguns compositores modernos.

Este cartaz é um marco na história da Discoteca, nos anos 1940, porque lança luz especial sobre o objetivo específico de Oneyda Alvarenga, em relação a incutir nos consulentes, o mais depressa possível, o gosto pela música moderna – ou seria contemporânea? Estava-se numa época especial para a apreensão da evolução das técnicas de composição musical. Se a reportagem em que aparece este cartaz é de 1949, vemos que Oneyda, longe de se

---

21 *Ibidem*, p. 54.

Oneyda Alvarenga 267

confundir com os termos, os faz sinônimos: era ainda muito recente a música moderna – ela era o que se tinha por música contemporânea, ainda.

A fim de ilustrar como todo o preparo de Oneyda Alvarenga como estudiosa da História Social da Música desembocou na prática, dentro de uma Discoteca que assumiu o papel da Rádio-Escola, será mostrado a seguir não só o repertório dos 99 concertos de discos que foram recuperados em pesquisas no Arquivo do Centro Cultural São Paulo, como também texto de Oneyda Alvarenga (transcrito) e textos explicativos sobre frequência de público aos concertos, catalogação de discos e outros elementos fundamentais, em torno do assunto. Além disso, o tempo todo se estabelece relação entre os programas (repertórios) elaborados pela diretora da Discoteca e a Discografia constante do *Compêndio de História da Música*, de Mario de Andrade.

Antes de apresentar a análise dos Concertos de Discos realizados por Oneyda Alvarenga, convém se deter à leitura do documento de pouco mais de uma página, sem data – mas certamente de 1938 –, pertinente ao Arquivo Histórico do Centro Cultural São Paulo, transcrito integralmente abaixo, com atualização ortográfica:

PALESTRAS E CONCERTOS DE DISCOS A SEREM OFERECIDOS PELA DISCOTECA PÚBLICA MUNICIPAL

"As palestras que a Discoteca Pública Municipal está realizando, numa segunda-feira a cada quinze dias,[22] bem como os seus concertos semanais de discos, terão como fim a vulgarização de conhecimentos sobre história da música e estética musical. Destinam-se não aos técnicos do assunto, que naturalmente não carecem delas, mas aos que desejam se iniciar no mundo sonoro e conhecer-lhe os aspectos marcantes. Tentarão pôr ao alcance do ouvinte não especializado todos os compositores, todas as grandes fases, todos os grandes aspectos [da música?] através dos tempos. Para isso, tais palestras procurarão fazer sentir [?] das transformações musicais, da diversidade das fases e das formas [o gênio?] criador dos compositores, de modo acessível e interessante;

---

22 Essa periodicidade variou, depois, conforme se verá, pelas datas dos Concertos de Discos.

buscarão colocá-los em função do tempo em que apareceram, vivificando a exposição ou o que houver de interessante no anedotário da forma, fase, os indivíduos estudados e evitarão o mais possível considerações estritamente técnicas, delas permitindo apenas o indispensável para a compreensão geral.

"Lamentavelmente, a música tem sido relegada a um plano infinitamente obscuro e injusto da nossa formação cultural. Campeia o esquecimento geral de que a música faz parte dos grandes aspectos culturais da civilização humana, de que cortá-la do estudo desses aspectos equivale ao não reconhecimento de uma das mais ricas faces do gênio criador do homem. Porque devemos saber, por ex., que a importância extraordinária da pintura flamenga dos séculos XV e XVI, coincide justamente com a grande expansão política dos Países Baixos desse tempo, e devemos ignorar que esse mesmo fenômeno social motivou o enorme surto da música flamenga e a invasão mundial pelos músicos flamengos? Todo o mundo sabe que a Renascença foi uma época de mistura de sagrado e profano, de revivescência da cultura grega, da Reforma de Lutero e da libertação do domínio espiritual da Igreja, e da Contra-Reforma representada pelo Concílio de Trento. Mas todo o mundo ignora que, em consequência dessa mistura de sagrado e profano os músicos escreviam missas utilizando como temas canções amorosas com texto e tudo; que o melodrama nascido em Florença buscava imitar a tragédia grega, que os músicos franceses escreviam canções sobre 'versos medidos à antiga', isto é, à moda da poesia grega; que o Concilio de Trento arrastou a mais pura floração da música religiosa católica; e que Lutero, introduzindo o canto uníssono popular [acompanhado pelo órgão?] no culto de sua igreja, foi uma das causas importantes da [substituição?] da música polifônica, predominante até então, pela música harmônica moderna.

"As despretensiosas palestras que a Discoteca se propõe fazer representarão uma pequena contribuição para o maior equilíbrio da formação cultural popular, representarão um esforço humilde para que seja conquistado para a música [um aspecto] infinitamente socializante – um lugar no espírito de cada um dos que a elas concorrerem."

Frequência do público ao longo do tempo
e instalações dos auditórios

É curioso notar como não só não há relação entre aumento ou diminuição de público em virtude da qualidade dos auditórios em que se realizaram os Concertos de Discos, ao longo dos anos, como até a relação se deu em sentido oposto: numa das piores salas de concerto é que a Discoteca Pública Municipal logrou maiores públicos. Na década de 1950, quando finalmente a Discoteca foi provida com a Sala "Luciano Gallet", o público nunca foi menor.

Em carta de 27 de fevereiro de 1940,[23] Oneyda escreve para Mario de Andrade "para pedir sua opinião a respeito do problema dos nossos concertos. Em face daquela decisão superior que você conhece,[24] resolvi abolir as audições em bairros e em escolas, conservando apenas as no Martinelli.[25]

Fica-se sabendo que a diretora da Discoteca estendia sua ação didática a pessoas que moravam longe do centro e também a estudantes. Em suas conclusões, em 1942, ela faz ver que a disseminação da cultura musical se ressente de um programa de educação (vide *Origens teóricas da idealização da Rádio-Escola e da Discoteca Pública Municipal*, como esses objetivos se coadunavam com as leituras de Mario de Andrade e, certamente, também de sua aluna, sobre o uso de registros mecânicos e radiofônicos no processo de educação do povo. E aqui, quando Oneyda Alvarenga tenta levar a educação musical mais alguns passos à frente, ainda é reflexo da função originariamente da Rádio-Escola e assumida pela Discoteca.) Anteriormente, Oneyda Alvarenga já tentara levar o ensino de música às escolas. Mas, em 1940, os superiores,

---

23 ANDRADE, Mario de. *Cartas*: Mario de Andrade, Oneyda Alvarenga. São Paulo: Duas Cidades, 1983, p. 210-1.

24 Algumas informações são relevantes, aqui. Com relação àquela "decisão", Oneyda Alvarenga insere uma nota, em 1983, quando da publicação das *Cartas*, escrevendo: "Não me lembro qual". In: *Ibidem*, p. 211.

25 Oneyda Alvarenga acrescenta, em 1983: "Não sei mais como nem porquê, a Discoteca Pública Municipal ficou sem sala de concertos e arranjou-se uma, precaríssima, no edifício Martinelli". In: *Ibidem*, p. 211.

270 VALQUÍRIA MAROTI CAROZZE

que Oneyda diz não se lembrar, decidiram limitar o raio de ação da Discoteca Pública Municipal.

A carta que Oneyda Alvarenga escreve a Mario de Andrade, aos 27 de fevereiro de 1940,[26] é tão relevante, do ponto de vista íntimo mesmo, da diretora da Discoteca Pública, que, falando do que não aconteceu – devido à "proibição" mencionada pela musicóloga –, lança luz naquilo que significavam os Concertos de Discos para sua idealizadora. Ao mesmo tempo, podemos vislumbrar, mais uma vez, a realidade da rotina com os discos, como se dava o manuseio, quanto trabalho implicava o deslocamento de Oneyda Alvarenga, de outros funcionários e de parte do acervo, para bairros e escolas. Oneyda Alvarenga se encontra, em fevereiro de 1940, numa situação delicada, por vários motivos. Ela deixa claro, nessa carta a Mario de Andrade, que já havia proposto formalmente aos superiores, ligados a Prestes Maia, o plano de trabalho de audições de discos em bairros e escolas – plano que havia sido também formalmente aprovado pelos referidos superiores. Ocorre, no entanto, essa proibição, que Oneyda Alvarenga afirmou, em 1983, à época da edição das cartas, não se lembrar mais como e porquê se deu. A diretora da Discoteca, então, se via na obrigação de comunicar àqueles que haviam aprovado seu plano que ele não seria mais posto em prática... Oneyda Alvarenga temia que a simples explicação da proibição desse margem a uma má interpretação, como se a Discoteca Pública, pela voz de sua diretora estivesse criticando a situação. Seu medo era que isso resultasse em represálias ao andamento dos serviços da Discoteca. Mas ela achava também que havia o risco de os mesmos superiores que aprovaram os concertos fora do ambiente da Discoteca considerarem falta de atenção para com eles, caso Oneyda Alvarenga permanecesse simplesmente em silêncio. E Oneyda desabafava: "Entretanto, o que é engraçado é eu estar transformando os concertos num caso de consciência".[27] Ela explica que essa culpa vinha do fato de, ao se desfazer da obrigação de realizar Concertos de Discos, teria mais tempo para se entregar aos seus estudos pessoais sobre música! Se desvela tanto a questão da conscientização da seriedade de seu

---

26   *Ibidem*, p. 210-1.

27   *Ibidem*, p. 210.

Oneyda Alvarenga   271

trabalho didático de audições, quanto sua paixão – necessidade, antes de mais nada, de crescimento como estudiosa – pela pesquisa.

E Oneyda Alvarenga ainda explica o problema do desgaste de discos, pelas audições – problema que, segundo sua opinião, pela experiência adquirida, não chegaria a haver. Os funcionários que levariam os discos até bairros e escolas eram muito cuidadosos. E o número de audições era pequeno, para que os discos se danificassem. Oneyda Alvarenga revela nessa carta que, na verdade, tinha muita vontade de deixar de fazer as audições públicas, para poder usar o tempo livre em seus estudos. Complicava o fato a constatação de que as escolas secundárias eram 66, em São Paulo. E o plano era de uma série de quatro concertos circulando por todas essas escolas, uma vez por mês. Oneyda se deu conta de que, se fossem apenas 30 escolas, a última teria de esperar dois anos, para ser contemplada. Ou seja, a prática do plano era quase impossível. Para sanar a situação, a diretora da Discoteca pensou num estratagema: enviar às escolas os concertos comentados – textos de autoria de Oneyda Alvarenga –, deixando indiferentemente por conta da Discoteca Pública ou da própria escola a escolha dos repertórios. O texto seria lido nas audições por um aluno e a vitrola e os discos seriam levados aos lugares distantes por um contínuo da Discoteca. Oneyda pensou, com isso, atender duas escolas por dia, apressando o andamento do trabalho extensivo. Ao final das ponderações, porém, a diretora da Discoteca acaba desistindo, porque constatou que os discos (aí, sim) sofreriam um desgaste tão grande que, todo esse trabalho fugiria das funções primeiras da Discoteca Pública.

Mas Oneyda Alvarenga não se tranquilizava: ainda mais uma vez pensa numa solução. Seria dirigir o trabalho a uma única escola, oferecendo dois ou três concertos mensais, agrupando os alunos por idade. O que considerou mais pedagógico, já que teria melhores resultados educativos. Mas a difícil escolha dessa única escola também desanimou a musicóloga. Além disso, Oneyda Alvarenga se afligia com o horário em que se ofereceriam esses concertos: depois da aula, os alunos se evadiriam; à noite, os menores não poderiam frequentar a escola sozinhos. E como faziam os estrangeiros, que incluíam audição musical no horário das aulas (audição de programas das rádios educativas nacionais), em São Paulo não era possível – Oneyda Alvarenga, mais uma vez se refere a seu temor à intervenção do Estado nos trabalhos da Discoteca, caso os pais de alunos reclamassem da "intromissão". Sem encontrar solução, achava que o melhor seria relegar a responsabilidade pelo ensino musical dos estudantes ao próprio Estado: "(...) o Estado cuide de substituir os seus horrendos programas em que se manda ensinar o que é uma semibreve, por programas de apreciação musical".[28] O que se vislumbra com todas essas preocupações relacionadas ao refinamento musical das pessoas é a luta interna da consciência desse segmento do Departamento de Cultura; uma vontade premente que se dirige de um grupo, (na verdade, de pessoas provenientes do Conservatório Dramático e Musical de São Paulo) ao coletivo, naquele momento. Oneyda Alvarenga não estava se desculpando exaustivamente pela não realização dos programas de discos, ao apontar tantas propostas paliativas, na situação cheia de reveses. Se por um lado, essa carta tão detalhada poderia parecer uma satisfação de Oneyda Alvarenga a Mario de Andrade, uma vez que ele depositara nela uma grande confiança, ao convidar a moça para exercer a função de diretora da Discoteca, por outro se vê claramente que a musicóloga nem sequer pensou em esconder do ex-professor e amigo sua real propensão em empregar o tempo em formação pessoal: é a si mesma que Oneyda Alvarenga se desculpa, em luta com o que lhe devia parecer quase um egoísmo... À luz, então, desse avesso que só foi possível conhecer a partir da leitura duma carta pessoal, é que se pôde compreender inteiramente a feitura dos Concertos de Discos recuperados e analisados abaixo.

Pelos programas de Concertos de Discos, como serão vistos abaixo, o índice de público se apresentou da seguinte fora:

De 1938 até 28 de fevereiro de 1940: Teatro Municipal – sem registro de público (com exceção do 22º Concerto, do dia 28 de dezembro de 1938, que contou com 59 pessoas);

De 28 de fevereiro até 13 de agosto de 1942: Salão de Conferências do Departamento/Prédio Martinelli, 22º andar – houve registro de público, que variou entre 40 a 100 pessoas;

---

28 *Ibidem*, p. 211.

Intervalo: houve interrupção dos Concertos de Discos (vide abaixo, nos Programas da Discoteca), até julho de 1953;

De julho de 1953 até junho de 1958: Sala "Luciano Gallet" – houve registro de público, que variou entre zero e 30 pessoas;

26 de dezembro de 1957: 170º Concerto de Discos, em que o público registrado foi de "zero pessoas";

De 30 de janeiro de 1958: 171º Concerto de Discos até 13 de março de 1958, 174º Concerto de Discos – registro de público entre 48 e 64 pessoas;

De 10 de abril de 1958: 175º Concerto de Discos, até 12 de junho de 1958, 177º Concerto de Discos – registro de público, entre 5 e 8 pessoas.

Para se ter maior clareza dos destinos da Discoteca Pública Municipal quanto às suas instalações, é bom observar as mudanças de endereço que a instituição sofreu, conforme relatório[29] de Oneyda Alvarenga – cumpre lembrar que esse relatório foi publicado em 1942:

1º período: de 18 de novembro de 1936 a 24 de março de 1937 (4 meses e seis dias) – Rua da Cantareira, 216.

24 de março de 1937: Rua Florêncio de Abreu, 65. Desta data até o início do 2º período (17 de novembro de 1937), manteve-se fechada para reinstalação e avançamentos dos fichários, muito atrasados por falta de funcionários.

2º período: de 17 de setembro a 30 de dezembro de 1937 (3 meses e 13 dias) – Rua Florêncio de Abreu, 65. No dia 31 de dezembro, mudança para o Prédio Trocadero, Praça Ramos de Azevedo, 4.

3º período: de 21 de fevereiro a 26 de agosto de 1938 (5 meses e 5 dias). Em funcionamento no Prédio Trocadero, Praça Ramos de Azevedo, 4. De 29 de julho a 26 de agosto – fechada uma cabine, por causa do mau funcionamento de uma das eletrolas. No dia 26 de agosto interrompeu-se o movimento de consultas, a fim de instalação de novo aparelhamento sonoro.

4º período: de 7 de dezembro de 1938 a 1 de abril de 1939 (4 meses e 25 dias). Em funcionamento no Prédio Trocadero, Praça Ramos de

---

29 ALVARENGA, Oneyda. *A discoteca pública municipal*. São Paulo: Departamento de Cultura, 1942. Separata da Revista do Arquivo, n. LXXXVII, p. 52-3.

Azevedo, 4. No dia 3 de abril de 1939, nova mudança, desta vez para o Teatro Municipal/Prédio Martinelli.[30]

5º período: de 5 de julho a 31 de dezembro de 1939 (6 meses e 6 dias): no Teatro Municipal/Prédio Martinelli.

6º período: de 1º de janeiro a 31 de dezembro de 1940 (12 meses): no Teatro Municipal/Prédio Martinelli.

Oneyda Alvarenga conclui, em suas estatísticas,[31] que o movimento só aumentou, ao longo desses seis períodos, num intervalo de 4 anos. A afluência do público aos Concertos de Discos foi maior quando a Discoteca teve seu auditório sediado no Prédio Martinelli. Inclusive a presença dos ouvintes não se compara à que se observou depois, na década de 1950, na Sala Luciano Gallet, à Av. Brigadeiro Luiz Antonio. Como se verá abaixo, a frequência de público se revelou espantosamente baixa, muitas vezes, naquele que foi o melhor espaço que a Discoteca teve durante sua história.

PROGRAMAS DA DISCOTECA – ANOS 1930 E 1940

Com a apresentação dos Concertos de Discos propriamente ditos se estabelece comparação entre Discografia indicada por Mario de Andrade na segunda edição de seu *Compêndio de História da Música*,[32] de 1933, e montagem de repertórios das audições públicas, por Oneyda Alvarenga, na Discoteca Pública Municipal, nas décadas de 1930, 1940 e, no próximo item, de 1950.

Cumpre ainda observar que as comparações entre os repertórios elaborados por Oneyda Alvarenga e a discografia sugerida por Mario de Andrade, na segunda edição de seu *Compêndio de História da Música*, nesta parte da pesquisa, se restringirão *quase que somente à*:[33]

---

30   *Ibidem*, p. 53.

31   *Ibidem*, p. 54-62.

32   ANDRADE, Mario de. *Compêndio de história da música*. 2ª. ed. São Paulo: Casa Editora Musical Brasileira, 1933.

33   Alguns detalhes sobre obras e observações de Oneyda Alvarenga sobre frequência do público às audições aparecem, vez por outra, dentro das comparações entre programas da Discoteca e discografia do *Compêndio de História da Música*.

Oneyda Alvarenga 275

• citação ou ausência de citação, na obra de Mario de Andrade, das composições apresentadas nas audições públicas da Discoteca. Na ausência de comentários sobre se havia ou não menção às obras apresentadas nas audições públicas, no *Compêndio* de Mario de Andrade, fica subentendido que essas *não* constavam da discografia do livro;

• menção ao código da gravadora de cada composição, na discografia do *Compêndio*. Esses códigos de casas gravadoras, Mario de Andrade sugere a partir de sua coleção particular de discos. (A partir das leituras de Mario de Andrade – citadas acima – de catálogos de discos, periódicos musicais e livros, foi possível verificar mais de uma vez que gravações assinaladas pelo escritor vinham acompanhadas dos mesmos códigos de gravadoras que figuram na discografia do *Compêndio de História da Música*.) Já o código das gravações das composições apresentadas nos Concertos de Discos da Discoteca Pública Municipal é dado praticamente inexistente nos programas. Quando o título de determinada composição é registrado em uma língua, por Mario de Andrade, em sua discografia, e em outra, por Oneyda Alvarenga, no programa, obviamente sabemos que não foi utilizada a mesma gravação. Como se viu acima, na catalogação que adotavam (Mario de Andrade, em relação à sua coleção particular de discos e Oneyda Alvarenga na Discoteca Municipal), o registro do título de cada obra musical respeitava a língua do país em que fora gravado o disco.[34]

Para outras análises e comentários acerca dos Concertos de Discos, reserva-se o ítem posterior, "Análises e observações sobre alguns Concertos de Discos".

Informações contidas numa carta de Oneyda Alvarenga para Mario de Andrade e numa nota de Oneyda Alvarenga, no livro *Cartas*, veio a ser de grande importância para a análise dos programas: na carta de 18 de abril de 1938, ela escreve: "Continuo trabalhando nos concertos, que me custam um bocado de tempo e esforço".[35] Oneyda se refere ao texto explicativo que acom-

---

34 Ou, em se tratando das partituras, do país que as editara – e que não é o caso, aqui, na análise das audições públicas.

35 ANDRADE, Mario de. *Cartas*: Mario de Andrade, Oneyda Alvarenga. São Paulo: Duas Cidades, 1983, p. 135.

panharia uma *Sonata* e a dificuldade que encontra é a "secura" (denunciada e criticada anteriormente por Mario de Andrade) de seu próprio texto. Essa informação mostra que, se o primeiro Concerto de Discos se realizou no dia 20 de julho de 1938 e a carta é de 18 de abril do mesmo ano, o trabalho da elaboração começava muito tempo antes do que se pode supor. A nota que Oneyda Alvarenga acrescentou em 1983, ano de edição das cartas, diz a respeito dos Concertos de Discos: "Concertos de discos, com comentários, e conferências (...) que a partir de 1938 (...) realizei para a Discoteca (...) Dos comentários aos concertos vieram a encarregar-se também, mais tarde, José Bento Faria Ferraz e Sonia Stermann".[36] A colaboração posterior do casal de antigos alunos da História da Música de Mario de Andrade mostra a complexidade dos textos didáticos que eram lidos por Oneyda Alvarenga nas audições públicas.

Abaixo, em cada programa transcrito, constará informação de quantos ouvintes compareceram a cada audição pública, apenas quando havia manuscrito de Oneyda Alvarenga a esse respeito – anotação que ela fazia no próprio programa de cada Concerto de Discos. Ausentes estas notas de Oneyda Alvarenga, se considera aqui o Concerto sem registro de público (sendo que a diretora da Discoteca Pública Municipal dificilmente deixaria de coletar esses dados, para fins de estatística, provavelmente os registrou em outro suporte, que não se recuperou entre os documentos do Centro Cultural São Paulo, nem do Arquivo do Instituto de Estudos Brasileiros da Universidade de São Paulo).

---

36   *Ibidem*, p. 136.

1º Concerto de Discos[37]

20 de julho de 1938

I – Stravinsky (Rússia, 1882-1971) – *Sacre du Printemps* (Sagração da Primavera)

1ª parte: Adoração da Terra

    Introdução

    Augúrios da Primavera – Dança dos adolescentes

    Divertimento do Rapto. Ronda Primaveril

    Divertimento da Terra (O Feiticeiro). Dança da Terra

2ª parte: O Sacrifício

    Introdução

    Círculos misteriosos dos adolescentes

    Glorificação da Virgem Eleita. Evocação dos Ancestrais

    Rito dos Ancestrais

    Dança sacrificial da Virgem Eleita

    Orquestra Sinfônica de Paris, regente Strawinsky

II – *Symphonie de Psaumes* (Sinfonia de Salmos)

    Prelúdio

    Fuga dupla

---

37   *Ibidem*, p.137. Carta de Oneyda para Mario de Andrade, data: 20 de julho de 1938. Pelo texto, já havia sido apresentado um Concerto de Discos, cujo programa trazia Bach – Oneyda não especifica o conteúdo. Mas afirma que ; "[a palestra] foi muito bem aceita. O salão estava cheio". (era na sede do Prédio Trocadero, à Praça Ramos de Azevedo, 4).

Oneyda menciona ainda o Concerto acima, de Stravinsky, que será apresentado na noite do dia 20 de julho de 1938 – pelo que se vê, não foi então o primeiro; foi precedido por este, de Bach, do qual Oneyda fala na carta. E também prevê os 3º e 4º concertos, de Mozart e Palestrina (que Oneyda envia a Mario de Andrade, a fim de que este dê seu parecer sobre os textos). Mozart é apresentado, como se verá, abaixo. Mas Palestrina, por algum motivo, é substituído – ver 3º e 4º programas, abaixo.

Fuga dupla (Conclusão)

Allegro sinfônico

Allegro Sinfônico (conclusão)

Orquestra de Walter Straram, de Paris, com coro de Alexis Vlassoff, regida por Strawinsky

No *Compêndio de História da Música*,[38] Mario de Andrade cita estas duas composições, na discografia, ao final do capítulo "Atualidade": *Sacre du Printemps*, código V. álbum M-74 – que é, aliás, a primeira obra de Stravinsky mencionada por Mario de Andrade, na discografia do autor – e *Symphonie de Psaumes*, código C.LFX 179/81.

2º Concerto de Discos
27 de julho de 1938

I –Mozart (Áustria, 1756-1791): *Sinfonia nº 39*, em Mi Bemol Maior, K 543

(1º movimento): Adagio – Allegro

(1º movimento): Allegro (conclusão)

(2º movimento): Andante

(3º movimento): Minuetto

(4º movimento): Final (Allegro)

Orquestra Sinfônica B.B.C., regente: Bruno Walter

II – Chopin (Polônia, 1810-1849) – *Sonata em Si Bemol Menor*, op 35 (piano)

(1º movimento): Grave – Doppio movimento

(1º movimento): Doppio movimento (conclusão)

(2º movimento): Scherzo

(3º movimento): Marcha Fúnebre

---

38 andrade, Mario de. *Compêndio de história da música*. 2. ed. São Paulo: Casa Editora Musical Brasileira, 1933, p. 120.

(3° movimento): Marcha Fúnebre (conclusão) Presto

Leopoldo Godwsky

Na discografia do *Compêndio*, a *Sinfonia nº 39* é citada,[39] código C. 9450/2; e esta *Sonata* op.35, de Chopin, é a primeira obra sugerida por Mario de Andrade, dentre as composições do autor,[40] código H. D1220/2.

3° Concerto de Discos[41]

I – Schubert (Áustria, 1797-1828) – 4 Lieder

"Margarida Fiando" – Isobel Baillie (soprano). Em inglês.

"A Tilia" – Alexander Kipnis (baixo). Em alemão.

"A Truta" – George Thill (tenor). Em francês.

"Ao Mar" – Heinrich Schlusnus (barítono). Em alemão.

Na discografia de Schubert, Mario de Andrade havia indicado[42] *Margarida Fiando* (*Gretchen am Spinnrade*, código V.6704); *Ao Mar* (*An Meer* – código C. L. 2136); *A Tilia* (*Tilleul*, código P. 21415)

II – Berlioz (França, 1803-1869) – *Sinfonia Fantástica*.

Sonhos, Paixões
    Sonhos, Paixões (conclusão)
    Um baile

    Um baile (conclusão)
    Cena campestre

    Cena campestre

---

39 ANDRADE, Mario de. *Compêndio de história da música*. 2ª. ed. São Paulo: Casa Editora Musical Brasileira, 1933, p. 123.

40 *Ibidem*, p. 150.

41 Sem data.

42 *Ibidem*, p. 149.

Cena campestre (conclusão)

Marcha para o suplício

Sonho de uma noite de Sabat

Grande Orquestra Sinfônica regida por Selmar Meyrowitz.

"Este registro da Sinfonia Fantástica ganhou o prêmio do Disco da 'Fondation Candide', (França), em 1935."

A *Sinfonia Fantástica* é a primeira composição de Berlioz que Mario de Andrade menciona, na discografia do *Compêndio*,[43] ao término do capítulo "Romantismo", código C. álbum nº 34.

4º Concerto de Discos

08 de agosto de 1938

I -Borodin (Rússia, 1833-1887) – *Nas Estepes da Ásia Central*

Orquestra da Sociedade de Concertos do Conservatório de Paris; regente: Philippe Gaubert

II – Moussorgski (Rússia, 1839-1881) – Ravel (França, 1875-1937) – Quadros de uma Exposição

Passeio. 1 – Gnomos

Passeio. 2 – O Velho Castelo

Passeio. 3 – Tulherias. 4 – Bidlo

Passeio. 5 – Dança dos Pintinhos na Casca.

Samuel Goldenberg e Schmuyle

Praça do Mercado em Limoges. – Catacumbas

A Cabana com pernas de ave

A Grande Porta de Kiew

Orquestra Sinfônica de Boston; regente: Koussevtzky

III – Rimsky-Korsakow (Rússia, 1844-1908) – *Grande Páscoa Russa* (Abertura)

---

43   *Ibidem*, p. 151.

Orquestra Sinfônica de Philadelphia; regente: Strokowsky.

Mario de Andrade refere à obra *Nas Estepes da Ásia Central*, na discografia, ao final do capítulo "Romantismo": *Dans les Steppes de l'Asie Centrale*, código C. 123435.[44]

Quadros de uma Exposição é obra mencionada[45] ao final do capítulo "Atualidade", dentro da discografia de Ravel (França, 1875-1937), *Tableaux d'une Exposition* (orquestração), código P. 27246/7 – e não de Mussorgsky (Rússia, 1839-1881), de quem trata no capítulo "Romantismo".

Grande Páscoa Russa está registrada na discografia ao final do capítulo Romantismo,[46] código V. 7018/9.

5º Concerto de Discos

17 de agosto de 1938

I – Brahms (Alemanha, 1833-1897) – *Quinteto em Fá Maior*, op. 34 (piano e quarteto de cordas)

Allegro non troppo

Allegro non troppo (conclusão)
Andante un poco Adagio

Andante un poco Adagio (conclusão)
Scherzo (Allegro)

Scherzo (Allegro) (conclusão)
Final

Final (conclusão)

Quarteto Flonzaley e Harold Bauer (piano)

II – Haydn (Áustria, 1732-1809) – *Sinfonia em Dó Maior*, nº 97

Adagio – Vivace

---

44   *Ibidem*, p. 154.

45   *Ibidem*, p. 210.

46   *Ibidem*, p. 154.

Vivace (conclusão)

Adagio ma non troppo

Minueto e Trio (Allegretto)
Final (Presto Assai)

Orquestra Sinfônica de Londres regida por Hans Weisbach.

O *Quinteto op. 34* é indicado na discografia do *Compêndio*, ao final do capítulo "Romantismo",[47] código V. álbum M-10.

6º Concerto de Discos

24 de agosto de 1938

I – Manuel de Falla (Espanha, 1876-1946) – *El amor brujo*

a) *Introdução*
b) *Na caverna*

a) *Cena* b) *O Círculo mágico* c) *Encantamentos da meia-noite*
a) *Dança ritual do fogo*

a) *Pantomima*
b) *Dança do amor* c) Final – *Os sinos da aurora*

Orquestra Sinfônica Morales regida por Pedro Morales.

II – Enrique Granados (Espanha, 1867-1916) – "Quejas" ou "La Maja y el Ruiseñor"

José Iturbi (piano)

III – Albéniz (Espanha, 1860-1909) – *Arbós – Suíte Iberia*

Triana

El Corpus en Sevilla

---

47 *Ibidem*, p. 151.

Oneyda Alvarenga   283

El puerto

Orquestra Sinfônica de Madrid regida por Enrique Fernandez Arbós.

Na discografia do capítulo "Atualidade",[48] Mario de Andrade registra, de Manuel de Falla, *Amour Sorcier*, código C. 9389/92.

Ao final do capítulo "Romantismo", na discografia, de Granados, é citada a composição *La Maja y el ruiseñor*,[49] código H. DB1462; de Albéniz, *Iberia*, código C. 9603/5.

7º Concerto de Discos

29 de agosto de 1938

I – Schumann (Alemanha, 1810-1856) – *Quinteto em Si Bemol Maior*, op. 44 (Piano e quarteto de cordas)

1º movimento: Allegro Brillante

2º movimento: In modo d'una Marcia (Un poco largamente)

2º movimento: In modo d'una Marcia (Un poco largamente) (conclusão)

3º movimento: Scherzo molto vivace

3º movimento: Scherzo molto vivace (conclusão)

Allegro ma non troppo

Quarteto "Pro Arte" com Artur Schnabel ao piano.

Schumann (Alemanha, 1810-1856) – *4 Lieder*

Die Lotosblume (A flor de Lotus)
Heinrich Schlusnus (barítono)

a) *Im Wunderschönen Monat Mai (Num belo mês de maio)*
b) *Aus meinen Tränen spriessen (Das minhas lágrimas brotam flores)*
c) *Die Rose, die Lilie, die Taube (A rosa, o lírio, a pomba)*
Richard Tauber (tenor)

---

48   *Ibidem*, p. 210.

49   *Ibidem*, p. 154.

284   VALQUÍRIA MAROTI CAROZZE

II – Ravel (França, 1875-1937) – *Rapsódia Espanhola*
    Prelúdio à Noite
    Malagueña e Habanera

    Festival

    Orquestra Sinfônica de Filadélfia regida por Leopoldo Stokowski.

Em discografia de Schumann,[50] Mario de Andrade registra apenas *Quinteto*, código V. álbum M-28, sem acrescentar mais nenhuma informação sobre a obra. Quanto aos *Lieder*, ainda na mesma página do *Compêndio*, o autor grafa em francês: *Fleur de Lotus* – portanto, gravação diferente da que Oneyda apresentou –, código C. D12030.

A obra de Ravel[51] Mario de Andrade indica, no final do capítulo "Atualidade", em francês: *Rhapsodie Espagnole*, código V. 9700/1.

8º Concerto de Discos,

05 de setembro de 1938

I – Johann Sebastian Bach (Alemanha, 1685-1750) – *Suite nº2, Si Menor*, para flauta e cordas

    Grave – Allegro
    Allegro (conclusão)

    Rondo e Bourrée nºs 1 e 2
    Sarabanda

    Polonaise
    Minuetto e Badinerie
    Orquestra do Concertgebouw; regente: Willem Mengelberg;

II – Beethoven (Alemanha, 1770-1827) – *Concerto nº5*, em Mi Bemol Maior, op 73.

    Allegro
    Adagio

---

50   *Ibidem*, p. 150.

51   *Ibidem*, p. 210.

Adagio

Rondó

Artur Schnabel (piano), com Orquestra Sinfônica de Londres; regente: Malcolm Sargent.

Mario de Andrade cita a *Suíte em Si Menor*,[52] de Bach, V. 6914/5.[53]

Também há repetição do *Concerto em Mi Bemol Maior*,[54] mencionado no *Compêndio*, (piano), com o código V. 6719/22.[55]

9º Concerto de Discos

21 de setembro de 1938

I – Gabriel Fauré (França, 1845-1924):

Barcarola nº2, op 41 – Jean Doyen ao piano

Pelléas et Mélisande

Preludio

Fileuses (Andante quasi Allegretto)

Sicilienne

Orquestra Filarmônica de Berlim; regente: Albert Wolff.

Na discografia de Fauré,[56] Mario de Andrade não menciona *Barcarola*; já *Pelléas et Mélisande*, ele registra: "(trechos), código P. 66725/6."

---

52   *Ibidem*, p. 88.

53   Repete-se a audição desta *Suíte* no 56º Concerto – ver abaixo e ver também em "Análises e observações sobre alguns Concertos de Discos".

54   *Ibidem*, p. 150.

55   A audição desse *Concerto em Mi Bemol Maio* se dará novamente no 131º Concerto de Discos.

56   *Ibidem*, P. 153.

II – Duparc (França, 1848-1933)[57] – *La vie Antérieure* – Charles Panzéra (barítono), com Magdeleine Panzéra, ao piano

L'Invitation au Voyage – Charles Panzéra (barítono), com Magdeleine Panzéra, ao piano

Phidylé – Charles Panzéra (barítono), com Orquestra regida por Piero Coppola.

De Duparc, Mario de Andrade cita: *La vie Antérieure e L'Invitation au Voyage*, código G. W836.[58]

III – D'Indy (França, 1851-1931) – Istar

Orquestra de Concertos do Conservatório de Paris, regente: Piero Coppola.

Deste último compositor há citação de uma única composição, no *Compêndio*: Symphonie sur un chant montagnard.[59]

10º Concerto de Discos
28 de setembro de 1938

Música para órgão

I – Girolamo Frescobaldi (Itália, 1583-1643) – *Tocata para a elevação*
Joseph Bonnet (órgão)

II – Dietrich Buxtehude (Alemanha, 1637-1707) – *Fantasia sobre o coral "Eu te agradeço, Senhor"*
Friedrich Mihatsch (órgão)

III – Johann Sebastian Bach (Alemanha, 1685-1750) – *Tocata, Adagio e Fuga em Dó Maior*
Recitativo; Tocata
Tocata; Adagio; Grave; Fuga

---

57 Na segunda parte deste 9º Concerto de Discos, todo o repertório será idêntico ao do 67º Concerto de Discos – vide abaixo.

58 *Ibidem*, p. 153.

59 *Ibidem*, p.153.

Oneyda Alvarenga   287

André Marchal (órgão)

De Frescobaldi, há menção de duas *Tocatas*,[60] ao final do capítulo "Música Instrumental", do *Compêndio de História da Música, Tocata* M.5222 e *Tocata* O. 166134.

De Buxtehude,[61] ao final do capítulo "Polifonia Protestante", Mario de Andrade registra de forma geral: "Obras pra órgão".

De Bach,[62] é indicada *Tocata em Dó Maior*, código C. 9133.

IV – César Frank (França, 1822-1890) – *Sinfonia em Ré Menor*

1º movimento: Lento; Allegro non troppo

Lento; Allegro

2º movimento: Allegretto

3º movimento: Allegro non troppo

Orquestra Sinfônica de Filadélfia, regente: Leopoldo Stokowski.

Esta *Sinfonia em Ré Menor* é a primeira obra de César Frank que Mario de Andrade registra no *Compêndio:*[63] C. D1588/93.

11º Concerto de Discos

5 de outubro de 1938

I – Franz Liszt (Hungria, 1811-1886)

Sinfonia Fausto

Fausto

Margarida

Mefistófeles

Grande Orquestra Filarmônica de Paris regida por Selmar Meyrowitz com Villabella (tenor) e Coro Russo de Alexis Vlassoff

---

60   *Ibidem*, p. 104.

61   *Ibidem*, p. 87.

62   *Ibidem*, p. 88.

63   *Ibidem*, p. 152.

II – Richard Strauss (Alemanha, 1864-1949) *Till Euslenspiegel*

Membros da Orquestra Estadual de Berlim regidos por Richard Strauss.

12º Concerto de Discos

12 de outubro de 1938

I – Wolfgang Amadeus Mozart (Áustria, 1756-1791)

Quarteto Fá Maior, K. 370 (Oboé e Cordas)

1º movimento Allegro

2º movimento – Adagio

3º movimento – Rondó

Goossens (oboé) – J. Léner (violino)

S. Roth (viola) – I. Hartman (violoncelo)

II – Luis de Beethoven (Alemanha, 1770-1827)

Sinfonia Mi Bemol Maior, nº 3, opus 55 (Heróica)

1º movimento: Allegro com brio

1º movimento: Allegro com brio (Conclusão)

2º movimento: Marcha Fúnebre

2º movimento: Marcha Fúnebre (Conclusão)

3º movimento: Scherzo

4º movimento: Final

Orquestra filarmônica de Berlim regida por Hans Pfitzner

De Mozart, Mario de Andrade registra outros *Quartetos*[64] – mas não o que foi apresentado neste Concerto.

Ainda no *Compêndio*,[65] ao final do capítulo "Romantismo", entre as muitas composições referenciadas de Beethoven, Mario de Andrade registra esta Sinfonia como: "Heróica" nº 3, código V. álbum M-6.

---

64   *Ibidem*, p. 123.

65   *Ibidem*, p. 149.

13º Concerto de Discos
19 de outubro de 1938

I – Debussy (França, 1862-1918)
O Mar
Do amanhecer ao meio-dia sobre o mar
Brinquedo das ondas
Diálogo do vento e do mar

Orquestra do Conservatório de Paris regida por Piero Coppola

II – Schubert (Áustria, 1797-1828)
Sinfonia em Si Bemol Maior, nº 5
1º movimento: Allegro
2º movimento: Andante com moto
3º movimento: Menuetto (Allegro molto) e Trio
4º movimento: Allegro vivace

Orquestra da Ópera Estadual de Berlim regida por Leo Blech.

14º Concerto de Discos
26 de outubro de 1938

Este programa foi dividido em:

I – Haydn, (Áustria, 1732-1809), *Quarteto do Imperador,* citado na discografia do *Compêndio, Emperor Quartet*[66] (Tema e variações), código V.6634.

Oneyda apresenta este quarteto e variações, gravação do Quarteto Lener.

II – Scarlatti (Itália, 1685-1757), *Sonatina em ré menor* (Pastoral) – intérprete: ao clavicímbalo, Wanda Landowska.

Para citação de Mario de Andrade, ver abaixo, sobre 3º Concerto.

III – Bach (Alemanha, 1685-1750), *Sinfonia em Si Bemol Maior* – Arranjo de Stein.

---

66   *Ibidem,* p. 122.

Embora no *Compêndio*,[67] Mario de Andrade tenha listado vasta discografia de Bach, não há registro desta *Sinfonia*.

15º Concerto de Discos

09 de novembro de 1938

Na 1ª parte, Lalo (França, 1823-1892), *Namouna* (Suíte de bailado).

Para comparação com discografia de Mario de Andrade, ver abaixo, no 62º Concerto – Oneyda Alvarenga repete esta obra.

E na 2ª parte, de Carpenter (Estados Unidos, 1876-1951), a composição *Arranha-Céus*.

No *Compêndio* de Mario de Andrade,[68] capítulo "Atualidade", há menção ao nome do compositor[69] – mas não há obras suas, na discografia – provavelmente por não haver gravações de John Alden Carpenter, músico de jazz, no mercado, àquela época (1933).

16º Concerto de Discos

16 de novembro de 1938

Na 1ª parte, Alexandre Scarlatti (Itália, 1659-1765), *Sonata para flauta e cordas* (cifrada por Germana Tailleferre).

Encontra-se na discografia do *Compêndio de História da Música*,[70] com o código G. K5221 – e *Sento nel cor* (Aria em italiano).

Na 2ª parte, de Schumann (Alemanha, 1810-1856), *Sinfonia em Ré Menor*.

Que será repetida no 100º Concerto de Discos, no dia 4 de novembro de 1954, como se verá abaixo – com detalhes da relação com a discografia de Schumann, no *Compêndio* de Mario de Andrade.

17º Concerto de Discos

23 de novembro de 1938

---

67   *Ibidem*, p. 87-8.

68   *Ibidem*, p. 199.

69   In: ANDRADE, Mario de. *A expressão musical dos Estados Unidos*. Rio de Janeiro: Leuzinger,1941? 26p. (Lições da vida americana, 3) – o autor menciona tanto aspectos desta obra de Carpenter, quanto aborda também Gershwin e Copland.

70   ANDRADE, Mario de. *Compêndio de história da música*. 2ª. ed. São Paulo: Casa Editora Musical Brasileira, 1933, p. 122.

Na 1ª parte, *Trio para piano, oboé e fagote*, de Francis Jean Marcel Poulenc (França, 1899-1963)

Oneyda usa uma gravação em que a interpretação ao piano é do próprio Poulenc. No *Compêndio*,[71] Mario de Andrade cita apenas "Trio", código C. D14213/4.

Na 2ª parte, de Mendelssohn (Alemanha, 1809-1847), *Sinfonia nº 3* (Escocesa), op.56.

Embora algumas *Sinfonias* do autor sejam arroladas na discografia de Mario de Andrade, não há menção à *Escocesa* (nº3.)

18º Concerto de Discos
30 de novembro de 1938

Na 1ª parte, de Georges Bizet (França, 1838-1875), *L'Arlésienne, Suítes nº 1 e nº 2*.

Na discografia do capítulo "Romantismo",[72] Mario de Andrade faz referência a esta obra, com o código V. 7124/6.

Na 2ª parte, de Tchaikovsky, (Rússia, 1840-1893), *La belle au bois dormant*.[73]

Na discografia de Tchaikovsky,[74] Mario de Andrade indica apenas quatro obras.

19º Concerto de Discos
07 de dezembro de 1938

Na 1ª parte, de Arthur Honegger (Suíça, 1892-1955), *Pacific 231*.

Obra citada na discografia do capítulo "Atualidade",[75] entre outras do autor, com o código G. W870.

Na 2ª parte, de Hindemith (Alemanha, 1895-1963), *1º Movimento do 2º Trio de cordas* (1933).

Este concerto teve ainda a 3ª parte, com o *Concerto em Lá Menor*, op. 16, de Grieg (Noruega, 1843-1907).

---

71 *Ibidem*, p. 211.

72 *Ibidem*, p. 152.

73 Oneyda Alvarenga anota a lápis, sob o título: "grav. antiga gasta; nova c/ defeito".

74 *Ibidem*,. p. 154.

75 *Ibidem*, p. 210.

292   VALQUÍRIA MAROTI CAROZZE

Além deste *Concerto* para piano, sugerido no *Compêndio de História da Música,*[76] com o código V. 9151/4, só mais *Peer Gynt* é listada, das obras do autor.

20º Concerto de Discos

14 de dezembro de 1938

Na 1ª parte, de Dvorák (Tchecoslováquia, 1841-1904), *Dansas Slavas.*

Embora Mario de Andrade cite três composições do autor,[77] as *Danças Eslavas* não se encontram entre elas, provavelmente ainda não haviam sido gravadas.

Na 2ª parte, de Chausson (França, 1855-1899): *Concerto em Ré Maior,* op. 21 (piano, violino e quarteto de cordas).

Como se verá abaixo, no 59º Concerto, quando Oneyda faz repetir esta apresentação, este *Concerto* de Chausson não é mencionado na discografia de Mario de Andrade.

21º Concerto de Discos

Discoteca Pública Municipal[78] – Teatro Municipal

21 de dezembro de 1938

Na 1ª parte, João Sebastião Bach (Alemanha, 1685-1750): *Concerto em Dó Maior para dois pianos.*

Este *Concerto* se repetirá no 91º Concerto de Discos, 10 de junho de 1954 (ver abaixo).

Na 2ª parte, de Grieg (Noruega, 1843-1907), *Concerto em Lá Menor,* op. 16.

Oneyda repete o *Concerto em Lá Menor,* apresentado poucos dias antes, no 19º Concerto de Discos, aos 07 de dezembro de 1938 (ver acima).

---

76   *Ibidem,* p. 154.

77   *Ibidem.*

78   Nos programas impressos (transcritos aqui), a cada vez que havia referência ao nome da Discoteca Pública Municipal, foi usada a sigla"DPM" – que, neste trabalho, se considerou melhor substituir pelo nome da instituição por inteiro.

Oneyda Alvarenga 293

22º Concerto de Discos

Discoteca Pública Municipal – Teatro Municipal

28 de dezembro de 1938

59 pessoas[79]

Na 1ª parte, Franz Liszt, *Sonata em Si Menor*

Sonata elencada por Mario de Andrade, na discografia do compositor:[80] (piano), código H. DB1307/9.

Na 2ª parte, Ottorino Respighi (Itália, 1879-1936), *Pini di Roma*

Obra citada por Mario de Andrade, na discografia do capítulo "Romantismo", do *Compêndio:*[81] código C. D2033/5.

23º Concerto de Discos

Discoteca Pública Municipal – Teatro Municipal

04 de janeiro de 1939

Na 1ª parte, de *Charles-Camille* Saint-Saëns (França, 1835-1921), *Variações a dois pianos sobre um tema de Beethoven.*

Embora haja citação de obras do autor,[82] no *Compêndio de História da Música*, precisamente esta não se encontra na obra de Mario de Andrade.

Na 2ª parte, João Sebastião Bach (Alemanha, 1685-1750), *Cantata nº 65 Sie Werden aus Saba alle komemn* (para a festa da Epifania).

Na discografia do *Compêndio*, Mario de Andrade lista grande número de Cantatas e obras religiosas de Bach. Porém a *Cantata nº 65* não está entre elas.

Na 3ª parte, também de João Sebastião Bach (Alemanha, 1685-1750), *Suíte em Dó Maior, nº1* – também não registrada por Mario de Andrade.

No canto inferior direito, do programa, está impresso o lembrete para a próxima palestra:

12ª Palestra sobre História da Música

Música Instrumental do Século XVIII

11 de janeiro de 1939 às 21h00

---

79 Oneyda Alvarenga registra, com tinta preta, na capa do programa: "Assistência 59 pessoas".

80 *Ibidem*, p. 151.

81 *Ibidem*, p. 154.

82 *Ibidem*, p. 153.

294 VALQUÍRIA MAROTI CAROZZE

24º Concerto de Discos
Discoteca Pública Municipal – Teatro Municipal
18 de janeiro de 1939

Na 1ª parte, de Haendel (Alemanha, 1685-1759), *O Messias* (Fragmentos do Oratório).

Mario de Andrade tinha indicado na discografia do capítulo "Música Instrumental": *Messias*, gravação completa, em dois álbuns Columbia.[83]

Na 2ª parte, Dmitri Dmitriyevich *Shostakovitch* (1906-1975), *Sinfonia em Fá Maior*, op. 10, nº1.

Não há indicação de *Shostakovitch*,[84] no *Compêndio*.

No canto inferior direito, do programa, está impresso o lembrete para a próxima palestra:

13ª Palestra sobre História da Música

Música Instrumental do Século XIX

25 de janeiro de 1939 às 21h00

25º Concerto de Discos
Discoteca Pública Municipal – Teatro Municipal
01 de fevereiro de 1939

Na 1ª parte, Kodály (1882-1967), Háry János (Suíte)

Que será apresentada catorze anos depois, no 70º Concerto de Discos, de 10 de dezembro de 1953, como se poderá ver mais abaixo.

Na 2ª parte, Gershwin (1898-1937), *Concerto em Fá* (para piano)

Mencionado por Mario de Andrade, na discografia do capítulo "Atualidade":[85] código C. 9665/7.

---

83   *Ibidem*, p. 104.

84   Porém cumpre lembrar que Mario de Andrade publicou um prefácio intitulado "Introdução a Shostakovich", em que constam pensamentos do musicólogo, conjecturas que norteiam essa escolha de Oneyda Alvarenga, para o Concerto de Discos. (Prefácio de Mario de Andrade e Tradução de Guilherme Figueiredo.) In: SEROFF, Victor. *Dmitri Shostakovich*. Rio de Janeiro. Empresa gráfica O Cruzeiro S.A., 1945, p. 33.

85   ANDRADE, *op. cit.*, p. 210.

Oneyda Alvarenga   295

No canto inferior direito do programa, está impresso o lembrete para a próxima palestra:

14ª Palestra sobre História da Música
MÚSICA DA ATUALIDADE
08 de fevereiro de 1939 às 21h00

26º Concerto de Discos

Discoteca Pública Municipal – Teatro Municipal
15 de fevereiro de 1939

Na 1ª parte, Chopin (Polônia, 1810-1849), *Concerto em Fá Menor*, op. 21, nº2 (piano e orquestra).

Este Concerto será repetido no 171º Concerto de Discos (ver abaixo).

Na 2ª parte, *Canções Francesas do Século XVI*.

Este repertório será repetido no 62º Concerto de Discos, aos 15 de outubro de 1953.

Na 3ª parte, Roussel (França, 1869-1937), *Suíte em Fá*.

Esta obra não aparece entre as que Mario de Andrade listou, na discografia do *Compêndio*.

27º Concerto de Discos

Discoteca Pública Municipal – Teatro Municipal
01 de março de 1939

Na 1ª parte, Schumann (Alemanha, 1810-1856), *Carnaval*, op. 9 – Rachmaninoff (piano)

Que será repetido no 166º Concerto de Discos, do dia 17 de outubro de 1957 (para comparar, ver abaixo).

Na 2ª parte, Rimsky-Korsakow (Rússia, 1844-1908).

Trecho da Suíte *Shéhérazade*, op. 35, citada por Mario de Andrade[86] (p. 154): código V. 6738/42.

28º Concerto de Discos

Discoteca Pública Municipal – Teatro Municipal
15 de março de 1939

Na 1ª parte, Bedrich Smetana (Boêmia, 1824-1884), *Quarteto em Mi Menor.*

---

86   *Ibidem*, p. 154.

296 VALQUÍRIA MAROTI CAROZZE

No *Compêndio de História da Música*, Mario de Andrade acrescenta ao título: (Da Minha Vida), V. Álbum M-63.

Na 2ª parte, Ravel (França, 1875-1937), *A Valsa*[87]

Referida no *Compêndio de História da Música*[88] como *La Valse*, código C. 67384/5-D.

29º Concerto de Discos
Discoteca Pública Municipal – Teatro Municipal
30 de março de 1939

Na 1ª parte, Vivaldi (Itália, 1678-1741), *Concerto para 4 pianos e orquestra* (Transcrição de J. S. Bach).[89]

Elena Pignari-Salles (piano) Germana Leroux (piano) Nicolina Rolet (piano) Piero Coppola (piano).

Orquestra regida por Gustavo Bret.

Obra não mencionada em discografia do *Compêndio de História da Música*.

Na 2ª parte, Mozart, *Quarteto em Sol Menor*, K. 478.

Arthur Schnabel (piano) Onnou (violino) Prevost (viola) Maas (violoncello).

Vários *Quartetos* de Mozart são citados na discografia do capítulo "Classicismo" –, mas este não se encontra entre eles.

30º Concerto de Discos
Discoteca Pública Municipal – Teatro Municipal
28 de fevereiro de 1940

I – João Sebastião Bach (Alemanha, 1685-1750)

a) *Concerto Brandemburguês em Sol Maior*

Conjunto de Câmara da Escola Normal de Música de Paris regido por Alfred Cortot.

b) *Cantata 156* – "Ich Steh' mit einen Fuss im Grabe" – *Sinfonia (Arioso)*

---

87 Ao lado do título, Oneyda Alvarenga anota, a lápis: "Não, mau estado".

88 *Ibidem*, p. 210.

89 Abaixo do título, Oneyda escreve, a lápis: "Não temos mais" – anotação na certa feita posteriormente, quando provavelmente Oneyda montava repertórios para novos Concertos de Discos.

Cantata 147 – "Herz und Mund" – Wohl mir, dass ich Jesum habe.

Coro e conjunto de orquestra do "Bach Cantata Club de Londres" regido por Kennedy Scott, oboé – Leon Goossens

II – Luiz de Beethoven (Alemanha, 1770-1827)

Sinfonia em Fá Maior op 93 n°8.

Orquestra Sinfônica de Boston regida por Serge Koussevitzky

Mario de Andrade sugere em discografia:[90] *Concerto Brandeburguês* N°3, código G. DA1259/60. E, ainda na discografia de Bach,[91] Mario de Andrade registra apenas "*Arioso* (orquestra)", código V. 9598.

A Sinfonia de Beethoven é registrada[92] como: "N° 8", código V. 9640/2.

31° Concerto de Discos

Discoteca Pública Municipal – Teatro Municipal

Prédio Martinelli

Março de 1940

1ª Parte

a) Carlos Gomes (Brasil, 1839-1896) – *Lo Schiavo: Alvorada*

b) Henrique Oswald (Brasil, 1852-1931) – *Barcarola*

c) Alexandre Levy (Brasil, 1864-1892) – *Samba*

Orquestra do Sindicato Musical do Rio de Janeiro regida por Francisco Mignone

2ª Parte

a) Martin Braunwieser (Áustria, 1901-1991) – *Rochedo, Sinhá*

b) João de Souza Lima (Brasil, 1898-1982) – *Samba do Matuto*

c) Camargo (Brasil, 1907-1993) – *Nas ondas da praia*

d) Camargo Guarnieri (Brasil,1907-1993) – *Egbêji*

Coral Paulistano regido por Camargo Guarnieri (Gravação da Discoteca Municipal)

3ª Parte

---

90   *Ibidem*, p. 87.

91   *Ibidem*, p. 88.

92   *Ibidem*, p. 149.

a) Francisco Mignone (Brasil, 1897-1986) – *Fantasia Brasileira, n° 3*, para piano e orquestra
Orquestra do Sindicato Musical do Rio de Janeiro regida por Francisco Mignone
Ao piano, Tomás Teran
b) Francisco Mignone (Brasil, 1897-1986) – *Duas Valsas de Esquina*
Arnaldo Estrella (piano)
c) Oscar Lorenzo Fernandez (Brasil, 1897-1948) – *Batuque*
Orquestra do Sindicato Musical do Rio de Janeiro regida por Francisco Mignone

Mario de Andrade cita *Lo Schiavo*, de Carlos Gomes,[93] ao final do capítulo "Música Artística Brasileira": "Quando nascesti tu, por Caruso (grav. Antiga)", código V. 6027.

De Henrique Oswald e Alexandre Levy, há apenas uma obra de cada um sugerida na discografia[94] – que não as apresentadas neste Concerto.

Sobre obras de Martin Braunwieser, não há menção, na discografia; a respeito de João de Souza Lima, Mario de Andrade inclui apenas interpretação que o músico faz de obras de Villa-Lobos.[95]

De Francisco Mignone, citam-se apenas duas obras – e não são as que entraram para o repertório deste Concerto (provavelmente pelo mesmo motivo que não mencionam-se as composições de Camargo Guarnieri – a escassez de gravações destes compositores no mercado).

Lorenzo Fernandez é mencionado em vários trechos do *Compêndio de História da Música* – mas não há nenhuma citação de composições suas na discografia.

---

93   *Ibidem*, p. 171.

94   *Ibidem*.

95   *Ibidem*, p. 171-2.

Oneyda Alvarenga 299

32º Concerto de Discos
Prédio Martinelli
17 de abril de 1940
75 pessoas[96]

Este programa é praticamente o mesmo que se repetirá no 66º Concerto de Discos, do dia 12 de novembro de 1953 (para verificar citações de obras no *Compêndio de História da Música,* ver abaixo, o repertório do 66º Concerto de Discos).

Apenas há alguns acréscimos neste anterior. Oneyda discrimina informações:

Lully – a) Proserpine. *Menuet des ombres heureuses*

Lully – Arr. Prunières

b) *Cadmus et Hermione*

E, na parte das *Mazurcas,* de Chopin, além das que foram apresentadas no 66º Concerto de Discos, no 32º ouviram-se ainda:

– Dó Sustenido Menor, op. 63, nº3

– Dó Maior, op.67, nº3

33º Concerto de Discos
Prédio Martinelli
17 de maio de 1940

1ª Parte

Música para cravo e virginal

I – William Byrd (Inglaterra,1543-1623): *Suíte – "Earl of Salisbury" –* Pavana e Galharda

Ao virginal: Rudolph Dolmetsch

II – Johann Kuhnau (Alemanha, 1660-1722): *Combate entre David e Golias* (Sonata Bíblica para clavicórdio)

a) *Bravatas de Golias*

b) *Temor e prece dos Israelitas*

c) *Coragem de David*

d) *Combate e morte de Golias*

---

96 Oneyda anota, na capa deste programa: "Assistência – 75 pessoas".

e) *Fuga dos Filisteus*

f) *Fanfarra das mulheres*

g) *Alegria geral e dança do povo*

Ao clavicórdio, Erwin Bodky

III – François Couperin (França, 1668-1733) – *La Fleurie*

Ao clavicímbalo, Paul Brunold

IV – Domenico Scarlatti (Itália, 1685-1757) – *Sonatina em ré menor* (Pastoral)

Ao clavicímbalo, Wanda Landowska

V – Johann Sebastian Bach (Alemanha, 1685-1750) – *Fantasia cromática e fuga em ré menor*

Fantasia cromática

Fuga

Ao clavicímbalo, Wanda Landowska

De Byrd, Mario de Andrade faz referência a quatro obras,[97] no final do capítulo "Início da Música Profana". A ausência de maior número de obras, na discografia, principalmente em se tratando de composições deste período, deve se justificar pela escassez de gravações no mercado de discos.

Mario de Andrade escreve sobre Kuhnau, no capítulo "Música Instrumental". Mas não faz menção a suas obras, na discografia.

Várias obras de Couperin são informadas ao final do capítulo "Música Instrumental".[98]

Sempre no *Compêndio*,[99] Mario de Andrade transcreve uma vasta discografia de Bach, incluindo aí muitas *Fantasias e Fugas* e *Prelúdios e Fugas*. Não há precisamente, porém, esta *Fantasia cromática e fuga em ré menor*.

2ª Parte

I – Felix Mendelssohn Bartholdy (Alemanha, 1809-1847) – *Sinfonia em Lá Maior* (Italiana)

---

97 ANDRADE, Mario de. *Compêndio de história da música*. 2.ed. São Paulo: Casa Editora Musical Brasileira, 1933. p. 60.

98 *Ibidem*, p. 105.

99 *Ibidem*, p. 87-8.

Orquestra Hallé regida por Hamilton Harty

Há registro da *Sinfonia em Lá Maior*, código C. set nº 167.[100]

34º Concerto de Discos
Prédio Martinelli
20 de junho de 1940

I – Serge Prokofieff (Rússia, 1891-1953) – *Sinfonia Clássica*, Ré Maior, op. 25
Orquestra Sinfônica de Boston regida por Serge Koussevitzky

II – Stephen Collins Foster (Estados Unidos, 1826-1864) – *Canções*

a) *I dream of Jeanie with the light brown hair*
MacCormack (tenor), com acompanhamento de piano por Edwin Schneider

b) *Beautiful dreamer*
Richard Crooks (tenor), com acompanhamento de piano por Frank la Forge

– *Sweetly she sleeps*
John MacCormack (tenor), com acompanhamento de piano por Edwin Schneider

Old folks at home (Swanee River)
Richard Crooks (tenor) com quarteto "The Balladers". Frank la Forge (piano) e Ralph Colicchio (banjo).

III – Franz Josef Haydn – *Sinfonia em Mi Bemol Maior*, nº 99 (Coleção Salomão, nº 10)
Orquestra Filarmônica regida por Thomas Beecham

Mario de Andrade havia sugerido esta Sinfonia de Prokofieff, na discografia do capítulo "Atualidade":[101] *Sinfonia em Ré Maior*, código V. 7196/7.

Das obras de Foster, há citação[102] no final do capítulo "Romantismo" – mas não das *Canções*.

Esta *Sinfonia* de Haydn Oneyda volta a apresentar no 110º Concerto de Discos, de 24 de março de 1955 (vide abaixo).[103]

---

100 *Ibidem*, 150.

101 *Ibidem*, p. 211.

102 *Ibidem*, p. 155.

103 Ver também "Comparação entre Programas dos Concertos de Discos".

35º Concerto de Discos
Prédio Martinelli
17 de junho de 1940

I – Francis Poulenc (França, 1899-1963)[104] – *Aubade* (Concerto coreográfico para piano e 18 instrumentos)

Francis Poulenc (piano) e Orquestra de Concertos Straram.

Regente: Straram

No *Compêndio*,[105] em discografia do capítulo "Atualidade", Mario de Andrade cita algumas outras obras do compositor.

II – Johannes Brahms (Alemanha, 1833-1897) – *Danças Húngaras*

Dança Húngara em Ré Maior, nº 6
Orquestra Hallé Regida por Hamilton Harty

Dança Húngara em Sol Menor, nº 1
Orquestra Filarmônica de Berlim regida por Furtwänger

Dança Húngara em Sol Menor, nº 5
Orquestra Hallé Regida por Hamilton Harty

Dança Húngara em Mi Menor, nº 20
    Dança Húngara em Mi Menor, nº 21
Orquestra Sinfônica de Minneapolis regida por Eugène Ormandy

III – Carl Maria Von Weber (Alemanha, 1788-1826) – *Trecho concertante em Fá Menor*

Robert Cassadeus (piano) e Orquestra regida por Eugène Bigot

Entre as obras de Brahms,[106] na discografia do capítulo "Romantismo", não estão estas *Danças Húngaras*.

---

104 No 110º Concerto de Discos, de 24 de março de 1955, são apresentadas outras obras deste mesmo compositor.

105 *Ibidem*, p. 211.

106 *Ibidem*, p. 151-2.

De Weber, entre as obras citadas na discografia do capítulo "Romantismo",[107] do *Compêndio*, não estão os *Trechos Concertantes*, embora Mario de Andrade tenha listado outras.

36º Concerto de Discos
Discoteca Pública Municipal – Teatro Municipal
Prédio Martinelli
18 de setembro de 1940

O repertório deste Concerto é praticamente o mesmo que se vai se repetir treze anos depois, como se verá abaixo, no 56º Concerto de Discos, do dia 03 de setembro de 1953, salvo algumas diferenças:

Na 1ª parte, Stravinsky (Rússia, 1882-1971), *Petruchka* (bailado)

Obra referida por Mario de Andrade: *Petruchka e Apolo*, código V. 6998/7000.[108]

Na 2ª parte, Reynaldo Hahn (naturalizado francês, 1874-1947):

Três canções:

– *Rêverie*

– *Si mes vers avaient de ailes*

– *Paysage*

Si mes vers avaient de ailes é a única das três que difere das apresentadas em repertório quase idêntico, no 56º Concerto.

A 3ª parte é igual à equivalente, no 56º Concerto (ver abaixo para fazer comparações):

Na 3ª parte, Bach (Alemanha, 1685-1750), *Suíte em Si Menor*, nº 2, para flauta e cordas.

Marcel Moyse (flauta) e Conjunto de Câmara regido por Adolf Busch

---

107 *Ibidem*, p. 149.

108 *Ibidem*, p. 210.

304   VALQUÍRIA MAROTI CAROZZE

37º Concerto de Discos

Discoteca Pública Municipal – Teatro Municipal

Prédio Martinelli

23 de outubro de 1940

I – Johann Sabastian Bach (Alemanha, 1685-1750) – *Paixão de Nosso Senhor Jesus Cristo, segundo São Mateus.*

Orquestra Sinfônica de Boston, regida por Serge Koussevitzky com Harvard Glee Club e Radcliffe Choral Society, regidos por Wallace Woodword e solistas.

Esta *Paixão* é indicada na discografia de Bach,[109] do capítulo "Polifonia Protestante": *Paixão segundo São Mateus: Aus Liebe will mein Heiland sterben,* código H. D1410.

38º Concerto de Discos

Discoteca Pública Municipal – Teatro Municipal

Prédio Martinelli

22 de novembro de 1940

100 pessoas[110]

Na 1ª parte:

1 – Baldassare Galuppi (Itália, 1706-1785), *Sonata* [em] *Lá Maior.*

No capítulo "Música Instrumental", Mario de Andrade faz referência a apenas uma obra de Galuppi, certamente por haver pouca gravação deste compositor, no mercado discográfico.

2 – Arcangelo Corelli (Itália, 1653-1713), *Concerto Grosso* [em] *Sol Menor,* op. 6, nº 8 ("Concerto de Natal").

Esta obra será repetida no 59º Concerto de Discos (ver abaixo, paralelo com discografia do *Compêndio*).

Na 2ª parte, Jean Sibelius (Finlândia, 1865-1957), *Sinfonia em Lá Menor,* op. 63, nº 4.

Há apenas uma obra de Sibelius, na discografia do *Compêndio* – não se trata desta Sinfonia, no entanto.

---

109   *Ibidem*, p. 87.

110   Oneyda anota, na frente do programa, a tinta vermelha: "Assistencia 100 pessoas".

Oneyda Alvarenga 305

40º Concerto de Discos

Discoteca Pública Municipal – Teatro Municipal

Prédio Martinelli

31 de janeiro de 1941

73 pessoas

Na 1ª parte:

1 – De Willian Turner Walton (Inglaterra, 1902-1983), *Portsmouth Point.*

Não há menção a este compositor, no *Compêndio* de Mario de Andrade.

2 – De Gottfried Loewe (Alemanha, 1796-1869), *Baladas*:

Fridericus Rex

Prinz Eugen, der edle Ritter

Ton der Reimer, op. 135

Die Uhr, op. 123, nº 3

Die Uhr, op. 123, nº3 consta da discografia de Mario de Andrade,[111] *Die Uhr* (lied) código V. 59014.

Cabe observar que estas *Baladas* do compositor alemão Oneyda fará ouvir, novamente, no 60º Concerto de Discos, do dia 01 de outubro de 1953 (ver abaixo), assim como a 2ª parte deste 40º Concerto de Discos, que teve:

De Schubert (Áustria, 1797-1828): *Quarteto em Ré Menor: A morte e a moça.*

Registrado em discografia sugerida por Mario de Andrade[112] no *Compêndio*, como também:

Quarteto em Ré Menor: (La mort et la jeune fille) V. 9241/5.

41º Concerto de Discos

Discoteca Pública Municipal – Teatro Municipal

Prédio Martinelli

25 de março de 1941

Na documentação pesquisada não há repertório do programa deste 41º Concerto de Discos, apenas registro dos dados acima: local e data.

---

111 *Ibidem*, p. 152.

112 *Ibidem*, p. 149.

42º Concerto de Discos
Discoteca Pública Municipal – Teatro Municipal
Prédio Martinelli
30 de abril de 1941
90 pessoas

Bem parecido com o 53º Concerto de Discos, de 13 de agosto de 1953, este 42º Concerto teve, na 1ª parte, repertório idêntico ao que se vai ver abaixo:

Palestrina (Itália, 1525-1594): *Missa do Papa Marcelo*

Citada por Mario de Andrade na discografia do *Compêndio*: V. 35941/4[113]

E, na 2ª parte, também terá Mozart (Áustria, 1756-1791), só que com outras composições:

Sonatas para orquestra de cordas e órgão

Sonata em Dó Maior, K. 329

Sonata em Fá Maior, K. 145

Sonata em Mi Bemol Maior, K. 67

Sonata em Dó Maior, K. 336

Destas, foi indicada na discografia do *Compêndio*[114] a *Sonata em Dó Maior* (órgão), código P. 95290.

43º Concerto de Discos
Discoteca Pública Municipal – Teatro Municipal
Prédio Martinelli
30 de maio de 1941
50 pessoas

Na 1ª parte, *Charles-Camille* Saint-Saëns (França, 1835-1921): *Septeto em Mi Bemol Maior*, op. 65.

Que se repetirá na 1ª parte do 52º Concerto de Discos, aos 06 de agosto de 1953.

Na 2ª parte, Haydn (Áustria, 1732-1809), *Sinfonia em Fá Maior*, nº 67

Esta Sinfonia não está entre as obras da discografia de Haydn).

---

113   *Ibidem*, p. 45.

114   *Ibidem*, p. 123.

44º Concerto de Discos
Discoteca Pública Municipal – Teatro Municipal
Prédio Martinelli
29 de julho de 1941

Na 1ª parte, de Brahms (Alemanha, 1833-1897), o *Trio em Mi Bemol Maior,* para piano, violino e trompa.

Há vasta discografia do autor no *Compêndio História da Música.* Mas este *Trio* não está referenciado.

Na 2ª parte:

1 – Manuel de Falla (Espanha, 1876-1946):

Canciones Populares Españolas:

nº 1 *El paño moruno*

nº 2 *Seguidilla murciana*

nº 5 *Nana* (acalanto)

nº 6 *Canción*

nº 7 *Polo*

(Meio-soprano, com acompanhamento de piano)

Estas canções são mencionadas no *Compêndio de História da Música:*[115] *Chanson Espagnoles,* código C. B. D11701 e C. PFX1

2 – François Couperin, le Grand (França, 1668-1733), *Concerto no gosto teatral.*

Este Concerto de Couperin não está elencado no *Compêndio* de Mario de Andrade.

45º Concerto de Discos
Discoteca Pública Municipal – Teatro Municipal
Prédio Martinelli
27 de agosto de 1941
40 pessoas

Na 1ª parte, Harl McDonald (Estados Unidos, 1899-1955), *Sinfonia nº1 "The Santa Fé Trail".*

O autor não é mencionado no *Compêndio* de Mario de Andrade.

---

115   *Ibidem,* p. 210.

Na 2ª parte:

1 – Moussorgski (Rússia, 1839-1881), *The Nursery* (ciclo de canções)
Não citadas na discografia do compositor.

2 – Vivaldi (Itália, 1678-1741), *Concerto Grosso* [em] Lá Menor nº 8

46º Concerto de Discos

Discoteca Pública Municipal – Teatro Municipal

Prédio Martinelli

30 de setembro de 1941

90 pessoas

Mozart (Áustria, 1756-1791), *Missa de Requiem*, K. 626.

Citada na discografia do *Compêndio de História da Música:*[116] Requiem, código H. D1147/9.

47º Concerto de Discos

Discoteca Pública Municipal – Teatro Municipal

Prédio Martinelli

31 de outubro de 1941[117]

Na 1ª parte:

1 – Carlos Gomes (Brasil, 1839-1896), *Abertura da ópera Fosca*.

2 – Camargo Guarnieri (Brasil,1907-1993) arranjo orquestral de Francisco Mignone (Brasil, 1897-1986), *Ponteio nº 1*.

3 – Oscar Lorenzo Fernandez (Brasil, 1897-1948), *Imbapára* (poema índio).

No *Compêndio,* embora haja vasta discografia de Carlos Gomes, a *Fosca* não está referenciada; também não há menção a nenhuma gravação de Camargo Guarnieri; Mario de Andrade escreve sobre Lourenzo Fernandez no capítulo "Atualidade" – mas não há menção de obras suas na discografia.

Na 2ª parte:

---

116 *Ibidem*, p. 123.

117 Há uma duplicata do programa deste concerto, em cuja capa Oneyda risca a data de 31 de outubro de 1941 e anota acima, com tinta vermelha: "25 de novembro". Mas a programação é a mesma. Ficamos, então, com dois programas repetidos, sendo que um deles, está com a data alterada.

Oneyda Alvarenga 309

1 – Karl Stamitz (Alemanha, 1745-1801), *Quarteto em Mi Bemol Maior,* op. 8 nº 4, para clarineta, violino, viola e violoncelo.

2 – Karl Phillip Emanuel Bach (Alemanha, 1714-1788), *Concerto em Ré Maior* para orquestra.

Ambos os compositores têm alguma discografia indicada,[118] ao final do capítulo "Música Instrumental" – mas não consta nenhuma destas duas obras da 2ª parte deste Concerto.

48º Concerto de Discos
Discoteca Pública Municipal – Teatro Municipal
Prédio Martinelli
04 de março de 1942

Na 1ª parte:

1 – Debussy (França, 1862-1918), *Sirènes* (Noturno nº3)

Gravação usada: Grande Orquestra dos Festivais Debussy com vozes femininas, conduzida por D. E. Inghelbrecht.

Citado por Mario de Andrade, entre os *Noturnos*[119] do *Compêndio: Sirènes,* código O. 123668

2 – Cantos italianos dos séculos XVII e XVIII

a) Giovanni Legrenzi (Itália, 1626-1690) – transcrição de P. Floridia
Che fiero costume

b) Alessandro Scarlatti (Itália, 1659-1725) – transcrição de P. Floridia
Chi vuole innamorarsi

c) Giuseppe Torelli (Itália, 1658-1709) – transcrição de P. Floridia
Tu lo sai

d) G. Paisiello (Itália, 1740-1816)
Nel cor più non mi sento

e) Giuseppi Sarti (Itália, 1729-1802)
Lungi dal caro bene

f) Buononcini (Itália, 1670-1747)
Pupille nere

---

118   *Ibidem,* p. 105.

119   *Ibidem,* p. 153.

Gravação: Ezio Pinza (baixo), com Fritz Kitzinger ao piano

Destes compositores italianos da passagem de um século a outro, Mario de Andrade aborda, em seu texto, principalmente no capítulo "Música Instrumental", Torelli, Paisiello e Scarlatti; e em discografia, destes, faz referência apenas de Alexandre Scarlatti – mas não da obra que Oneyda apresentou. Já Legrenzi, Sarti e Buononcini não figuram no *Compêndio*.

2ª parte: Schumann (Alemanha, 1810-1856), *Concerto em Lá Menor*, op. 54 para piano e orquestra

Sugerido na discografia,[120] código V. álbum M-39.

Este Concerto Oneyda vai repetir no 52º Concerto de Discos, que será realizado no dia 06 de agosto de 1953 – quase onze anos e meio mais tarde.

49º Concerto de Discos

Discoteca Pública Municipal – Teatro Municipal

Prédio Martinelli

10 de abril de 1942

Na 1ª parte, Villa-Lobos (Brasil, 1887-1959), *Fantasia de movimentos mixtos para violino e piano:*

> *Alma convulsa*
>
> *Serenidade*
>
> *Contentamento*

Gravação: Oscar Borghert ao violino e Vieira Brandão ao piano.

Mario de Andrade, ao que tudo indica, fez referência a todas as gravações existentes de Villa-Lobos, na época. Esta composição de Villa-Lobos data de 1921 e não consta do *Compêndio de História da Música*.

Na 2ª parte, Bach (Alemanha, 1685-1750), *Cantata do Café*. Obra cômica e profana

Gravação: Conjunto instrumental regido do clavicímbalo por Ernest Victor Wolff e William Hain (tenor), Benjamin de Loache (barítono), Ethyl Hayden (soprano).

Esta composição não é mencionada no *Compêndio*.

---

120 *Ibidem*, p. 150.

50º Concerto de Discos

Discoteca Pública Municipal – Teatro Municipal

Prédio Martinelli

18 de junho de 1942

Na 1ª parte, Bach (Alemanha, 1685-1750), *Corais*:

1 – *O Haupt voll Blut und Wunden*

2 – *Wie schön leuchtet der Morgenstern*

3 – *Von Himmel hoch*

4 – *Lobt Gott, ihr Christen, allzugleich*

5 – *Dir, Dir Jehova*

6 – *Loben den Herren*

7 – Wachet auf, ruft uns die Stimme

8 – Nu danket alle Gott

Gravação: Coro "Família Trapp", à capela, dirigido por Franz Wasner.

Na 2ª parte, Aaron Copland (Estados Unidos, 1900-1990), *Música para Teatro*:

Dansa

Interlúdio

Burlesco

Epílogo

Gravação: Orquestra Sinfônica Eastman-Rochester regida por Howard Hanson.

Este autor não é mencionado por Mario de Andrade, no *Compêndio*.

51º Concerto de Discos[121]

13 de agosto de 1942

Salão de Conferências do Departamento/Prédio Martinelli 22º andar

O Concerto em questão seria:

1ª parte

Karl Phillip Emanuel Bach (Alemanha, 1714-1788), *Magnificat*.

---

121 Alvarenga Oneyda assinala, a lápis, no alto do programa: "Não realizado".

312 VALQUÍRIA MAROTI CAROZZE

Deste compositor, Mario de Andrade faz referência apenas de duas outras composições, na discografia do capítulo "Música Instrumental".[122]

Giuseppe Tartini (Itália, 1692-1770), *Concerto em Ré Maior para violoncelo e orquestra*

De Tartini, Mario de Andrade menciona três outras composições, na discografia do capítulo "Música Instrumental"[123] do Compêndio.

2ª parte

Purcell (Inglaterra, 1659-1695), *Suíte de Dido and Aeneas*

Esta obra, Oneyda apresentará no 66º Concerto de Discos (ver abaixo).

***

Paralizados[124] os concertos de discos em 1942.

Foram reiniciados em 30 de julho de 1953.

PROGRAMAS DA DISCOTECA – ANOS 1950

51º Concerto de Discos

30 de julho de 1953

10 pessoas

Oneyda Alvarenga continuou a numeração sequencial das audições públicas que foram apresentadas pela Discoteca Pública Municipal nas décadas anteriores. Mas este primeiro Concerto de Discos da década de 1950 repetiu a numeração (51º) do último Concerto dos anos 1940 (vide acima), porque ele não chegou a acontecer. E o repertório do novo 51º Concerto de Discos é exatamente o mesmo do 33º, realizado no dia 17 de maio de 1940 (ver acima).

---

122 *Ibidem*, p. 105.

123 *Ibidem*, p. 104.

124 Registrada a palavra "Paralisados" tal como estava grafada por Oneyda Alvarenga, em bilhete anexo à documentação dos Concertos de Discos, no Arquivo Histórico do Centro Cultural São Paulo.

52º Concerto de Discos[125]

06 de agosto de 1953

10 pessoas

Na 1ª parte, *Charles-Camille* Saint-Saëns (França, 1835-1921): *Seteto em Mi Bemol Maior,* op. 65.

Não há menção desta composição, na discografia do *Compêndio de História da Música*[126] – embora Mario de Andrade cite outras obras do autor.

Ainda na 1ª parte: Madrigalistas ingleses:

Thomas Morley (Inglaterra, 1557-1603): *Sing we and chant it*

Orlando Gibbons (Inglaterra, 1583-1625): *Ah! Dear heart*

Thomas Weelkes (Inglaterra, 1573-1623): *As Vesta was descending*

Francis Pilkington (Inglaterra, 1565-1638): *Rest sweet nymphs*

Destes madrigalistas, Mario de Andrade não elenca nenhuma destas obras utilizadas por Oneyda, neste Concerto. Mas cita[127] poucas obras de Thomas Morley e de Thomas Weelkes. Menciona[128] Gibbons, no texto. Tudo leva a crer que essa escassez de indicação de composições se deva à ausência de gravações, em 1933.

Na 2ª parte, Schumann (Alemanha, 1810-1856), *Concerto em Lá Menor,* op. 54 para piano e orquestra

Este *Concerto* é sugerido na discografia,[129] código V. álbum M-39.

Segue abaixo transcrição do texto ilustrativo, que Oneyda Alvarenga redigiu e escreveu para o 52º Concerto de Discos, como, aliás, era de praxe fazer em todos os concertos. Como resultaria num trabalho muito extenso e não sendo o caso de apresentar aqui todos os textos recuperados – como já foi

---

125   Este 52º Concerto de Discos, como o 67º, de 19 de novembro de 1953, é acompanhado do texto didático escrito e lido por Oneyda Alvarenga, a fim de se mostrar como eram essas explicações que acabavam por ser verdadeiras aulas de música ao público ouvinte e leigo.

126   *Ibidem,* p. 153.

127   *Ibidem,* p. 60.

128   *Ibidem,* p. 59.

129   *Ibidem,* p. 150.

314   VALQUÍRIA MAROTI CAROZZE

explicado acima, apenas 37 textos dessas audições foram localizados, até hoje
–, foram escolhidos dois desses escritos: os que acompanharam o 52º e o 67º
Concertos. Os textos são mostrados como exemplos ilustrativos do trabalho
pedagógico da diretora da Discoteca.

Charles Camille Saint-Saens.

A música de câmara – isto é, música para pequenos agrupamentos instrumentais – viveu quasi abandonada pelos músicos franceses durante a primeira metade do séc. XIX, embora florescesse em outros grandes centros
artísticos europeos. Na segunda metade dêsse séc. surgiu entretanto na
França um movimento renovador, uma espécie de renascimento, que visava elevar a música francesa a um nível melhor e a libertá-la das influências
extrangeiras que a estavam descaracterizando.

"A música de câmara era dificilmente compreendida pelo público de então, e os primeiros compositores francêses do gênero, como MoreI e Henri
Reber, viram suas peças mais ou menos fracassadas. Segundo um historiador inglês, (Walter Wilson Cobbett), só em 1960 a música de câmara
conseguiu conquistar os apreciadores de música, conquista essa devida à
audição dos últimos quartetos de Beethoven e os quartetos de Schumann.
Em 1870 Charles Camille Saint-Saens funda a Sociedade Nacional de
Música, e com seu espírito batalhador e empreendedor e com sua própria
produção, tão representativa na música francesa da época, contribue para
o progresso e difusão da música de câmara.

"Saint-Saens nasceu em 1835 e faleceu 1921. Tendo vivido portanto 65 anos
de sua longa vida no século XIX, muito pouca afinidade apresentam suas
obras com a música atual, podendo ser incluidas entre as produções do romantismo tardio. Grande instrumentador, Saint-Saens é um dos mestres
do Poema-Sinfônico, gênero musical baseado em um programa literário
ou extra-musical, cuja criação se deve a Liszt.

"Saint-Saens demonstrou muito cedo uma enorme tendência para a música e grande habilidade no piano. Recebeu as primeiras instruções mu-
sicaes de sua mãe e de uma tia-avó, mulheres inteligentes e cultas que
souberam encaminhá-lo, orientando-o para uma cultura musical geral,
o que impediu que êle se tornasse exclusivamente um virtuose. Sempre
estudioso atingiu uma cultura musical notável e uma grande ciência técnica de música. Para descansar de seus trabalhos musicais, Saint-Saens

dedicava-se à literatura e á ciência em geral. Certos críticos dizem mesmo que êsse enciclopedismo contribuiu para torná-lo un tanto sêco e falho de emoções profundas.

"Embora Saint-Saens seja mais conhecido como compositor de Operas e de música sinfônica, sua música de câmara apresenta um alto valor. Nela se contam várias peças escritas para interessantíssimas combinações instrumentais, como o Seteto que ouviremos hoje, destinado para pistão, 2 vl, vIa., vcl., cb e p. O pistão é um instrumento de sopro utilizado raramente na música de câmara, entre os instrumentos de cordas. Saint-Saens usou-o porque êste seteto foi composto para uma festa comemorativa da sociedade musical francêsa "La Trompette". Esta peça é curta e simples na sua estrutura. A distribuição dos movimentos se parece com a das Suites clássicas.

Inicia o seteto um preâmbulo, equivalendo a um prelúdio, seguido por minuete, intermédio, gavota e final. Em toda a peça o pistão é usado: com maestria, executando "seu papel" ora com energia ora com brilho ou dando uma nota marcial e firme aos trechos em que o compositor usou o tema de um dos toques regimentaes do exército francês. O preâmbulo principia brilhantemente, enunciando o pistão frases vigorosas. Segue-se o minuete, contendo a elegância peculiar dessa dansa francesa. O intermédio-andante, é u'a marcha fúnebre, sóbria e pungente, cuja nota austéra é atenuada pela graciosa e viva gavota.

MADRIGAIS

O madrigal é um tipo de canção polifônica, isto é, de canção a varias vozes, nascido: de formas populares de canção italiana, e desenvolvido na Itália pelos compositores franco-flamengos do séc. XVI, lá fixados. Apresentando uma estrutura musical em que a melodia se desenvolve rastreando o sentido psicológico ou descritivo do texto, seus poemas de forma livre, tratavam os mais variados assuntos, embora com predomínio do assunto amoroso.

Tendo tido enorme voga, o madrigal conquistou tôda Europa no séc. XVI e primeira metade do sec. XVII. Quando em 1588 Nicholas Yonge publicou na Inglaterra a coleção de madrigais italianos "Música Transalpina" com os textos traduzidos para o inglês, os compositores britânicos se apropriaram logo da canção italiana. E com tanto ardor se entregaram a ela, que a Inglaterra pode se vangloriar de ter possuído uma escola de Madrigal absolutamente admirável, só ultrapassada pela italiana.

Os compositores ingleses de madrigal imprimiram-lhe logo um carater e um estilo nacional. Assim é que aos madrigais estritamente polifônicos da produção clássica no gênero, substituem-se na Inglaterra os Madrigais em que sensivelmente há domínio da voz mais aguda. E a esse predominio de tal modo se acrescenta que dá lugar ao aparecimento de uma forma de canção inglesa – a "Ayre", em que uma voz solista é acompanhada por outras vozes ou por instrumentos, à vontade dos executantes, e em que as várias estrofes do poema cantam-se com uma só melodia.

Nosso programa apresenta 4 grandes madrigais britânicos com peças pertencentes aos vários tipos de canção polifônica inglesa. A peça de Morley (1558-1603) pertence ao tipo chamado Ballet, do italiano baleto, e é escrita para cinco vozes. O Balleto é uma canção de carater coreográfico de corte igual ao da Ayre, isto é as estrofes são cantadas com a mesma música. Apresenta ainda um refrão, iniciado sempre com as sílabas Fa – La. Estas sílabas constituem o outro nome pelo qual a forma é conhecida na Inglaterra.

A peça de Weelkes (1575-1623) é um legitimo madrigal a 6 vozes, escrito em homenagem á Rainha Elizabeth I.

Madrigal é também a composição de Gibbons (1583-1625). A composição de Francis Pilkington (m.1638) é uma "Aire" deliciosa para 4 vozes.

Robert Schumann

Robert Schumann, compositor alemão do século XIX, por sua vida e pela sua obra é um dos vultos mais característicos do romantismo. Apaixonado pela música, desde criança escreveu pequenas composições, entre as quais o Salmo 150 com coro e orquestra, executado por uma orquestrinha infantil dirigida por ele próprio.

Fatos acabrunhadores e dolorosos ocorridos na adolescência transformaram o menino mais ou menos despreocupado que antes fora num ser silencioso e melancólico. Embriagando-se de literatura, filosofia e música, adorava o poeta inglês Byron, as tragédias de Shakespeare e principalmente o escritor alemão Johann Paul Richter. Entre os músicos preferia Beethoven, J. S. Bach e Schubert. Todos êsses artistas influiram muito na sua formação espiritual e artística.

Robert Schumann tornou-se o protótipo do estudante romântico, a um só tempo apaixonadamente entusiasta e desanimado, esperançoso e desesperado, sonhador e doentío. Convicto de que devia dedicar-se à

Oneyda Alvarenga   317

música exclusivamente, e apoiado pelo professor Wieck, abandonou o curso de direito que frequentava, dedicando-se inteiramente à arte escolhida. Seu temperamento impaciente impediu-o de terminar os estudos técnicos (harmonia, contraponto e composição) que continuou sozinho, falha essa notada nas peças orquestrais de grande vulto. O ardor com que estudou piano, levou-o a um exagero de exercício que lhe paralisou um dedo e entorpeceu-lhe a mão, que nunca mais ficou inteiramente curada. Desistindo então da carreira virtuosística, dedicou-se inteiramente à composição e à crítica musical.

Suas obras mais importantes são as peças curtas para piano e as canções. Schumann escreveu um único concêrto para piano – o concêrto em La menor dedicado ao pianista e compositor Ferdinand Hiller. Esta peça, terminada em 1845, é uma das mais belas obras deste artista. Uma melodia simples e fértil transborda por todo o concêrto, tendo o piano um papel destacado".[130]

53º Concerto de Discos
13 de agosto de 1953

1ª parte: Palestrina (Itália, 1525-1594): *Missa do Papa Marcelo*

Citada por Mario de Andrade na discografia do *Compêndio*: V. 35941/4[131]

2ª parte: Mozart (Áustria, 1756-1791), *Sinfonia em Sol Menor,* nº 40, K.550

Também citada por Mario de Andrade na discografia: V. 9116/8[132]

54º Concerto de Discos
20 de agosto de 1953

1ª parte: Debussy (França, 1862-1918): *La Mer*

---

130   Ao final do texto da 1ª parte, relativo a Saint-Saens, encontra-se a inscrição "S. S.", a lápis, significando quase que certamente "Sonia Stermann". E ainda, ao lado nas iniciais, a lápis: "toque os discos". Ao final do texto sobre Schumann, novamente as iniciais "S. S.", acima de anotação com letra de Oneyda Alvarenga: "Dos comentários ao 43º e 48º concertos" – ambas inscrições a tinta. Como os textos datilografados receberam muito detalhes anotados a lápis, nas entrelinhas, não fica claro se foram escritos por Oneyda ou por Sonia Stermann. É provável que a autoria seja de Oneyda e o concerto tenha sido apresentado por S. Stermann.

131   *Ibidem*, p. 45.

132   *Ibidem*, p. 123.

318 VALQUÍRIA MAROTI CAROZZE

Obra citada na discografia de Mario de Andrade, V. álbum M-89[133]

2ª parte, Schubert (Áustria, 1797-1828): *Sinfonia em Si Bemol Maior,* nº 5

Também citada por Mario de Andrade, código P. 66932.[134]

56º Concerto de Discos

03 de setembro de 1953

23 pessoas

Este concerto atraiu maior número de pessoas do que o normal, provavelmente pela presença de obras de Bach, no repertório.

A programação reunia, na 1ª parte:

Richard Strauss (Alemanha, 1864-1949), com *Till Eulenspiegels Lustig Streich* e Três canções, de Reynaldo Hahn (naturalizado francês, 1874-1947)

– Rêverie

– Mai

– Paysage

Na 2ª parte, Bach (Alemanha, 1685-1750), *Suíte em Si Menor,* nº 2, para flauta e cordas.

Na discografia, constam, além de *Till Eulenspiegels,* U. EP294/5 (p.152), outras várias composições do músico.

Não há menção às obras de Reynaldo Hahn na discografia do livro.

No *Compêndio,* entre grande quantidade de indicações de discografia, Mario de Andrade cita a *Suíte em Si Menor,* de Bach, V. 6914/5.[135]

59º Concerto de Discos

24 de setembro de 1953

6 pessoas

Na 1ª parte: Chausson (França, 1855-1899): *Concerto em Ré Maior,* op. 21 (piano, violino e quarteto de cordas).

Este Concerto não é mencionado na discografia de Mario de Andrade.

Na 2ª parte, Corelli (Itália, 1653-1713): *Concerto Grosso em Sol Menor,* op. 6, nº 8 ("Concerto de Natal").

---

133 *Ibidem,* p. 153.

134 *Ibidem,* p. 149.

135 *Ibidem,* p. 88.

Obra mencionada na discografia de Mario de Andrade, código Parl. 56109.[136]

60º Concerto de Discos

01 de outubro de 1953

10 pessoas

Na 1ª parte: Gottfried Loewe (Alemanha, 1796-1869), *Baladas*:

Fridericus Rex

Prinz Eugen, der edle Ritter

Ton der Reimer, op. 135

Die Uhr, op. 123, nº 3

Die Uhr, op. 123, nº 3 constante da discografia de Mario de Andrade, do *Compêndio, Die Uhr* (lied) código V. 59014.[137]

Na 2ª parte, Schubert (Áustria, 1797-1828): *Quarteto em Ré Menor: A morte e a moça.*

Registrado em discografia de Mario de Andrade, como também a outra obra também apresentada na 2ª parte:

Quarteto em Ré Menor: (La mort et la jeune fille) V. 9241/5.[138]

62º Concerto de Discos

15 de outubro de 1953

8 pessoas

Para a 1ª parte desde Concerto, Oneyda Alvarenga prepara *Namouna* (Suíte de bailado), de Edouard Lalo (França, 1823-1892).

De Lalo, Mario de Andrade cita apenas a *Sinfonia Espanhola,* em sua discografia; Oneyda ainda apresenta, nesta

1ª parte, Canções Francesas do Século XVI, a saber:

Garnier (França, ?-1538-1542): *Resveillez-moi*

Gentian (França, século XVI): *La loy d'honneur*

Sermisy (França, 1490-1562): *En entrant en ung jardin*

Berchem (França, 1505-1567): *Jehan de Lagny* e *Que feu craintif*

---

136 *Ibidem,* p. 104.

137 *Ibidem,* p. 152.

138 *Ibidem,* p. 149.

René (França, século xvi): *Gros Jehan menoit*

Destes autores citados acima, Mario de Andrade indica apenas uma obra de Berchem – que não é a mesma apresentada deste Concerto.

Na 2ª parte, Oneyda Alvarenga faz ouvir a *Sonata em Si Menor*, para piano, de Liszt (Hungria, 1811-1886)

Sonata sugerida por Mario de Andrade, código H. DB1307/9.[139]

66º Concerto de Discos

12 de novembro de 1953

14 pessoas

A 1ª parte voltou seu repertório para a "Ópera do Século xvii":

Lully (França, 1632-1687):

Menuet des ombres heureuses

Cadmus et Hermione

Monteverdi (Itália, 1567-1643)

Orfeo: ahi sventurato amante

Purcell (Inglaterra, 1659-1695)

Dido and Aeneas

De Lully, Mario de Andrade faz referência a *Cadmus, Scène du sacrifice*,[140] código U. EP428. Mas não indica, entre as obras do compositor, o *Menuet des ombres heureuses*. De Monteverdi, Mario de Andrade cita dois outros trechos de *Orfeo*, que não o apresentado nesta audição de discos. De Purcell, menciona *Dido and Aeneas*,[141] código H. D1567.

A 2ª parte traz Chopin (Polônia, 1810-1849):

Mazurcas:

Mazurca em Si Menor, op. 33, nº 4

Mazurca em Si Bemol Menor, op. 24, nº 4

---

139 *Ibidem*, p. 151.

140 *Ibidem*, p. 77.

141 *Ibidem*.

Oneyda Alvarenga 321

Mazurca em Dó Sustenido Menor, op. 41, nº 1

São discriminadas na discografia de Mario de Andrade: *Mazurca em Si Menor,* op. 33, nº 4, código P. 90034,[142] *Mazurca em Si Bemol Menor,* op. 24, nº 4, código H. DB861; a *Mazurca em Dó Sustenido Menor,* op. 41, nº 1, não é mencionada na discografia.

Este concerto contou ainda com a 3ª parte, em que se apresentou:

Ravel (França, 1875-1937), *Concerto para mão esquerda,* para piano e orquestra.

Mario de Andrade cita muitas obras de Ravel; mas não este concerto – ainda que mencione um outro concerto para piano e orquestra.

67º Concerto de Discos
19 de novembro de 1953
6 pessoas

Na 1ª parte, de Fauré (França, 1845-1924), a *Sonata em Lá Maior,* nº 1, op. 13, para violino e piano e de Duparc (França, 1848-1933), *La vie antérieure; Le Invitation au Voyage* e *Phidylé*

Na 2ª parte deste 67º Concerto, também se repete o repertório da 2ª parte do 9º Concerto de Discos: Vincent D'Indy (França, 1851-1931), *Istar,* op. 42.

Na discografia do *Compêndio,* Mario de Andrade indica: de Fauré,[143] a mesma *Sonata* que Oneyda apresentou: *Sonata em Lá Maior* (violino) – código V. 8086,[144] de Duparc: *La vie antérieure,* e *Le Invitation au Voyage,* código G. W836 (*Phidylé,* não teve referência) e, de D'Indy, uma única composição, que não é a ouvida neste concerto (vide 9º Concerto de Discos, que teve 2ª e 3ª partes idênticas à 2ª parte do 67º Concerto).

Segue abaixo transcrição do texto ilustrativo, que Oneyda Alvarenga redigiu e escreveu para o 67º Concerto de Discos, como acima foi apresentado o texto que acompanhava o 52º Concerto, a título de exemplo.

---

142 *Ibidem,* p. 151.

143 *Ibidem,* p.153.

144 *Ibidem.*

322 VALQUÍRIA MAROTI CAROZZE

67° Concerto de Discos
1ª Parte
GABRIEL FAÜRÉ:

Três grandes compositores franceses estão representados em nosso concerto de hoje: Gabriel Fauré, Duparc e D'Indy.
Gabriel Fauré, nascido em 1845 e falecido em 1924, é um exemplo de tenacidade. Dotado de um senso musical notável, em menino já improvisava ao harmônio. Niedermeyer, fundador da célebre escola parisiense de música que recebeu seu nome, realizando concertos pelo interior da França, teve, certa vez, ocasião de ouvir o menino Fauré e, encantado com a sua aptidão musical, levou-o a Paris, onde cuidou de sua educação. Na Escola Niedermeyer, à que a moderna musica francesa muito deve, Fauré foi aluno de Saint-Säens, que influiu poderosamente na sua formação artística e mesmo moral. Um dos primeiros sonhos de Fauré era ser organista da Igreja da Madalena, em Paris. Esse sonho se realizou em circunstâncias curiosas: Fauré, que assumira o lugar de organista na catedral da cidade de Rennes, um belo dia foi despedido pelo cura, por haver fumado na porta da Igreja durante um sermão, falta agravada pelo fato dele ter passado uma noite inteira num baile, e comparecendo à missa com a mesma roupa e gravata com que acabara de sair da dança, o que escandalizou o sacerdote. Estes fatos desagradáveis concorreram para que Fauré deixasse Rennes e se dirigisse a Paris, onde ocupou vários cargos de organista em diversas Igrejas, até que em 1896 se realizou o que almejava: tornou-se organista da Madalena. Sendo de uma honestidade artística admirável, preferiu romper com sua noiva, porque sua futura sogra queria que ele compusesse peças para teatro, o que era contrário às suas tendências. Já D'Indy dissera que o maior apanágio de um artista é a liberdade e Fauré confirmou com sua vida e obra a afirmação daquele músico ilustre. Sua atuação como professor não precisa ser comentada. Basta relembrar, entre os nomes ilustres da música moderna, os dos seus discípulos: Maurice Ravel, Florent Schmitt, Louis Aubert, Carlos Koechlln, etc... Fauré

é um dos preparadores da música atual. A razão do aspecto sempre novo e singular de sua arte, se prende à sua formação inicial, fortemente impregnada da música gregoriana, isto é, da música oficial da Igreja católica, Fauré se aproveitou dos elementos técnicos do Gregoriano, e com eles compôs peças em estilo extremamente livre, de uma clareza de expressão e de uma simplicidade maravilhosa. Pela pureza e limpidez do seu pensamento musical, já o compararam mesmo a Mozart. Como a de Mozart, a música de Fauré tem "graça, sutileza, encanto, força e virilidade". Fauré compôs música sinfônica e peças para piano, mas o lado mais importante de sua bagagem musical é constituída pelas suas canções e principalmente pela música de câmara.

A "Sonata em Lá Maior, op. 13 nº 1", para violino e piano, foi escrita por Fauré em 1876 e executada publicamente pela primeira vez em 1878. Apesar de ser o primeiro ensaio do autor na música de câmara, essa sonata, pela sua construção, pela sua beleza e pela sua originalidade, é considerada uma obra de mestre e o primeiro marco importante na carreira musical de Fauré.

A energia mesclada de tranquilidade e ternura do 1º movimento; a graciosidade baloiçante e suavemente melancólica do Andante; a leveza do 3º movimento, um scherzo que cintila em passagens rápidas e saltitantes "pizzicati"; o calor apaixonado do último movimento, por vezes "declamatório e quase violento, lembrando uma improvisação cigana", – mostrarão ao ouvinte que, como bem acentuara o compositor francês Florent Schmitt, esta sonata de Fauré "marca um dia de festa na história da música de câmara".

(*"Cobbett's cyclopedic survey of chamber music"*)[145]

Henri Duparc, nascido em 1848 e falecido em 1933, foi aluno de César Franck. Duparc muito tarde começou a se dedicar à música, que abandonou logo, em consequência de uma

---

145 Anotação manuscrita de Oneyda Alvarenga.

inibição proveniente de neurastenia. Pouco produziu, mas seu lugar na música francesa é brilhantemente marcado pelas admiráveis canções que compôs, das quais as três apresentadas pelo nosso programa são as mais famosas: "La vie Antérieure" versos de Baudelaire, "L'Invitation au voyage'",'Phydilé' poesia de Léconte de Lisle. Em "La vie Antétieure" a melodia, sustentada a princípio por duas notas que se repetem com insistência, se desenvolve grave, triste e evocadora, impregnada de rara beleza. Aos poucos volta a calma inicial e com ela as duas notas sombrias, que parecem exprimir algum sentimento íntimo. Em "L'Invitation au voyage'" a parte desenvolvida pelo piano é tão sutil e tão bem trabalhada, que imprime à canção um ar de conversa familiar. Já em "Phydilé" a orquestra possui um colorido e força expressiva discretas e equilibradas, mas intensas e comoventes.

2ª Parte

VINCENT D'INDY, nascido em 1851 e falecido em 1931 foi também aluno do grande César Franck, compositor de origem belga que representou um papel importante na renovação da música francesa contemporânea. D'Indy revela nas suas obras a influência de Wagner e a de seu mestre, cuja causa artística serviu com um amor e uma dedicação admiráveis, tornando-se, depois da morte de César Franck, uma espécie de seu testamenteiro artístico. Assim é que ele, admirável professor, fundou a Schola Cantorum de Paris, destinada especialmente a reviver e cultivar a música religiosa.

Essas influências, entretanto, não tiram o caráter pessoal de sua música, à qual preside um grande amor da unidade estrutural, do equilíbrio da construção sonora, acompanhado da religiosidade espiritual, que ele tinha em comum com César Franck. D'Indy era, além do mais, um ser que acreditava fervorosamente no destino superior da arte, que só a consciência dos seus deveres morais e sociais tornam um artista verdadeiramente grande. Em consequência, a música assumiu para ele quase o aspecto de um apostolado.

A produção mais importante de D'Indy é toda para orquestra, e aqui ele demonstra ser possuidor de uma técnica perfeita e de uma expressão original extremamente rica em efeitos instrumentais, como o demonstra a peça "Ista", variações sinfônicas, que vamos ouvir.

69º Concerto de Discos
03 de dezembro de 1953
9 pessoas

Na 1ª parte

I – Hindemith (Alemanha, 1895-1963), *Der Schwanendreher* (Concerto para viola e pequena orquestra) – deste compositor, Mario de Andrade lista apenas duas obras, que não a apresentada neste concerto.

II – Schumann (Alemanha, 1810-1856), *Zigeunerleber*, op. 29, nº 3, que Mario de Andrade indicou no *Compêndio*[146] (p.150), *Vie de Tzigane*, código Parl. 59501.

III – Mendelssohn (Alemanha, 1809-1847), *Three folk songs*

    a) *Entflieh mit mir,* op. 41, nº 2

    b) *Es fiel ein Reif,* op. 41, nº 3

    c) *Auf ihrem Grab,* op. 41, nº 4

Estas canções não são discriminadas especificamente, na discografia de Mendelssohn.[147]

Na 2ª parte: Mozart (Áustria, 1756-1791), *Serenata em Si Bemol Maior,* nº10, K.361 (para 13 instrumentos de sopro).

Na discografia[148], encontram-se muitas obras do compositor. Porém, esta *Serenata* não está registrada ali.

---

146 *Ibidem,* p. 150.

147 *Ibidem,* p.150.

148 , p. 123.

70º Concerto de Discos

10 de dezembro de 1953

13 pessoas

Na 1ª parte Oneyda Alvarenga apresentou *Porgy and Bess,* de Gershwin (1898-1937)

Esta obra, especificamente, não foi citada na discografia do *Compêndio de História da Música,* de Mario de Andrade.

A 2ª parte teve a Suíte *Háry János,* de Kodály (1882-1967).

Mario de Andrade faz menção ao compositor, dentro do capítulo "Atualidade". Mas não inclui seu nome na discografia do capítulo.

73º Concerto de Discos

30 de dezembro de 1953

18 pessoas

Na 1ª parte:

Mozart (Áustria, 1756-1791), *Sonata para fagote e violoncelo*

Béla Bartók (Hungria, 1881-1945)

Três rondós sobre melodias folclóricas

Danças folclóricas rumenas[149]

Não mencionada na discografia relativa a Mozart, no *Compêndio de História da Música.*[150]

De Bartók, Mario de Andrade cita, final do Capítulo "Atualidade",[151] Dança Rumaica, código G L800.

2ª parte: Schumann (Alemanha, 1810-1856), *Sinfonia em Si Bemol,* nº 1, op. 38 "Primavera".

Mencionada na discografia do autor, código V. Álbum M-86.[152]

---

149 Tal qual foi registrado no programa.

150 *Ibidem,* p.123.

151 *Ibidem,* p. 210.

152 *Ibidem,* p. 150.

Oneyda Alvarenga   327

74º Concerto de Discos
07 de janeiro de 1954

26 pessoas

Na 1ª parte:

I – Paul Dukas, (França, 1865-1935), *L'Apprenti Sorcier*

Obra indicado no *Compêndio de História da Música,* código V. 7021.[153]

II – a) Vivaldi (Itália, 1678-1741), *Concerto em Ré Menor,* para violino e orquestra (com clavicímbalo)

No *Compêndio de História da Música,* Mario de Andrade registra: *Concerto em Ré Menor* (Largo), código G. K5905.[154]

b) Bach (Alemanha, 1685-1750), *Concerto para clavicímbalo,* sem acompanhamento (transcrição do concerto anterior de Vivaldi)

Composição não mencionada na discografia de Bach.[155]

Na 2ª parte: Mendelssohn (Alemanha, 1809-1847), *Sinfonia em Ré Maior,* nº 5, op. 107, "Reforma".

Embora haja vasta discografia de Mendelssohn,[156] no *Compêndio de História da Música,* só há menção a uma sinfonia – não é a apresentada neste concerto.

75º Concerto de Discos
14 de janeiro de 1954

25 pessoas

Da 1ª parte desta audição de discos, fizeram parte:

– *Sonata para viola da gamba e cravo,* de Haendel (Alemanha, 1685-1759);

– *Sonata em Dó Maior, nº 2,* de Boccherini (Itália, 1743-1805) e

– *Sonata em Lá Maior,* nº 3, op. 69, de Beethoven

---

153   *Ibidem,* p. 211.

154   *Ibidem,* p. 104.

155   *Ibidem,* p. 87.

156   *Ibidem,* p. 150.

328   VALQUÍRIA MAROTI CAROZZE

As obras de Haendel (Parl. CR10582/3)[157] e Beethoven (C. L1935/7)[158] apresentadas neste Concerto constam da discografia indicada por Mario de Andrade; mas não a Sonata de Boccherini.

Na 2ª parte, Oneyda Alvarenga apresentou o *Concerto em Ré Maior*, op. 21, para cravo e orquestra, de Haydn.

Não há referência a este Concerto, na discografia do *Compêndio*.

76º Concerto de Discos

14 de janeiro de 1954

3 pessoas[159]

Na 1ª parte: *Quarteto em Si Bemol Maior*, nº 7, de Milhaud (França, 1892-1974) e *Fraunenliebe und leben*, op. 42 (ciclo de lieder), de Schumann (Alemanha, 1810-1856).

De Milhaud, Mario de Andrade não cita este *Quarteto*, embora indique várias outras composições do autor,[160] de Schumann, são listadas muitas composições,[161] inclusive um *Lieder* – mas não este, do 76º concerto.

Na 2ª parte: Haendel (Alemanha, 1685-1759), *Il pastor Fido* – Suíte.

Esta composição também não consta da discografia de Haendel.[162]

77º Concerto de Discos

28 de janeiro de 1954

10 pessoas

Na 1ª parte: Bloch (Estados Unidos, 1880-1959), Suíte para viola e piano

No *Compêndio*, ao final do capítulo "Romantismo",[163] Mario de Andrade cita deste autor duas outras obras.

---

157   *Ibidem*, p. 105.

158   *Ibidem*, p. 150.

159   Oneyda Alvarenga, como que justificando o público reduzido, anota: "3 pessôas". E abaixo, com tinta vermelha: "(tempestade)".

160   *Ibidem*, p. 211.

161   *Ibidem*, p. 150.

162   *Ibidem*, p. 104-5.

163   *Ibidem*, p. 155.

Na 2ª parte: Brahms (Alemanha, 1833-1897), *Variações sobre um tema de Haydn* (para dois pianos)

Obra não incluída na discografia de Brahms.[164]

89º Concerto de Discos

21 de maio de 1954

12 pessoas

1 – A Canção trovadoresca (séculos XII e XIII)

Blondel de Nesles (França, século XII/XIII): *A l'entrant d'esté*

Perrin d'Angicourt (França, século XIII): *Quand voi a la fin d'estey*

Ricardo Coração-de-Leão (Inglaterra, 1157-1199): *Ja nuns hons pris*[165]

Walter von der Vogelweide (Áustria, 1170?-1230): *Kreuzfahrerlied*

Rumelant (Alemanha, 1273-1300): *Ob aller mine*

2 – A arte nova (século XIV) – Baladas

Guillaume de Machault (França, 1300-1377): *Je puis trop bien* e *De tout sui si confortée.*

Francesco Landino (Itália, 1325-1397): *Gram piant'agl'occhi*

Vincenzo da Rimini (Itália, século XIV): *Ita se n'era*

Giovanni da Cascia (Itália, século XIV): *Io son un pellegrin*

No *Compêndio* de Mario de Andrade, há uma referência a Vogelweide, Parl. B37024.[166] Acerca de Machault, Landino, Caccia, Mario de Andrade os menciona no capítulo V, "Início da música profana",[167] – mas não há referência à obra deles, na discografia.

Na 2ª parte, se apresentou o *Concerto em Dó Menor*, nº 3, op. 37, de Beethoven (Alemanha, 1770-1827).

Obra não citada na discografia do *Compêndio.*

---

164 *Ibidem*, p. 151-2.

165 Também encontrado como *Ja nun hons pris.*

166 *Ibidem*, p. 60.

167 *Ibidem*, p. 52.

90º Concerto de Discos

28 de maio de 1954

13 pessoas

Para a 1ª parte deste Concerto, Oneyda Alvarenga programa *Nobilissima visione*, de Hindemith (Alemanha, 1895-1963)

Obra não mencionada no *Compêndio* de Mario de Andrade. ("Vide em Análises e observações sobre alguns Concertos de Discos", p. 367.)

Na 2ª parte, ouve-se o *Concerto em Lá Menor*, op. 16, para piano, de Grieg. Obra citada na discografia de Mario de Andrade: V. 9151/4.[168]

91º Concerto de Discos

10 de junho de 1954

4 pessoas

Na 1ª parte deste concerto, exibiu-se de Bach (Alemanha, 1685-1750): *Concerto em Dó Maior*, nº 2, para dois pianos e orquestra.

Na discografia,[169] Mario de Andrade indica *Concerto para três pianos*, em Dó Maior, G. W864/5.

Como existe um *Concerto para três pianos*, de Bach, mas em Ré Menor, pode ter havido erro na impressão do *Compêndio*.

E, na 2ª parte, apresentou-se, de Mussorgsky (Rússia, 1839-1881) e Ravel (França, 1875-1937), *Quadros de uma exposição*.

Obra indicada na discografia do *Compêndio e História da Música*, P. 27246/7,[170] ao final do capítulo "Atualidade", onde Mario de Andrade escreve sobre Maurice Ravel. (Mussorgsky é abordado no capítulo "Romantismo", e na discografia das obras dele, não consta *Quadros de uma exposição*).

92º Concerto de Discos

24 de junho de 1954

1ª parte: César Frank (França, 1822-1890), *Sonata em Lá Maior*

---

168 *Ibidem*, p. 154.

169 *Ibidem*, p. 87.

170 *Ibidem*, p. 210.

Está indicada na discografia do capítulo x, "Romantismo", com a notação H. C1825/6."[171]

2ª parte: Tchaikovsky (Rússia, 1840-1893), *Suíte Mozartiana.*

Já a *Suíte Mozartiana*, de Tchaikovsky, não entra na discografia.

93º Concerto de Discos
08 de julho de 1954
7 pessoas

Na 1ª parte: Benedetto Marcello (Itália, 1686-1739)

Disciogletevi in pianto (cantata para baixo, com acompanhamento de baixo-contínuo e cravo).

Concerto para oboé e cordas

Das obras deste compositor não há menção em discografia do capítulo. Mario de Andrade o cita entre seus contemporâneos, dentro do texto.[172]

Na 2ª parte, de Brahms, *Variações sobre um tema de Haendel* (piano)

Obra citada na discografia, código H. D1376/8.[173] Provavelmente não é a mesma gravação que Oneyda usou no concerto, porque a que Mario de Andrade registra tem seu título em inglês – disco importado.

94º Concerto de Discos
22 de julho de 1954
20 pessoas

Na 1ª parte, de Ravel (França, 1875-1937), *Shéhérazade,*

Composição indicada por Mario de Andrade em sua discografia, código O. 188630.[174]

Na 2ª parte, de Manuel de Falla (Espanha, 1876-1946), *El amor brujo.*

Composição mencionada por Mario de Andrade, código C. 9389/92.[175]

---

171 *Ibidem*, p. 152.

172 *Ibidem*, p. 120.

173 *Ibidem*, p. 151.

174 *Ibidem*, p. 210.

175 *Ibidem*, p. 210.

95º Concerto de Discos

05 de agosto de 1954

4 pessoas

1ª parte

Giovanni Gabrieli (Itália, 1557-1612): *Sonata pian e forte* (1597)

Cornetas, trombones e violas; direção de Curt Sachs.

Michel Blavet (França, 1700-1768): 2ª *Sonata para flauta e cravo*.

Andante; Alemanda; Gavota ("Les Caquets"); Sarabanda; Allegro
Marcel Moyse (flauta) e Pauline Aubert (cravo).

De Giovanni Gabrielli, Mario de Andrade faz referência, na discografia do *Compêndio*, apenas a uma obra – e que não se trata da *Sonata* deste concerto.

Já Blavet não é mencionado na obra de Mario de Andrade.

Na 2ª parte, Dvorák (Tchecoslováquia, 1841-1904): *Concerto em Si Menor*, op. 104, para violoncelo e orquestra.

Allegro; Adagio ma non troppo; Finale – Allegro moderato.

Gregor Piatigorsky (violoncelo) e Orquestra de Filadelfia regida por Eugene Ormandy.

De Dvorák, Mario de Andrade menciona três composições – mas não o *Concerto em Si Menor*, apresentado por Oneyda Alvarenga.[176]

100º Concerto de Discos

04 de novembro de 1954

7 pessoas[177]

Na 1ª parte, o repertório é exatamente o mesmo que vai se repetir no 139º Concerto de Discos (vide abaixo, na sequência):

Villa-Lobos (Brasil, 1887-1959), os *Choros nº 10* e dois trechos das *Bachianas Brasileiras nº 2*, a saber:

2 – Ária (Canto da nossa terra)

4 – Tocata (O trenzinho do caipira)

Oneyda Alvarenga ainda acrescenta a nota:

---

176 *Ibidem*, p. 154.

177 Os Concertos de Discos nºs 100, 139 e 164, cujos repertórios incluíam Villa-Lobos, tiveram baixo número de ouvintes – 7 pessoas nos 100º e 139º e 3 pessoas no 164º.

A gravação é da "Orquestra Sinfônica Janssen, regente W. Janssen, e Sociedade Oratório de Los Angeles"

Na 2ª parte, Oneyda programou:

Schumann (Alemanha, 1810-1856), a *Sinfonia em Ré Menor*, nº 4, op. 12.

Constante da discografia de Mario de Andrade, código C. L2209/12.178

101º Concerto de Discos

18 de novembro de 1954

18 pessoas

Na 1ª parte, Mendelssohn (Alemanha, 1809-1847), *Octeto em Mi Bemol Maior*, op. 20, para 4 violinos, 2 violas e 2 violoncelos.

Indicado por Mario de Andrade na discografia, código H. C7028/31.179

Na 2ª parte, Kabalevsky (Rússia, 1904-1987), *Sonata nº 3*, op. 46, para piano.

Não há referência a obras deste autor, na discografia.

103º Concerto de Discos

16 de dezembro de 1954

15 pessoas

1ª parte: Haydn (Áustria, 1732-1809), *Concerto em Dó Maior*, para oboé e orquestra.

Mario de Andrade, entre outras obras do compositor, na discografia,[180] cita apenas um concerto – que não é o apresentado na 103ª audição da Discoteca Pública Municipal.

2ª parte: Glazunov (Rússia, 1865-1936), *Sinfonia em Mi Bemol Maior*, nº 4, op. 48.

Também não há referência sobre composições de Glazunov, no *Compêndio de História da Música*.

---

178 *Ibidem*, p. 150.

179 *Ibidem*.

180 *Ibidem*, p. 122-3.

106º Concerto de Discos

27 de janeiro de 1955

11 pessoas

Na 1ª parte, Mozart (Áustria, 1756-1791):

Die Zauberflöte – Arie der Königin der Nach

Le Nozze di Figaro: voi che sapete – 3º ato

Die Entführung aus dem serail: K.384 – Ach, ich liebte – 1º ato

Die Entführung aus dem serail: K.384 – Welch Wonne – 2º ato

Motette für sopran: K.165 – Exsultate, jubilate – "Aleluia"

Il rè pastore: K.208: L'amerò, sarò constante

São indicadas na discografia de Mario de Andrade todas estas obras: *A flauta mágica*, P. 66826; *Le Nozze di Figaro: voi che sapete*, V. 7076; *Rapto no serralho*, P. 19817; *Aleluia*, G. DA845; *O rei pastor*, H. DB1011.[181]

Na 2ª parte, de Brahms (Alemanha, 1833-1897): *Sonata em Fá Menor*, nº 3, op. 5, para piano, citada:[182] C. L1954/7.

107º Concerto de Discos

10 de fevereiro de 1955

3 pessoas

Este concerto teve, na sua 1ª parte:

Sonata nº 2, de Camargo Guarnieri.

Mario de Andrade não cita nenhuma obra de Camargo Guarinieri, no *Compêndio*. Mas o menciona no capítulo 13, "Atualidade".

Na 2ª parte, Oneyda Alvarenga programou:

Sinfonia em Dó Maior, nº 6, de Schubert

Indicada na discografia, por Mario de Andrade (C. 2079/85)[183]

Na 2ª. ed. do *Compêndio*, aparece: 7ª Sinfonia em Dó Maior, de Schubert. Mas como a 7ª Sinfonia do autor é em Si Menor (também encontrada a forma "Si Menor/Maior") e a Sinfonia nº 6 é realmente em Dó Maior, conclui-se que houve um erro de impressão no *Compêndio de história da Música*.

---

181 *Ibidem*, p. 123.

182 *Ibidem*, p. 152.

183 *Ibidem*, p. 149.

110º Concerto de Discos

24 de março de 1955

1 pessoa

A 1ª parte apresenta *Pastoral, de L'Eventail de Jeanne – nº 8; Trois Piéces pour le piano – nº 2 – Tocata* e *Trio,* para pistão, trombone e trompa, de Francis Jean Marcel Poulenc (França, 1899-1963).

Mario de Andrade faz referência ao compositor, em sua discografia,[184] citando as obras *Le Bestiaire; Trio* e *Mouvements Perpétuels.* Como existem mais *Trios* de Poulenc, e na discografia não se especifica para quais instrumentos é o *Trio* que ele indica, não se sabe se a obra eleita por Oneyda Alvarenga é a mesma do *Compêndio de história da Música.*

Já na 2ª parte, o repertório é Haydn, a *Sinfonia em Mi Bemol Maior,* nº 99.

Embora Mario de Andrade tenha enumerado várias das conhecidas sinfonias de Haydn, ele não menciona a nº 99, em sua discografia.

111º Concerto de Discos

14 de abril de 1955

19 pessoas

Na 1ª parte: Chopin (Polônia, 1810-1849), *Les Sylphides* – Bailado

Orquestração de Gretchaninov (Rússia, 1864-1956)

1 – Prelúdio, op. 28, nº 7; 2 – Noturno, op. 32, nº 2; 3 – Valsa, op. 70, nº 1;

4 – Mazurca, op. 76, nº 3; 5 – Prelúdio, op. 28, nº 7; 6 – Valsa, op. 64, nº 2;

7 – Grande Valsa Brilhante, op. 18

Mario de Andrade cita extensa discografia de Chopin:[185] *Prelúdios,* grafa: "(todos)",[186] código V. álbum M-20:[187] *Noturno,* op. 32, nº 2, código H. D1871:[188] *Valsa,* op. 70, nº 1, código v. 22153. Não cita a Mazurca, op. 76. Entre as *Valsas,* lista a Valsa, op. 64, nº 2, código P. 95180 e a *Valsa,* op. 18, código V. 6877.[189]

---

184 *Ibidem,* p. 211.

185 *Ibidem,* p. 150.

186 Ver abaixo, em "Análises e observações sobre alguns Concertos de Discos", p. 271.

187 *Ibidem,* p. 151.

188 *Ibidem.*

189 *Ibidem.*

Na 2ª parte: Villa-Lobos (Brasil, 1887-1959), *Uirapuru* – Poema Sinfônico

Uirapuru foi uma obra composta em 1917, e não foi citada na discografia do *Compêndio de história da Música.*[190]

131º Concerto de Discos

26 de janeiro de 1956

14 pessoas

Na 1ª parte: Ravel (França, 1875-1937): *Le tombeau de Couperin*

Composição referenciada por Mario de Andrade, código G. W1163/4[191] e *Trois chansons* (para coro misto). Há menção à várias obras de Ravel; mas não às *Trois chansons.*[192]

Na 2ª parte: Beethoven (Alemanha, 1770-1827), *Concerto em Mi Bemol Maior.*

Mencionado no *Compêndio*, (piano), com o código V. 6719/22.[193]

132º Concerto de Discos

09 de fevereiro de 1956

3 pessoas

Na 1ª parte, Schumann (Alemanha, 1810-1856), *Cenas infantis*, op. 15, (para piano).

Composição registrada por Mario de Andrade, na discografia: *Kinderszenen*, código C. LF70/1.[194]

Na 2ª parte, de Brahms, *Intermédios*, op. 117.

Mario de Andrade, registra *Intermezzo*, op. 117, código H. C1637.[195]

---

190 *Ibidem*, p. 171-2.

191 *Ibidem*, p. 210.

192 *Ibidem*.

193 *Ibidem*, p. 150. Repete-se a audição da obra, já tocada no 8º Concerto de Discos.

194 *Ibidem*.

195 *Ibidem*, p. 152.

135º Concerto de Discos

22 de março de 1956

8 pessoas

1ª parte: *Octeto em Mi Bemol Maior*, de Mendelssohn

Apresentado na 1ª parte do concerto, este *Octeto* está indicado por Mario de Andrade na discografia do capítulo x, "Romantismo", com a designação da gravação: H. C7028/31.[196]

Na 2ª parte, de Kabalevsky (Rússia, 1904-1987), *Sonata nº 3*, op. 46 (piano).

Esta Sonata não figura na discografia do *Compêndio de história da Música*.

139º Concerto de Discos

17 de maio de 1956

7 pessoas

Repetição do mesmo programa do 100º Concerto de Discos.

145º Concerto de Discos

23 de agosto de 1956

6 pessoas

Na 1ª parte, de Stravinsky (Rússia, 1882-1971), *Pássaro de fogo*

Composição que Mario de Andrade registra em sua discografia, com o código V. 6773/5.[197]

Na 2ª parte, Bach (Alemanha, 1685-1750), *Suíte* (Abertura) *em Ré Maior*, nº 3.

Mario de Andrade elenca muitas obras de Bach, porém, esta não está entre elas.[198]

---

196   *Ibidem*, p. 150.

197   *Ibidem*, p. 210.

198   *Ibidem*, p. 88.

164º Concerto de Discos

19 de setembro de 1957

3 pessoas[199]

Este Concerto teve "Programa dedicado a Villa-Lobos": *Bachianas Brasileiras nº 1; Ciclo Brasileiro;* e *Erosão* – estas obras não estão citadas na discografia de Mario de Andrade, no *Compêndio.*

165º Concerto de Discos

03 de outubro de 1957

21 pessoas

Na 1ª parte, Borodin (Rússia, 1833-1887), *Danças Polvtsianas,* da ópera *Príncipe Igor* (transcrição de Stokowski).

Mario de Andrade cita *Príncipe Igor: Dansas,* código V. 6514.[200]

Na 2ª parte, Dvorák (Tchecoslováquia, 1841-1904), *Sinfonia em Mi Menor* nº 5, op. 95 – *Novo Mundo.*

Mario de Andrade registra: *Sinfonia do Novo Mundo,* código V. 6565/9.[201]

166º Concerto de Discos

17 de outubro de 1957

10 pessoas

Na 1ª parte, Serge Prokofieff (Rússia, 1891-1953) – *Sinfonia Clássica,* Ré Maior, op. 25, mesma gravação (Orquestra Sinfônica de Boston regida por Serge Koussevitzky) apresentada no 34º Concerto de Discos, de 20 de junho de 1940.

Na 2ª parte:

---

199 No alto da primeira página deste programa, há registro, a lápis: "3 pessoas" e, abaixo, o nome de "Carmen Martins Helal", que substituiu Oneyda, nesta noite de audição.
No livro *Cartas,* Oneyda Alvarenga explica que Carmen foi sua terceira secretária na Discoteca Pública Municipal – pessoa que a substituiu depois de sua aposentadoria, em maio de 1968. In: ANDRADE, Mario de. *Cartas*: Mario de Andrade, Oneyda Alvarenga. São Paulo: Duas Cidades, 1983, p. 185.

200 ANDRADE, Mario de. *Compêndio de história da música.* 2ª. ed. São Paulo: Casa Editora Musical Brasileira, 1933., p. 154.

201 *Ibidem.*

Oneyda Alvarenga 339

a) Schumann (Alemanha, 1810-1856), *Carnaval*, op. 9

(transcrição de Glazunov) – Orquestra Filarmônica Real, reg. Efrem Kurtz.

Não consta da discografia do autor.

b) Ravel (França, 1875-1937), *La valse*

Esta é citada na discografia do *Compêndio*, com o código C. 67384/5-D.[202]

167º Concerto de Discos

14 de novembro de 1957

Na 1ª parte, de Willian Turner Walton (Inglaterra, 1902-1983), *Façade* (Suíte).

Não há menção a este compositor, no *Compêndio* de Mario de Andrade.

Na 2ª parte, de Albéniz (Espanha, 1860-1909):

a) *Iberia* (*Livro I*)

1 – *Evocação*; 2 – *El Puerto*; 3 – *Fête Dieu à Seville*

b) *Iberia* (*Livro II*)

1 – *Rondeña*; 2 – *Almeria*; 3 – *Triana*

No *Compêndio de história da Música* há as seguintes indicações na discografia: Iberia, código da gravadora C. 9603/5; Córdoba e Evocación, V. 7248.[203]

168º Concerto de Discos

28 de novembro de 1957

Oneyda repete o repertório do 103º Concerto de Discos, do dia 16 de dezembro de 1954 (ver acima).

169º Concerto de Discos

12 de dezembro de 1957

9 pessoas

Na 1ª parte, Mozart (Áustria, 1756-1791):

Die Zauberflöte, K. 620: Arie der königin der nacht (Der höle Rache) – 2º ato

Le nozze di Figaro, K. 492: Voi che sapete – 3º ato

Die entführung aus dem serail, K. 348 Ach, ich liebte – 1º ato

Die entführung aus dem serail, K. 348 Welche Wonne – 2º ato

---

202 *Ibidem*, p. 210.

203 *Ibidem*, p. 154.

Mottete für Sopran, K. 165: Exsultate, jubilate – "Alleluia!"

Il rè pastore: K.208: L'amerò, sarò constante

Todas estas composições já apresentadas, nesta ordem, mesma gravação (Lily Pons, soprano e orquestra regida por Bruno Walter), no 106º Concerto de Discos (ver acima), que teve também Brahms, na 2ª parte – mas com outra obra:

Na 2ª parte, de Brahms (Alemanha, 1833-1897): *Variações sobre um tema de Handel* (piano)

170º Concerto de Discos

26 de dezembro de 1957

sem público[204]

Para a 1ª parte, estava programado Paul Dukas, (França, 1865-1935), com *L'Apprenti Sorcier*, mesma obra apresentada no 74º Concerto de Discos (ver acima.)

Na 2ª parte, Oneyda apresentaria, de Schubert (Áustria, 1797-1828):

1) *Sonata em Lá Maior*, op. 162, (violino e piano)

2) *Fantasia em Dó Maior*, op. 15 (Wanderer)

Obras não citadas na vasta discografia que Mario de Andrade apresenta deste compositor, no *Compêndio.*

171º Concerto de Discos

30 de janeiro de 1958

68 pessoas[205]

Na 1ª parte, de Tchaikovsky, (Rússia, 1840-1893), O Lago dos Cisnes.

Obra não indicada, na discografia de Tchaikovsky.

Na 2ª parte, de Chopin (Polônia, 1810-1849), *Concerto em Fá Menor*, nº 2, op 21.[206]

---

204 Oneyda Alvarenga assinala, com lápis verde, as letras gigantes: "ZERO OUVINTES" E, abaixo, como justificativa, a data: 26-12-1957.

205 De novo, Oneyda assinala, com lápis verde, as letras gigantes: "(68) OUVINTES!" E acrescenta, abaixo, com tinta preta, sublinhando as palavras com uma linha ondulada: "É ISSO MESMO, SESSENTA E OITO OUVINTES!!"

206 No programa deste Concerto de Discos, a menção ao número do op. foi impressa como "op. 2", quando, na verdade seria op. 21 – como também se vê no 26º Concerto de Discos.

Indicado na discografia de Chopin, com o código C. D15236/9.[207]

172º Concerto de Discos
13 de fevereiro de 1958
60 pessoas

Na 1ª parte, de Arthur Honegger (Suíça, 1892-1955)

Oneyda repetiu a primeira música do 19º Concerto, *Pacific 231* (ver acima.)

Mas na 1ª parte deste 172º Concerto de Discos, Oneyda Alvarenga ainda apresentou:

2) *Rugby*

3) *Pastorale d'Eté*

Na indicação das obras desse compositor, figuram no *Compêndio de história da Música*: *Pacific 231*, código G. W870 e *Rugby*, código da gravadora O. 170112. Mas não há referência a *Pastorale d'Eté*.[208]

Na 2ª parte, Hindemith (Alemanha, 1895-1963), *Concerto para trompa e orquestra* (1949).

Obra não incluída na discografia do *Compêndio*.

173º Concerto de Discos
27 de fevereiro de 1958
14 pessoas[209]

Na 1ª parte, Villa-Lobos (Brasil, 1887-1959), *Rude Pôeme* (*Rude Poema*)

Obra não incluída na discografia que Mario de Andrade indica, do compositor.

Na 2ª parte, Ravel (França, 1875-1937), *Concerto para mão esquerda*.

Este concerto, composto entre 1929 e 1930, não se encontra entre as obras citadas na discografia.

---

207 *Ibidem*, p. 151.

208 *Ibidem*, p. 210.

209 Oneyda Alvarenga assinala, com tinta preta: "14 ouvintes (muita chuva)".

174º Concerto de Discos

13 de março de 1958

48 pessoas

Na 1ª parte, de Lalo (França, 1823-1892)

Oneyda repete o repertório da 1ª parte do 15º Concerto (ver acima) *Namouna* (Suíte de bailado nº1 e Suíte de bailado nº2.)

E, na 2ª parte, de Tchaikovsky, (Rússia, 1840-1893), *Abertura Solene 1812*, op. 49

Obra não incluída na discografia do compositor. Na verdade, Mario de Andrade cita poucas obras de Tchaikovsky, em seu *Compêndio*.

175º Concerto de Discos

10 de abril de 1958

8 pessoas[210]

Na 1ª parte, Roussel (França, 1869-1937), *Bacchus et Ariane*, op. 43, (Suíte Sinfônica nº 2).

Deste autor, não há menção desta obra, na discografia de Mario de Andrade.

Na 2ª parte, Brahms (Alemanha, 1833-1897), *Concerto em Ré Menor nº 1*, op. 15 (para piano e orquestra).

Este *Concerto* não está na discografia de Brahms, no *Compêndio*.

176º Concerto de Discos

22 de maio de 1958

5 pessoas[211]

Na 1ª parte, Rachmaninov (Rússia, 1873-1943), *Ilha da morte*, op. 29.

Na discografia de Rachmaninov, Mario de Andrade indica apenas uma obra (que não é a apresentada neste Concerto). Isto deve-se, certamente, à ausência de gravações do compositor, na época.

E na 2ª parte, Oneyda repete exatamente o mesmo repertório do Concerto anterior:

Concerto em Ré Menor nº1, op. 15 (para piano e orquestra), de Brahms.

---

210 Oneyda assinala, a lápis: "8 pessoas (noite chuvosa)".

211 Oneyda assinala, a lápis: "5 pessoas (muita chuva)"

Este concerto de Brahms não está na discografia do *Compêndio de história da Música.*

177º Concerto de Discos

12 de junho de 1958

Na 1ª parte, de Alban Berg (Áustria, 1885-1935), *Suíte Lírica* (para quarteto de cordas).

Não há menção ao compositor, em discografia do *Compêndio.*

Na 2ª parte, de Manuel de Falla (Espanha, 1876-1946), *Noites nos jardins de Espanha.*

Note-se que Oneyda Alvarenga usou gravação de Guiomar Novaes, ao piano.

Deste compositor, Mario de Andrade faz indicação da obra, em discografia do *Compêndio*, grafando o título em inglês: *Nights in the Gardens of Spain*, código V. 9703/5.[212]

ÍNDICE DE COMPOSITORES E ESTATÍSTICAS

O índice abaixo se refere aos compositores cujas obras entraram para os repertórios dos Concertos de Discos apresentados na Discoteca Pública Municipal de São Paulo, naquela amostragem de noventa e nove audições feitas entre 1938 e 1958. A exemplo das estatísticas de Oneyda Alvarenga, mostradas em seu relatório da Discoteca,[213] nas décadas de 1930 e 1940, procuraremos mostrar a quais séculos (sem denominações de períodos, como, aliás, fazia Oneyda Alvarenga em suas estatísticas) pertenciam as composições contempladas pela diretora da Discoteca, ao organizar suas aulas de história da Música em discos

Este índice foi elaborado a partir da reunião dos nomes de todos os compositores apresentados nesses concertos: ao todo 113 músicos. Muitos deles, elencados por Mario de Andrade no *Compêndio de História da Música;* alguns outros, de época contemporânea, período especialmente tratado por Oneyda

---

212 *Ibidem*, p. 210.

213 ALVARENGA, Oneyda. *A discoteca pública municipal.* São Paulo: Departamento de Cultura, 1942. Separata da Revista do Arquivo, n. LXXXVII.

Alvarenga, não figuravam nessa obra de Mario de Andrade, por terem surgido gravações de suas obras depois da segunda edição do livro.

Na primeira estatística, que fornece incidência de séculos nos concertos, nesse intervalo de tempo, se leva em conta o século em que a produção musical do compositor teve maior relevância e expressão, nos casos dos músicos que nasceram num determinado século e morreram no seguinte. Para nortear esse critério, se recorreu ao enfoque dado por Mario de Andrade em seu *Compêndio de história da Música*. Por exemplo, Beethoven (Alemanha, 1770-1827), ou, como escrevia Mario de Andrade "Luís de Beethoven",[214] foi obviamente considerado autor do século XIX (Mario de Andrade não o analisa no capítulo "Classicismo" – e sim no "Romantismo"); Richard Strauss (Alemanha, 1864-1949), como pertencente ao século XIX (como Beethoven, Richard Strauss, ou "Ricardo Strauss", como preferia Mario de Andrade, foi estudado no capítulo "Romantismo". Aliás, como também Lalo); já Roussel (França, 1869-1937),[215] foi tratado por Mario de Andrade no capítulo "Atualidade" e é encarado como autor do século XX.

Na segunda edição do *Compêndio de História da Música*, Mario de Andrade aborda 224 compositores – e isso apenas em discografia, em que indica gravações e respectivos códigos das casas gravadoras. O autor cita ainda outros nomes de músicos no texto e discorre sobre compositores que ainda não tinham suas obras gravadas, à época da redação do *Compêndio*. Oneyda Alvarenga, sempre se levando em conta a amostragem dos 99 programas dos Concertos de Discos recuperados até o momento, apresentou obras de 113 autores[216] – sendo que, destes, 22 não figuram no livro de Mario de Andrade.

---

214 Sobre isso, Oneyda Alvarenga escreve uma nota em seu livro *Cartas*, explicando que essas grafias dos nomes dos estrangeiros famosos sempre causaram "escândalo artístico". Sérgio Milliet e Paulo Duarte foram intelectuais que criticaram essas decisões de Mario de Andrade, apontando-as como verdadeiros cacoetes. In: ANDRADE, Mario de. *Cartas*: Mario de Andrade, Oneyda Alvarenga. São Paulo: Duas Cidades, 1983, p. 41.

215 A comparação entre as datas de nascimento e morte de R. Strauss e Roussel é suficiente para se notar que Mario de Andrade desprezou o tempo cronológico, levando em conta a obra em si, de cada um dos autores.

216 Será maior, então, o número de obras do que o de autores, obviamente. Mas aqui serão contados apenas os nomes dos autores; data: século a que pertencia a produção

Oneyda Alvarenga 345

São eles: Blondel de Nesle; Perrin d'Angicourt; Ricardo Coração-de-Leão;[217] Rumelant; Vincenzo da Rimini; Giovanni da Cascia; Sermisy; Gentian; Francis Pilkington; René; Buononcini; Giuseppi Sarti; Giovanni Legrenzi; Michel Blavet; Alban Berg; Martin Braunwieser; Lorenzo Fernandez; Aaron Copland; Glazunov; Reynaldo Hahn; Kabalevsky; Shostakovitch. Dentre estes, vários autores medievais não foram nomeados por Mario de Andrade (conforme se pode ver pelas datas e pelos países no quadro abaixo). Mesmo assim, a discografia referente à composição medieval procurou ser exaustiva, para a época em que foi escrito o *Compêndio*.

Tabela 4.1 Índice de compositores/países/séculos – Ocorrência em Concertos de Discos

Índice de compositores/países/séculos (113 autores)	Ocorrência em Concertos de Discos
Albéniz (Espanha, 1860-1909)	2
d'Angicourt, Perrin (França, século XIII)	1
Bach, J. S. (Alemanha, 1685-1750)	17
Bach, Karl Phillip Emanuel (Alemanha, 1714-1788)	3
Bartók, Béla (Hungria, 1881-1945)	1
Beethoven (Alemanha, 1770-1827)	7
Berchen (França, 1505-1567)	2
Berg, Alban (Áustria, 1885-1935)	1
Berlioz (França, 1803-1869)	1
Bizet, Georges (França, 1838-1875)	1
Blavet, Michel (França, 1700-1768)	1

---

relevante de cada compositor; país de nascimento (ou, quando for o caso, país no qual se naturalizou determinado autor).

217 No capítulo "Início da música profana", Mario de Andrade cita alguns autores na discografia indicada, dentro de "Canção trovadoresca" e "Canção polifônica" e adiciona em "Canção popular europea" códigos de gravações, agrupados sob países – mas sem citar autores (p. 60-1 do *Compêndio de História da Música*). Acima, porém, viu-se que, nas leituras sobre História da Música, Ricardo Coração-de-Leão estava, logicamente, presente. E se pressupõe que Oneyda Alvarenga havia estudado e atentado para vários compositores medievais antes de se formar no Conservatório.

Bloch (Estados Unidos, 1880-1959)	1
Boccherini (Itália, 1743-1805)	1
Borodin (Rússia, 1833-1887)	1
Brahms (Alemanha, 1833-1897)	7
Braunwieser, Martin (naturalizado brasileiro,1901-1991)	1
Buononcini (Itália, 1670-1747)	1
Buxtehude, Dietrich (Alemanha, 1637-1707)	1
Byrd, William (Inglaterra, 1543-1623)	1
Carpenter (Estados Unidos, 1876-1951)	1
Cascia, Giovanni da (Itália, século XIV)	1
Chausson (França, 1855-1899)	2
Chopin (Polônia, 1810-1849)	5
Copland, Aaron (Estados Unidos, 1900-1990)	1
Corelli, Arcangelo (Itália, 1653-1713)	2
Couperin, François (França, 1668-1733)	2
Debussy (França, 1862-1918)	3
D'Indy (França, 1851-1931)	2
Duparc (França, 1848-1933)	2
Dukas, Paul (França, 1865-1935)	2
Dvorák (Tchecoslováquia, 1841-1904)	3
Falla, Manuel de (Espanha, 1876-1946)	4
Fauré, Gabriel (França, 1845-1924)	2
Fernandez, Oscar Lorenzo (Brasil, 1897-1948)	2
Foster, Stephen Collins (Estados Unidos, 1826-1864)	1
Frank, César (França, 1822-1890)	2
Frescobaldi, Girolamo (Itália, 1583-1643)	1
Gabrieli, Giovanni (Itália, 1557-1612)	1
Galuppi, Baldassare (Itália, 1706-1785)	1
Garnier (França, ?-1538-1542)	2
Gentian (França, século XVI)	2
Gershwin (Estados Unidos, 1898-1937)	2
Gibbons, Orlando (Inglaterra, 1583-1625)	1
Glazunov (Rússia, 1865-1936)	2
Gomes, Carlos (Brasil, 1839-1896)	2

Oneyda Alvarenga 347

Granados, Enrique (Espanha, 1867-1916)	1
Grieg (Noruega, 1843-1907)	3
Guarnieri, M. Camargo (Brasil, 1907-1993)	3
Haendel (Alemanha, 1685-1759)	4
Hahn, Reynaldo (naturalizado francês, 1874-1947)	2
Haydn (Áustria, 1732-1809)	8
Hindemith (Alemanha, 1895-1963)	4
Honegger, Arthur (Suíça, 1892-1955)	2
Kabalevsky (Rússia, 1904-1987)	2
Kodály (Hungria, 1882-1967)	2
Kuhnau, Johann (Alemanha, 1660-1722)	1
Lalo, E. (França, 1823-1892)	3
Landino, Francesco (Itália, 1325-1397)	1
Legrenzi, Giovanni (Itália, 1626-1690)	1
Levy, Alexandre (Brasil, 1864-1892)	1
Lima, João de Souza (Brasil, 1898-1982)	1
Liszt, Franz (Hungria, 1811-1886)	3
Loewe, Gottfried (Alemanha, 1796-1869)	2
Lully (França, 1632-1687)	2
Machault, Guillaume de (França, 1300-1377)	1
McDonald, Harl (Estados Unidos, 1899-1955)	1
Marcello, Benedetto (Itália, 1686-1739)	1
Mendelssohn Bartholdy (Alemanha, 1809-1847)	5
Mignone, Francisco (Brasil, 1897-1986)	2
Milhaud (França, 1892-1974)	1
Monteverdi (Itália, 1567-1643)	2
Morley, Thomas (Inglaterra, 1557-1603)	1
Moussorgski (Rússia, 1839-1881)	2
Mozart (Áustria, 1756-1791)	7
Nesle, Blondel de (França, século XII)	1
Oswald, Henrique (Brasil, 1852-1931)	1
Paisiello, G. (Itália, 1740-1816)	1
Palestrina (Itália, 1525-1594)	2
Pilkington, Francis (Inglaterra, 1565-1638)	1
Poulenc, Francis Jean Marcel (França, 1899-1963)	3

348 VALQUÍRIA MAROTI CAROZZE

Prokofieff, Serge (Rússia, 1891-1953)	2
Purcell (Inglaterra, 1659-1695)	3
Rachmaninov (Rússia, 1873-1943)	1
Ravel (França, 1875-1937)	9
René (França, século XVI)	2
Respighi, Ottorino (Itália, 1879-1936)	1
Ricardo Coração-de-Leão (Inglaterra, 1157-1199)	1
Rimini, Vincenzo da (Itália, século XIV)	1
Rimsky-Korsakow (Rússia, 1844-1908)	2
Roussel (França, 1869-1937)	2
Rumelant (Alemanha, 1273-1300)	1
Saint-Saëns, Charles-Camille (França, 1835-1921)	3
Sarti, Giuseppi (Itália, 1729-1802)	1
Scarlatti, Alessandro (Itália, 1659-1765)	2
Scarlatti, Domenico (Itália, 1685-1757)	2
Schubert (Áustria, 1797-1828)	7
Schumann (Alemanha, 1810-1856)	13
Sermisy (França, 1490-1562)	2
Shostakovitch, Dmitri Dmitriyevich(Rússia, 1906-1975)	1
Sibelius, Jean (Finlândia, 1865-1957)	1
Stamitz, Karl (Alemanha, 1745-1801)	1
Strauss, Richard (Alemanha, 1864-1949)	2
Stravinsky (Rússia, 1882-1971)	3
Smetana, Bedrich (Boêmia, 1824-1884)	1
Tartini, Giuseppe (Itália, 1692-1770)	2
Tchaikovsky, (Rússia, 1840-1893)	3
Torelli, Giuseppe (Itália, 1658-1709)	1
Villa-Lobos (Brasil, 1887-1959)	5
Vivaldi (Itália, 1678-1741)	3
Vogelweide, Walter von der (Áustria, 1170?-1230)	1
Walton, Willian Turner (Inglaterra, 1902-1983)	2
Weber, Carl Maria Von (Alemanha, 1788-1826)	1
Weelkes, Thomas (Inglaterra, 1573-1623)	1
Total:	263

Tabela 4.2 Nação (natal) dos Compositores/Ocorrência de compositores nos Concertos por país

Nação (natal) dos Compositores	Ocorrência de compositores nos Concertos por país
Alemanha	69
Áustria	24
Boêmia	1
Brasil	18
Espanha	7
Estados Unidos	7
Finlândia	1
França	58
Hungria	6
Inglaterra	11
Itália	29
Noruega	3
Polônia	5
Rússia	19
Suíça	2
Tchecoslováquia	3
Total:	263

O país, no caso das estatísticas de Oneyda Alvarenga, não representa necessariamente a nacionalidade da composição: Chopin traz ao índice a Polônia. Ou, no caso de Reynaldo Hahn, naturalizado francês – sua composição foi considerada francesa; como Braunwieser, naturalizado brasileiro, entra nestas estatísticas como compositor nacional. Ademais, o alto índice de música alemã não significa preferência da musicóloga por música germânica – vide acima, quando a diretora da Discoteca chama pejorativamente alguns usuários do acervo de "germanófilos". Mas Oneyda Alvarenga lança mão de composições alemãs, do ponto de vista pedagógico, como estudiosa da música e também para tornar a audição mais atraente, valendo-se das pesquisas que traziam à tona a preferência do público, porque se vê que geralmente esses nomes germânicos estavam na segunda parte dos programas – a parte considerada "mais leve". Daí o largo uso, nos repertórios, de obras de Bach, Schumann, Beethoven.

Tabela 4.3 Século a que pertencem as obras executadas/
Ocorrência em concertos de discos

Século a que pertencem as obras executadas	Ocorrência em concertos de discos
Século XII	2
Século XIII	3
Século XIV	4
Século XV	0
Século XVI	15
Século XVII	19
Século XVIII	56
Século XIX	98
Século XX	66
Total:	263

Neste terceiro quadro não são contados os números de peças de cada século – mas a incidência de séculos (contados conforme a incidência dos nomes dos autores) contemplados nos concertos de discos.

Foram registradas aqui duas referências ao século XII e três ao século XIII devido ao fato de Oneyda Alvarenga ter atribuído a Blondel de Nesle o intervalo de tempo "século XII/XIII". Mas para efeito de estatística, se considerou o compositor como pertencente ao século XII. E o dado "zero" músicas para o século XV muito provavelmente seria irreal, caso tivéssemos recuperado todos os repertórios dos Concertos de Discos que a Discoteca Municipal apresentou, ao longo de sua história. Deve-se considerar, portanto, que esses dados estatísticos estão baseados num conjunto dos concertos recuperados, até hoje. Ou seja, os índices estão sobre aquela amostragem de 99 concertos, entre 1938 e 1958. Ainda assim, podemos considerar que Oneyda Alvarenga usou poucas composições do século XV.

O alto índice de composições do século XIX deve mais de um terço de suas 98 ocorrências à elevada quantidade de obras de Beethoven (7 ocorrências), Brahms (7 ocorrências), Schubert (7 ocorrências) e Schumann (13 ocorrências), como se vê acima, no primeiro quadro. Sendo assim, a segunda ocorrência maior representada é a do século XX – com mais variedade de compositores – uma amostra do esforço de Oneyda Alvarenga em divulgar a composição contemporânea.

ANÁLISES E OBSERVAÇÕES SOBRE ALGUNS CONCERTOS DE DISCOS

9º Concerto de Discos
21 de setembro de 1938

I – Gabriel Fauré (França, 1845-1924):

Barcarola nº 2, op 41 – Jean Doyen ao piano

Pelléas et Mélisande

Preludio

Fileuses (Andante quasi Allegretto)

Sicilienne

Orquestra Filarmônica de Berlim; regente: Albert Wolff.

II – Duparc (França, 1848-1933)218 – *La vie Antérieure* – Charles Panzéra (barítono), com Magdeleine Panzéra, ao piano.

L'Invitation au Voyage – Charles Panzéra (barítono), com Magdeleine Panzéra, ao piano.

Phidylé – Charles Panzéra (barítono), com Orquestra regida por Piero Coppola.

III – D'Indy (França, 1851-1931) – Istar

Orquestra de Concertos do Conservatório de Paris, regente: Piero Coppola.

É importante lembrar que, como integrante do grupo de estudos que frequentou aulas de História da Música, na casa de Mario de Andrade, Oneyda Alvarenga montou aqui um programa de autores a quem Mario chama de "grandes melodistas de França, Fauré, Duparc, Chausson", em sua crônica

---

218 Na segunda parte deste 9º Concerto, todo o repertório será idêntico ao do 67º Concerto – vide abaixo. Ver também em "Análises e observações sobre alguns Concertos de Discos".

Claude Debussy (I), publicada na coluna *Mundo Musical*, na *Folha da Manhã*, de 27 de maio de 1943.

13º Concerto de Discos
19 de outubro de 1938

I – Debussy (França, 1862-1918)

O Mar

Do amanhecer ao meio-dia sobre o mar

Brinquedo das ondas

Diálogo do vento e do mar

Orquestra do Conservatório de Paris regida por Piero Coppola

II – Schubert (Áustria, 1797-1828)

Sinfonia em Si Bemol Maior, nº 5

1º movimento: Allegro

2º movimento: Andante com moto

3º movimento: Menuetto (Allegro molto) e Trio

4º movimento: Allegro vivace

Orquestra da Ópera Estadual de Berlim regida por Leo Blech.

Para relações entre a programação e a discografia do *Compêndio*, ver acima, 54º Concerto de Discos, de 20 de agosto de 1953, no qual Oneyda apresentou o mesmo repertório, com outra gravação de *La Mer*, pela Orquestra Sinfônica de Boston, regida por Serge Koussevitzky e a *Sinfonia em Si Bemol Maior, nº 5*, de Schubert (a mesma gravação usada em 1938).

14º Concerto de Discos
26 de outubro de 1938

II – Scarlatti (Itália, 1685-1757), *Sonatina em ré menor* (Pastoral) – intérprete: ao clavicímbalo, Wanda Landowska

Esta *Sonatina*, em mesma gravação, Oneyda vai repetir no 33º Concerto de Discos, Prédio Martinelli, aos 17 de maio de 1940 – relativamente pouco tempo depois. Este 33º Concerto visava enfocar didaticamente instrumentos, mais do que compositores – muito embora um fator não se dissocie de outro:

ao apresentar composições para clavicímbalo, cravo, virginal etc., se mostrou, no caso, época (período) e autoria, como se verá abaixo.

19º Concerto de Discos
07 de dezembro de 1938

Na 1ª parte, de Arthur Honegger (Suíça, 1892-1955), *Pacific 231*.

Na 2ª parte, de Hindemith (Alemanha, 1895-1963), *1º Movimento do 2º Trio de cordas* (1933).

Mario de Andrade cita apenas duas obras deste autor, na discografia, uma delas grafada apenas *"Trio"*. É provável que, em 1933, fossem poucas as gravações de Hindemith, no mercado. Oneyda Alvarenga registra a data da gravação do *2º Trio*, no programa mesmo do concerto. Nesta gravação, o próprio autor é intérprete, tocando viola.

26º Concerto de Discos
Discoteca Pública Municipal – Teatro Municipal
15 de fevereiro de 1939

Na 1ª parte, Chopin (Polônia, 1810-1849), *Concerto em Fá Menor*, op. 21, nº2 (piano e orquestra).

Na 2ª parte, *Canções Francesas do Século* XVI.

Oneyda revela que revisita os programas antigos, quando encontramos anotações suas, à margem deste programa do 26º Concerto de Discos, de 15 de fevereiro de 1939. Ela anota a lápis, ao lado de *Canções Francesas do Século* XVI: *62º*[Concerto]

28º Concerto de Discos
Discoteca Pública Municipal – Teatro Municipal
15 de março de 1939

Na 1ª parte, Bedrich Smetana (Boêmia, 1824-1884), *Quarteto em Mi Menor.*

Abaixo do nome de Smetana, Oneyda anota, a lápis: "Não, má gravação" – o que mostra que Oneyda Alvarenga verificava o estado das gravações usadas anteriormente, quando, anos depois, planejava novos Concertos de Discos.

354 VALQUÍRIA MAROTI CAROZZE

29º Concerto de Discos
Discoteca Pública Municipal – Teatro Municipal

30 de março de 1939

Na 1ª parte, Vivaldi (Itália, 1678-1741), *Concerto para 4 pianos e orquestra* (Transcrição de J. S. Bach).

Abaixo do título, Oneyda escreve, a lápis: "Não temos mais" – anotação que pode ter sido feita posteriormente, quando provavelmente Oneyda montava repertórios para novos Concertos de Discos; os discos eram muito perecíveis.

Este *Concerto para 4 pianos e orquestra* não está na discografia do autor. Mario de Andrade grafa somente duas obras de Vivaldi – à época em que o *Compêndio* foi escrito, muito provavelmente eram poucas as gravações de Vivaldi, ao menos no Brasil. Mario de Andrade, levando-se em conta o trecho do romance *Quatro Pessoas*, mencionado acima, neste trabalho, quase certamente possuía o registro citado em seu livro. É certo que Mario de Andrade considerou Vivaldi como um dos maiores músicos da História.

33º Concerto de Discos
Prédio Martinelli

17 de maio de 1940

1ª Parte

Música para cravo e virginal

I – William Byrd (Inglaterra,1543-1623): *Suíte – "Earl of Salisbury"* – Pavana e Galharda

Ao virginal: Rudolph Dolmetsch

II – Johann Kuhnau (Alemanha, 1660-1722): *Combate entre David e Golias* (Sonata Bíblica para clavicórdio)

a) *Bravatas de Golias*

b) *Temor e prece dos Israelitas*

c) *Coragem de David*

d) *Combate e morte de Golias*

Oneyda Alvarenga 355

e) *Fuga dos Filisteus*

f) *Fanfarra das mulheres*

g) *Alegria geral e dança do povo*

Ao clavicórdio, Erwin Bodky

iii – François Couperin (França, 1668-1733) – *La Fleurie*
Ao clavicímbalo, Paul Brunold

iv – Domenico Scarlatti (Itália, 1685-1757) – *Sonatina em ré menor* (Pastoral)
Ao clavicímbalo, Wanda Landowska

v – Johann Sebastian Bach (Alemanha, 1685-1750) – *Fantasia cromática e fuga em ré menor*

Fantasia cromática

Fuga

Ao clavicímbalo, Wanda Landowska

Muito provavelmente, Mario de Andrade só não indicou mais – como a apresentada neste Concerto – por falta de gravações no mercado. E o mesmo acontece em relação a Domenico Scarlatti.[219] A respeito de Couperin, chamado *le Grand*, Mario de Andrade escreve, na crônica *Claude Debussy (ii)*, publicada na coluna de crítica musical intitulada *Mundo Musical*, na *Folha da Manhã*, de 03 de junho de 1943: "(...) tradição melhor da expressividade musical francesa, com esses gênios que foram Couperin le Grand e Rameau, ambos grandes psicólogos" – Mario de Andrade se referia, aqui, a compositores que penetravam a alma humana, interpretando-a psicologicamente. "A que poderíamos acrescentar, no século, três legítimos Paul Bourget, Gounod, Bizet e especialmente Massenet..." Pode-se ver que Oneyda, para eleger um repertório de Concerto de Discos, como Mario de Andrade, ao ser didático e crítico, tinham múltiplas escolhas de "recortes", pinçando no panorama musical da História da Música autores, estilos, escolas, nacionalidades, como ainda podiam optar

---

219 ANDRADE, Mario de. *Compêndio de história da música*. 2ª. ed. São Paulo: Casa Editora Musical Brasileira, 1933, p. 104.

pelo cruzamento dessas categorias – conforme fosse o objetivo pedagógico. Mario de Andrade escreve ainda: "(...) a lição dos dois maiores gênios da música francesa, era francamente de expressividade psicológica (creio que Couperin é o criador do 'retrato' musical) (...)"

37º Concerto de Discos
Discoteca Pública Municipal – Teatro Municipal
Prédio Martinelli
23 de outubro de 1940

I – Johann Sabastian Bach (Alemanha, 1685-1750) – *Paixão de Nosso Senhor Jesus Cristo, segundo São Mateus*

Orquestra Sinfônica de Boston, regida por Serge Koussevitzky com Harvard Glee Club e Radcliffe Choral Society, regidos por Wallace Woodword e solistas.

Neste programa há uma nota de Oneyda Alvarenga: "Os discos desta coleção foram gentilmente emprestados pelo Dr. Alcyr Porchat".

Essa observação possibilita a visão das condições de política de formação do acervo, uma vez que indica que nem sempre a Discoteca havia adquirido materiais que seriam importantes, pelos critérios do *Compêndio de História da Música* de Mario de Andrade e da própria diretora da Discoteca, quando da eleição de obras para as audições públicas.

Nesse 37º concerto da Discoteca Pública Municipal foram ouvidos os 27 discos da *Paixão* (Bach).

40º Concerto de Discos
Discoteca Pública Municipal – Teatro Municipal
Prédio Martinelli
31 de janeiro de 1941
73 pessoas

Na 1ª parte:

1 – De Willian Turner Walton (Inglaterra, 1902-1983), *Portsmouth Point.*

Outra obra deste mesmo compositor, no entanto, será apresentada no 167º Concerto de Discos, no dia 14 de novembro de 1957, o que mostra que Oneyda Alvarenga estava atenta aos compositores eruditos contemporâneos e, mais ou menos espaçadamente, procurava acrescentar o novo ao repertório (e ao gosto) dos ouvintes leigos.

44º Concerto de Discos

Discoteca Pública Municipal – Teatro Municipal

Prédio Martinelli

29 de julho de 1941

Na 1ª parte, de Brahms (Alemanha, 1833-1897), o *Trio em Mi Bemol Maior*, para piano, violino e trompa.

Na 2ª parte:

1 – Manuel de Falla (Espanha, 1876-1946):[220]

Canciones Populares Españolas:

nº 1 *El paño moruno*

nº 2 *Seguidilla murciana*

nº 5 *Nana* (acalanto)

nº 6 *Canción*

nº 7 *Polo*

(Meio-soprano, com acompanhamento de piano)

2 – François Couperin, le Grand (França, 1668-1733), *Concerto no gosto teatral.*[221]

As anotações de Oneyda Alvarenga ("57º" e "58º"), ao lado dos títulos das obras da 2ª parte do 44º Concerto de Discos – e para as quais se chamou a atenção em nota de rodapé ao se transcrever o programa –, foram feitas posteriormente (12 anos depois). As anotações indicam que a diretora da Discoteca iria repetir a apresentação das obras assinaladas nos 57º e 58º Concertos de Discos – dos quais não foram encontrados os repertórios no Arquivo do Centro Cultural São Paulo. Esses Concertos se deram nos dias 10 e 17 de setembro de 1953, conforme se pode deduzir a partir da observação da periodicidade regular semanal dos programas de 1953 (vide abaixo o espaço de tempo que transcorre na lacuna entre o 56º e o 59º Concertos de Discos).

---

220 Oneyda anota a lápis, à margem: "57º".

221 Oneyda anota a lápis, à margem: "58º".

358 VALQUÍRIA MAROTI CAROZZE

45º Concerto de Discos
Discoteca Pública Municipal – Teatro Municipal
Prédio Martinelli
27 de agosto de 1941
40 pessoas

Na 1ª parte, *Harl McDonald* (Estados Unidos, 1899-1955), *Sinfonia nº 1 "The Santa Fé Trail"*.

Na 2ª parte:

1 – *Moussorgski* (Rússia, 1839-1881), *The Nursery (ciclo de canções)*

2 – *Vivaldi* (Itália, 1678-1741), *Concerto Grosso* [em] *Lá Menor nº 8*

Como já foi abordado acima, há pouquíssimas citações de Vivaldi (na discografia, bem entendido), no *Compêndio* – apenas duas. São elas: Concerto em Ré Maior (violoncelo), código C. LFX62 e Concerto em Ré Menor (Largo), código G. K5905.[222] Mario de Andrade inclui o compositor entre os "artistas geniais".[223]

49º Concerto de Discos
Discoteca Pública Municipal – Teatro Municipal
Prédio Martinelli
10 de abril de 1942

Na 1ª parte, Villa-Lobos (Brasil, 1887-1959), *Fantasia de movimentos mixtos para violino e piano:*

Alma convulsa

Serenidade

Contentamento

Gravação: Oscar Borghert ao violino e Vieira Brandão ao piano.

No alto do programa, a lápis, Oneyda anota: "Não, grav. nacional com muito chiado".

Há menção de execução da obra, pela primeira vez na íntegra, no Teatro Municipal do Rio de Janeiro, com interpretação de Borghert, em 23 de abril, no ano de 1941. Mas não se pode afirmar a data da gravação usada por Oneyda,

---

222 *Ibidem*, p. 104.

223 *Ibidem*, p. 99.

em 1942 – gravação posteriormente rechaçada pela diretora da Discoteca, para reapresentação do disco em novas audições públicas.[224]

Na 2ª parte, Bach (Alemanha, 1685-1750), *Cantata do Café*. Obra cômica e profana.

Gravação: Conjunto instrumental regido do clavicímbalo por Ernest Victor Wolff e William Hain (tenor), Benjamin de Loache (barítono), Ethyl Hayden (soprano).

No alto do programa, a lápis, Oneyda anota: "Não, gravação defeituosa, com muitas pipocas e estalos".

Da mesma forma que anota à margem da referência à gravação de Villa-Lobos, no mesmo Concerto de Discos, Oneyda Alvarenga sinaliza a inadequação dessa gravação de Bach, a fim de se lembrar de não repetir esses registros em novos Concertos de Discos. Essas observações da diretora da Discoteca foram feitas na década de 1950, quando buscava nos programas dos concertos da década anterior obras que poderiam ser reapresentadas na Sala Luciano Gallet, a um público provavelmente diferente.

50º Concerto de Discos

Discoteca Pública Municipal – Teatro Municipal

Prédio Martinelli

18 de junho de 1942

Na 1ª parte, Bach (Alemanha, 1685-1750), *Corais*:

1 – *O Haupt voll Blut und Wunden*

2 – *Wie schön leuchtet der Morgenstern*

3 – *Von Himmel hoch*

4 – *Lobt Gott, ihr Christen, allzugleich*

5 – *Dir, Dir Jehova*

6 – *Loben den Herren*

7 – Wachet auf, ruft uns die Stimme

8 – Nu danket alle Gott

Gravação: Coro "Família Trapp", à capela, dirigido por Franz Wasner.

---

224 In: HEITOR Villa-Lobos website. Disponível em: <http://www.villalobos.ca/fantasia-movimentos-mixtos>. Acesso em: 11 maio 2012.

360 VALQUÍRIA MAROTI CAROZZE

Gravação: Coro "Família Trapp", à capela, dirigido por Franz Wasner.

Oneyda Alvarenga anota a lápis: "Não, muitos estalos da própria gravação".

Ainda mais uma vez se atestam os contratempos que envolviam as montagens dos Concertos de Discos, diante da fragilidade das gravações da época.

Na 2ª parte, Aaron Copland (Estados Unidos, 1900-1990), *Música para Teatro*:

Dansa

Interlúdio

Burlesco

Epílogo

Gravação: Orquestra Sinfônica Eastman-Rochester regida por Howard Hanson.

Oneyda Alvarenga, além de se embasar nos escritos dele para escrever seu "Como ouvir música", último capítulo do livro inédito *A Linguagem Musical*, em que discorre sobre a formação do ouvinte leigo, desvelando os porquês das montagens dos repertórios de seus Concertos de Discos, inclui obras de Copland neste Concerto. Observe-se que, em 22 de outubro de 1941, este compositor viera ao Rio de Janeiro.[225] Copland escreveu música para teatro sobre argumentos da problemática social da época da depressão, nos Estados Unidos. Por isso, é fácil relacionar este enfoque de Oneyda Alvarenga, neste Concerto de Discos: a diretora da Discoteca, em entrevistas a jornais, falando a respeito da oposição da ópera à capacidade de socialização da música, menciona a música para teatro, como sendo veículo dessa socialização, além de um recente contato do autor com o Brasil – dentro da política de boa vizinhança, a vinda de Copland fazia parte de projeto de aproximação com os Estados Unidos, idealizado e mediado por Carleton Sprague Smith, quando em contato com Mario de Andrade.

---

225 Há menção à iminência dessa visita de Copland ao Brasil em carta de Sprague Smith a Mario de Andrade. In: SMITH, Carleton Sprague [Carta] 14 ago. 1941, Nova York, EUA. [para] Mário de Andrade. São Paulo. 1 folha.

56º Concerto de Discos

03 de setembro de 1953

23 pessoas

Este concerto atraiu maior número de pessoas do que o normal, provavelmente pela presença de obras de Bach, no repertório.

A programação reunia, na 1ª parte:

Richard Strauss (Alemanha, 1864-1949), com *Till Eulenspiegels Lustig Streich* e Três canções, de Reynaldo Hahn (naturalizado francês, 1874-1947)

– Rêverie

– Mai

– Paysage

Na 2ª parte, Bach (Alemanha, 1685-1750), *Suíte em Si Menor,* nº 2, para flauta e cordas.

Mario de Andrade situa Richard Strauss no capítulo x, "Romantismo", assim como Beethoven e outros autores que viveram no século xix (isto inclui os que nele só faleceram ou nasceram). No caso de Richard Strauss, ele nasce no século xix, mas é um dos compositores representantes do fecho do Romantismo. Mario de Andrade, porém, menciona este compositor em vários trechos do *Compêndio* – a relação que faz dele com o Romantismo, é o uso, na música, da expressão dos sentimentos.[226] Chega a chamá-lo de "romantiquíssimo".[227] Mas depois, no último capítulo do livro, "Atualidade", volta a mencionar Richard Strauss, em várias passagens – embora a citação dele em sua discografia se localize apenas no capítulo "Romantismo".

Como o programa do 56º Concerto de Discos traz os dados: "Marcel Moyse (flauta) e Conjunto de Câmara regido por Adolf Busch", relativos à *Suíte em Si Menor,* de Bach – e que é igual à que segue a mesma obra apresentada no 36º Concerto de Discos –, podemos ver que Oneyda Alvarenga usou a mesma gravação nos dois concertos e que o registro sonoro, no caso, se conservou bem durante aqueles onze anos de intervalo entre um e outro.

---

226 ANDRADE, Mario de. *Compêndio de história da música.* 2ª. ed. São Paulo: Casa Editora Musical Brasileira, 1933, p. 128.

227 *Ibidem,* 138.

60º Concerto de Discos

01 de outubro de 1953

10 pessoas

Na 1ª parte: Gottfried Loewe (Alemanha, 1796-1869), *Baladas*:

Fridericus Rex

Prinz Eugen, der edle Ritter

Ton der Reimer, op. 135

Die Uhr, op. 123, nº 3

Na 2ª parte, Schubert (Áustria, 1797-1828): *Quarteto em Ré Menor: A morte e a moça*

Como se pode observar acima, o repertório do 40º Concerto de Discos incluiu, antes deste mesmo repertório (Loewe e Schubert), Willian Walton, um compositor inglês contemporâneo, músico influenciado por autores como Prokofieff e Stravinsky e pelo jazz, conhecido por suas trilhas sonoras para cinema e por suas obras eruditas. Curioso também é observar que no auditório do Prédio Martinelli, em 1941, no 40º Concerto de Discos, o público se constituiu de 73 pessoas, e neste 60º Concerto, realizado na Sala Luciano Gallet, em 1953, o público caiu para dez pessoas – sendo que os repertórios eram quase que idênticos.

62º Concerto de Discos

15 de outubro de 1953

8 pessoas

Para a 1ª parte desde Concerto, Oneyda Alvarenga prepara *Namouna* (Suíte de bailado), de Edouard Lalo (França, 1823-1892) e Canções Francesas do Século XVI, a saber:

Garnier (França, ?-1538-1542): *Resveillez-moi*

Gentian (França, século XVI): *La loy d'honneur*

Sermisy (França, 1490-1562): *En entrant en ung jardin*

Berchem (França, 1505-1567): *Jehan de Lagny* e *Que feu craintif*

René (França, século XVI): *Gros Jehan menoit*

De todos os autores citados na 1ª parte do 62º Concerto de Discos, Mario de Andrade indica apenas uma obra de Berchem – mas não a que foi apresentada por Oneyda Alvarenga. É muito provável que Oneyda, na Discoteca, não dispusesse sempre de todas as obras indicadas. Ou, mesmo dispondo de obras indicadas por Mario de Andrade, no *Compêndio*, Oneyda quisesse escolher uma outra peça ilustrativa, para o que vinham a ser suas aulas.

Na 2ª parte, Oneyda Alvarenga faz ouvir a *Sonata em Si Menor*, para piano, de Liszt (Hungria, 1811-1886).

A escolha pela apresentação da *Sonata em Si Menor*, para piano, de Liszt, dá margem a suposições. Na 2ª parte, Oneyda procurava sempre atrair o público, apresentando compositores que lhe eram mais familiares. No entanto, é comum Oneyda escolher, nos repertórios destes compositores mais popularizados, composições que não eram as mais repetidas pela mídia – rádio e cinema. No caso deste Concerto, ela elegeu uma Sonata para piano (a obra, apresentada integralmente, é relativamente longa, com diferentes andamentos, inclusive os muito lentos): talvez[228] partindo do que se chamava "pianolatria", ela, se valendo do gosto popular, tentasse mostrar obras menos conhecidas, menos palatáveis. Buscava, com isto, ampliar a gama de conhecimento musical do público, na paciente tarefa de amadurecer os ouvintes.

67º Concerto de Discos
19 de novembro de 1953

6 pessoas

Este Concerto se restringiu à época e à nacionalidade: todas as obras são de compositores franceses do século xix. As composições de Duparc, *La vie antérieure; Le Invitation au Voyage* e *Phidylé*, já foram apresentadas no 9º Concerto de Discos, de 21 de setembro de 1938.

Na 1ª parte, de Fauré (França, 1845-1924), a *Sonata em Lá Maior*, nº 1, op. 13, para violino e piano e de Duparc (França, 1848-1933), *La vie antérieure; Le Invitation au Voyage* e *Phidylé*.

---

228 In: FARGE, Arlette. *O sabor do arquivo*. São Paulo: Edusp, 2009. Vemos "armadilhas do arquivo". Ausências – mais do que presenças – a procura por provas daquilo que se quer evidente. Faz-se preciso duvidar e supor o que estaria nas ausências. A situação não é cômoda, portanto: o comodismo é uma das armadilhas.

Na 2ª parte deste 67º Concerto, também se repete o repertório da 2ª parte do 9º Concerto de Discos: Vincent D'Indy (França, 1851-1931), *Istar*, op. 42.

69º Concerto de Discos

03 de dezembro de 1953

9 pessoas

Na 1ª parte, Oneyda reuniu autores alemães, nascidos no século XIX (Hindemith é moderno – e contemporâneo, para a época do concerto).

Na 1ª parte

I – Hindemith (Alemanha, 1895-1963), *Der Schwanendreher* (Concerto para viola e pequena orquestra) – deste compositor, Mario de Andrade lista apenas duas obras,[229] que não a apresentada neste concerto.

II – Schumann (Alemanha, 1810-1856), *Zigeunerleber*, op. 29, nº3, que Mario de Andrade indicou no *Compêndio*[230] (p.150), *Vie de Tzigane*, código Parl. 59501.

III – Mendelssohn (Alemanha, 1809-1847), *Three folk songs*

    a) *Entflieh mit mir*, op. 41, nº 2

    b) *Es fiel ein Reif*, op. 41, nº 3

    c) *Auf ihrem Grab*, op. 41, nº 4

Na 2ª parte: Mozart (Áustria, 1756-1791), *Serenata em Si Bemol Maior*, nº 10, K.361 (para 13 instrumentos de sopro).

70º Concerto de Discos

10 de dezembro de 1953

13 pessoas

Na 1ª parte Oneyda Alvarenga apresentou *Porgy and Bess*, de Gershwin (1898-1937).

Na discografia do *Compêndio*, Mario de Andrade cita apenas *Rhapsody in Blue* e *An American in Paris*, do compositor, como ainda o *Concerto em Fá* (para piano), mencionado por Mario de Andrade, na discografia do

---

229 ANDRADE, Mario de. *Compêndio de história da música*. 2ª. ed. São Paulo: Casa Editora Musical Brasileira, 1933, p. 210.

230 *Ibidem*, p. 150.

capítulo "Atualidade":[231] código C. 9665/7. Certamente não fez referência a *Porgy and Bess*, por ser esta obra de 1935. Mas, em seu artigo *A expressão musical dos Estados Unidos*, que havia sido texto de sua conferência na Associação Brasileira de Imprensa, em 12 de dezembro de 1940 e publicado pela editora Leuzinge, em 1941, fala de Gershwin como o mais conhecido autor musical dos Estados Unidos e cita suas obras *O americano em Paris* e *Porgy and Bess* como as composições "ianques" mais características.

Oneyda Alvarenga escreve uma nota com tinta vermelha, na folha do programa: "Após o término do Concerto houve pedidos para repetir a primeira parte, a qual foi repetida".

No 25º Concerto, no dia 01 de fevereiro de 1939, Oneyda também apresentou esta obra de Kodály ao lado de Gershwin – só que deste, outra composição.

89º Concerto de Discos

21 de maio de 1954

12 pessoas

Oneyda Alvarenga programou, para a 1ª parte deste concerto, "Música vocal profana dos séculos XII a XIV".

Assim:

1 – A Canção trovadoresca (séculos XII e XIII)

Blondel de Nesles (França, século XII/XIII): *A l'entrant d'esté*

Perrin d'Angicourt (França, século XIII): *Quand voi a la fin d'estey*

Ricardo Coração-de-Leão (Inglaterra, 1157-1199): *Ja nuns hons pris*

Walter von der Vogelweide (Áustria, 1170?-1230): *Kreuzfahrerlied*

Rumelant (Alemanha, 1273-1300): *Ob aller mine*

2 – A arte nova (século XIV) – Baladas

Guillaume de Machault (França, 1300-1377): *Je puis trop bien* e *De tout sui si confortée*

Francesco Landino (Itália, 1325-1397): *Gram piant'agl'occhi*

Vincenzo da Rimini (Itália, século XIV): *Ita se n'era*

Giovanni da Cascia (Itália, século XIV): *Io son un pellegrin*

---

231 *Ibidem*, p. 210.

366   VALQUÍRIA MAROTI CAROZZE

Como se viu acima, muitos desses autores, curiosamente, não figuram no *Compêndio de História da Música,* de Mario de Andrade. No entanto, a Discoteca Municipal adquiriu gravações que deveriam estar indicadas na discografia do *Compêndio,* sem nomeação a autores, em particular. Por exemplo: Mario de Andrade reuniu sob a categoria "Canção trovadoresca",[232] na discografia do capítulo "Início da música profana", alguns títulos de hinos e canções guerreiras anônimas, ao lado de nomes de supostos autores medievais (geralmente personagens históricos famosos), sem discriminar, no entanto, nenhum título de música desses compositores. Ao rastrear as leituras de Mario de Andrade sobre música, em sua biblioteca, vê-se que no livro de André Coeuroy e de Jardillier,[233] *Histoire de la musique avec l'aide du disque suive de trois commentaries de disques avec exemples musicaux,* o musicólogo assinala o texto sobre música medieval,[234] na qual se conjetura sua importância e também sobre as origens dos instrumentos, remetendo o pensamento à reflexão das épocas e da necessidade de se conhecer a história da música. Mario de Andrade segue assinalando pontos que abordam dúvidas sobre detalhes que permanecem obscuros até nossos dias, na história da música, como o questionamento:[235] é possível captarmos totalmente a verdade sobre a política musical do Papa Gregório, ou a atividade em que passou longo tempo Guido d'Arezzo, nomeando as notas?

Privilegiando obviamente época, no caso, o período medieval, nesse Concerto, Oneyda Alvarenga usou composições belíssimas, como é o caso da canção em tom de lamento, *Ja nuns hons pris,* atribuída a Ricardo Coração-de-Leão (e que a musicóloga pôs no programa efetivamente como autor), se deu a conhecer assim, numa daquelas audições públicas inusitadas – porque raramente o público leigo ouviria esse tipo de música por qualquer outro meio.

---

232   *Ibidem,* p. 60.

233   COEUROY, André; JARDILLIER, Robert. *Op. cit.*

234   ANDRADE, Mario de. Compêndio de história da música. 2. ed. São Paulo: Casa Editora Musical Brasileira, 1933. p. 10.

235   *Ibidem,* p. 11.

90º Concerto de Discos

28 de maio de 1954

13 pessoas

Para a 1ª parte deste Concerto, Oneyda Alvarenga programa *Nobilissima visione*, de Hindemith (Alemanha, 1895-1963)

Hindemith é um autor alemão contemporâneo, que Mario de Andrade analisou no capítulo "Atualidade", de seu *Compêndio de História da Música*. A obra escolhida por Oneyda não está indicada na discografia de Mario de Andrade – foi escrita em 1938; portanto, posterior à edição do *Compêndio* .

Na parte inferior do programa, Oneyda anota: "Um ouvinte pediu o 'Nobilissima Visione' para ouvir novamente nas cabinas".

Certamente o fato, digno de registro, foi, para Oneyda, uma grata constatação, em sua empreitada de divulgar a música contemporânea, na época.

Na 2ª parte, ouve-se o *Concerto em Lá Menor*, op 16, para piano, de Grieg.

92º Concerto de Discos

24 de junho de 1954

César Frank, na 1ª parte, e Tchaikovsky, na 2ª, é um repertório usual de autoria de Oneyda Alvarenga: ela procurava levar o público ouvinte ao encontro da música contemporânea, buscando com isto familiarizá-lo com essas composições. Na 2ª parte, Oneyda procurou contemplar o gosto do público, com exibição de obras de autores mais popularizados. Mas note-se que, ao mesmo tempo, procurava apresentar obras menos conhecidas destes compositores mais tocados na mídia.

1ª parte: César Frank (França, 1822-1890), *Sonata em Lá Maior*

2ª parte: Tchaikovsky (Rússia, 1840-1893), *Suíte Mozartiana*

93º Concerto de Discos

08 de julho de 1954

7 pessoas

Na 1ª parte: Benedetto Marcello (Itália, 1686-1739).

Disciogletevi in pianto (cantata para baixo, com acompanhamento de baixo-contínuo e cravo).

Concerto para oboé e cordas

Na 2ª parte, de Brahms, *Variações sobre um tema de Haendel* (piano)

Nem sempre Oneyda Alvarenga cita as fontes bibliográficas que consultou, a fim de redigir os textos sobre os compositores, suas obras, seu período, que lia para os ouvintes, antes de apresentar as músicas em discos. No caso do 93º Concerto de Discos, a diretora da Discoteca Municipal deixa anotadas as referências das obras que usou para escrever sobre Benedetto Marcello:

> Grove's Dictionary of Music and Musicians, ed. de 1946.
> Gino Roncaglia: "Il Melodioso Settecento Italiano. Milão, Hoepli, 1935. Capri. Il Settecento in Musicale in Europa." Milão, Hoepli, 1936.

Oneyda cita fontes bibliográficas consultadas para escrever sobre Brahms:

> Oneyda Alvarenga: "Música do século XIX." (Curso de História da Música, conferência inédita. Vários trechos literalmente copiados).
> Karl Keiringer: "Brahms – His Life and Work." 2ª ed. rev. e aum. London, George Allen and Unwin Ltd., 1948.
> Claude Rostan: "Les Chefs-d'Oeuvre du piano." (Petit Guide de l'Auditeur de Musique). Paris, Éditions de le Bon Plaisir, c1950.

Ao que mostram os documentos que nos chegaram às mãos, Oneyda Alvarenga fez indicação de bibliografia consultada para elaboração de seus textos lidos nos concertos de discos de maneira mais sistemática na década de 1950. Seria porque, além da escassez de material bibliográfico no período anterior, cada vez mais importava se fundamentar qualquer opinião teórica sobre fontes bibliográficas e também pelo maior nível de autoexigência da musicóloga, que se sentia segura para tecer análises críticas. Ou ainda porque Oneyda Alvarenga, que sempre recorrera à pesquisa, percebeu, com o tempo, a dimensão de seu papel como pioneira na área da produção científica sobre música popular brasileira. E, vendo a esteira (ou as lacunas) de material escrito (muitas vezes disperso) que a história da Discoteca, a essas alturas, já deixava atrás de si, notou a necessidade de registro documental de sua trajetória como diretora da instituição pública – e, principalmente, da própria instituição.

94º Concerto de Discos
22 de julho de 1954
20 pessoas

Concerto constituído apenas por música moderna (contemporânea, para a época) e que teve público relativamente numeroso, em comparação aos outros concertos.

Na 1ª parte, de Ravel (França, 1875-1937), *Shéhérazade*.

Na 2ª parte, de Manuel de Falla (Espanha, 1876-1946), *El amor brujo*.

Esta composição de Falla já havia sido apresentada no 6º Concerto de Discos, mas Oneyda Alvarenga usou outra gravação. Ver acima, p. 224.

95º Concerto de Discos
05 de agosto de 1954
4 pessoas

Este concerto abrange amplitude de tempo e mescla nacionalidades dos compositores. Na 1ª parte, intervalo de séculos – XVI/XVIII.

1ª parte

Giovanni Gabrieli (Itália, 1557-1612): *Sonata pian e forte* (1597)

Cornetas, trombones e violas; direção de Curt Sachs

Michel Blavet (França, 1700-1768): *2ª Sonata para flauta e cravo*

Andante; Alemanda; Gavota ("Les Caquets"); Sarabanda; Allegro

Marcel Moyse (flauta) e Pauline Aubert (cravo)

Na 2ª parte, Dvorák (Tchecoslováquia, 1841-1904): *Concerto em Si Menor*, op. 104, para violoncelo e orquestra.

Allegro; Adagio ma non troppo; Finale – Allegro moderato

Gregor Piatigorsky (violoncelo) e Orquestra de Filadelfia regida por Eugene Ormandy

100º Concerto de Discos
04 de novembro de 1954
7 pessoas

Na 1ª parte:

Villa-Lobos (Brasil, 1887-1959), os *Choros nº 10* e dois trechos das *Bachianas Brasileiras nº 2*, a saber:

2 – Ária (Canto da nossa terra)

4 – Tocata (O trenzinho do caipira)

Gravação é da "Orquestra Sinfônica Janssen, regente W. Janssen, e Sociedade Oratório de Los Angeles".

Nenhuma das duas obras de Villa-Lobos é mencionada na discografia. Mario de Andrade discorre sobre Villa-Lobos no último capítulo de seu *Compêndio de História da Música*, que é o capítulo XIII, chamado "Atualidade". Porém, faz indicação discográfica da obra de Villa-Lobos no capítulo XI, "Música Artística Brasileira". Na discografia, Mario de Andrade indica *Choros nº 3* – mas não menciona os *Choros nº 10*.

Ainda na 1ª parte do Concerto de Discos, Oneyda Alvarenga apresentou dois trechos das *Bachianas Brasileiras nº 2* – obra que também não é citada na discografia (o *Compêndio de História da Música* que traz discografia, como já se esclareceu acima, foi editado – ela segunda vez – em 1933: mesma data em que Villa-Lobos compôs esta obra. Muito provavelmente por este motivo Mario de Andrade não inclui aí as *Bachianas*).

Na 2ª parte: Schumann (Alemanha, 1810-1856), a *Sinfonia em Ré Menor*, nº 4, op. 12

<h3 style="text-align:center">107º Concerto de Discos</h3>

10 de fevereiro de 1955

3 pessoas

Este concerto teve, na sua 1ª parte:

Sonata nº 2, de Camargo Guarnieri.

Na 2ª parte, Oneyda Alvarenga programou:

Sinfonia em Dó Maior, nº 6, de Schubert

Na 2ª edição do *Compêndio*, aparece: 7ª Sinfonia em Dó Maior, de Schubert. Mas como a 7ª Sinfonia do autor é em Si Menor (também encontrada a forma "Si Menor/Maior") e a Sinfonia nº 6 é realmente em Dó Maior, conclui-se que houve um erro de impressão no *Compêndio de História da Música*.

111º Concerto de Discos
14 de abril de 1955
19 pessoas

Na 1ª parte: Chopin (Polônia, 1810-1849), *Les Sylphides* – Bailado

Orquestração de Gretchaninov (Rússia, 1864-1956)

1 – Prelúdio, op. 28, nº 7; 2 – Noturno, op. 32, nº 2; 3 – Valsa, op. 70, nº 1; 4 – Mazurca, op. 76, nº 3; 5 – Prelúdio, op. 28, nº 7; 6 – Valsa, op. 64, nº 2; 7 – Grande Valsa Brilhante, op. 18.

Se Mario de Andrade cita tão extensa discografia de Chopin.[236] Sugerindo "todos" os seus prelúdios e muitas das suas valsas, o motivo iria mais longe do que a grandeza da composição: Oneyda Alvarenga se nortearia mais uma vez pelo didatismo residente na obra do compositor polonês.

Na 2ª parte: Villa-Lobos (Brasil, 1887-1959), *Uirapuru* – Poema Sinfônico

132º Concerto de Discos
09 de fevereiro de 1956
3 pessoas

Na 1ª parte, Schumann (Alemanha, 1810-1856), *Cenas infantis*, op. 15, (para piano).

Na 2ª parte, de Brahms, *Intermédios*, op. 117.

Neste Concerto, os dois compositores são alemães, do século XIX e o intérprete, ao piano, é o mesmo: Walter Gieseking. Oneyda Alvarenga teria escolhido elementos que levassem os ouvintes a relacionar período, nação, instrumento e interpretação; e a comparar temas.

135º Concerto de Discos
22 de março de 1956
8 pessoas

Este Concerto é a repetição do 101º e traz uma anotação de Oneyda: "27º programa fornecido à Rádio 9 de Julho".

1ª parte: *Octeto em Mi Bemol Maior,* de Mendelssohn

2ª parte, de Kabalevsky (Rússia, 1904-1987), *Sonata nº 3*, op. 46 (piano).

---

236 *Ibidem*, p. 150.

Como na discografia indicada por Mario de Andrade, no *Compêndio*, não há referência ao nome do compositor, acredita-se que Oneyda Alvarenga tenha tomado conhecimento de sua obra por meio de catálogos de discos – Kabalevsky nasceu em 1904 e a 2ª edição do *Compêndio* é de 1933, como já foi mencionado acima.

167º Concerto de Discos

14 de novembro de 1957

Na 1ª parte, de Willian Turner Walton (Inglaterra, 1902-1983), *Façade* (Suíte).

Na 2ª parte, de Albéniz (Espanha, 1860-1909).

Por obras como esta, apresentada na 1ª parte, *Façade, "An Enterteinement"*, interpretação de Edith Sitwell declamando sua série de poemas *Façade*, escritos em 1918, com acompanhamento musical de Walton, de 1922, Willian Walton se situou entre os compositores modernistas.

170º Concerto de Discos

26 de dezembro de 1957

sem público

Para a 1ª parte: Paul Dukas, (França, 1865-1935), *L'Apprenti Sorcier.*

No 74º Concerto, Oneyda usou gravação pela Orquestra de Filadélfia, regente Leopold Stokowski; já neste 170º Concerto, ela faria ouvir gravação pela Orquestra da Sociedade do Conservatório de Concertos de Paris, regente Enrique Jorda.

Na 2ª parte, Oneyda apresentaria, de Schubert (Áustria, 1797-1828):

1) *Sonata em Lá Maior,* op. 162, (violino e piano)

Fantasia em Dó Maior, op. 15 (Wanderer)

176º Concerto de Discos

22 de maio de 1958

5 pessoas

Na 1ª parte, Rachmaninov (Rússia, 1873-1943), *Ilha da morte*, op. 29.

Na 2ª parte: *Concerto em Ré Menor nº1,* op. 15 (para piano e orquestra), de Brahms.

Nos 175º e no 176º Concertos de Discos, realizados respectivamente nos dias 10 de abril e 28 de maio de 1958, ao justificar o público reduzido (5 pessoas), Oneyda Alvarenga faz anotações à margem dos programas, a respeito da chuva, que teria impedido o acesso de mais ouvintes à Sala Luciano Gallet, naquelas duas noites. Talvez ela tenha julgado valer a pena repetir o *Concerto* referido, de Brahms, na 176ª audição para as pessoas que não tiveram oportunidade de ouvi-lo no Concerto de Discos anterior.

O GOSTO DO PÚBLICO?

Por um lado, as estatísticas e os próprios programas dos concertos de discos mostram que não houve, por assim dizer, uma evolução nos repertórios, no que concerne a mudanças consideráveis na forma e no conteúdo das audições, ao longo das décadas de 1930, 1940 e 1950. Da mesma forma, a verificação dos textos que acompanhavam os programas, dos quais neste estudo foram apresentados unicamente dois, permitiu ver que não houve grandes mudanças quanto à redação didática de Oneyda Alvarenga. Por outro lado, as estatísticas mostram que os repertórios de discos, em boa parte, enfatizavam a música moderna/contemporânea (vide quadro acima, relativo a "Século a que pertencem as obras executadas/Ocorrência em concertos de discos").

A urgência que sentiam Mario de Andrade e Oneyda Alvarenga em despertar as pessoas para a música contemporânea vinha em decorrência do que observavam, paralelamente, ao estudar História da Música, permanecer atentos ao surgimento de novas composições no horizonte da música contemporânea, fazer da prática da audição de discos rotina, sintetizar estes estudos em textos didáticos para os ouvintes e lutar contra a eficácia do estrago que faziam as programações radiofônicas – um combate que remeteria a alguma coisa semelhante ao de Davi e Golias. Só que, neste caso, Davi perdia (quase) sempre, como mostraram melancolicamente as estatísticas...

A realidade das estatísticas das consultas dos usuários da Discoteca Pública Municipal *in loco* também desenha o quadro do gosto dos consulentes. Por meio de estatísticas constantes em seu relatório de 1941 e reportagens pela imprensa, até os anos de 1950, Oneyda Alvarenga pôde comprovar, ao

374   VALQUÍRIA MAROTI CAROZZE

longo dos anos, a quase inexistência de mudança do gosto do público ouvinte. Todos os dados relativos à preferência musical dos ouvintes, no intervalo entre 1944 e julho de 1953, dizem respeito aos consulentes que ouviam discos nas cabines da Discoteca – período no qual a Discoteca Pública Municipal ficou impossibilitada de oferecer Audições de Discos e Conferências de História da Música em discos. Assim, em 1941, segundo dados do relatório, publicados na separata da *Revista do Arquivo* de 1942, os compositores preferidos pelos ouvintes, na Discoteca Pública Municipal: Beethoven, Bach, Mozart; em 1946, segundo a entrevista dada por Oneyda Alvarenga à revista *O Globo* (26 de janeiro de 1946), os autores preferidos pelo público eram: Beethoven, Bach, Chopin...; em 1949, na reportagem escrita por Ciro T. de Padua para a *Folha da Manhã*, em 11 de junho, intitulada "Revelações de uma visita à Discoteca Pública Municipal", reforça-se a invariável preferência do público: Bach e Beethoven... A partir dos anos 1950, Oneyda ainda está às voltas com a estatística mensal: "(...) verificamos que Bach e Beethoven são os dois nomes principais nas requisições (...)".

Para obter dados estatísticos sobre a preferência dos consulentes da Discoteca Pública, Oneyda Alvarenga cruzava dados de nação e período.

Essas estatísticas elaboradas sobre o uso do acervo pelos usuários permitiam que a diretora da Discoteca avaliasse quais os países de origem e a quais períodos musicais pertenciam os compositores das músicas mais ouvidas. E era a partir da escolha dos ouvintes pelos compositores, que se definiam a posição das nações e períodos/séculos no quadro das estatísticas, ou seja, os dados se coletavam a partir dos nomes dos autores. O público vai em busca do que já conhece; é a quantidade de repetição de determinadas obras, pela mídia, que dita a preferência do público. Oneyda observou que o número de ouvintes da Discoteca de São Paulo aumentava, com o tempo, e também o gosto musical do público, mesmo que muito lentamente, se aprimorava. O otimismo de Oneyda Alvarenga era grande o bastante para fazer com que ela valorizasse cada ouvinte que conseguia atrair para o terreno da audição da música contemporânea. Quando realizou o 90º Concerto de Discos, aos 28 de maio de 1954, Oneyda Alvarenga programou *Nobilissima visione*, de Hindemith

Oneyda Alvarenga   375

(1895-1963), autor contemporâneo. Na parte inferior do programa, Oneyda anota: "Um ouvinte pediu o 'Nobilissima Visione' para ouvir novamente nas cabinas". No 70º Concerto de Discos, em 1953, Oneyda Alvarenga apresentara *Porgy and Bess*, de Gershwin. E ela escreve uma nota, na folha do programa: "Após o término do Concerto houve pedidos para repetir a primeira parte, a qual foi repetida". Certamente Oneyda tomava estes indicadores como "vitórias" de seu empenho didático, na divulgação da música contemporânea.

Por fim, Oneyda acabou concluindo que:

> Certos aspectos menos satisfatórios apresentados pelas estatísticas ligam-se a problemas gerais, que a Discoteca poderá ajudar a resolver, mas jamais resolverá sozinha. Tal é o caso do gosto pela ópera italiana, que para desaparecer ou se atenuar depende ainda de um longo trabalho de educação do público, exigindo fatalmente a colaboração das escolas, dos críticos, dos organizadores de audições, e de uma melhoria dos programas de rádio. Além da solução (...) ser necessariamente lenta, por estar presa a defeitos seculares de cultura, convém lembrar [que](...) A ação de uma discoteca pública será sempre mais ou menos indireta. (...) é impossível fazer-se com que os consulentes ouçam o que não querem. Dois meios vêm sendo entretanto postos em prática para nos mantermos mais próximos do nosso público: (...) realização (...) de concertos de discos (...); afixação de cartazes orientadores, na sala de espera e nas cabines (...)[237]

Em texto intitulado *"Introdução a Shostakovich"*,[238] que Mario de Andrade publicou em 1945, reproduzido em *Música Final,* o crítico e musicólogo, num vai-vem de proposições seguidas de ressalvas tecidas por ele mesmo, ressalvas aparentemente indissociáveis de sua natureza contraditória, explica o fenômeno Shostakovich; preferências de público (gostos popularescos e, noutras

---

237 ALVARENGA, Oneyda. *A discoteca pública municipal.* São Paulo: Departamento de Cultura, 1942. Separata da Revista do Arquivo, n. LXXXVII, p. 89.

238 seroff, Victor. Dmitri Shostakovich. Rio de Janeiro. Empresa gráfica O Cruzeiro S.A., 1945. p. 33.

vezes, nem tanto); os desdobramentos da disseminação da música mecânica: "O fato dum músico erudito como Dimitri Chostacovich se destinar compositor de música para o povo duma comunidade sem classes, parece à primeira vista um milagre e uma contradição".[239]

Mario de Andrade afirma, então, que isso já aconteceu antes, no passado, quando música erudita foi composta para a comunidade, como é o caso do Gregoriano e músicas de Verdi. Mas ele ressalta que a diferença está no fato de que a música religiosa, política, racista (ele exemplifica com a citação de Wagner), eram impostas ao povo. E já a música que agora o compositor russo dirigia ao público proletário servia ao povo; era feita para isso.

> Chostacovich é o músico que pretendeu servir politicamente à comunidade dum povo sem classes, e por tudo o quanto posso saber dele, o conseguiu. A sua música se populariza nos estados soviéticos. E, com isso, o caso dele se apresenta excepcional e contraditório: um compositor erudito, erguido em sua cultura ao ponto do refinamento, e em sua técnica ao ponto da virtuosidade, construindo uma arte que funciona política, nacional e esteticamente para uma comunidade proletária.[240]

Mario de Andrade chama atenção para o fato de que, no entanto, o público pode aplaudir obras como a *Sinfonia Inacabada, Tocata e Fuga em Ré* e outras com o mesmo entusiasmo – e com a mesma falta de discernimento – com que aplaude obras muito ruins. É que, aí, o povo aplaude melodia e virtuosismo: o que Mario de Andrade chamava de "resultado sensorial" – aquela reação "epidérmica" que ele e Oneyda Alvarenga tanto execravam em relação à reação do público à ópera e seu apelo à sensualidade/sexualidade, anestesiando a consciência crítica (política e social). Para o musicólogo, o que o povo deveria aplaudir e, no entanto, não aplaude, porque, em sua opinião, desconhece, é o sentido artístico e funcional da obra de arte – no caso, da música.

---

239 COLI, Jorge. *Música final*: Mario de Andrade e sua coluna jornalística Mundo musical. Campinas: Ed. da Unicamp, 1998, p. 396.

240 *Ibidem*.

Válido é comparar com as considerações de Gramsci sobre o tema:

> O gosto é "individual" ou de pequenos grupos; aqui se trata de grandes massas, e não pode deixar de se tratar de cultura, de fenômeno histórico, de existência de duas culturas: individual é o gosto "sóbrio" não o outro; o melodrama é o gosto nacional, isto é, a cultura nacional.[241]

Relacionando o gosto musical ao da literatura em geral, observadas as devidas características de uma e de outra arte, Gramsci considerava ainda que os escritores, no geral, em suas produções dirigidas ao povo, tratavam de ser sóbrios, simples, imediatos. Enquanto que em outros escritos predominavam o estilo oratório, a hipocrisia estilística, a fim de mostrar a distância que se julgavam estar os intelectuais/escritores da compreensão do público que, por sua vez, teria dado o tom de suas preferências.[242]

As massas soviéticas seriam diferentes do proletariado brasileiro que, segundo o musicólogo Mario de Andrade, não desenvolveu gosto estético, não tendo como expressar preferência artística, em razão da própria condição de "massa dominada". Mario de Andrade vai mais além, denunciando o povo de São Paulo como "musicalmente deseducado". O fato de o Departamento de Cultura ter oferecido programas gratuitos "pegou essa gente [operária] de surpresa". Os repertórios incluíam música de câmara, quartetos... enfim, música menos apelativa ao gosto popular. E o que aconteceu? O número de ouvintes que frequentavam esses concertos diminuiu muito. Mas Mario de Andrade nos lembra que o mesmo público paulista, "deseducado musicalmente", aplaudia Shostakovich. A justificativa de Mario: Shostakovich seria "fruto genial das circunstâncias do progresso mecânico que modificaram a manifestação, e consequentemente a concepção da arte da música, neste século". (refere-se ao século xx, naturalmente).

> Postos em condições de serem explorados comercialmente e educativamente o disco, o rádio, o cinema sonoro e demais

---

241 GRAMSCI, Antonio. *Letteratura e vita nazionale*. 3ª. ed. Torino: Einaudi, 1953, p. 62.

242 *Ibidem*, p. 61.

instrumentos mecânicos, eles modificaram a qualificação da música erudita, que se tornou acessível a todos. E não tenho a menor pretensão, Deus me livre! De ser o primeiro a dizer isso. A música mecânica não só barateou a audição da música erudita e a expandiu por todos os ambientes, como forçou a sua aceitação pelas classes inferiorizadas. Pela primeira vez ela deixou de ser, como ainda se conservam as artes plásticas, um instrumento de classe e de aprimoramento educativo. A música se tornou um elemento cultural, sinão realizável pelas estruturas inferiores (não o é normalmente em nenhuma classe, porque implica profissionalidade e especialização), pelo menos comum a elas, e uma proposição se sua vida coletiva. Por causa dos instrumentos mecânicos, a música é a única dentre as artes eruditas, que já conseguiu se tornar uma constância das massas, sem que tenha de desistir por isso de suas prerrogativas de refinamento e erudição.[243]

E Mario de Andrade, situando a música e o cinema na mesma posição que o teatro ocupou, na Antiguidade, acrescenta:

[À música] Não lhe faltava mais sinão adquirir a mesma concepção educativa e dirigente do teatro. No caso da sociedade atual: uma concepção imediata e conscientemente política. Não exatamente, ou apenas, como ideologia política. Mas como força orgânica política do povo, coisa que os instrumentos mecânicos tinham não só tornado praticável como posto em evidência. Esta concepção nova da música, coube a Chostacovich aplicar.[244]

Mas voltando às considerações de Mario de Andrade acerca da "gente proletária" não gostar de música de câmara: o crítico não permanece nessa posição que poderia parecer preconceituosa. Primeiro, porque ele se baseava em dados reais, facilmente comprováveis – vide as estatísticas a respeito da preferência

---

243 COLI, Jorge. *Música final*: Mario de Andrade e sua coluna jornalística Mundo musical. Campinas: Ed. da Unicamp, 1998, p. 397.

244 *Ibidem.*

Oneyda Alvarenga   379

dos ouvintes efetuadas por Oneyda Alvarenga, na Discoteca Pública Municipal e publicadas no relatório de sua autoria, como também em periódicos da época, ao longo das décadas de 1930, 1940 e 1950. Mas o mais importante, é que ele vai explicar, nesta *Introdução*, que essa necessidade de refinamento do gosto não se restringe ao proletário, ao pobre, ao sujeito que vive na zona rural:

> Eu creio nessa instância de Chostacovich em gêneros e formas tradicionais "puras", há uma lição e uma solução habilíssima. A lição é que o artista não tem que qualificar a massa proletária como incapaz de viver os gêneros e formas mais esteticamente refinados. Eu me pergunto mesmo, diante do que me conta a estética experimental: porque um caipira analfabeto e rupestre do sertão, não será sensível ao encanto delicadíssimo do quarteto de cordas? Eu disse "sensível" e não "compreensivo de", se note. O simples fato dos concertos de câmara do Departamento de Cultura obterem muito menor concorrência proletária; o fato dos discos de quartetos e quintetos conseguirem menor venda,[245] não provam nada. Não provam a insensibilidade estética do homem qualquer, nem muito menos a impossibilidade dele vir a gostar esteticamente desses gêneros refinados.[246]

E Mario de Andrade arremata seu pensamento, afirmando que não é pela ignorância apenas que alguém – agora o ouvinte de qualquer classe social – gosta ou deixa de gostar de certas músicas: é o gênero, ele mesmo, que por si se faz mais difícil de agradar, comumente.[247]

---

245 Note-se que Mario de Andrade, ao lado do público proletário, elenca o índice da venda de discos; ou seja: ele já põe no mesmo plano de preferências os desfavorecidos e aquelas pessoas que podiam comprar discos – que, evidentemente, em sua maioria, ao menos, não eram da classe proletária.

246 *Ibidem*, p. 398.

247 Na *Revue Musicale*, v. II, de 1924, assinada por Mario de Andrade, p. 49-56, embora não exista nenhuma anotação à margem do texto, provavelmente o musicólogo lera o artigo chamado "Une musique prolétaire", sobre as obras de compositores russos, classificadas, nesta matéria, como produto da revolução proletária de 1917 (p. 50.) Para o autor do artigo, B. de Schloezer, tais obras refletiam a nova ordem social. Da mesma

380 VALQUÍRIA MAROTI CAROZZE

Mas como foi possível o povo soviético vir a querer aprimorar suas preferências musicais, ouvindo quintetos, grandes formas musicais, como a música de câmara? Já pelo advento da popularização da música mecânica, como pelo uso estratégico que Shostakovich fez de expressões estéticas da sinfonia, da sonata, do quarteto... e acusa um certo emprego de "banalidade", em sua melódica: resultado de emprego de "arabescos cancioneiros popularescos". No entanto, Mario considera: se resultou em "vulgaridade", não caiu na total "banalidade". De alguma forma, parece justo e até compensa: Mario de Andrade, desconfiando muito da "funcionalidade político-comunista" que a obra de Shostakovich poderia carregar em si, analisou o caráter "comunista" da composição de Shostakovich, virou pelo avesso a nomenclatura e pôs em dúvida, isso de "comunismo" em música. Ora, o que o compositor logrou com êxito foi o alcance da coletividade, da coletivização, por meio da utilização de gêneros considerados "burgueses" (sinfonias, quartetos etc.) Se a proposição de dirigir obras eruditas às camadas proletárias parecia insolúvel de saída, pela temeridade de se perder em refinamento, Shostakovich parece ter encontrado um caminho: segundo Mario de Andrade, a solução foi descoberta pela "reeducação do compositor e educação de um povo" – só possível pela sensibilização da beleza da arte.

Embora orbitando em torno de Shostakovich – nesta *Introdução*, Mario, sempre lembrando que existiram, claro, outros compositores com os mesmos ideais do compositor comunista, destaca Shostakovich como o que "se apresentava com melhores credenciais de vitória, e o que mais se universalizou" –, essas considerações todas de Mario de Andrade dão abertura a um campo mais amplo, porque fornecem exemplo concreto daquela formação que ele proporcionou a seus discípulos – como Oneyda Alvarenga. Esta, por sua vez, concretizava na prática, como diretora da Discoteca, a base teórica recebida, quando da escolha, para montagem dos repertórios de Concertos de Discos, na Discoteca Pública Municipal, de autores como Copland, que trazia para

---

forma, não se encontra nenhum vestígio de leitura de Mario de Andrade, no artigo denominado "La 'bolchevisation' des opéras em Russie", na *Revue Musicale* v. I, de 1925, p. 203-4 – mas certamente Mario não deixou de ver seu conteúdo.

Oneyda Alvarenga   381

sua música de teatro a realidade social de seu país, o próprio Shostakovich, e outros. E era sempre um processo dinâmico, sendo vivido ao longo do tempo, com a atenção que Mario e Oneyda dispensavam aos compositores contemporâneos e surgimento de gravações, no mercado, sem se esquecer do estudo das origens folclóricas que podiam – ou não – influenciar a música erudita. Todos esses aspectos eram acompanhados como fenômenos sociais, para além de manifestações musicais.

Posteriormente, em 1948, o "2º Congresso Internacional de Compositores e Críticos Musicais", em Praga, viria preconizar a educação musical das massas, para "acabar com o analfabetismo musical".[248] Uma vez detentor de conhecimentos musicais, o público teria muito mais facilidade para compreender a evolução da música. Então, os programas educativos preparados pela Discoteca Municipal atingiriam muito mais pessoas, a cujo julgamento crítico seriam apresentadas outras obras, além das conhecidas e assimiladas pelo grande público. Era fundamental a educação musical e Mario de Andrade e Oneyda Alvarenga, tanto quanto podiam, tomavam providências nesse sentido.

Desde a concepção do projeto do Departamento de Cultura, abrangendo formação de acervos de várias naturezas, até a organização (processamento técnico: classificação e catalogação) dos materiais, tudo está dentro de uma ideologia. A coleta de fonogramas, este registro sonoro das músicas folclóricas, com viso de preservação do patrimônio imaterial e de estudos etnográficos, passando pela catalogação de Oneyda Alvarenga, que criou as fichas a serem preenchidas pelos membros da Missão de Pesquisas Folclóricas a fim de realizar, posteriormente, uma catalogação – em nada "inocente" – que objetivava propósitos muito bem determinados, até a formação do acervo da Biblioteca de Música, de cuja política de seleção de acervo a mesma Oneyda Alvarenga orgulhava-se, por ter estabelecido, a essas alturas seus próprios critérios (já sem a orientação de Mario de Andrade)... tudo isso se coadunava com uma ideologia.

E que ideologia, afinal, era essa? Poderia se pensar, então, numa ideologia de dominação de determinadas classes por outras?

---

248 NEVES, *op. cit.*, p. 119.

382 VALQUÍRIA MAROTI CAROZZE

Para Mannheim, o conceito de ideologia traduz um dos resultados do "conflito político": os grupos dominantes, uma vez identificados fortemente, graças aos seus interesses, "a uma situação" determinada, já não conseguem mais "ver certos fatos que iriam solapar seu senso de 'dominação'". A própria palavra ideologia traz em seu bojo "a noção de que, em certas situações, o inconsciente coletivo de certos grupos obscurece a condição real da sociedade, tanto para si, quanto para os demais, estabilizando-a, portanto".[249] Ainda para Mannheim, a concepção total de ideologia como "filosofia da consciência" (organização) "em oposição a um mundo variado e confuso", traria a "unidade garantida pela unidade do sujeito que percebe".[250] E tal concepção passaria por três estágios:

> 1º Estágio: o mundo percebido como uma unidade estrutural e não como pluralidade de acontecimentos esparsos.
>
> 2º Estágio: O mundo é uma unidade e é somente concebível com referência a um sujeito conhecedor. Esta unidade está em um processo de contínua transformação histórica e tende a uma constante restauração de seu equilíbrio em níveis sempre mais elevados. (...) as experiências de vida (cotidiana) não são mais aceitas por seu valor aparente, sendo meditadas em todas as suas implicações e referidas a seus pressupostos.[251]

E, para Mannheim, o mais importante:

> 3º Estágio: Etapa da criação da concepção total de ideologia surgiu igualmente do processo histórico-social: a classe

---

249 MANNHEIM, Karl. *Ideologia e utopia*. 2ª. ed. Rio de Janeiro: Zahar, 1972, p. 66.
E para o autor, a ideia de utopia, estaria em oposição ao conceito de ideologia: "(...) grupos oprimidos estariam tão firmemente (intelectualmente interessados) na destruição e na transformação de uma dada condição da sociedade que mesmo involuntariamente somente veem na situação os elementos que tendem a negá-la".

250 "Neste caso, o sujeito não é um indivíduo concreto: trata-se de uma 'consciência em si'; o mundo não existe independentemente de nós." In: MANNHEIM, Karl. *Ideologia e utopia*. 2.ed. Rio de Janeiro: Zahar, 1972. p. 91-2.

251 *Ibidem*.

social, tomando lugar do "folk"[252] ou da nação, como portadora da consciência historicamente em evolução (...) – a estrutura da sociedade e suas formas intelectuais correspondentes variam com as relações entre as classes sociais.[253]

Vejamos os conceitos de Gramsci, que alertava para a consideração que se deve ter para com as ambiguidades dentro de ideologia: "...é preciso distinguir entre ideologias historicamente orgânicas, que são necessárias a uma certa estrutura, e ideologias arbitrárias, racionalizadas, desejadas". As ideologias "arbitrárias", quando sob crivo crítico, perderiam a credibilidade. Já as ideologias "historicamente orgânicas", seriam o universo onde se propicia aquilo que se prova cientificamente, racionalmente: aquela "realidade que é reconhecida por todos os homens, que é independente de qualquer ponto de vista meramente particular ou de grupo".[254]

Hanna Arendt conceitua as ideologias:

> (...) os ismos que podem explicar, a contento dos seus aderentes, toda e qualquer ocorrência a partir de uma única premissa – são fenômeno muito recente (...) Somente agora, com a vantagem que nos dá o seu estudo retrospectivo, podemos descobrir os elementos que as tornaram tão perturbadoramente úteis para o governo totalitário.
>
> As ideologias são notórias por seu caráter científico: combinam a atitude científica com resultados de importância filosófica, e pretendem ser uma filosofia científica (...)[255]

---

252 Para Mannheim, "mais concreto". O autor afirma que "o folkgeist", sentimento popular desenvolvido (forjado a partir do encontro forçado de "antecedentes mais remotos") durante e após as Guerras Napoleônicas, "foi substituído pela consciência de classes sociais". Sempre está presente o recurso da escavação na memória passada; o artifício do reemprego dos antigos símbolos tidos como importantes para a nação. In: *Ibidem*, p. 93.

253 *Ibidem*, p. 93-4.

254 GRAMSCI, Antonio. *Cadernos do cárcere*. 2.ed. Rio de Janeiro: Civilização Brasileira, 2001.

255 ARENDT, Hannah. *As origens do totalitarismo*. São Paulo: Companhia das Letras, 1989, p. 520.

384 VALQUÍRIA MAROTI CAROZZE

Hannah Arendt sustenta que as ideologias "são históricas, interessadas no vir-
-a-ser e no morrer, na ascensão e queda das culturas, mesmo que busquem explicar
a história através de alguma 'lei da natureza'".[256] Ou seja: são interessadas, totalitá-
rias e utilitárias. Determinantes da direção do pensamento – as explicações ideoló-
gicas são anteriores à sua própria condição; condição que lhe permite estabelecer
uma premissa,[257] que se dá a conhecer por uma ideia – o que neutraliza e substitui
os questionamentos dos pensamentos filosóficos, nos regimes totalitários. Ortega
y Gasset reforçava já o utilitarismo da ideologia quando apontava no que chamava
de "coisas esquisitas" (como o Sindicalismo e o Fascismo) a imposição pela força
do hermetismo para "acabar com as discussões"; a imposição de ideias – que deveriam ser aceitas, pela "razão da sem-razão.(...) O homem-médio encontra-se com
'ideais' dentro de si, mas carece da função de idear".[258]

Existe uma ideologia na preocupação com a criação e organização de acervos
– portanto, de conhecimentos, pautando-se no cientificismo –, na passagem da
década de 1920 para a de 1930, até os anos 1940.[259] Por um lado, como se viu, os regi-

---

A autora ajunta que "Uma ideologia é bem literalmente o que o seu nome indica: é a
lógica de uma ideia. O seu objeto de estudo é a história, à qual a 'ideia' é aplicada. (...)
o resultado dessa aplicação (...) é a revelação de um processo que está em constante
mudança". In: ARENDT, *op. cit.*, p. 521.

256 *Ibidem* p. 521.

257 *Ibidem* p. 522.

258 ORTEGA Y GASSET, *op. cit.*, p. 130.

259 A concepção de ideologia adotada por Gramsci está ligada a uma certa unificação das
supra-estruturas em torno dos valores históricos do conhecimento e da cultura. O pensador italiano é, sem dúvida, um materialista; seu materialismo, porém, tem uma feição
peculiar: está permanentemente atento para a importância da criatividade do sujeito
humano, para o poder inovador dos homens, tal como se expressa nas criações culturais.
Apesar das grandes diferenças, Gramsci tem em comum com Lukács (que ele nunca chegou a ler) um profundo apreço pela cultura como tal. Na análise do autor dos
Cadernos do Cárcere, a ideologia conservadora dominante estaria se tornando cada
vez mais cética em relação aos valores básicos da cultura, do conhecimento, da teoria
em geral, por causa da crise da cultura burguesa, que vem perdendo sua capacidade
de exercer uma verdadeira hegemonia sobre a sociedade. "A morte das velhas ideologias" – anotou Gramsci – "se verifica como ceticismo em relação a todas as teorias"
(GRAMSCI, 1977, p. 312).

Oneyda Alvarenga   385

mes totalitários buscavam fortalecer a ideia de nacional "importando" para a atualidade valores e glórias do passado, como um enxerto necessário, urgente. (E mais uma vez Ortega y Gasset faz coro à ideia, ao lembrar que a Europa de seu tempo precisava de pessoas realmente "contemporâneas", que sentissem ainda próxima a História anterior; que não ignorassem o passado.[260] E também quando ele coloca a cultura em oposição à chamada "barbárie" – esta como ausência de normas que regulem pensamentos; configuração/delimitação de ideias: "Não há cultura onde as polêmicas estéticas não reconhecem a necessidade de justificar a obra de arte",[261] num deslocamento de função; no absurdo questionamento do ato – em si – da criação da obra. Essa sentença resvalaria facilmente para aquilo que Gramsci acusaria, no julgamento e na classificação cientificista de "espírito (...) cínico, que tende a subestimar a riqueza do significado das criações culturais."[262] Assim como Hannah Arendt alertava: atrás das políticas dos regimes totalitários "esconde-se um conceito de poder inteiramente novo e sem precedentes", como "desarraigamento e desprezo pelos interesses nacionais e não o nacionalismo...)"[263]

Por outro lado... ainda que o fascínio dos "governos fortes" pudesse nublar mais ou menos o discernimento de intelectuais e artistas, mesmo levando-os, às vezes, a manifestar perigosas simpatias a essas seduções fáceis, estes acabavam por reforçar o teor de *nacionalismo* trabalhando em outra vertente.

Vimos, pelo estudo do nacionalismo na música brasileira, quais eram os objetivos de Mario de Andrade, quando tencionava dispor material folclórico aos compositores eruditos contemporâneos. Os *motivos*, os elementos folclóricos incorporados a uma composição nacional já livre de europeísmos, resultavam no trabalho bem resolvido de um Villa-Lobos, por exemplo. Mas vimos

---

Difunde-se um estado de espírito pragmático, imediatista, utilitário, cínico, que tende a subestimar a riqueza do significado das criações culturais. Generaliza-se uma crise de valores. Em resoluta oposição a essa tendência, o filósofo não hesitava em reivindicar a "honestidade científica" e a "lealdade intelectual"(GRAMSCI, 1977, p.1.840 e 1.841).

260   ORTEGA Y GASSET, *op. cit.*, p. 156.

261   *Ibidem*, p. 129.

262   Vide nota 260.

263   ARENDT, *op. cit.*, p. 467.

também, como teria se estruturado a Discoteca, quando dos planos gorados para o SPHAN e para a Rádio-Escola. Então, esses não podiam mais ser os objetivos do Departamento de Cultura, quando seguiu em frente, com o funcionamento ativo da Discoteca Pública Municipal.

A Discoteca Pública Municipal dispunha, então, partituras e gravações de música erudita, música folclórica e música popular aos seus consulentes. Os acervos convivendo no mesmo espaço, seu poder de alcance em estado latente. Haveria um objetivo definido, ou então, as demais discotecas também apresentariam esse mesmo perfil.

Mas, e para além de Villa-Lobos? O que vem a ser um acervo, enquanto múltiplas oportunidades que um público ainda pouco afeito ao desconhecido não explorava inteiramente, ao mesmo tempo que usuários com perfil de compositores de formação intelectual poderiam usar mais como material de partida para novas composições? Pode ser um acervo mais ou menos "vivo", dependendo da maneira como seja utilizado.

Pelas estatísticas publicadas em artigos de periódicos (vistos acima), confirmando o Relatório de Oneyda Alvarenga, de 1942, desenha-se, assim, um quadro que, por sua imutabilidade, mostra a falta de um programa educativo e a resistência resultante da força de outras ideologias – meio de comunicação de massa, explicação de Mario de Andrade para a preferência pela ópera italiana.

conclusões

Em seu item *Descolecionar*, do capítulo "Culturas híbridas, poderes oblíquos", García Canclini questiona se a cultura poderia mesmo ser explicada por coleções de bens simbólicos. Quando nos lembra que: "A formação de coleções especializadas de arte culta e folclore foi na Europa moderna, e mais tarde na América Latina, um dispositivo para organizar os bens simbólicos em grupos separados e hierarquizados".[1], remete à função de guarda da cultura desses espaços que abrigavam coleções. O sujeito que se queria culto, deveria ter conhecimento das coleções de obras cultas. Para isso, teria de, ao menos, saber como elas eram organizadas, já que eram voltadas ao público. Hoje, a função desses acervos teria mudado, uma vez que se admitem mesclas de autorias, materiais; as bibliotecas não são o único lugar em que se pode ter acesso à(s) leitura(s) etc. Já os acervos de objetos de povos que tinham outra cultura, compostos de itens simbólicos de indígenas, por exemplo, por sua constituição em si, já definiam não só o que seria o acervo folclórico – mas o próprio folclore. Ou seja, foi o estudo que separou em coleções os frutos da manifestação artística/cultural de costumes distintos que gerou a noção de folclore.

Ao falar da "agonia das coleções", García Canclini diminui as fronteiras entre o culto e o popular – e os dois do massivo, concluindo que: "... não há

---

1   GARCÍA CANCLINI, *op. cit.*, p. 302.

razões para lamentar a decomposição das coleções rígidas que, ao separar o culto, o popular e o massivo, promoviam as desigualdades". De certa forma, se transferirmos para a divisão dos acervos da Discoteca – e na qual Oneyda Alvarenga realizava Concertos de Discos cujo repertório se constituía de músicas eruditas, quando o acervo dispunha gravações em discos dessa música – mas também fonogramas e discos de registros de músicas folclóricas (classificadas, na época, mesmo na Discoteca, de *populares*), – poderíamos pensar que o foco estava somente num programa didático voltado para o conhecimento do erudito. Até certo ponto, sem dúvida. Se vasculharmos um pouco mais, encontraremos programas cujo repertório continha obras dos músicos eruditos brasileiros, cuja composição, por sua vez, já havia incorporado elementos folclóricos, não de maneira artificial. Mas bem-resolvida. O que dizer de Villa-Lobos? Erudito, sem dúvida. Mas sua música eivada de influências populares (choros cariocas) e folclóricas (provenientes de suas pesquisas em lugares de origem). E o que dizer, então dos autores russos, de Béla Bartók – e outros tantos? Isso para não mencionar cancioneiros medievais e outras manifestações musicais nebulosamente datadas apenas com aproximação, quase invisíveis através das muralhas dos séculos, que apenas permitem entrever se a leitura das partituras era exatamente a mesma que a execução do que ouvimos nas gravações do século xx... essas manifestações mais velhas, eram eruditas? Eram populares... folclóricas? Eram afluentes e tributárias? A caminhada da composição brasileira, por exemplo, mostra a mesma coisa. Aliás, García Canclini menciona composições do argentino Piazzola (jazz e tango) e do brasileiro Caetano Veloso[2] (poemas concretos e influências afro-brasileiras) como exemplos do que seria o hibridismo na música atual. Pode-se ainda pensar em Itamar Assumpção, em Egberto Gismonti, em Tom Jobim...

Mas regressando à Discoteca Pública Municipal e seus acervos, a princípio, divididos. Pode-se afirmar que sim, todos os programas de Concertos de Discos, dos quais foram recuperados e analisados 99, têm conteúdo erudito. Mas se os programas de Concertos de Discos visavam, como claro deixou Oneyda Alvarenga em *Como ouvir música*, citado acima, em que se

---

2   *Ibidem*, p. 304.

Oneyda Alvarenga 389

procurava levar o ouvinte a concluir a História Social da Música por meio da imensa amostragem de músicas, deixaram entrever também – mesmo porque Oneyda lia textos explicativos durante as apresentações – quando determinadas composições traziam origens folclóricas, como foi o caso do programa em que se ouviu Béla Bartók, aos 30 de dezembro de 1953, e outros tantos (ver "Programas da Discoteca"). Poderia ser o sinal de que a audição com foco didático encaminharia seus propósitos a uma visão geral, ao longo do tempo e, se ampliando seus repertórios, chegasse, na prática, onde Canclini[3] indica: ao hibridismo, no caso, musical. Enfim, a ação didática de Oneyda Alvarenga como diretora da Discoteca Municipal, quando realizava seus concertos de discos, era a síntese efetiva, na prática, daquelas pesquisas todas efetuadas por Mario de Andrade e vistas no capítulo 3: uma síntese aberta ao infinito, porque infinitas eram as combinações de obras que compunham os programas públicos, como também é infinito o campo das composições musicais. E tudo isso resultava na eterna reconstituição da História Social da Música, como se os repertórios todo o tempo se desmontassem e voltassem a se recompor, em outro momento, de outra forma. Se isso foi possível, foi porque já era possível, àquela época, também formações teóricas multifacetadas, atentas ao estudo da Sociologia, por exemplo – como se deu com a formação de Oneyda Alvarenga, folclorista e estudiosa que logrou entender (e usar) o poder socializante da música. Como já foi expresso acima, Mario de Andrade dava ênfase ao que chamava de "força social" emanada desse ramo da arte: essa "força" como base para a função social e a função pedagógica das discotecas, que possibilitavam a disseminação do conhecimento da música.

O próprio contexto da industrialização gerava uma situação de hibridismo nas relações sociais e econômicas: havia os imigrantes de várias culturas (trabalhadores já conscientes das condições de exploração, tanto no campo, quanto nas fábricas), mesclando-se ao antigo colonizador branco (no Brasil, o português); ao negro, cujos traços fortes da cultura africana (de várias nações e tribos) já se haviam arraigado em todos os aspectos da vida; ao elemento indígena, cujos resquícios de língua e manifestações culturais talvez não fossem

---

3   *Ibidem*, p. 26-7.

tão tênues como pudessem parecer. As relações, saídas há relativamente pouquíssimo tempo histórico daquelas práticas da escravidão, agora eram multiplamente complexas. Pobres, ricos; proletários, cafeicultores, industriais; estrangeiros, brasileiros (na passagem da década de 1920 para a de 1930, quem eram os *brasileiros*?). Como entender a cultura nesse tecido entrecruzado de classes, linguagens, culturas, artes, poderes (oblíquos), quando todos os fios que formavam o todo recebiam continuamente influências uns dos outros? A sociedade era feita de mestiços – e a mestiçagem não era apenas racial; era cultural, mais do que tudo; de pessoas que transmigravam de classe social; as artes eruditas procurariam eivar-se de matizes folclóricos (na época, chamados populares); a arte popular tentava ostentar traços de erudição... onde residiam os bens culturais, para onde se destinavam, depois de recuperados, guardados e oferecidos ao público? Eles se deixavam congelar em arquivos, bibliotecas, museus, discotecas? E depois de devidamente armazenados, classificados e catalogados, como deixariam sua (aparente) estagnação e como desencadeariam ações culturais? Eles desencadeariam desdobramentos na área cultural, de fato? Dentro da esfera da Discoteca Pública Municipal, podem-se avaliar alguns aspectos, quando Oneyda Alvarenga, analisando estatísticas de uso do acervo erudito, por exemplo – e isso para destacar um recorte no todo –, chegou a algumas conclusões que remetiam à necessidade de se pensar e agir com maior amplitude, como se viu em seu relatório da Discoteca, de 1942, sobre dados coletados até 1941.

Com o decorrer do tempo pôde-se analisar a intersecção entre vários setores e artes – as artes não apenas a partir do ponto de vista da estética; mas de vários setores (crítica, jornalistas, colecionadores, empresários...) e da cultura, no geral. Na intersecção entre as próprias manifestações artísticas e/ou culturais, constatam-se as inevitáveis deficiências que se revelam em aspectos de um Estado forte (de direita, ou de esquerda, se em época de guerra, de revolução, ou de entreguerras, ou seja, conforme os interesses do poder, num dado momento histórico) ao gerir a cultura, em instituições organizadas dentro de critérios rígidos de uma ordem que se despedaça. Mas, naquele momento, acreditava-se que era urgente divulgar o conhecimento do patrimônio artístico e cultural.

"Para não limitar a questão do consumo cultural ao registro empirista dos gostos e opiniões do público, é preciso analisá-la em relação a um problema central da modernidade: o da hegemonia."[4] Como García Canclini trata da reorganização da secular sociedade, o movimento perene das vanguardas e da expansão econômica e cultural, para ele existe dificuldade em se constituir sociedades unificadas por um consenso; pelo contrário, elas só se fazem coerentes a partir de imposição. Seria difícil conciliar as diferenças democratizando as relações sociais – por si, desiguais e complexas em sua desigualdade. E mais difícil ainda é avaliar a relação público/bens culturais. Canclini analisa a quase impossibilidade de controle das instituições culturais sobre os resultados de seus serviços:

> Existem estatísticas de frequência de público em algumas instituições e pesquisa de mercado dos meios massivos. Nem as instituições nem a mídia costumam averiguar quais os padrões de percepção e compreensão a partir dos quais seus públicos se relacionam com os bens culturais; menos ainda, que efeitos geram em sua conduta cotidiana e em sua cultura política.[5]

E o autor vai ao encontro das conclusões de Oneyda Alvarenga, quando do escreve:

> Avaliar a eficácia das tentativas democratizadoras requer investigar qualitativamente o consumo cultural. Em que medida as campanhas educativas, a difusão da arte e da ciência, permearam a sociedade? Como cada setor interpreta e usa o que a escola, os museus e a comunicação massiva querem fazer com eles?[6]

---

4   *Ibidem*, p. 140.

5   *Ibidem*.

6   *Ibidem*, p. 141.

Em vários países latino-americanos, ser culto foi entendido pelas elites liberais governantes como uma tarefa individual. Houve campanhas de alfabetização em massa e de educação popular, mas as obras dos artistas e escritores não se inseriam facilmente no patrimônio coletivo, porque se formaram frequentemente em oposição às culturas populares. Há que se entender ainda que o pensador Ortega y Gasset, na década de 1930, conceitua "massa" em oposição às "minorias". A massa sendo constituída pelo homem-médio[7] (e Ortega y Gasset alerta para o fato de essa massa não coincidir com a massa proletária), teria seus anseios peculiares. "Massa" era ainda um conceito novo, aparecendo pela primeira vez como elemento forte, capaz de se rebelar e exigir bens (no caso, nos interessam os bens imateriais, relativos à cultura). E já que Canclini aborda justamente as relatividades culturais, cabe a questão aberta no contexto em que as massas começavam a dar voz a seus "gostos". Cabe a questão dos preconceitos acerca das demandas artísticas, das decisões das "minorias", constituídas por "indivíduos isolados, que por coincidência apresentam características que os excluem/diferenciam da 'massa'"[8] (das multidões). Pois bem: entra ainda a visão, elitista e posterior, impregnada de preconceitos – um exemplo, entre muitos, seria o da classificação do canto gregoriano (do qual Oneyda vez por outra se serviu para montar seus Concertos de Discos) como "música erudita", sendo que esse conceito seria "novo". Mas tal classificação, definida a partir de certo ponto histórico por especialistas, e portanto "minoria", foi imposta ao ouvinte leigo ("homem-médio" que compunha a "massa").

Trazendo esses pontos mais para a atualidade, García Canclini prossegue, falando sobre a supremacia com que é encarada a cultura escrita sobre a visual – no caso, sobre as outras manifestações culturais:

> (...) nos países que chegaram primeiro a uma discreta taxa de alfabetização, onde a formação da modernidade esteve nas mãos de elites que superestimaram a escrita. Na Argentina, Brasil, Chile e Uruguai, a documentação inicial das tradições

---

7   ORTEGA Y GASSET, *op. cit.*, p. 62.

8   *Ibidem.*

Oneyda Alvarenga

culturais foi realizada mais por escritores – narradores e ensaístas – que por pesquisadores da cultura visual. (...) Oswald
e Mário de Andrade inauguraram o estudo do patrimônio folclórico e histórico, ou o valorizaram e o conceberam pela primeira vez dentro da história nacional. Esse olhar literário sobre o patrimônio, inclusive sobre a cultura visual, contribuiu
para o divórcio entre as elites e o povo. Em sociedades com
alto nível de analfabetismo, documentar e organizar a cultura privilegiando os meios escritos é uma maneira de reser-
var para as minorais a memória e o uso dos bens simbólicos.
Mesmo nos países que incorporaram, desde a primeira metade do século xx, amplos setores à educação formal, como os
que citamos, o predomínio da escrita implica um modo mais
intelectualizado de circulação e apropriação dos bens culturais, alheios às classes subalternas, habituadas à elaboração e
comunicação visual de suas experiências.[9]

Ainda que se refira a público de museus, García Canclini[10] analisa a situação da "oferta" da cultura a determinados públicos, quando ocorrem "desencontros entre modernização social e modernismo cultural, entre política
de elite e consumo massivo, entre inovações experimentais e coletivização
cultural". Canclini nos alerta para o perigo de se julgar determinado público
por critérios muito generalizados, sem se levar em conta a heterogeneidade
desse público e de seu comportamento igualmente heterogêneo diante de um
bem cultural: "Sobretudo nas sociedades complexas, em que a oferta cultural
é muito heterogênea, coexistem vários estilos de recepção e compreensão, formados em relações díspares com bens procedentes de tradições cultas, populares e massivas." – como seria o caso dos países da América Latina.[11]

> (...) o estudo, que propomos como referente para avaliar as
> políticas culturais, não pode restringir-se a conhecer os efeitos
> das ações hegemônicas. Deve problematizar os princípios que

---

9   GARCÍA CANCLINI, *op. cit.*, p. 142-3.

10   *Ibidem*, p. 149-150.

11   *Ibidem*, p. 150.

394 VALQUÍRIA MAROTI CAROZZE

> organizam essa hegemonia, que consagram a legitimidade de um tipo de bem simbólico e de um modo de se apropriar deles. Uma política é democrática tanto por construir espaços para o reconhecimento e o desenvolvimento coletivos quanto por suscitar as condições reflexivas, críticas, sensíveis para que seja pensado o que põe obstáculos a esse reconhecimento.[12]

Ao colocar as políticas culturais dessa forma, García Canclini cogita se o foco, hoje, deve ser a redução das desigualdades entre classes, etnias ou grupos a que se dirigem os bens culturais a diferenças.

Até que ponto se pode aplicar esse pensamento à organização da documentação musical – e num acervo em que se separava o popular (folclórico) do erudito? Deve-se pensar que a presença desses acervos desenvolvidos e mantidos lado a lado, na Discoteca Pública Municipal de São Paulo, foi planejada com o objetivo primeiro de atender o músico profissional (de formação erudita) do Brasil, proporcionando-lhe um celeiro de músicas de origem folclórica com a função não outra que ajudar a acelerar a definição da composição nacional. Também não se pode esquecer que o papel que coube à Discoteca de São Paulo era destinado, a princípio, a uma instituição federal – e não municipal. Mas como se viu acima, não foi possível.

No momento da proposta do projeto inicial, a suposição era de que, apesar de todo o trabalho em torno da disseminação do saber musical, mediante a organização da documentação, na Discoteca Pública Municipal de São Paulo e de todo o empenho da diretora da instituição, Oneyda Alvarenga houvesse desaparecido, no cenário histórico que se sobrepôs àquela realidade dos anos 1930 e 1940.

Depois de verificadas fontes reveladoras, encontradas sobretudo no Centro Cultural São Paulo, no entanto, a visualização da musicóloga mudou; Oneyda Alvarenga foi alvo de reconhecimento, desde pontos de vista críticos e sérios.

Pelas décadas de 1950 e 1960 (Oneyda Alvarenga se aposentou em 1968), jornalistas requisitavam opinião crítica da diretora da Discoteca Pública

---

12 *Ibidem*, p. 157.

Municipal a respeito de literatura. Oneyda, porém, declarava que não se considerava apta para tanto. Ela chega a afirmar que dar sua opinião era o mesmo que "meter sua colher torta" no assunto. Enfim, qual o motivo que levaria Laís Corrêa de Araujo, jornalista de Minas Gerais, a inquirir Oneyda Alvarenga sobre nada menos que a obra do medalhão João Guimarães Rosa? Fato é que Oneyda Alvarenga já era considerada poeta de Minas Gerias, reconhecida por Mario de Andrade, Manuel Bandeira, Koellreutter, Rosário Fusco; folclorista reconhecida como grande estudiosa por Roger Bastide, Câmara Cascudo, Antonio Alatorre, e muitos outros.[13] A imprensa também continuou a respeitar o peso que Oneyda Alvarenga dava ao enfoque do coletivo, em detrimento do individual, no universo da cultura e sua divulgação.

Também a inesperada (e feliz) descoberta de 99 programas de Concertos de Discos, no Centro Cultural São Paulo – recuperados, dentre um número maior, dados que se perderam, conforme estimativa acima, ao longo do tempo –, assim como de 37[14] dos textos que acompanhavam concertos realizados (sendo 36 deles nos anos 1950), descortinou a prática da diretora da Discoteca e musicóloga, ação resultada das muitas leituras e estudos também rastreadas e expostas no capítulo 3, como já foi mencionado acima. Refazendo o caminho das leituras na biblioteca da casa de Mario de Andrade, desde as mais antigas edições de livros sobre História da Música, até as mais modernas (e até hoje atuais) publicações de periódicos sobre, por exemplo, rádio-escolas, Oneyda Alvarenga logrou contemplar obras de mestres da música, em seus repertórios de audições públicas. Sempre procurou refazer, com essas montagens aparentemente aleatórias, a história social da música, no conhecimento coletivo. Afinal, a história da música é, antes de mais, nossa história – como afirma o musicólogo inglês Nicholas Cook,[15] depois de subverter a ordem

---

13 Vide Anexo A: ALVARENGA, Oneyda. [Como encara Castro Alves na literatura brasileira]: Entrevista de Oneyda Alvarenga para o Jornal *Hoje*, sem indicação de entrevistador. Entrevista. Datiloscrito, 14 de fevereiro de 1947, cópia carbono, 4 p. Doc. 8089 – (da mesma forma) Consultada cópia xerográfica.

14 Destes textos, se mostraram neste trabalho o exemplo de dois.

15 COOK, *op. cit.*

cronológica adotada pelas convencionais Histórias da Música. Foram as conformações históricas, sociais, econômicas, as necessidades culturais das pessoas, em diferentes épocas que, afinal das contas, determinaram como seriam as composições musicais; para quê se destinariam. E não, como se pregou, ao contrário, durante tanto tempo, uma fieira de obras chamadas eruditas, com o poder de formar, a partir de uma escada evolutiva cronologicamente, os cânones a serem aprendidos e aceitos, como um universo deslocado de nós. Ora, tudo isso, se Oneyda Alvarenga se preocupou em disseminar a consciência da História Social da Música – e não apenas da História da Música – era base para o formato que adotaram os repertórios dos Concertos de Discos daquela instituição criada dentro do Departamento de Cultura dos anos 1930.

A estatura da musicóloga, da folclorista, da poeta e da organizadora da Discoteca Municipal tomou suas devidas proporções e a imagem "injustiçada" cedeu lugar a contornos de uma profissional atuante em várias áreas. Se no capítulo 1 deste livro os comentários muitas vezes singelos de Oneyda Alvarenga transparecem em cartas a Mario de Andrade, logo depois de assumir a função de diretora da Discoteca, sua identidade se adensa. Sua rápida apreensão da musicologia e domínio da linguagem científica marcarão todo seu pragmatismo no âmbito da Discoteca Pública Municipal de São Paulo, assim como sua maestria no campo das pesquisas sobre danças e músicas folclóricas.

Da mesma forma, a Discoteca deixa sua limitada condição de uma organização que, por motivos políticos e sociais, teve seu alcance congelado, em vários momentos; por diversos motivos; sob muitos aspectos – dependendo do contexto. Os estudos que se realizam, nesse sentido, no decorrer do tempo, mostram a dinâmica na aparente imobilidade de um conjunto de documentação. A organização e a disseminação da informação, por si só, trazem constante inquietação; a marca mesmo da iniciativa de grupos que pretendem a divulgação de bens culturais como direito de todos, num determinado período, já é suficientemente catalisadora de reflexões que interferem indefinidamente nas estruturas sociais, históricas, culturais – humanas.

referências

ABDANUR, Elizabeth França. *Os "ilustrados" e a política cultural em São Paulo*: o departamento de cultura na gestão Mário de Andrade (1935-1938) São Paulo, s.n., 1992. Dissertação (Mestrado), p. 178.

ALALEONA, Domenico. *Noções de história da música.* São Paulo: Ricordi Americana, 1941.

Album d'histoire de la musique. Paris: Monde Musical, 1932.

ALMEIDA, Renato. *História da música brasileira.* Rio de Janeiro: F. Briguiet, 1926.

ALVARENGA, Oneyda. *A discoteca pública municipal.* São Paulo: Departamento de Cultura, 1942. Separata da Revista do Arquivo, n. LXXXVII.

_____. *A Linguagem Musical.* Datiloscrito, 1945. Arquivo Mário de Andrade, Instituto de Estudos Brasileiros, USP. Obra inédita.

_____. *A menina boba.* São Paulo: Revista dos Tribunais, 1938.

_____. Ai, saudades! [Encarte] São Paulo : s.c.p., 198-. Acompanha 1 disco sonoro.

_____. Sonora política. *Revista do Arquivo Municipal,* São Paulo, v. 12, n. 106, p. 7-44, jan. 1946.

398   VALQUÍRIA MAROTI CAROZZE

_____. Prefeitura do Município de São Paulo. Departamento de cultura. *Catálogo ilustrado do Museu folclórico*. São Paulo, 1950.

_____. Catálogo ilustrado do Museu folclórico. São Paulo, 1950. 295 p.

AMERICAN SCHOOL OF THE AIR RADIO ESCUELA DE LAS AMERICAS: teacher's manual 1940-41. Nova York: Columbia Broadcasting System, 1941.

ANDRADE, Mario de. *Cartas*: Mario de Andrade, Oneyda Alvarenga. São Paulo: Duas Cidades, 1983.

_____. *Aspectos da música brasileira*. 2ª. ed. São Paulo: Martins, 1975.

_____. Miranda, Murilo. *Cartas a Murilo Miranda (1934-1945)*. Rio de Janeiro: Nova Fronteira, 1981.

_____. *Cartas de trabalho*: correspondência com Rodrigo Mello Franco de Andrade (1936-1945). Brasília: Ministério da Educação e Cultura, 1981. (Publicações da Secretaria do Patrimônio Histórico e Artístico Nacional, n.33).

_____. *Compêndio de história da música*. 2ª. ed. São Paulo: Casa Editora Musical Brasileira, 1933.

_____. *Cultura musical*: (Oração de paraninfo dos diplomandos de 1935, do Conservatório Dramático e Musical de São Paulo). São Paulo: Departamento Municipal de Cultura, 1936.

_____. *De pauliceia desvairada a café*: poesias completas. São Paulo: Círculo do Livro, 1982.

_____. *Dicionário musical brasileiro*. Belo Horizonte: Itatiaia, 1989. (Reconquista do Brasil. 2ª série; v.162)

_____. *A enciclopédia brasileira*. São Paulo: Edusp, 1993.

_____. *Ensaio sobre a música brasileira*. Belo Horizonte: Itatiaia, 2006.

_____. *A expressão musical dos Estados Unidos*. Rio de Janeiro: Leuzinger, 1941?

_____. *Música, doce música.* São Paulo: Martins, 1963. 420 p.

_____. *Pequena história da música.* São Paulo: Livraria Martins, 1942. 286 p.

_____. *Quatro pessoas.* Belo Horizonte: Itatiaia, 1985. 258p. (Coleção Buriti, 24)

_____. *Querida Henriqueta*: cartas de Mario de Andrade a Henriqueta Lisboa. 2ª. ed. Rio de Janeiro: José Olympio, 1991.

_____. A situação etnográfica no Brasil. Jornal Síntese, Belo Horizonte, vol. 1, nº 1, out. De 1936.

_____. *Taxi e crônicas no Diário Nacional.* São Paulo: Livraria Duas Cidades, Secretaria da Cultura, Ciência e Tecnologia, 1976.

ARENDT, Hannah. *As origens do totalitarismo.* São Paulo: Companhia das Letras, 1989. 562 p.

ARGENTINA. Direccion General de Correos Y Telegrafos. *Escuela del aire gestiones para su organizacion.* Buenos Aires: Talleres Graf Correos Telegrafos, 1939. 29 p.

ARGENTINA. Ministerio Del Interior. Ministerio de Justicia e Introducion Publica. *Plan experimental de transmisiones organización.* Buenos Aires: Talleres Graf Correos Telegrafos, 1939. 9p.

_____. *Problema del idioma en la radiodifusión...* Buenos Aires: Correos Y Telegrafos, 1939. 32p.

_____. *Receptores de radiodifusión para escuelas.* Buenos Aires: Talleres Graf Correos Telegrafos, 1940.

_____. *Reorganizacion de los servicios de radiofusión...* Buenos Aires: Correos Y Telegrafos, 1939. 30p.

_____. *Transmisiones experimentales de la escuela del aire francés* (lecciones de repaso). Buenos Aires: Talleres Graf Correos Telegrafos, 19--.

_____. *Transmisiones experimentales de la escuela del aire inglés* (lecciones de repaso). Buenos Aires: Talleres Graf Correos Telegrafos, 19--.

_____. *Transmisiones experimentales de la escuela del aire italiano* (lecciones de repaso). Buenos Aires: Talleres Graf Correos Telegrafos, 19--.

ARIAS GOMEZ, Jose. *Gramófono moderno*. Bilbao: Espasa-Calpe, 1931, p. 163.

AZEVEDO, Luiz Heitor Correa de. *150 anos de música no Brasil* (1800-1950). Rio de Janeiro: José Olympio, 1956. (Coleção Documentos brasileiros)

BAKHTIN, Mikhail M. *Estética da criação verbal*. São Paulo: WMF Martins Fontes, 2010.

BANDEIRA, Manuel. Nota sobre a Menina Boba. In: Para todos, n. 3, abril, 1939, n. p.

BARBATO JUNIOR, Roberto. *Missionários de uma utopia nacional-popular*: os intelectuais e o Departamento de Cultura de São Paulo. São Paulo: Annablume, 2004.

BAUER, Marion. *Twentieth century music how it developed, how to listen to it*. Nova York: G. P. Putnam's Sons, 1933.

BEKKER, Paul. *Beethoven*. [2. Aufl.]. Stuttgart: Deutsche Verlags-Anstalt, 1922 [c1912].

_____. *Das deutsche musikleben*. [3. Ausg.]. Berlim: Deutsche Verlags-anstalt, Vereinigt mit Schuster & Loeffler, 1922.

_____. *Materiale grundlagen der musik*. Viena: Universal, 926.

_____. *Musikgeschichte als geschichte der musikalischen formwandlungen*. Stuttgart: Deutsche Verlags-Anstalt, 1926.

_____. *Von den Naturreichen des Klanges*: grundriss einer phänomenologie der musik. Berlim: Deutsche Verlags-Anstalt, 1925.

BOSI, Alfredo. *Dialética da colonização*. 2ª ed. São Paulo: Companhia das Letras, 1994.

BRAUDEL, Fernand. *Escritos sobre a história*. São Paulo: Perspectiva, 1978.

BRITO, Mário da Silva. História do modernismo brasileiro: I – antecedentes da semana de arte moderna. 5.ed. Rio de Janeiro: Civilização Brasileira, 1978. (Coleção Debates).

BRUM, Marciano. *Através da música*: bosquejos históricos. Rio de Janeiro: Officinas Graphicas de I. Bevilacqua, 1897.

BUCK, Percy C. *Oxford history of music*. 2ª. ed. Londres: Oxford, 1929.

BUSCACIO, Cesar Maia. *Americanismo e nacionalismo musicais na correspondência de Curt Lange e Camargo Guarnieri* (1934-1956). Tese (Doutorado em História Social) – UFRJ/PPGHIS, Rio de Janeiro, 2009.

CAMARASA, Antonio. *Antología sonora*: una magnifica empresa en el mundo de la música. Rosario: Ed. del autor, 1937.

CANDIDO, Antonio. O direto à literatura e outros ensaios. Coimbra [Portugal]: Angelus Novus Editora, 2004.

_____. Literatura e sociedade: estudos de teoria e história literária. São Paulo: Companhia Editora Nacional, 1980.

CARVALHO, Dalila Vasconcellos de. *Renome, vocação e gênero*: duas musicistas brasileiras. Tese – FFLCH , São Paulo, 2010.

CARVALHO, Henri de. *Mario de Andrade e o estro romântico de sua propositura estético-musical*: expressão da determinação histórica no capitalismo hiper-tardio. São Paulo: Tese – PUC, São Paulo, 2009.

CATALOGO DE DISCOS NACIONAES E ESTRANGEIROS ODEON. Rio de Janeiro: Casa Edison, 1934.

CATALOGO DE DISCOS VICTOR 1927 COM MATERIAL BIOGRAFICO, ANOTACIO-NES SOBRE OPERAS, FOTOGRAFIAS DE ARTISTAS Y OTRA... Nova Jersey: Victor Talking Machine, 1931.

CATALOGO GERAL 1929-1930. Rio de Janeiro: Odeon, 19-?.

CATALOGO GERAL DOS DISCOS BRASILEIROS. São Paulo: Columbia, 1931.

CERQUEIRA, Vera Lúcia Cardim de. *Contribuições de Samuel Lowrie e Dina Lévi-Strauss ao Departamento de Cultura de São Paulo – 1935-1938*. Dissertação (Mestrado em Ciências Sociais) – PUC/SP, São Paulo, 2010.

CESARI, Gaetano. *Lezioni di storia della musica*. Milão: G Ricordi, 1931.

CLARK, Evans. *Catalogue of latin american and west indian dances and songs in the Record collection*. Nova York: S.N., 1941.

COEUROY, André; JARDILLIER, Robert. *Histoire de la musique avec l'aide du disque suivie de trois commentaires de disques avec exemples musicaux*. Paris: Librairie Delagrave, 1931.

COEUROY, André. *Panorama de la musique contemporaine*. 6. ed. Paris: Kra, [c1928].

COEUROY, André. *Panorama de la radio*: avec un exposé technique de Jean Mercier. Paris: KRA, 1930.

COLI, Jorge. *Música final:* Mario de Andrade e sua coluna jornalística *Mundo musical*. Campinas: Editora da Unicamp, 1998.

_____. *O nacional e o outro*. Disponível em: <http://www.sescsp.org.br/sesc/hotsites/missao/textos_frameset.html>. Acesso em: 10 out. 2008.

COMBARIEU, Jules. *Histoire de la musique*. Paris: Armand Colin, 1913-1920.

COOK, Nicholas. *De Madona al canto gregoriano*: uma muy breve introducción a la música. Madri: Alianza, 2005.

COSME, Luís. *Manual de classificação e catalogação de discos musicais*. Rio de Janeiro: Departamento de Imprensa Nacional, 1949.

DANDELOT, Arthur. *Résumé d'histoire de la musique*. 3ª. ed. Paris: Senart, 1915.

DANNREUTHER, Edward. *Romantic period*. Oxford: Clarendon Press, 1905.

DEBUSSY, Claude Achille. *Monsieur croche antidilettante*. Paris: Bibliophiles Fantaisistes, 1921.

Decreto n. 24655 de 11 de julho de 1934 dispõe sobre a concessão e a execução dos serviços de radiodifusão e da... Rio de Janeiro: Off Correios Telegraphos, 1935.

DETHERIDGE, Joseph. *Chronology of music composers.* Birmingham: J. Detheridge, 1937.

Discos Victor brasileiros catalogo 1932-1933. Rio de Janeiro, Rca Victor Brasileira, 19-?.

DISCOTECA ONEYDA ALVARENGA. *Catálogo histórico-fonográfico.* São Paulo: CCSP, 1993.

DORET, Gustave. *Musique et musiciens.* Lausanne: Foetisch Frères, 1915.

DUARTE, Paulo. *Mario de Andrade por ele mesmo.* São Paulo: Edart, 1971.

DUMESNIL, René. *Histoire de la musique illustrée.* Paris: Plon, 1934.

DYSON, George. *Progrès de la musique*: histoire de la musique en Europe depuis le Moyen Âge jusqu'a nos jours. Paris: Payot, 1933.

EDUCATIONAL CATALOG AND GRADED LIST OF VICTOR RECORDS FOR HOME, SCHOOL AND COLLEGE... Nova Jersey, Rca Victor, 1930.

ELEUTÉRIO, Maria de Lourdes. *Vidas de romance*: as mulheres e o exercício de ler e escrever no entresséculos 1890-1930. Rio de Janeiro: Topbooks, 2005.

EMMANUEL, Maurice *et al. L'initiation a la musique*: a l'usage des amateurs de musique et de radio. Paris: Tambourinaire, 1935.

EMMANUEL, Maurice. *Histoire de la langue musicale*: antiquité – moyen age. Paris: H. Laurens, 1911.

FARAH, Nacif. *Elementos de história da música sintese das obras de Riemann, Magrini e outros.* Tatuí: Tip. Azevedo & C., 19--.

FARGE, Arlette. *O sabor do arquivo.* São Paulo: Edusp, 2009.

FAURÉ, Gabriel; Gheusi, P. B. *Opinions musicales.* Paris: Rieder, 1930.

FERGUSON, Donald Nivison. *A history of musical thought.* Londres: K. Paul, Trench, Trubner, 1935.

FERRAZ, José Bento Faria. *"Catálogo dicionário"* aplicado a uma discoteca. São Paulo: Departamento de cultura, 1941.

FIGUEIREDO, Guilherme. *Miniatura de história da música*. Rio de Janeiro: C. E. B. [i.e. Casa do estudante do Brasil], 1942.

FLORENCE, Paulo. *Musica e evolucao*. São Paulo: Sao Paulo Editora, 1930.

FULLER-MAITLAND, John Alexander. *Age of Bach and Hendel*. Oxford: Clarendon Press, 1902.

GABEAUD, Alice. *Histoire de la musique*. Paris: Larousse, 1939.

GALVÃO, Henrique. *Boletim da Emissora Nacional*. Lisboa: A Emissora, 1935, n. 5.

GARCÍA CANCLINI, Néstor. *Culturas híbridas*: estratégias para entrar e sair da modernidade. São Paulo: Edusp, 1997.

GÉROLD, Theodore. *Histoire de la musique des origines à la fin du xiv. siècle*. Paris: H Laurens, 1936.

GILIOLI, Renato de Sousa Porto. Catani, Afranio Mendes (orient). *Educação e cultura no rádio brasileiro concepções de radioescola em Roquette-Pinto*. São Paulo, 2008. Tese (Doutorado) p. 54.

GOLDBECK, Frédérik. Histoire de la musique avec l'aide du disque, par André Coeuroy et Rob. Jardillier (Éd. Delagrave, Paris) In: La revue musicale. Paris, Éditions de la Nouvelle Revue Française, 1931, v. xii, n.119

GRAMSCI, Antonio. *Cadernos do cárcere*. 2ª. ed. Rio de Janeiro: Civilização Brasileira, 2001.

_____. *Escritos políticos*. Rio de Janeiro: Civilização Brasileira, 2004. 2v.

_____. *Letteratura e vita nazionale*. 3ª. ed. Torino: Einaudi, 1953.

HÉMARDINQUER, Pierre. *Le phonographe et ses merveilleux progrés*. [Paris]: Masson, 1930.

HEUGEL, Jacques. *Le Ménestrel:* musique theatres. Paris: Maurice Dufrene, 1936.

HOLANDA, Sérgio Buarque de. *Raízes do Brasil.* 19ª. ed. Rio de Janeiro: José Olympio, 1987.

HULL, A. Eaglefield. *Music, classical, romantic & modern.* Londres: J.M. Dent & sons, 1927.

IONTA, Maria Aparecida. *As cores da amizade na escrita epistolar de Anita Malfatti, Oneyda Alvarenga, Henriquetta Lisboa e Mario de Andrade.* Tese (Doutorado) – Universidade Estadual de Campinas, Instituto de Filosofia e Ciências Humanas, Campinas, 2004.

KATZ, Israel J. (ed.) *Libraries, history, diplomacy, and the performing arts*: essays in honor of Carleton Sprague Smith. Nova York: Pendragon, 1991.

KINSKY, Georg; HAAS, Robert Maria; SCHNOOR, Hans; PRUNIÈRES, Henry. *Álbum musical.* Paris: Librairie Delagrave, 1930.

LACERDA, Marcos Branda. *Os registros musicais da Missão de Pesquisas Folclóricas.* Disponível em: <http://www.sescsp.org.br/sesc/hotsites/missao/textos_frameset.html>. Acesso em: 13 mar. 2009.

LANDORMY, Paul. *Histoire de la musique.* 2ª. ed. Paris: P. Delaplane, 1911.

LANGE, Francisco Curt. *Americanismo musical*: la sección de investigaciones musicales, su creación, propósitos y finalidades. Montevideo: Inst. de Estudios Superiores, 1934.

_____. Americanismo musical. In: *Boletín Americano de Música.* Montevideo, Lumen, 1936. Ano II, Tomo II, p.117-130.

_____. *Fonografía pedagógica.* Separata de Anales de Instrución Primaria. Montevideo, abril e junho de 1934, e tomo I de 1935.

_____. Fonografía pedagógica II: iniciación artística musical em liceos. In: *Boletín Latino Americano de Música.* Montevideo: Peña, 1935. Tomo I, Año I.

_____. Organización musical en el Uruguay. Parte I. Montevideo, 1935. Ano I, tomo I, p.111-132.

LIMA, Rossini Tavares de. *Noções de história da música*. 2. ed. São Paulo: Casa Wagner, 1929.

LOBO, Hélio. *O pan-americanismo e o Brasil*. São Paulo: Nacional, 1939.

LOPEZ, Telê Porto Ancona. *Mário de Andrade*: ramais e caminho. São Paulo: Duas Cidades, 1972.

LUCIANI, Sebastiano Arturo. *Mille anni di musica; trentasei tavole fuori testo*. Milão: Ulrico Hoepli, 1936.

MACHABEY, Armand. *Histoire et évolution des formules musicales du I au XV siècle de l'ère chrétienne*. Paris: Payot, 1928.

MANNHEIM, Karl. *O homem e a sociedade*: estudos sobre a estrutura social moderna. Rio de Janeiro: Zahar, 1962.

_____. *Ideologia e utopia*. 2ª. ed. Rio de Janeiro: Zahar, 1972.

MARCILLAC, François. *Histoire de la musique moderne et des musiciens celebres en Italie, en Allemagne et en France depuis l'ere chretienne*. Paris: Sandoz & Fischbacher, 1876.

MATOS, Edilene (org) *et al*. *A presença de Castello*. São Paulo: Humanitas/FFLCH/USP, Instituto de Estudos Brasileiros, 2003.

MAYER-SERRA, Otto. *El romanticismo musical*: introducción a la historia musical del siglo romántico, con una historia resumida de sus... México: Nuestro Pueblo, 1940.

MENDES, Murilo. *Formação de discoteca e outros artigos sobre música*: matéria publicada originalmente no suplemento "Letras e Artes", do jornal carioca *A Manhã*, entre 1946 e 1947. São Paulo: Edusp, 1993.

MICELI, Sergio. *Intelectuais à brasileira*. São Paulo: Companhia das Letras, 2001.

MORAES, Marcos Antonio de. *Correspondência Mário de Andrade & Manuel Bandeira*. 2ª. ed. São Paulo: Edusp, 2001.

_____. "Música de pancadaria": rádio, polêmicas, cartas etc. In: *Calendário de Cultura e Extensão*, São Paulo, p. 2-3, ago. 2002.

MOTTO, Silvio. *Pontos de phisica, historia da musica e esthetica*. São Paulo: Ricordi, 1936.

THE MUSICAL QUARTERLY. Nova York: G. Schirmer Inc., 1923-194-.

NEF, Karl; ROKSETH, Yvonne. *Histoire de la musique*. Paris: Payot, 1925.

NEVES, José Maria. *Música contemporânea brasileira*. São Paulo: Ricordi, 1981.

NOMBELA, Julio. *Nuevo manual de musica escrito con arreglo a los ultimos progresos del arte musical con una historia general de la...* Paris: Ch. Bouret, 1912.

ORTEGA Y GASSET, José. *A rebelião das massas*. 2ª. ed. Rio de Janeiro: Ibero-Americano, 1962.

PADUA, Djalma de Campos. *Resumo de historia da musica, segundo os programmas adoptados nos cursos normaes e gymnasios*. Campinas: Typ da Casa Genoud Ltda, 19-?.

PANNAIN, Guido. *Lineamenti di storia della musica*. Napoli: Fratelli Curci, 1922.

PARLOPHON CATÁLOGO GERAL DOS DISCOS JULHO 1928 – JUNHO 1929. Rio de Janeiro: Papelaria Meier, 19--. 1V.

PRADO JUNIOR, Caio. *Formação do Brasil Contemporâneo*. 24ª. reimp. São Paulo: Brasiliense, 1996.

PROGRAMAS DE ONDAS CURTAS EM PORTUGUÊS DOS ESTADOS UNIDOS PARA O BRASIL: março 1944. São Paulo: Coordenador Assuntos Interamericanos, 1944.

RADIO SOCIEDADE (Bmg). *Estatutos da radio sociedade de juiz de fora;* approvados e modificados em assemblea geral realizada em 14 de dezembro... Rio de Janeiro: Graf Renato Americano, 19-?.

REMIÃO, Cláudio Roberto Dornelles. O Mário de Andrade de "Número especial". In: *XXIV Simpósio Nacional de História*, 2007, São Leopoldo. História e multidisciplinaridade: território e deslocamentos: anais do XXIV Simpósio Nacional de História. São Leopoldo: Unisinos, 2007, p. 1-8.

LA REVUE MUSICALE. Paris: Éditions de la Nouvelle Revue Française, 1925-1940.

REYS, Emma Romero Santos Fonseca da Câmara. *Divulgação musical:* programas, conferencias, criticas. Lisboa: Seara Nova, 1937.

RIEMANN, Karl Wilhem Julius Hugo. *Storia universali della musica.* Torino: Societa Tip-Editrice Nazionale, 1912.

SÁ, Bernardo Valentim Moreira de. *Historia da musica.* Porto: Casa Moreira de Sá, 1920.

SAINT-SAËNS, Camille. *École buissonière notes et souvenirs.* Paris: Lafitte, 1913.

SAMPIETRI, Carlos Eduardo. Alambert Júnior, Francisco Cabral (orient). *A Discoteca Pública Municipal de São Paulo (1935-1945).* São Paulo, 2009.

SÃO PAULO (CIDADE). Prefeitura do Município de São Paulo. Secretaria de Cultura. Centro Cultural São Paulo. *Sociedade de Etnografia e Folclore.* São Paulo: CCSP, 2004.

SÃO PAULO (EST). Servico de Radio e Cinema Educativa. *Circular n. 24 instrucções sobre o serviço de radio e cinema educativo.* São Paulo: Imprensa Oficial do Estado, 1934.

SCHLESENER, Anita Helena. *Hegemonia e cultura:* Gramsci. 3ª. ed. Curitiba: Editora UFPR, 2007.

SCHUMANN, Robert. *Scritti sulla musica e i musicisti.* Milão: Bottega di poesia, 1927.

SCHURÉ, Edouard. *Histoire du drame musical.* Paris: Perrin, 1920.

SCHWERKÉ, Irving. *Kings Jazz and David* (Jazz et David, rois). Paris: Priv. print. for the author by Les Presses, modernes, 1927.

SEROFF, Victor. *Dmitri Shostakovich.* Rio de Janeiro: Empresa gráfica O Cruzeiro, 1945.

SEVCENKO, Nicolau. *Orfeu extático na metrópole*: São Paulo, sociedade e cultura nos f   ra nos frementes anos 20. São Paulo: Companhia das Letras, 2009.

SIMIONI, Ana Paula. *Profissão artista*: pintoras e escultoras acadêmicas brasileiras. São Paulo: Edusp, 2008p.

SMITH, Carleton Sprague. *Music libraries in South America*. Nova York: Nova York Public Library, 194-?.

SUPER, Antoine. *Palestrina* [:] (G. Pierluigi) [:] étude historique et critique sur la musique réligieuse. Paris: V. Retaux, 1892.

SPHAN: refrigério da cultura oficial. In: *Revista do Patrimônio Histórico e Artístico Nacional*, n. 22. Rio de Janeiro, 1987, p.44-7.

STEWARD, Margaret; MIGNONE, Francisco. *Historia da musica contada à juventude*. São Paulo: E. S. Mangione, 1935.

TIERSOT, Julien. *La musique aux temps romantiques*. Paris: F. Alcan, 1930.

TIERSOT, Julien. *Notes d'ethnographie musicale*. Paris: Fischbacher, 1905.

TOFFANO, Jaci. *As pianistas dos anos 1920 e a geração* jet-lag: o paradoxo feminista. Brasília:EdUnb, 2007.

TONI, Flávia Camargo. Mário e Marias. *Revista do Instituto de Estudos Brasileiros*, São Paulo, n.36 p.166-175, 1994.

_____. A missão de pesquisas folclóricas do Departamento de Cultura. São Paulo: Centro Cultural São Paulo, 1983.

_____. *Missão*: as pesquisas folclóricas. Disponível em: <http://www.sescsp.org.br/sesc/hotsites/missao/textos/texto2.html>. Acesso em: 10 mar. 2009.

_____. *A música popular brasileira na vitrola de Mario de Andrade*. São Paulo: SENAC, 2004.

TRAVASSOS, Elizabeth. *Os mandarins milagrosos*: arte e etnografia em Mário de Andrade e Béla Bartók. Rio de Janeiro: Zahar, 1997.

UNTERSTEINER, Alfredo. *Storia della musica*. 4ª. ed. Milão: Ulrico Hoepli, 1916.

_____. *Modernismo e música brasileira*. Rio de Janeiro: Zahar, 2000.

WHITE, Robert Thomas. *Music [and] its history*. Cambridge: University Press, 1924.

WOLFF, Charles. *Disques*: répertoire critique du phonographe. Paris: Grasset, 1929.

WOLF, Johannes; GERHARD, Roberto; ANGLÈS, Higini. *Historia de la música*. Barcelona: Labor, 1934.

WOOLLETT, Henry. *Histoire de la musique depuis l'antiquité jusqu'a nos jours en quatre volumes*. 3ª. ed. Paris: Max Eschig, 1925. v. 1.

_____. *Histoire de la musique depuis l'antiquité jusqu'a nos jours en quatre volumes*. 2ª. ed. Paris: Max Eschig, 1925. v. 2.

anexo a[1]

ALVARENGA, Oneyda. Oneyda Alvarenga: referências críticas. [Trechos de críticas escritas em correspondências e de artigos publicados em periódicos, sem assinatura.] Datiloscrito, [1938/68], cópia carbono, 10 p. Doc. 8069 – (da mesma forma) Consultada cópia xerográfica.

"ONEYDA ALVARENGA – REFERÊNCIAS CRÍTICAS

Agradeço-lhe o oferecimento da separata de seu trabalho sobre Mario. É das coisas mais altas que já se escreveram sobre ele, e creio que você penetra a fundo nas preocupações e ideias da fase final do nosso extraordinário amigo. A mim, sua página comoveu, e muito."

(CARLOS DRUMMOND DE ANDRADE, carta de 8-4-1947)

"Queira aceitar nossos agradecimentos mais sinceros e nossas felicitações pelo trabalho realizado até agora de registros de uma grande importância linguística. Nós nos propomos publicar um relatório sobre essa admirável atividade científica."

(PROF. SEVER POP, Secretário da Commission d'Enquête Linguistique, Sous-division du Comité International Permanent de Linguistes, Louvain.) (Carta de 27-12-1955) (Tradução minha).

---

1 Documento do Arquivo Histórico da Discoteca do Centro Cultural São Paulo.

412 VALQUÍRIA MAROTI CAROZZE

"Penetramos agora no mundo das mulheres que se voltaram para os estudos e as pesquisas de ordem literária, biográfica ou folclórica. É um mundo restrito quanto à quantidade, mas selecionado quanto à qualidade. (...) Não se pode atualmente falar em folclore sem referência obrigatória aos trabalhos de Oneyda Alvarenga e de Maria Amalia Correia Giffoni."

(Alcântara Silveira – "Presença Feminina da Literatura Nacional – II". Suplemento de *O Estado de São Paulo*, 25-1-1968[2]).

"A poetisa de 'A Menina Boba' é uma das mais belas vozes da nossa poesia." (...) o compositor Koellreutter nos deu uma bela notícia, escreveu um ciclo de noturnos atonais com versos de Oneyda Alvarenga, para contralto e piano."

(Edemundo Lys – "Noturnos atonais", *O Globo*, [R]io, 17-3-1945.)

"Da Academia Brasileira de Música constam como membros fundadores três mulheres: Oneyda Alvarenga, conhecida folclorista e chefe da Discoteca Pública Municipal, Helza Cameu, professora e compositora, e Dinorá de Carvalho."

(Luis Ellmerich – "A mulher na música." *Diário de S. Paulo*, 24-4-1966.)

"Oneyda Alvarenga, chefe da Discoteca Municipal é conhecida pelos seus trabalhos no setor folclórico, incluindo a compilação das notas deixadas por Mario de Andrade que r[esga?]tou na obra em três tomos "Danças Dramáticas do Brasil" (Livraria Martins Editora) e [um] notável estudo "Música Popular Brasileira" que teve sua segunda impressão no ano passado. (Editora Globo)."
(Luis Ellmerich – "Música/Conselho Nacional do Folclore". S. Paulo, *O Dia*, 27-4-1961.)

"(...) trazemos hoje à Roda Gigante a mineira (de Varginha) Oneyda Alvarenga, autora de valiosos trabalhos sobre folclore, a excelente poetisa de 'A Menina Boba', diretora da Discoteca Pública Municipal de São Paulo, cuja bibliografia enriqueceu com inúmeros ensaios seus e a cuja organização vem dedicando há anos seus melhores esforços."

---

2   Ano em que Oneyda Alvarenga se aposenta.

(Laís Correia de Araujo – "Roda Gigante/Conversa com o Escritor". *O Estado de Minas*, Belo Horizonte, 11-2-1962.)

"Os seus livros e as suas numerosas monografias, quase sempre versando sobre folclore fizeram de sua autora acatadíssima autoridade, das maiores que possuímos nessa ciência social, e, como ocorre também com Elza Cameu, forrada de sólida base musical e musicográfica."

("Academia Brasileira de Música/Cadeira nº 7. Fundadora: Oneyda Alvarenga. *Jornal do Comércio*, Rio, 28-5-1961.)

"*Música Popular Brasileira* é apontado como o primeiro livro no Brasil a fazer uma análise sistemática da música popular. Realmente, ele não se limita à mera descrição e procura determinar as fontes das nossas melodias e danças folclóricas". ("Reisados e Cheganças em Espanhol". Entrevista feita por Jorge Andrade. *Visão*, S. Paulo, 26-8-1960.)

"Seu trabalho é impressionante. A publicação total da documentação da Discoteca de São Paulo constituirá uma das contribuições mais importantes de que tenho notícia, nesse domínio do Folclore Musical."

(Luiz Heitor Corrêa de Azevedo, chefe da Divisão de Música da Unesco.)

"(...) o pesado trabalho que a senhora se impôs é compreendido, apreciado, e são numerosos os que lhe devotam um profundo reconhecimento."

(Roger Bastide)

"Oneyda Alvarenga, um dos mais notáveis discípulos de Mario de Andrade, no setor do folclore musical brasileiro, sua pesquisa, identificação e sistemática, escreveu esta obra realmente notável – *Música Popular Brasileira*, com a qual conquistou em 1945 o prêmio 'Fábio Prado', obra primeiramente publicada em língua espanhola, na coleção Tierra Firme, do México, em 1947. O presente volume é uma excelente reimpressão da Editora Globo (...) A autora – Oneyda Alvarenga (...) É um dos mais autênticos valores culturais da atualidade brasileira."

414 VALQUÍRIA MAROTI CAROZZE

("A Gazeta/Página Literária", 20-8-1960.)

"Há tempos, o crítico Andrade Muricy observou que a música popular brasileira era um cipoal a ser desbravado. Decisiva contribuição para tal desbravamento constitui o livro *Música Popular Brasileira*, de Oneyda Alvarenga, que ora surge em nova edição. Contribuição autorizada que vem abrir novos caminhos para o conhecimento da matéria. Esse estudo, que valeu à autora o prêmio 'Fábio Prado', é no gênero o mais completo de que dispomos. Traçado com o escrúpulo e o amor à pesquisa que caracterizam a antiga colaboradora de Mario de Andrade, constitui admirável trabalho de síntese e de análise sistemática. (...) Tudo isso, condicionado à capacidade de interpretação da autora, resultou numa obra já, agora, de consulta indispensável para os que pretenderem entrar em contato com o assunto (...)."

(Rolmes Barbosa – "A Semana e os Livros". *O Estado de S. Paulo*, Suplemento Literário, 9-7-1960.)

"A música popular brasileira parece ressentir-se ainda de estudos que a pudessem historiar e analisar em perspectiva de maior generosidade. (...) É por isso que se deve saudar como grande acontecimento a reedição que a Editora Globo nos dá do precioso estudo de Oneyda Alvarenga, *Música Popular Brasileira*, já traduzido para o castelhano e para o italiano. Trata-se de um livro fundamental para a história da nossa música e que há muito tempo desertara das livrarias, transformando-se mesmo em raridade bibliográfica de grande interesse para os comerciantes de livros raros. (...) Este critério de Oneyda Alvarenga, a que se somam outros libertos de certos prejuízos de escola (sem que isso exclua, evidentemente, o caráter científico do seu estudo) é que dá à sua *Música Popular Brasileira* uma grandeza histórica de especial significação. (...) Dificilmente podemos apontar, em nosso campo musical, trabalho de tanta largueza de vistas, mesmo se sabendo, no caso particular do folclore, que ele ainda é, entre nós, um 'cipoal bravo', na expressão de Andrade Muricy. (...) Oneyda Alvarenga conseguiu a síntese, enriquecendo-a com enorme material recolhido não só em trabalhos esparsos, num louvável esforço de pesquisa em

Oneyda Alvarenga

fontes impressas, como diretamente nos meios em que vinga esse material de caráter musical. E o resultado foi este livro que honra a nossa musicografia". (Leonardo Arroyo. "Vida Literária/Música Brasileira". *Folha de S. Paulo*, 3-7-1960.)

"O vezo nacional de ignorar coisas nossas faz que não se conheça devidamente a Discoteca Pública Municipal de São Paulo cujo renome, contudo, ultrapassou de há muito as fronteiras do país. Em sua última edição, organizada pelo musicólogo inglês Eric Blom, o *Grove's Dictionary of Music and Musicians* (Londres, MacMillan and Co. Ltd., 1954) – o mais importante e completo dos modernos dicionários de música – se refere a ela em termos altamente elogiosos nos verbetes dedicados a Mario de Andrade e Oneyda Alvarenga, responsáveis pela criação e organização do instituto. Tal fato, refletindo a projeção internacional alcançada pelo trabalho paulista, ao mesmo tempo que traduz uma homenagem justa constitui também um incentivo para que mais uma vez se medite no que vem sendo realizado no sentido de uma revalorização e de uma retomada de contato com a prata da casa."
(Alberto Soares de Almeida – "Música/Prata da Casa". *O Estado de S. Paulo*, 2-2-1957, Suplemento Literário.)

"Um desses livros, por exemplo/ *Música Popular Brasileira*/ o estudo de Oneyda Alvarenga sobre a música popular brasileira, recentemente impresso pela Livraria do Globo de Porto Alegre, em português, e pelo Fundo de Cultura Econômica do México, em castelhano, já tem sido considerado por alguns entendidos como obra-mestra no assunto. Sem querer ser (...) cururueiro de uma toada só, como lá dizem os meus amigos cantadores de Cuiabá, venho hesitando em abordar, nestes artigos, uma obra que anda longe das minhas searas. Se a abordasse, seria possivelmente com aquele espírito de boi ladrão, não com a perícia e capacidade da 'crítica construtiva', como se diz, revelados nos importantes comentários que o livro sugeriu ultimamente a Augusto Meyer."

416 VALQUÍRIA MAROTI CAROZZE

(Sergio Buarque de Holanda – "Livros Premiados". *Folha da Manhã*, S. Paulo, 28-12-1950.)

"A coleção Terra Firme, que nos oferece em cada um de seus números um novo momento da realidade hispano-americana, se enriqueceu agora com um excelente estudo sobre a música popular brasileira, livro indispensável que aparece precisamente quando musicólogos e folcloristas se esforçam para chegar, por meio de análises comparativas a uma grande obra de síntese sobre a música popular da América Hispânica.

No mesmo Brasil – nos atrevemos a afirmá-lo – não havia até hoje uma obra como esta."

(Antonio Alatorre – "Música Popular del Brasil". *Cuadernos Americanos* nº 2, marzo-abril 1948, Mexico.) (Tradução minha).

"É uma das primeiras obras publicadas na América que dá uma visão clara e precisa da música popular de um país, desvinculando-a da música erudita. Distancia-se fundamentalmente daquelas obras de caráter histórico estudadas cronologicamente, e fica mais circunscrita a um propósito claro e definido que se descobre no transcurso. [No?] um panorama geral do que os que não somos brasileiros pensaríamos encontrar como música característica no Brasil (...). Com a Publicação de Música Popular Brasileira de Oneyda Alvarenga, o Fundo de Cultura Econômica acaba de proporcionar aos leitores de Terra Firme, como o caso da Música em Cuba de Alejo Carpentier, uma mostra eloquente do que se pode fazer em cada país, a fim de se avaliar a música da América."

(Vicente T. Mendoza – *Revista de História de América* nº 24, dezembro de 1947, México.) (Tradução minha).

"Oneyda Alvarenga publica presentemente o catálogo do Museu (acervo) / da Discoteca Pública Municipal de São Paulo. É um trabalho considerável, não reunindo menos de 235 magníficos ícones, abundantemente comentados. A maior parte das peças reproduzidas estão relacionadas ao culto afro--brasileiro do Nordeste do Brasil, 'macumba', xangô', 'candomblé'. Sobre essas

Oneyda Alvarenga   417

cerimônias mágicas (...) a coleta publicada oferece ao sociólogo, ao folclorista e aos artistas documentos incomparáveis."

("Arts", Paris, 21-9-1951.) (Tradução minha).

"O rápido e magro esquema que traçamos desta obra densa e rica de matéria / Música Popular Brasileira / reflete inadequadamente seu conteúdo. É o quadro mais [?] que se escreveu sobre a música brasileira. Os fundamentos são sólidos. Cada detalhe é o produto de uma séria coleta, cada afirmação uma meditada síntese e [?]uma imagem em que os elementos se integram com a veracidade de uma pesquisa científica, conduzida com um severo método, e animada por um espírito inteligente que [?] animar o relato e valorizar os resultados em uma hierarquia musicológica e conceituada [?]"

(Eugenio Pereira Salas, *Revista Musical Chilena*, n° 40, verão de 1950-1951.) (Tradução minha).

"Aproveitamos este artigo para homenagear de passagem D. Oneyda Alvarenga que [?] a publicação de documentos da Discoteca de S[ão] Paulo, particularmente a expedição Mario de Andrade ao Norte do Brasil. É preciso dizer sobre o reconhecimento [?] estudiosos de Afrologia por esse trabalho empreendido e realizado com muito cuidado."(Roger Bastide – Études Afro-américaines. "Sociologia", vol. xi, n° 2, 1949.)

"(...) publicações valiosas sobre nossa música afro-brasileira, organizadas com cuidado verdadeiramente científico, com detalhadas indicações sobre o meio e os elementos em jogo, tornando-se, pois, um manancial verdadeiramente admirável e de feitio ainda, infelizmente, assaz raro em estudos referentes a nossos feitios musicais."

(Otavio Bevilacqua – "Oneyda Alvarenga". *O Globo na Música*, Rio, 7-5-1949.)

"Do exposto vê-se a importância da publicação comentada, com mais de meio milhão de documentos ora oferecidos aos folcloristas e musicólogos. Não hesitamos em constatá-la, guardadas as proporções, e talvez mesmo por uma causa destas, um monumento da música nacional, de importância comparável à do Boletim Latino-Americano. E conforta lembrar ser esse um trabalho que continua a presença de Mario de Andrade em nossa cultura."

(*Estado de S. Paulo*, 20-4-1949.)

"O folclore musical do Brasil há muito tempo necessitava de uma contribuição séria que o divulgasse, dentro da estrita observância dos preceitos científicos. (...) Agora pode-se dizer, sem receio de exagerar, que esse importante capítulo da nossa etnografia acaba de ser honrado com uma contribuição digna de nota. (...) Refiro-me à recente obra escrita por Oneyda Alvarenga, chefe e organizadora da Discoteca do Departamento de Cultura da Prefeitura. (...) Honrando a literatura etnográfica, a sra. Alvarenga merece, pois, o nosso desmedido aplauso."

(Fernando Mendes de Almeida – "Importante obra acerca de nosso folclore musical". *Diário de S. Paulo*, 11-1-1948.)

"Em carta e conversa Mario de Andrade citava Oneyda Alvarenga como uma estudiosa legítima, no plano aquisitivo, selecionador, e com os valores de saber procurar, escolher, decidir e criticar sem bombo de arraial, foguete do ar e sirene de cinema. (...)

Oneyda Alvarenga é uma pesquisadora em quem podemos confiar, cento por cento. O trabalho de sua colheita, de mãos absolutamente limpas e sem os truques de achar-o-que-se-levou, completa os fundamentos da sua cultura séria e ágil, cada vez mais apta e pronta ao exame e utilização do que possa encontrar e ver. Está realizando trabalho de várias pessoas."

(Luís da Câmara Cascudo – "Acta Diurna / ONEYDA". *Diário de Natal*, 5-5-1948[?])

"A sra. Oneyda Alvarenga fez, nesse trabalho / "Cateretês do sul de Minas Gerais"/ (...) obra objetiva, e tão científica de caráter quanto é possível nesse terreno, isso sem renúncia do senso crítico. (...) É um excelente trabalho."

(Andrade Muricy – "Pelo Mundo da Música", Jornal do Comércio, Rio, 27-4-1938.)

Oneyda Alvarenga   419

"Mario de Andrade comentava: 'Admire a realização rítmica, a intimidade lírica. A[?] estes versos de uma suavidade admirável e duma graça de expressão, sutileza de sentimento, equilíbrio de composição muito raros em nossa poesiada fácil.' Mario de Andrade tem razão. É raríssimo encontrar um lirismo tão ardente e tão íntimo, mas ao mesmo tempo tão perfeitamente controlado, um sentimento tão despido de sentimentalismo em nossa poesia. Os nossos poetas são em geral ou sensuais ou sentimentais. Mas esse sentimento depurado como uma chama de diamantes, nota comum na poesia inglesa e que é afinal quintessência da melhor poesia amorosa e encontramos sempre nos grandes líricos, [?] de Joyce de *Chamber Music* ao Saadi do *Jardim das Rosas*, num Camões mesmo quando fala da preta Bárbara, isso fia mais fino...

Como este Brasil é cheio de surpresas: Encontrei a primavera no Ceará; encontrei poesia mais grave, mais sutil e meditativamente terna, numa mineirinha de Varginha: Oneyda Alvarenga."

(Manuel Bandeira – "Primavera e Poesia". *Diário da Noite*, Rio, edição da primavera.)

"Menina boba, que 'devia ter nascido andorinha'. Mas como poeta a exprimir todos esses anseios de comunhão com o mundo, é inteligentíssima. Uma economia esclarecida dos recursos verbais, o equilíbrio rítmico, a escolha apurada das imagens dão aos seus breves poemas uma realização técnica impecável."

(Manuel Bandeira/ Notícias de Livros – Nota sobre a ["]Menina Boba". *Para Todos*, nº 3, Rio, abril de 1939.)

"Oneyda Alvarenga pertence à linhagem espiritual de um Emilio Moura, como [ele?] e como Cruz e Souza (mestre remoto de ambos) 'que tudo em derredor oscile' para melhor permanecer fiéis à sua arte e ao seu espírito. Por isso, depois que as modas literárias passaram e os profetas da decadência da poesia verificarem que só carecemos de bons poetas, a sta. Oneyda Alvarenga ainda será lida com prazer infinito. Pois 'Menina Boba' é um livro admirável e com ele a sua autora se incorpora, de uma vez por todas, entre nossos maiores poetas de hoje."

420 VALQUÍRIA MAROTI CAROZZE

(Rosário Fusco: Vida Literária / A poesia e o Sonho, *Diário de Notícias*, Rio, 26-6-1938.)

"1938 é porém um anno mais fecundo. Em menos de seis meses já se publicaram pelo menos dois livros dignos de registo 'A Menina Boba' e 'Porto Inseguro'. Oneyda Alvarenga, a menina boba, dá-nos um primeiro livro tão despido de literatura, tão puro e tão simples, tão feminino na emoção e na expressão, que por mais de uma vez o leitor se comove e para para reler, para cantarolar quase."

(Sergio Milliet – "Poetas Novos de S. Paulo". *O Estado de S. Paulo*, ?-1938.)

"Foi com sincera alegria que encontrei nesse trabalho / Comentários a Alguns Cantos e Danças do Brasil/ um começo, solidamente lançado, duma tipologia da música popular brasileira. (...) Não se trata de rápidos verbetes de dicionário. Alguns dos comentários constituem breves mas substanciosos artigos. (...) Oneyda Alvarenga limitou-se a comentar alguns gêneros. Por que não completa o quadro? Eis um precioso trabalho a realizar. [Se] bem que terá de se embrenhar num cipoal bravo. Valerá a pena, porém, e terá prestado imenso serviço."

(Andrade Muricy – "Pelo Mundo da Música", folhetim do *Jornal do Comércio*, Rio, 27-5-1942.)

Recebi o seu grande e modelar livrinho mexicano/*Música Popular Brasileña*/, [cuja] edição provavelmente conheci antes de você, pois vi-a, em novembro, no México, antes de estar distribuída às livrarias. Meus cumprimentos os mais calorosos. Você não sabe a que ponto admiro o seu método, a sua honestidade científica, a clareza de ordenação de tudo o que você expõe. Estou com vontade de metralhar os editores brasileiros que estão retardando a edição vernácula, que será o livro de base do meu curso na Escola Nacional de Música, assim que aparecer."

(Luiz Heitor Corrêa de Azevedo, carta de 9-1-1948.)

Oneyda Alvarenga 421

"Acabo de receber os dois magníficos volumes dos REGISTROS SONOROS DE FOLCLORE MUSICAL BRASILEIRO. Meus parabéns. Seu trabalho é impressionante. A publicação total da [docu?]mentação da Discoteca de São Paulo constituirá uma das contribuições mais importantes que tenho notícia, nesse domínio do Folclore Musical."

(Luiz Heitor Corrêa de Azevedo, carta sem data, mas seguramente de 1948.)

"As esplêndidas publicações da Discoteca Pública Municipal com que a senhora teve por bem obsequiar-me são de vivíssimo interesse para meus trabalhos; penso em comentá-los devidamente como publicações dignas de exemplo em nosso continente tal como expressei-lhe de viva voz em uma das sessões do Congresso"/Internacional de Folclore, S[ão] Paulo, 1954.

(Lauro Ayestarán, musicólogo uruguaio, carta de 26-8-1954.) (Tradução minha).

"Música Popular Brasileira, por Oneyda Alvarenga (Globo, Rio Grande do Sul). – Um livro indispensável para todos os que se interessam pelas manifestações do folclore musical . (...) Cada tipo de dança e de canto é analisado com o maior cuidado e complementado por exemplos musicais, assim como por fotografias inéditas."

(Roger Bastide, resenha no jornal "Mercure de France", Paris, dezembro de 1950.) (Tradução minha).

"Mas deixe-me dizer-lhe, ao menos brevemente, todo o prazer que tive com Música Popular Brasileira, [?] rico em documentação original, em fotografias relevantes, mas sobretudo em qualidade científica, de clareza, de precisão num domínio em que, a cada passo, está-se face a obstáculos. Creia que levo em conta todo o trabalho que a senhora teve para poder escrever sobre esse assunto no seu belo livro que a senhora nos deu."

(Roger Bastide – Carta de 16-8-1948.) (Tradução minha).

("Seu artigo é magnífico e suas conclusões me parecem definitivas. /"A Influência Negra na Música Brasileira./ Ainda que, infelizmente, eu não possa acompanhar [?] a segunda parte de seu trabalho, percebo toda sua enverga-dura. Espero que a senhora possa acabar o estudo de outros documentos que possui e que uma vez [o] trabalho finalizado, a senhora possa propor uma série de conclusões, de grande alcance, sobre características da música fetichista afro-brasileira."

(Roger Bastide, carta de 5 de julho de 1949.) (Tradução minha).

"Acabei já há algum tempo a leitura de seu último volume da Discoteca, mas somente hoje tive tempo de escrever-lhe. Inútil dizer-lhe o quanto esse volume é precioso para todos os estudiosos de Afrologia e todos temos reco-nhecimento por essa admirável publicação."

(Roger Bastide, carta de 30-4-1949) (Tradução minha).

"Recebi, há dois dias, suas magníficas publicações e agradeço-lhe e felici-to-lhe. A senhora rende à ciência um grande serviço e me desolaria ver [?] nas gavetas todas essas informações preciosas."

(Roger Bastide, carta de 11-4-[1949?] (Tradução minha).

"Através do meu amigo Mr. Richard Thyberg da Delegação da Suécia no Rio de Janeiro por duas vezes recebi livros de Discoteca Pública Municipal. (...) Sou especialmente grato por estas coleções não só por seu valor científico, mas também por seu valor artístico e pedagógico."

(Knut Brodin, musicólogo norueguês, carta de 21-9-1954.)

"À primeira vista, parece-me ser de mérito excepcional, e um livro essen-cial para quem aspira a tornar-se familiarizado com a Música Folclórica do Brasil. A forma sistemática com que a senhora aborda o assunto, os numerosos exemplos musicais, bem como as explanações e fotografias de instrumentos estão entre as inúmeras qualidades que me encantaram tremendamente".

(O. C. Cabot, musicólogo inglês, carta de 24-8-1950.)

"Recebi o Catálogo, vol. II° e o Babassuê ótimo. As publicações constituem uma contribuição notável para o nosso complexo religioso, informação tanto mais preciosa pela [ho]nestidade, limpidez e segurança dos elementos constitutivos. Tanto pelas notas, pela técnica de exposição, documentária fotográfica são realmente arquivo de valor incomparável. V. realiza um serviço que raramente pode ser conseguido no Brasil. É preciso uma vontade de missionária, esperando na eternidade a recompensa divina e dispensando compreensão maior e aplauso terreno para tais resultados. Não há melhor exemplo de tenacidade no grau de heroicidade. Fico, creia, orgulhoso dessa tarefa que V. está fazendo, um título alto e claro de inteligência e devotamento de surpreendente profundidade positiva."

(Luís da Câmara Cascudo, carta de 9-5-1951.)

"Todos os agradecimentos pela MÚSICA POPULAR BRASILEÑA de quem já tivera notícia el[ogio]sa pelo Vicente Mendonza / musicólogo mexicano/. Há informação e aula boa por todo o livro e é um encanto de simplicidade e clareza a leitura. Vou-me aproveitar sem vergonha [?] para o meu Dicionário que está tartarugueando como se usa na pátria amada, idolatrada, salve, salve."

(Luís da Câmara Cascudo, carta de 18-2-1948.)

"Villa Lobos acaba de me enviar uma cópia do Bolletim / Latino-americano de Música, vol. VI / com o seu excelente artigo / A Influência Negra na Música Brasileira /Devo dizer-lhe com que interesse tanto o Dr. Waterman quanto e eu o lemos, e como agradou minha esposa e ambos reconhecemos o método de Kolinski para análise da música não-europeia, que foi publicado em Folclore de Suriname, usado em seu trabalho. A senhora certamente o empregou de maneira efetiva. "

(Melville J. Herskovits, antropólogo norte-americano.)

"'Música Popular Brasileira' é um livro de mérito real, cheio de informações absolutamente inéditas que lhe valoriza o texto, está escrito com elegância e sobriedade e é obra indispensável na bibliografia do folclore brasileiro. O trabalho de pesquisa é verdade excepcional, a autora uma intelectual segura na sua crítica às fontes históricas e sociais de arte musical do povo da nossa terra."

(Dante de Laytano, carta de 8-9-[?])

"Mais uma nova poetisa, possuidora de voz própria, se revelou plenamente, em 1938, com o livro *A Menina Boba*: Oneyda Alvarenga – essa que a si própria se classifica como uma *Brusca Andorinha*, e que, como as andorinhas, corta célere o espaço nos seus curtos [voos?], mas de uma fluidez quase sem exemplo em nossa língua. (...) Não tem, por certo, a intensidade lírica de Cecília Meirelles, nem é poderosa como Adalgisa, mas possui a mais [?] voz de mulher da poesia brasileira de hoje."

(José Osório de Oliveira "Apologia de Poetisas Brasileiras", in "Enquanto é Possível", 1942.)

"Se o pronome de que Fernando Mendes de Almeida tem maior conhecimento é o <eu>, Oneyda Alvarenga prefere mais amorosamente o <nós>. Livro surpreendente o seu,/ A Menina Boba/ de que falarei rápido, nesta crônica, porque pretendo analisá-lo mais longamente com tempo. (...) Este seu livro será talvez o mais característico documento da poesia [?] artista em nossa poética recente. Nada é deixado ao acaso da primeira inspiração. A concatenação voluntária, a cor dos sons, o equilíbrio dos ritmos, a volúpia das cadências, a expressão adequada à ideia, a pureza das imagens, a raridade sem petulância ofensiva. (...) E assim vai este livro admirável, buscando nas relações do par, aquela verdade de amor que a poetisa, depois de uma indisciplina inicial, não quer mais encontrar em si mesma. (...)

Poucas vezes a nossa poesia terá explorado assim esta evanescência verbal, esta diafaneidade delicadíssima de vozes, e conseguido tal segurança rítmica de versificação livre. Poder-se-á mesmo ainda chamar de verso-livre a esta vontade técnica? (...) Esta conjugação íntima da técnica de versejar com a ideia a expressar, faz do livro de Oneyda Alvarenga um verdadeiro vademecum de arte, digno de ser mais estudado pelos nossos poetas moços."

(Mario de Andrade – "Três Faces do Eu" in "O Empalhador de Passarinho")

anexo b

ALVARENGA, Oneyda. Entrevista dada ao *Diário da Noite*. Discoteca Pública Municipal de São Paulo e documentação musical. Transcrição do texto integral, sem indicação de entrevistador. Entrevista. Datiloscrito, 17 de agosto de 1938, cópia 'B' carbono, 6 p. – (da mesma forma) Consultada cópia xerográfica.

"ENTREVISTA DADA AO DIÁRIO DA NOITE EM 17-8-38"

Cópia 'B'

A discoteca Pública Municipal, criada pelo prefeito Fábio Prado em setembro de 1935 como parte do Departamento de Cultura, tem uma organização extremamente complexa e, ao que nos parece, única em seu gênero. Na verdade, discotecas oficiais existem espalhadas pelo mundo inteiro, cada qual com seu programa de ação. Na Alemanha e na Áustria, por exemplo, há institutos oficiais que se encarregam de registros de discos folclóricos e para estudos linguísticos universais; na Rumânia, na Hungria, em Paris a Sorbonne se encarregam também de pesquisas de folclore pelo disco; nos Estados Unidos, além desses serviços de pesquisas, as discotecas mantêm coleções de discos para consultas, anexos às bibliotecas públicas; na América do Sul, Montevidéu possui uma vasta e completa Discoteca, destinada exclusivamente à rádio-difusão oficial. A Discoteca Nacional de Roma, criada em 1928, é outra instituição digna de citar-se aqui.

Os serviços da Discoteca Pública Municipal estão assim divididos:

1º) Registros sonoros:

    a) – de folclore musical brasileiro

    b) – de música erudita da escola de São Paulo

    c) – Arquivo da Palavra (vozes de homens ilustres do Brasil e gravações para estudos de fonética);

2º) – Museu etnográfico-folclórico, principalmente destinado a instrumentos musicais populares brasileiros, complemento indispensável dos registros de folclore musical;

3º) Arquivo de documentos musicais folclóricos grafados a mão;

4º) Filmoteca anexa ao serviço de registros de folclore musical brasileiro;

5º) Coleções de discos para consultas públicas;

6º) Biblioteca musical, pública, de partituras e livros técnicos;

7º) Arquivo de matrizes.

No serviço de registros sonoros, a Discoteca já executou um razoável trabalho. Assim, nos registros de música erudita da escola de São Paulo já contamos com gravações de Carlos Gomes, Artur Pereira, Souza Lima, Casabona, Dinorá de Carvalho, Francisco Mignone, A. Cantú, João Gomes de Araujo e Camargo Guarnieri.

Pela escassez das verbas, infelizmente esses discos têm pequenas tiragens e não são postos à venda. São distribuídos pelas organizações culturais, discotecas e escolas de música, tanto nacionais como estrangeiras. Representam um esforço para a difusão da nossa música artística, tão desconhecida do estrangeiro quanto de nós mesmos. E de fato, executados em rádios oficiais na Alemanha, nos Estados Unidos, no Uruguai e em rádios nacionais, nossos discos têm merecido aplauso caloroso e mesmo críticas em jornais.

O Arquivo da Palavra compreende presentemente 17 discos. Destes, 14 formam uma série para estudos das pronúncias regionais do Brasil. Os trabalhos dessa série contaram com a colaboração do eminente filólogo brasileiro Antenor Nascentes e do poeta Manuel Bandeira. Para a sua execução, o país

Oneyda Alvarenga 427

foi dividido em 7 zonas fonéticas, representada cada uma por 2 indivíduos – um culto, outro inculto – aos quais se fez ler um texto-padrão contendo todos os fonemas da língua cuja dicção era importante controlar. Trabalho de grande alcance científico, sua execução coincidiu com pesquisa idêntica executada na Alemanha. O prof. Roquette Pinto os solicitou, entusiasmado, para com eles continuar seus estudos de fonética experimental.

A Missão de Pesquisas Folclóricas, que acaba de regressar do Nordeste, trouxe-nos fontes de 1500 fonogramas, além de copioso material destinado ao nosso Museu Etnográfico-Folclórico: objetos diversos em conexão com o material musical pesquisado, admiráveis peças de escultura popular em madeira etc.

Além desse material colhido pela Missão, a Discoteca conta também com 28 fonogramas encerrando uma Congada mineira completa, cateretês, modas de viola, a dansa de Sta. Cruz, tomadas de mutirão, canas-verdes etc.

O Museu a que já nos referimos destina-se, além da documentação etnográfico-folclórica, a recolher principalmente instrumentos musicais populares brasileiros, sobre os quais se farão posteriormente estudos acústicos visando o seu aproveitamento na música artística nacional. Esse Museu, ainda no período de colheita de material, não está por enquanto aberto ao público.

Com toda essa documentação folclórica, visa a Discoteca não só um melhor conhecimento do nosso povo através de seus costumes e tradições, como fornecer aos nossos compositores uma fonte que lhes permita, pelo estudo da nossa música popular, orientar e fixar a sua arte dentro da realidade nacional.

Na verdade, pouquíssimos são os compositores que têm a felicidade de poder viajar pelo país e estudar música e os costumes do povo. Os fonogramas suprem essa impossibilidade, e suprem satisfatoriamente. Na verdade, nada há que substitua o disco como documentação musical. A grafia musical, valioso auxiliar onde falta o disco, não é documento completo, pois que faltam os timbres vocais e instrumentais, as características de execução instrumental e emissão vocal etc. Que nenhuma descrição, por mais detalhada que seja, pode demonstrar. Que adiantaria, por exemplo, descrever como soa uma viola ou um determinado tambor?

428　　VALQUÍRIA MAROTI CAROZZE

Complemento desses trabalhos – registros e museu folclórico – conta a Discoteca presentemente com 382 documentos musicais grafados manualmente, e com a sua ainda pequena, mas já valiosa coleção de 35 filmes etnográficos-folclóricos: 1 – CONGADA; 2 – CAVALHADA; – 3 – MOÇAMBIQUE (Filmes sonoros de 35mm., tomados em Mogi das Cruzes em 1936, por ocasião das festas do Divino Espírito Santo); 4 – A VIDA E UMA ALDEIA BORORO (Rio Vermelho) (16mm. silencioso); 5 – DANSAS EWAGUDDU E PAIWE (Cerimônias funerais dos bororo) (16mm. silencioso); 6 – DANSA DO MARID'DO (Cerimônias funerais dos bororo) (16mm. silencioso); 7 – 8 – OS KADUVÉO (16mm. silencioso); 9 – CARNAVAL PAULISTA DE 1937 (35mm. sonoro); 10 – CONGADA DE LAMBARI (Minas Gerais) (35mm. sonoro); 11 – CATERETÊ DE VARGINHA (Minas Gerais) (12mm. silencioso), 12 – 13 – 14 – FESTAS DO DIVINO ESPÍRITO SANTO, em Mogi das Cruzes, 1936 (16mm. silencioso); 15 – CONGADA DE SANTA ISABEL (São Paulo) (12mm. Silencioso); 16 – ASPECTOS DO CARNAVAL DE RECIFE (1938) e mais 19 filmes silenciosos de 16mm., tomados no Nordeste pela Missão de Pesquisas Folclóricas.[1]

O Arquivo de Matrizes destina-se à proteção das matrizes de discos de música popular brasileira feitos pelas casas comerciais. Como é sabido, desde que se esgote o interesse comercial de um disco, as casas gravadoras inutilizam-lhe as matrizes, perdendo-se assim registros verdadeiramente interessantes para estudos musicais e folclóricos. Assim, a Discoteca dirigiu um apelo às casas gravadoras, pedindo-lhes confiar à sua guarda as matrizes consideradas de valor, continuando elas a pertencer às casas gravadoras e o Departamento de Cultura comprometendo-se a cedê-las para a tiragem de novos discos, sempre que fosse preciso. Compreendendo a alta significação desse Arquivo, a RCA Victor do Brasil confiou à guarda da Discoteca 37 matrizes de música popular brasileira; impossibilitadas por questões de ordem interna de deixar

---

1　　Mais detalhes sobre essas gravações, como metragem do filmes por exemplo, podem ser encontrados Em: ALVARENGA, Oneyda. *A discoteca pública municipal*. São Paulo: Departamento de Cultura, 1942. Separata da Revista do Arquivo, n. LXXXVII, p. 11. Aliás, essa publicação se apresenta cada vez mais valiosa: as informações específicas desse relatório escrito por Oneyda Alvarenga só se encontram nessa fonte.

Oneyda Alvarenga 429

sair as matrizes de sua gravação, as fábricas Columbia e Odeon comprometeram-se, entretanto, a conservar sempre que lhes fosse possível as matrizes que a Discoteca lhes indicasse.

De propriedade da Discoteca, conta o Arquivo com 44 matrizes.

A biblioteca musical consta atualmente – além de alguns livros sobre assuntos de história e estética musical – de 2735 volumes de partituras e partes, que serão entregues à consulta pública assim que se termine a catalogação desse material. Essa biblioteca permitirá aos técnicos e aos estudiosos de música aprofundarem seus estudos, facultando-lhes assim uma séria formação artística. Porque é preciso que se lembre, e precisamente agora que vamos falar do nosso serviço de consultas de discos, que a finalidade da discoteca não é divertir, não é facultar meio de matar o tempo a duas dúzias de desocupados, nem de deleitar os ouvidos de meia dúzia de amadores esclarecidos. Conhecido como deve ser de todos o papel das Artes na cultura de um povo, seu fim é colaborar para o desenvolvimento delas, fornecendo dentro da sua esfera de ação, meios de se formarem elites artísticas capazes de ilustrar a nossa vida intelectual. Dado o imenso poder socializante da música, visto o enorme interesse que todos os governos das nações cultas do mundo a ela dispensam, destinando-lhes enormes dotações orçamentárias, nada mais justo que também o Departamento de Cultura procurasse contribuir para esse movimento universal, pois que somos um povo de grandes aptidões musicais.

Mesmo na Europa e na América do Norte, em que o movimento musical é importante e intenso, e onde há muito mais amplas oportunidades de ouvir música do que aqui, o disco é o meio indispensável de difusão e educação musical. As facilidades que oferece para a educação são imensas. Em primeiro lugar, coloca-se a possibilidade de conhecer o que, sem esse recurso, não temos ao nosso alcance. Onde obteríamos nós no Brasil, por exemplo, execuções de música do século XII? Como poderíamos conhecer a música instrumental do século XVI executada em instrumentos da época, quando nem ao mesmo um clavicímbalo moderno possuímos? Onde nos seria dado ouvir a música moderna essencial de todos os grandes compositores universais? Tudo isso o disco coloca nas mãos dos estudiosos de música e de todo o povo em geral. É preciso que se pense bem que, sem música viva, o ensino de música marcará passo. Numa aula de história da música, o aluno escuta o professor dizer que a música do século XVII tem tais e tais características; que a escola franco-flamenga dos secs. XV-XVI influenciou a música da época no mundo inteiro; que o alaúde, velho instrumento de origem hispano-arábica, tem tal som; mas como constatar essas informações e transformá-las em dados de experiência pessoal, se o meio artístico em que vive não lhe permite conhecer isso de que ele ouve falar? Só realmente uma discoteca pública pode apagar tais lacunas.

A Discoteca Pública Municipal iniciou seus serviços de consulta pública a 18 de novembro de 1936, podendo ser esse aspecto das suas atividades dividido em três períodos de funcionamento, separados por intervalos mais ou menos longos causados por duas mudanças e consequentes reinstalações.

Damos, a seguir, um resumo das estatísticas do movimento de consultas até agosto de 1938:

Em 9 meses e 26 dias, equivalentes a 223 dias úteis a Discoteca atendeu a 1637 (mil seiscentos e trinta e sete) consulentes, que ouviram 5966 (cinco mil novecentos e sessenta e seis) obras, num total de 7302 (sete mil trezentos e dois e meio[2]) discos executados. Note-se que o tempo diário de consultas é de 5 e meia horas apenas (aos sábados, de 2 horas e meia) e que a Discoteca possui somente duas cabines para audição.

Finalizando, temos uma notícia a dar, notícia que nos é extremamente grata e esperamos o seja também para quantos se interessem pelo bom nome cultural de São Paulo: desejando a Tchecoeslováquia organizar uma Discoteca Nacional, a Sociedade de Educação Musical de Praga solicitou à nossa Discoteca Pública Municipal dados completos sobre a organização dos seus serviços, para que pudesse elaborar uma proposta de lei. O relatório pedido foi remetido para Praga há dois meses atrás.

---

2   Na elaboração das estatísticas, era considerada a audição de cada face dos discos.

anexo c

ALVARENGA, Oneyda. [Como encara Castro Alves na literatura brasileira]: Entrevista de Oneyda Alvarenga para o Jornal *Hoje*, sem indicação de entrevistador. Entrevista. Datiloscrito, 14 de fevereiro de 1947, cópia carbono, 4 p. Doc. 8089 – (da mesma forma) Consultada cópia xerográfica.

"1 – Como encara Castro Alves na literatura brasileira?

Na minha opinião, o Brasil possui um grupo de poetas que podem ser classificados como grandes. Nesse grupo quatro nomes têm para mim um relevo especial: Gregório de Matos, Castro Alves, Carlos Drummond de Andrade e Mario de Andrade. Esses poetas revelam, no conjunto das suas obras, três fatores que considero indispensáveis na caracterização de um grande artista: boa execução técnica, valor moral e aquele elemento irredutível a dados precisos a que se pode chamar lirismo, emoção poética ou outro nome que tenha. Por valor moral entende tudo que implique enriquecimento e valorização do homem e da sociedade, em qualquer dos seus aspectos. Inclui, pois, desde as obras que visam essencialmente o progresso da arte e da cultura e a quebra de preconceitos que entravam a sua marcha, desde as que dignificam e encorajam o homem, até as que mostram os males que o afligem e lutam pelo respeito à

432 VALQUÍRIA MAROTI CAROZZE

sua dignidade, pela liberdade, por uma vida concebida em moldes cada vez mais justos. O valor moral da obra de arte eu o resumo, portanto, em solidariedade humana.

2 – Foi um poeta revolucionário? Por quê?

Sim e por duas razões: Artisticamente, como vários críticos têm assinalado, os poetas do Romantismo, Castro Alves inclusive, começaram a nacionalização mais consciente da poesia brasileira, levando para ela problemas nacionais, tais como o do índio e o do negro, nacionalização que se refletiu na própria linguagem em que esses poetas se exprimiram, iniciando o abrasileiramento do português escrito no Brasil. Quanto a Castro Alves particularmente, foi também um revolucionário político, dadas a natureza e as consequências da campanha abolicionista de que participou. E o foi também pelas tendências libertárias manifestadas através de sua obra, inclusive pela sua admiração a Victor Hugo.

3 – Qual foi a sua influência na luta pela abolição?

É sabido de todos que a influência de Castro Alves foi muito grande na campanha abolicionista, em que agitou com seu entusiasmo e seus versos a mocidade acadêmica e os intelectuais do seu tempo. Essa influência se tornou ainda maior porque o poeta ia para a praça pública e para os teatros recitar seus versos, buscando assim entrar em contato direto com o público que desejava conquistar para as suas ideias.

4 – É ele o poeta do presente? Por quê?

Tal como está formulada, a pergunta me parece meio confusa. Evidentemente, Castro Alves não é 'o poeta do presente', pois que hoje os problemas essenciais a resolver já são outros. Entretanto, são da mesma essência do problema que mereceu o amor de Castro Alves: liberdade, liberdade para todos, respeito a todos, vida digna para todos, indivíduos e povos. Como tantos outros artistas do Brasil e do mundo que souberam honrar os seus países e a humanidade, lutando em benefício dos homens, Castro Alves é de uma

Oneyda Alvarenga 433

enorme atualidade: pertence ao número daqueles 'que nos confortam e armam nosso braço', como de tais artistas dizia Mario de Andrade.

5 – Foi ele um poeta popular? Por quê?

Quer se entenda pelas palavras 'poeta popular' e homem que fez poesia sobre o povo e para o povo, quer se entenda a difusão larga da sua poesia, a resposta é afirmativa. Evidentemente, nem toda a obra de Castro Alves tem conteúdo social e político, a maioria dela cuida muito individualistamente dos amores e particularidades do poeta. Entretanto, a poesia para o povo, a função social da poesia, parece ter sido uma constante da sua vida, pois que ele sujeitava com frequência suas criações à crítica pública, declamando-a nos palcos e nas ruas, como já disse antes. E se essa poesia não podia chegar até os seres que ela defendia, para que a utilizassem, serviu-os entretanto da melhor maneira possível, ajudando a conquistar em favor deles o interesse da nação.

6 – A sua obra poética perdeu o brilho por ele ter aderido à luta pela abolição?

Pelo contrário. De maneira geral, é mesmo possível dizer-se que a parte artisticamente melhor da obra de Castro Alves é composta pelos seus poemas contra a escravidão.

7 – Como deve ser encarada a sua poesia social?

Já respondi ao tratar da pergunta 4: como todos os momentos da grande luta do homem pela liberdade, a obra de Castro Alves é um estímulo e um exemplo para todos os artistas conscientes dos deveres da arte e da inteligência.

8 – Como acha que deve ser comemorado o centenário do poeta?

Fazendo-se edições populares das suas obras, especialmente das que apresentam conteúdo político-social. Difusão ampla dos seus poemas entre o povo. Inclusão nas atividades escolares, inclusive nos cursos primários, de leitura de suas obras e de comentários sobre elas e as atividades do poeta, a fim de incentivar-se na infância e na mocidade o amor à liberdade e o desprezo aos preconceitos de raça.

14-2-1947

Oneyda Alvarenga

'Hoje'. Publicada com cortes.[1]"

---

1   Frase manuscrita por Oneyda Alvarenga, como já foi dito acima.

anexo d

ALVARENGA, Oneyda. [Carta e entrevista cedida a Jorge Andrade sobre estudos folclóricos.]: Entrevista de Oneyda Alvarenga para a revista Visão. Transcrição do texto integral, entrevistador: Jorge Andrade. Carta e entrevista. Datiloscrito, 06 de agosto de 1960, 6 p. Doc. 8150 – (da mesma forma) Consultada cópia xerográfica.

"S. Paulo, 6-8-1960

Jorge Andrade,

Aí vão as respostas, que espero correspondam ao seu desejo. Ficaram enormes e evidentemente o senhor tem liberdade de escolher entre elas as que mais lhe interessem. Pelo tamanho do respondido e pela falta de tempo, abandonei três: 'O que há de positivo na proteção das manifestações folclóricas?'; 'O que há de negativo?'; 'Quantos grupos folclóricos existem em S. Paulo?'.

Mando junto algumas referências ao meu trabalho, como o senhor pediu, tiradas de um processo referente às publicações da Discoteca. Não tenho arquivo organizado e nem guardo muito essas coisas. Procurei me lembrar onde andava a crítica do Adolfo Salazar, que mencionei numa das respostas, e não consegui.

436 VALQUÍRIA MAROTI CAROZZE

Em vez das duas fotos, mando cinco. O senhor escolherá as que lhe parecerem melhores e me devolverá, por favor, as três restantes. Vão também os retratos das minhas primeiras informantes, que precisarão também voltar, porque não tenho o negativo deles.

Agradeço mais uma vez a bondade de seu interesse e cumprimento-o muito cordialmente.

Oneyda Alvarenga
Entrevista concedida à revista 'Visão'.[1]

"Por que se interessou por folclore?

Por algumas razões encadeadas. Fui conduzida ao Folclore por Mario de Andrade, que como meu professor de música me sugeriu a realização de uma colheita na cidade onde nasci e depois me levou a seguir um curso de Folclore dado em 1936 pela professora Dina Lévy-Strauss, por iniciativa dele como Diretor do Departamento de Cultura. Aceitei o caminho que, associado ao meu trabalho na Discoteca Pública Municipal, me pareceu capaz de dar utilidade ao meu gosto pela música. Mas aceitei com amor, porque, no fundo, todas as formas de conhecimento do homem me interessam. E essa que as circunstâncias da minha formação punham mais ao meu alcance, poderia me dar muitas coisas importantes: o gosto intelectual da pesquisa aquecida pelo calor da arte, a ternura que brota para mim da criação artística popular, e uma – não sei se exatamente científica, mas reconfortante – sensação de unidade humana essencial e, consequentemente, de fraternidade humana.

Desde quando estuda o assunto?

Desde o princípio de 1935. Mas como folclorista (ou musicóloga, como também me qualificam com a mesma largueza complacente) não me considero nem mesmo meia-colher, devo ser um-quarto. Coisa que digo com certo constrangimento, pois pode soar como um jeito sorrateiro, e falsamente modesto, de me igualar a muita gente ilustre que, com bastante injustiça pessoal, disse mais ou menos isso de si mesma, inclusive o próprio Mario de Andrade.

---

1   Nota manuscrita, acrescentada por Oneyda Alvarenga.

Mas afianço que estou convicta do que digo e que a auto-injustiça não é o meu caso. Sou o que os oficiais do meu ofício chamam, com bastante menosprezo, de *folclorista de gabinete*. De minha parte, não vejo grande pecado nessa condição, desde que ela traga aos estudos de Folclore aquela riqueza especulativa, aquele arejamento de caminhos que só lhes pode vir da análise intelectual dos dados colhidos pelo próprio analisador ou por gente mais ativa. Pois bem. Se apenas comecei a ser um folclorista de campo, decididamente não cheguei a me enquadrar também na situação de legítimo folclorista de gabinete. Na verdade, tenho sido fundamentalmente uma simples organizadora de materiais alheios, a quem o vulto dessa tarefa absorveu tanto, que impediu o prosseguimento da tarefa de análise da música folclórica brasileira e dos fatos a ela ligados. Entretanto, não veja nisso nem tristeza nem um mea culpa. Embora me agradasse ir mais longe, é claro, tenho consciência da utilidade do meu trabalho modesto. Isso me traz uma dose bastante de contentamento, porque desde cedo procurei aprender com meu mestre Mario de Andrade que o trabalho intelectual 'tem de servir a alguma causa ou a alguém', e que é 'muito melhor ser útil que ser célebre'.

Pode falar sobre Mario de Andrade? O quê ele representa?

Se a pergunta se refere à minha pessoa, respondo que representa muito: foi professor, amigo, conselheiro, quase pai no meu respeito e na autoridade que ele tinha sobre mim. Esse *Música Popular Brasileira* foi escrito porque ele me obrigou a aceitar uma encomenda que eu queria recusar.

Se a sua pergunta cuida do lugar de Mario de Andrade na histórica do Folclore brasileiro, direi que o lugar é enorme. Embora habitualmente o lembrem apenas como alguém que impulsionou os nossos estudos folclóricos, ao mesmo tempo apontando e buscando soluções para as suas falhas, o certo é que Mario de Andrade realizou, no campo do folclore musical, uma obra ampla e de valor singular, porque, como já salientou bem o prof. Florestan Fernandes, nele se reuniram de modo raro e sem outro exemplo entre nós, o pesquisador, o estudioso e o artista.

438 VALQUÍRIA MAROTI CAROZZE

Qual foi a finalidade do livro?

Apresentar, de modo a servir também ao leitor não especializado, um panorama da música folclórica e popular brasileira.[2] Assim, procurei tratar apenas dos que, a meu juízo, seriam os seus aspectos mais importantes e características essenciais, visto que o luxo de um exame das particularidades e divergências dos padrões mais constantes, só poderiam caber em monografias.

Quanto tempo foi gasto na sua elaboração?

Um ano de trabalho duro, de janeiro de 1944 a janeiro de 1945, aproveitando todas as sobras de tempo deixadas pela Discoteca Pública Municipal.

Viajou para isto? Onde?

Não fiz viagens especialmente condicionadas ao livro, mas nele há algumas coisas vindas de contato pessoal com manifestações musicais do povo e outras que resultaram de trabalhos de campo que pus em movimento. As primeiras nasceram de minhas colheitas no Sul de Minas, em 1935 e 1937, e de pequisas feitas em S. Paulo, para a Discoteca Municipal, em 1936 e 1937. As segundas se ligam à Missão de Pesquisas Folclóricas do Departamento de Cultura, que em 1938 Mario de Andrade resolveu mandar ao Nordeste e que eu concretizei, tomando todas as medidas necessárias à sua constituição e ao seu funcionamento.

Pode nos contar fatos pitorescos dessas viagens?

Não sei se possa qualificar de pitorescas as melhores lembranças que guardo dos meus contatos pessoais com a gente folclórica. São lembranças muito ligadas à minha vida, à minha mocidade, a duas mulheres humildes que viveram, como empregadas, em torno da minha família e foram para mim informantes preciosas: as pretas Felisbina e Maria Ordália, de quem ouvi as

---

2   Observe-se que, se na época da criação da Discoteca Pública Municipal de São Paulo, o termo *música popular* valia como sinônimo de *música folclórica*, à época desta entrevista (1960) respondida por Oneyda Alvarenga, a musicóloga emprega os dois termos, já diferenciados, um do outro.

peças que motivaram minha primeira monografia folclórica ('Cateretês do Sul de Minas Gerais', 1936) e de quem me vieram as melhores da larga coleção que doei à Discoteca Pública Municipal. A Felisbina (gradativamente convertida pelos filhos e por mim em Tia Bina, Tibi) me liga uma afeição verdadeira, embora eu a tenha perdido de vista desde que ela também resolveu ser cidadã paulistana. Tinha uma linguagem saborosíssima, imaginosa, cheia de arcaísmos, rica, na qual um tuberculoso permanecia eternamente *hético* e eu sempre *urdia* coisas. Urdia tanto, urdia até essa história de fazê-la cantar para que eu escrevesse, que ela não se aguentava, soltava uma risada divertida e comentava infalivelmente, usando o diminutivo carinhoso com que me tratavam em casa: 'Neydinha, bobagem te mata!'.

O livro foi traduzido? Qual foi a repercussão?

Antes de publicado em português, foi traduzido para o espanhol e editado no México em 1947, pois o escrevi por encomenda de Fondo de Cultura Económica. Em 1953, os editores Sperling & Kupfer, de Milão, lançaram a sua tradução italiana.

Pelo saudoso Edgard Cavalheiro, soube que o livro fora muito bem acolhido no México, merecendo inclusive uma crítica elogiosa do eminente musicólogo Adolfo Salazar. Do editor nenhuma informação me veio. Na Itália não sei o que aconteceu, de bom ou de ruim. Sperling & Kupfer nem responderam ao meu pedido de notícias!

Tem recebido de outros países referências ao seu trabalho?

Tenho sim, em cartas e em livros. O apoio vindo de fora tem se juntado ao doméstico e ambos vêm me impedindo de perder completamente a coragem de continuar lutando pela execução do programa geral da Discoteca Pública.

O que acha dos debates folclóricos? Em que medida eles podem ser úteis à nossa cultura?

Tenho algumas dúvidas de que debates públicos ou em público, de Folclore como de outros aspectos da cultura, possam exercer uma ação em profundidade e, portanto, realmente construtiva. Cada participante de uma discussão sai dela com os mesmos pontos-de-vista com que entrou, pois ninguém muda suas ideias e verdades senão pela própria experiência intelectual. Quanto aos que não são do ofício discutido, imagino que uma agitação de problemas, forçosamente feita em superfície, não será de molde a trazer muitos frutos também para eles. Resta, me parece, a repercussão publicitária, que mesmo buscada com fins elevados, é sempre arma de dois gumes, tanto podendo ajudar a construir, quanto trazer embaraços ao trabalho de uma construção bem segura.

6-8-1960

Oneyda Alvarenga"

anexo e

ALVARENGA, Oneyda. Perguntas que me foram formuladas por escrito por Laís Corrêa de Araujo, em Belo Horizonte, dezembro de 1961. Respondi-as, acompanhadas de carta, em 26-1-1962. Texto integral da entrevista de Oneyda Alvarenga para o *Estado de Minas*, entrevistadora: Laís Corrêa de Araujo. Entrevista. Datiloscrito, 26 de janeiro de 1962, cópia carbono, 5 p. Doc. 8150 – (da mesma forma) Consultada cópia xerográfica.

"1 – O seu livro de poesia, *Menina Boba*, tão bem recebido na época pela crítica, foi apenas um momento inicial de sua atividade literária? Por que abandonou a poesia?

2 – Acredita na eficácia e utilidade dos estudos folclóricos no Brasil, em que não contamos com um lastro considerável de tradição a preservar?

3 – Por falar nisso, o que é realmente 'folclore'?

4 – O que recomendaria, como base de estudos, a um iniciante em assuntos folclóricos?

5 – Quais são, a seu ver, os estudiosos que mais têm contribuído para o enriquecimento da bibliografia folclórica brasileira?

6 – O que pode fazer o escritor brasileiro para atingir mais diretamente o povo, em vez de ficar reduzido a um público de elite?

7 – Acredita na possibilidade da pesquisa de uma expressão literária de autenticidade nacional, isto é, numa literatura fundada no panorama social, político e cultural do Brasil de hoje?

8 – Mario de Andrade foi um homem de cultura multiforme, tendo feito poesia, crítica literária, ficção, música, folclore. Você, que o conheceu e com ele trabalhou, poderia nos dizer sobre qual desses aspectos o vê realmente realizado?

9 – E como recebeu a obra de Guimarães Rosa, considerada eminentemente brasileira, apesar dos processos de composição joyceanos de que se serve?

10 – Tem algum livro em preparo? Poderia nos dizer algo sobre os seus planos literários?

(Perguntas que me foram formuladas por escrito por Laís Corrêa de Araujo, em Belo Horizonte, dezembro de 1961. Respondi-as, acompanhadas de carta, em 26-1-1962.)

Nome real, completo – Oneyda Paoliello de Alvarenga

Lugar de nascimento – Varginha, Sul de Minas

Cursos – Regulares, só o primário e o de música, este feito no Conservatório Dramático e Musical de S. Paulo, onde fui aluna de Mario de Andrade. Em Varginha fiz alguns estudos secundários e estudei um pouco de línguas, francês, inglês, italiano, e lá comecei também a aprender música. Em 1936 fiz o Curso de Etnografia e Folclore, instituído pelo Departamento de Cultura de S. Paulo, ministrado pela etnóloga francesa Dina Lévy-Strauss. Seria praticamente uma auto-didata, se não tivesse encontrado Mario de Andrade, professor generoso que foi além da música no ensino que me deu; não só alargou meu mundo intelectual, mas o espiritual também, procurando me ensinar a viver, a servir e a me ver.

Primeiros trabalhos – Literários, uns versos que escrevi dos quinze aos dezessete anos e destruí. Dos dezoito anos sobrou um livro inédito de poemas, 'Canções Perdidas', que contra a minha vontade, através de uma denúncia indiscretíssima, minha mãe me forçou a entregar a Mario de Andrade. Bendita indiscrição, porque desse livro ruim, no qual o professor admirado conseguiu ver qualidades, nasceu o amparo maior que recebi de Mario de Andrade e nele se fundou realmente a nossa amizade.

Dos trabalhos musicais e folclóricos, o primeiro também ficou inédito: é um estudo sobre 'A Linguagem Musical', escrito em 1933, como tese de conclusão do curso de História da Música, e mais tarde transformado em livro duas vezes revisto, em 1935 e 1940, mais ou menos.[1] No campo do Folclore, a estreia, desta vez já com integrais honras de letra de forma. Foi a monografia 'Cateretês do Sul de Minas Gerais', publicada pela Revista do Arquivo Municipal. Do Departamento de Cultura de S. Paulo, em 1937, e resultante de uma extensão de pesquisas iniciadas em 1935.

Livros publicados – Estão na lista anexa, Laís, que contém também a relação dos trabalhos publicados em revistas especializadas e são ensaios de certa amplitude. Extraia dela, por favor, o que considerar de interesse.

---

1   Nota de Oneyda Alvarenga: "Dois capítulos desse livro apareceram em 1935 na 'Revista Brasileira de Música', no jornal 'O Estado de Minas' e, nesse mesmo ano ou em 1936 (não tenho bem de memória), em 'O Estado de S. Paulo."

444 VALQUÍRIA MAROTI CAROZZE

Prêmios – Três, se forem levados em conta os escolares: 1º prêmio pela tese de conclusão do curso de História da Música. 'A Linguagem Musical'; 'Cateretês do Sul de Minas Gerais', 1º prêmio entre os trabalhos apresentados para a conclusão do Curso de Etnografia e Folclore; e o prêmio grande, o 'Fábio Prado' de 1945 (ano de instituição da láurea), recebido pelo livro 'Música Popular Brasileira'.

xxx

1 – Por 'momento inicial' você se refere a uma atividade exercida enquanto não se encontra o caminho verdadeiro? Se é isso, direi que 'A Menina Boba' não foi um momento inicial, nem mesmo cronologicamente, como já lhe contei. A poesia e a prática musical, o convívio com o meu abandonado piano, foram os meus grandes amores artísticos. Amores frustrados. Não pude cultivá-los e creio que foi porque, se alguma energia criadora existia em mim, eu a canalizei toda para a Discoteca Pública Municipal de S. Paulo, compromisso que eu assumira e não poderia abandonar. Tive pois que optar, e optei pela única saída que o meu jeito de fazer tudo com paixão me permitia. Entretanto, virei poeta bissexto, escrevendo de vez em quando umas coisas que não sei se são mesmo poesia ou simples desabafo.

2 – Acredito, porque o lastro existe, aqui como em toda parte e, ao contrário do que você pensa, é vivo e rico, embora as manifestações, digamos superficiais, desse lastro mudem de aspecto com certa rapidez. E há muito o que extrair dele, para acréscimo de conhecimento do homem e da sociedade brasileiros, sem contar as demais utilidades que sempre foram reconhecidas como resultantes das pesquisas e estudos folclóricos: artísticas, pedagógicas, recreativas e até, por exemplo, as psico-terapêuticas, em que já se fala hoje.

3 – Ainda há algumas pendengas sobre o objeto e limites exatos do Folclore, mas as brigas teóricas parecem deixar intacto esse núcleo essencial: são Folclore as manifestações culturais do povo, do *vulgo*, entre os povos civilizados. O Folclore implica, pois, a existência, numa mesma sociedade, de

Oneyda Alvarenga   445

duas culturas paralelas: uma oficial, letrada, que se aprende nas escolas; outra vulgar, iletrada, que se comunica oralmente e cujas manifestações, se não são nem poderiam ser criação anônima, transmitem-se anonimamente, como patrimônio coletivo, patrimônio que ora mantém mais ou menos intactos os fatos que o compõem, nele se integram, ora deles conserva elementos e processos que, estáticos ou expandindo-se em suas possibilidades latentes, dão nascimento a novos fatos e processos que atendam a novas exigências sociais de funcionamento da cultura."

[Aparentemente Oneyda Alvarenga não explica a Laís Corrêa de Araujo porque não respondeu às perguntas 4 e 5.]

6 – Esta sua pergunta me deixa bastante sem jeito. Não me considero realmente uma escritora, perdi contato com muitos setores da cultura nacional e respondê-la me parece, verdadeiramente, por uma colher torta no assunto. Mas que vá a resposta, como ousadia de leitora de não muitos livros. Acho que a sua pergunta requer uma resposta bipartida. 1°) Que os ensaístas, os críticos e as mais gentes da mesma família sejam eruditos, porque esse é o seu ofício e o dever deles, mas não façam tanta praça da seca erudição, para não soterrarem os leitores sob a avalanche de gelo em que muitos estão convertendo os seus escritos, até os artigos destinados a suplementos literários de jornais, que deveriam ser feitos para atrair o maior número possível de leitores. Aliás, lembro que Sergio Milliet há algum tempo chamou a atenção para esse caso das páginas literárias de jornais, que estão sendo perigosamente confundidas e transformadas em revistas especializadas, onde só iniciados podem se mover com desembaraço e interesse. 2°) Que os escritores de ficção e os poetas não se deixem levar pelo demônio da pesquisa e das experiências intelectuais exageradas. Ao lado da busca renovada de caminhos artísticos, há de haver sempre lugar para o calor humano. De mestre Mario de Andrade ouvi muito cedo, e procurei não esquecer, que 'a palavra tem de servir a alguma causa ou a alguém'. E há muitos caminhos para servir às tais causas e aos homens. Para mim e os leitores comuns como eu, é inútil ou pelo menos insatisfatório tentar fazer

446   VALQUÍRIA MAROTI CAROZZE

com que a palavra, e a criação artística em geral, valham exclusivamente pelo seu lado intelectual puro, pelas laboriosas buscas técnicas, felizes ou infelizes, do escritor e do artista. Há alguma coisa que precisa ir além disso e se explica com um lugar-comum: é preciso haver o homem com seus múltiplos dramas, a simpatia calorosa por eles, a vontade real de se comunicar com os outros.

7 – Pelo que já falei antes, você terá visto que acredito e não preciso me estender mais sobre os motivos da crença.

8 – Acho que ele mesmo só se teria considerado integralmente realizado, se se tivesse permitido uma entrega total à ficção e à poesia. Quanto a mim, vejo-o realizado em tudo isso que você menciona e mais, ainda, como professor. Não consigo vê-lo completo em nenhuma dessas faces isoladas. As várias atividades de Mario de Andrade eram expressão necessária de experiências interiores que em cada uma encontravam seu instrumento mais adequado de exteriorização. Só me parece possível compreendê-lo exatamente através da soma ou da justaposição dessas múltiplas atividades. Creio que o tão citado verso 'Eu sou trezentos, sou trezentos e cincoenta' exprime uma verdade pessoal profunda e não pode ser perdido de vista nesse caso. Para mim o verso célebre indicaria não apenas os múltiplos *eus* afetivos, e quase sempre contraditórios, que todo indivíduo de sensibilidade e inteligência elevadas carregam dentro de si. Significaria, também, não a variedade exterior de obra realizada, como costumam entendê-lo, mas a multiplicidade das vocações intelectuais, dos apelos que fizeram de Mario, segunda a própria definição dele, um homem 'curioso de tudo o que faz mundo', na mais nobre interpretação que se possa dar a essa amorosa curiosidade.[2]

---

2   O ângulo inferior esquerdo da folha está rasgado, o que torna impossível ler o início de anotação feita por Oneyda Alvarenga, à margem esquerda, no sentido de baixo para cima: "[?] conforme o tempo e o caso,'" – A frase está escrita somente até a vírgula e não é visível nenhuma sinalização de encaixe com o texto datilografado.

Oneyda Alvarenga 447

9 – 'Grande Sertão: Veredas' e muitas das novelas do 'Corpo de Baile', com uma das maiores comoções literárias da minha vida. A comoção vinha de longe. Li 'Sagarana' três vezes, quando apareceu em 1946. E acho que Guimarães Rosa responde afirmativamente à pergunta que você me fez sobre a possibilidade de uma 'literatura fundada no panorama social, político e cultural do Brasil de hoje', como de ontem e de amanhã.

Aliás, esta indagação que você me faz, logo em seguida a uma sobre Mario, me leva a lhe dizer também que acho que Mario abriu o caminho para Guimarães Rosa. Sem 'Macunaíma' e toda a ficção de Mario não seriam possíveis nem a língua do 'Grande Sertão: Veredas', em que o aproveitamento da fala popular se mescla à invenção pessoal construída por ilação das próprias tendências populares da língua (M. Cavalcanti Proença já mostrou isso), nem a aceitação geral com que os letrados receberam essa língua *liberdosa*, como diria Mario. Até o próprio processo de narrar será apenas joyceano? Ou será uma transposição do sinuoso jeito popular de contar casos, presente já em 'Macunaíma', com que o narrador se deixa levar pelos vai-véns da evocação, misturando no caminho da narrativa coisas vividas, imaginadas e pensadas, meio libertas de tempo e espaço, surrealista por essência?

E mesmo um traço psicológico mais fundo vislumbro, por um momento, entre Mario de Andrade e Guimarães Rosa: a ternura pela fragilidade e o mistério da [infância?].[3] Pois o Miguelim do admirável 'Campos Gerais', não será um irmão sertanejo e mais novo do Paulino, aquele urbano, proletário, solitário e doloroso filho da Teresinha, perpetuado no não menos admirável 'Piá não sofre? Sofre.'

10 – De meu, inteiramente pessoal, nada. Vou acabar dentro em pouco, espero, o último dos livros em que reuni o material folclórico que Mario de Andrade me legou, e a que dei o título de 'As Melodias do Boi e Outras Peças'. Depois vou ver se terei gosto e meios para por em livro uns velhos sonhos. Não planos, sonhos mesmo.

S. Paulo, 26-1-1962
Oneyda Alvarenga"

---

3   A palavra está quase ininteligível, manuscrita por Oneyda Alvarenga na entrelinha.

agradecimentos

Agradecimento especial devo à professora Flávia Camargo Toni pela orientação magistral e constante e pela total dedicação com que me acompanhou o tempo todo.

Devo muito às professoras Telê Ancona Lopez e Dorotéa Machado Kerr, que na banca do exame de qualificação contribuíram com valiosas sugestões, às quais espero ter atendido... e que na banca de mestrado me descortinaram filósofos que foram chave de fecho (e abertura) para a grandiosidade que ainda faltava em pensamento. Ainda à Profa Telê agradeço pelas inesquecíveis aulas ministradas no Instituto de Estudos Brasileiros da Universidade de São Paulo.

Meu agradecimento também à Professora Maria Augusta Fonseca, da FFLCH/USP, pela oportunidade única de aprender com seu saber.

Agradeço ao Programa de Pós-Graduação do Instituto de Estudos Brasileiros da Universidade de São Paulo, em especial a Maria Cristina Pires da Costa e Carolina Sciarotta G. dos Reis.

Meus agradecimentos ainda a todos os funcionários do Instituto de Estudos Brasileiros da Universidade de São Paulo, em especial a Maria Itália Causin, Márcia Pilnik, Maria Célia Amaral, Lívia Barão, Márcia Dias; a Flávio Gomes de Oliveira, Miriam A. da S. Leite, Maria Izilda Claro do Nascimento F.

Leitão, Gabriela Giacomini de Almeida e a todos os funcionários do Arquivo do mesmo IEB. E também a Professora Ana Paula Simioni.

Agradeço à Fapesp que, além de financiar toda esta pesquisa, contribuiu largamente para a publicação deste livro.

Também agradeço à Coordenação de Aperfeiçoamento de Pessoal de Nível Superior (Capes) pelo apoio financeiro concedido.

E também meu muito obrigada a Juliana Alvarenga, Carlos Camargo e Mercedes Reis Pequeno.

Ao Centro Cultural São Paulo e às pessoas que estiveram ou estão ligadas a essa instituição: Aurélio Nascimento, Pedro Gustavo Aubert, Vera Cardim, Fábio Alex, Lucas Lara, Rafael V. B.Souza, Jéssica Barreto, Aloysio L. de A. Nogueira, Felipe Guarnieiri, Wilma Oliveira.

Obrigada a Clélia e Antônia.

Minha gratidão infinita a Puru e ao convívio familiar, pelo estímulo ao interesse pelas artes.

Aos irmãozinhos Catulo, Neno e Salomé, com os quais tive muita paciência...

E quando chego ao Victor... a palavra nem é agradecimento. Além de um universo compartilhado, estando longe ou perto, o Victor não fez muito: ele fez TUDO pra que eu pudesse escrever sempre.

Esta obra foi impressa em São Paulo no outono de 2016 pela gráfica Imagem Digital. No texto, foi utilizada a fonte Arno Pro em corpo 10,5 e entrelinha de 15 pontos.